SEGUNDA EDIÇÃO 2024

MARCELO
ABELHA
RODRIGUES

RESPONSABILIDADE PATRIMONIAL PELO INADIMPLEMENTO DAS OBRIGAÇÕES

INTRODUÇÃO AO ESTUDO SISTEMÁTICO DA **RESPONSABILIZAÇÃO PATRIMONIAL**

Dados Internacionais de Catalogação na Publicação (CIP) de acordo com ISBD

R696r   Rodrigues, Marcelo Abelha
        Responsabilidade patronal pelo inadimplemento das obrigações: introdução ao estudo sistemático da responsabilização patrimonial / Marcelo Abelha Rodrigues. - 2. ed. - Indaiatuba, SP : Editora Foco, 2024.

        264 p. ; 16cm x 23cm.

        Inclui bibliografia e índice.

        ISBN: 978-65-6120-176-6

        1. Direito. 2. Direito patrimonial. 3. Responsabilização patrimonial. I. Título.

2024-2954   CDD 342.2   CDU 347.7

Elaborado por Odilio Hilario Moreira Junior - CRB-8/9949

Índices para Catálogo Sistemático:

1. Direito patrimonial 342.2

2. Direito patrimonial 347.7

SEGUNDA EDIÇÃO

MARCELO
ABELHA
RODRIGUES

RESPONSABILIDADE PATRIMONIAL PELO INADIMPLEMENTO DAS OBRIGAÇÕES

INTRODUÇÃO AO **ESTUDO SISTEMÁTICO** DA **RESPONSABILIZAÇÃO PATRIMONIAL**

2024 © Editora Foco

Autor: Marcelo Abelha Rodrigues
Diretor Acadêmico: Leonardo Pereira
Editor: Roberta Densa
Coordenadora Editorial: Paula Morishita
Revisora Sênior: Georgia Renata Dias
Capa Criação: Leonardo Hermano
Diagramação: Ladislau Lima e Aparecida Lima
Impressão miolo e capa: FORMA CERTA

DIREITOS AUTORAIS: É proibida a reprodução parcial ou total desta publicação, por qualquer forma ou meio, sem a prévia autorização da Editora FOCO, com exceção do teor das questões de concursos públicos que, por serem atos oficiais, não são protegidas como Direitos Autorais, na forma do Artigo 8º, IV, da Lei 9.610/1998. Referida vedação se estende às características gráficas da obra e sua editoração. A punição para a violação dos Direitos Autorais é crime previsto no Artigo 184 do Código Penal e as sanções civis às violações dos Direitos Autorais estão previstas nos Artigos 101 a 110 da Lei 9.610/1998. Os comentários das questões são de responsabilidade dos autores.

NOTAS DA EDITORA:

Atualizações e erratas: A presente obra é vendida como está, atualizada até a data do seu fechamento, informação que consta na página II do livro. Havendo a publicação de legislação de suma relevância, a editora, de forma discricionária, se empenhará em disponibilizar atualização futura.

Erratas: A Editora se compromete a disponibilizar no site www.editorafoco.com.br, na seção Atualizações, eventuais erratas por razões de erros técnicos ou de conteúdo. Solicitamos, outrossim, que o leitor faça a gentileza de colaborar com a perfeição da obra, comunicando eventual erro encontrado por meio de mensagem para contato@editorafoco.com.br. O acesso será disponibilizado durante a vigência da edição da obra.

Impresso no Brasil (9.2024) – Data de Fechamento (8.2024)

2024
Todos os direitos reservados à
Editora Foco Jurídico Ltda.
Rua Antonio Brunetti, 593 – Jd. Morada do Sol
CEP 13348-533 – Indaiatuba – SP

E-mail: contato@editorafoco.com.br
www.editorafoco.com.br

PREFÁCIO

Foi por pouco que eu não pedi ao Marcelo Abelha para fazer o prefácio do livro dele. Era para eu ter feito parte da banca, mas acabou não dando certo. Esperei um pouco e felizmente, ele que me convidou!

Marcelo escreve como fala, sempre com fluidez e com uma imensa sinceridade. Tem a "pena de Midas", pois consegue tornar interessante qualquer tema. Assuntos que são tidos como áridos, tratados por ele, ganham até um certo charme.

Marcelo é didático, já que, apesar de ainda jovem, dá aulas há quase trinta anos. Portanto, aprendeu a se comunicar "em direito" de forma cristalinamente clara.

O tema tratado é um clássico. Relevante sempre. Não é um tema da moda. Marcelo trata a responsabilidade patrimonial como um instituto de direito material que se projeta na esfera do processo, no âmbito da execução forçada.

Marcelo vê no fenômeno, e aí está a originalidade de sua abordagem, um acessório do débito, integrando a relação jurídica de direito obrigacional, o que gera a possibilidade de execução dos bens do responsável patrimonial, que não é devedor, se este último não cumprir a obrigação.

O livro é organizado internamente em seis capítulos, em que se trata de temas que se consubstanciam em bases para a tese que defende.

No primeiro capítulo, Marcelo aborda a importância social, em linhas gerais, do crédito e da sua proteção. No capítulo segundo, com clareza e concisão, sem abrir mão da profundidade, explica o conceito, a ontologia, a evolução, as características e a classificação da garantia patrimonial geral. Põe luzes mais claras sobre esta última, uma vez que propõe uma classificação de *lege ferenda*, justificando as razões pelas quais esta reclassificação é necessária.

No capítulo terceiro Marcelo promove o que denomina de "dinâmica" da relação entre a responsabilidade patrimonial e o débito, demonstrando a importância e o papel do inadimplemento, como fator que destrava a sujeitabilidade abstrata e concreta do patrimônio garantidor, não sem antes explicar a distinção entre ser responsável e ser passível de ser executado.

No capítulo quarto, dentre vários temas importantes, Marcelo trata do "patrimônio garantidor", começando por explicar a evolução conceitual de patrimônio, a distinção entre patrimônio comum e especial, as imunidades legislativas de proteção do patrimônio, i.e., os limites políticos da execução (impenhorabilidades). Enfrenta, com coragem e brilho, a questão da convenção sobre limitação do patrimônio garantidor, as garantias gerais e acessórias etc.

No capítulo quinto, identifica o objeto da garantia patrimonial, tanto nas obrigações negociais, quanto extranegociais, tratando de temas complexos que foram pouco enfrentados pela doutrina, como, por exemplo, o momento em que "nasce" a garantia patrimonial, no caso de o inadimplemento ser a causa imediata de indenização suplementar, bem como no caso de haver mutações objetivas da obrigação, ou, ainda, da garantia patrimonial nas obrigações específicas.

Por fim, no último capítulo, sem pretender exaurir o tema, dedica-se Marcelo às principais técnicas processuais de proteção preventiva e repressiva da garantia patrimonial, como sugere em genuína classificação. Merece destaque, neste capítulo, a análise da ação sub-rogatória, pouquíssimo explorada na nossa doutrina, bem como a feição que dá – e os graves problemas que enfrenta – ao Incidente (demanda) de Desconsideração da Personalidade Jurídica visto sob a perspectiva da garantia.

Marcelo sempre foi estudioso, curioso, ousado... Há muito tempo vem estudando a execução e publicando, aqui e acolá, vários livros e artigos sobre o tema. Tem o privilégio de trocar ideias com Flávio Cheim Jorge, o que certamente contribui para que o seu pensamento se enriqueça e evolua. Ambos foram meus alunos e deixaram uma marca, tanto na minha vida intelectual, quanto na vida afetiva. Por isso, pode-se imaginar, o quanto para mim é delicioso escrever esse prefácio.

De ambos se espera produção de textos de altíssima qualidade. Tomara todos pudéssemos ter a felicidade de conviver com alguém de quem gostamos muito e com quem podemos trocar ideias a cada momento!

Era de se esperar que uma obra como esta, que agora está sendo publicada, acabasse por ser produzida por Marcelo! Ele oferece, agora, à comunidade jurídica, um livro de linguagem fácil e elegante, em que trata de temas pesados e difíceis, de um modo inacreditávelmente leve e didático.

Alguém já disse, que não há ideias, que de tão interessantes, ou pensamentos, que de tão profundos, não possam ser expressos em linguagem simples e inteligível.

É de um livro assim que precisam os profissionais do direito, e, também, os estudiosos do Processo e do Direito Civil. De parabéns estão autor e editora!

Teresa Arruda Alvim

NOTA DO AUTOR À SEGUNDA EDIÇÃO

Foi com muita satisfação que recebi o *e-mail* da Roberta, editora da Foco, me informando que a primeira edição tinha esgotado e que partiríamos para a segunda edição deste livro.

Não poderia iniciar uma nota à segunda edição sem os agradecimentos justos e necessários a você, leitor, que cedeu tempo e recursos para ler este trabalho, que, para mim, tem um apelo enorme, pois foi com ele que me tornei professor titular da UFES. Também agradeço à Foco Editora, pelo carinho e esmero de sempre.

Como o livro tem um DNA acadêmico, eu não quis alterar isso. Aqui se propõe os elementos para uma teoria geral da responsabilidade patrimonial partindo da premissa de que é um instituto bifronte, que nasce no direito material (relação jurídica obrigacional), mas que se concretiza no di-reito processual, em especial, na execução civil. Assim, mesmo mantendo a estrutura acadêmica do livro, atualizamos a doutrina e a jurisprudência do tema tratado.

Eu realmente fiquei muito feliz com a nova edição e espero que venham outras. Fica aqui o meu contato para sugestões, críticas e dúvidas, que serão sempre muito bem-vindas.

Um carinhoso abraço.

Vitória, 2 de agosto de 2024.

Marcelo Abelha

marceloabelha@cjar.com.br

NOTA DO AUTOR À PRIMEIRA EDIÇÃO

É estranho dizer isso, mas de uns tempos para cá, talvez pela combinação da maturidade com as perdas sensíveis de pessoas muito próximas a mim, eu tenho tido um "sentimento de finitude", de que a estrada da vida tem realmente um término e que a única escolha que nos cabe é aproveitar ao máximo a nossa passagem por aqui.

A absoluta incerteza do futuro e a inevitabilidade da morte me fazem crer, sem qualquer tom melancólico, que é preciso dar o máximo e ser intenso em tudo que se faz, privilegiando momentos felizes. Isso é o que realmente importa.

Este trabalho é um símbolo dessa forma de pensar e levar a vida.

Eu poderia ter defendido minha passagem para o último degrau (finito) da minha carreira acadêmica da UFES com a defesa de um memorial sobre os meus 26 anos de cátedra nesta instituição que é a minha segunda casa, ou quem sabe, a primeira já que nela passei a maior parte da vida como professor e aluno.

Assim, pensei que a tal da "finitude da carreira" mereceria um símbolo da minha dedicação ao tema da execução nesses 20 e poucos anos em que eu lecionei (e continuo lecionando) a disciplina "processo de execução". Esta é a versão comercial da minha tese de titularidade que foi aprovada com nota máxima, distinção e louvor pela banca formada pelos professores Nelson Nery Jr., Paula Costa e Silva, Flávio Luiz Yarshell e presidida por Flávio Cheim Jorge. Fiquei muito feliz e honrado com a arguição.

O tema da "responsabilidade patrimonial" não é novo, obviamente, mas a abordagem que eu lhe empresto aqui é inédita. Não apenas porque afasta a natureza processual da responsabilidade patrimonial, algo que venho escrevendo há mais de 20 anos, mas especialmente porque estabelece as bases teóricas para compreensão do "direito material à garantia patrimonial". Enfim, tento fazer uma sistematização do tema, enfrentando aspectos fundamentais como: quem é o garantidor; quando se forma a garantia; como ela é efetivada e protegida, qual o objeto garantidor e o objeto garantido etc.

Longe de trazer qualquer pretensão de finitude, parafraseando o termo acima, a abordagem aqui pretende ser o inverso, "un début" convidativo à reflexão e ao contraditório. Algumas "certezas", nenhuma "verdade". Nada além do sincero desejo de que você, leitor, possa fazer uma leve e saborosa meditação.

Divido com vocês o que há anos leciono para meus alunos, fazendo também aqui a ressalva de que posição que defendo nesta "introdução ao estudo da responsabilidade patrimonial" está na contramão da doutrina majoritária aqui no Brasil.

Não posso deixar de agradecer aos meus alunos da UFES nesses 26 anos e também os que podem se seguir; igualmente aos meus colegas professores da UFES com os quais tive e tenho o prazer da convivência, coleguismo e muitas vezes grandes amizades.

Também agradeço aos meus principais professores - que viraram meus amigos - que moldaram meu gosto pelo estudo do processo, do direito ambiental e do processo coletivo. Alvaro Bourguignon, Agesandro da Costa Pereira, Nelson Nery Jr., Teresa Arruda Alvim, Flávio Luiz Yarshell, Paula Costa e Silva, José Carlos Barbosa Moreira e Antonio Vasconcellos Herman e Benjamin. Um agradecimento especial ao meu amigo querido Cassio Scarpinella Bueno, desde o início presente nesta caminhada.

Agradeço aos meus amigos H. Sica, Flavia H., Tricia X. e Márcio F. pelas reflexões, parceria e cumplicidade acadêmica sobre o tema da execução civil.

Agradeço à Foco Editora pelo carinho e pela excelência profissional.

Um agradecimento ao meu irmão Flávio Cheim Jorge, parte significativa de mim, sempre presente e determinante em todas as minhas escolhas pessoais e profissionais.

Agradeço a Guilherme Abelha, meu filho, sempre solícito e amoroso: i) em ler cada parte da tese, ii) em fazer profundas pesquisas de direito romano que poderiam me ajudar, iii) em traduzir os inúmeros textos de latim para mim, iv) em fazer pesquisa bibliográfica estrangeira além do que eu já tinha feito, v) em simplesmente ficar sentado estudando do meu lado o dia e a noite inteira durante e depois da pandemia. Te amo, meu filho. Tenho muito orgulho e admiração de você ser a pessoa que você é.

Agradeço a toda minha família o que faço em nome de minha esposa Camila, sempre compreensiva pelas horas roubadas e principalmente por ficar feliz ao me ver feliz estudando. Te amo, amor.

A Deus, pela vida!

SUMÁRIO

PREFÁCIO V

NOTA DO AUTOR À SEGUNDA EDIÇÃO IX

NOTA DO AUTOR À PRIMEIRA EDIÇÃO XI

INTRODUÇÃO XIX

CAPÍTULO 1 – CRÉDITO E SUA PROTEÇÃO 1

1. Crédito e sociedade 1

   1.1 Etimologia: credor e devedor 1

   1.2 Importância macroeconômica da relação débito/crédito 1

2. A proteção do crédito por meio da garantia patrimonial geral 5

3. As técnicas de proteção do crédito e da garantia patrimonial geral 9

4. A responsabilização patrimonial como um direito material de garantia para a proteção do crédito (pecuniário) 12

CAPÍTULO 2 – CONCEITO, ONTOLOGIA, EVOLUÇÃO, CARACTERÍSTICAS E CLASSIFICAÇÃO DA GARANTIA PATRIMONIAL GERAL 17

1. Introito: a relação obrigacional e a garantia da responsabilidade patrimonial 17

2. Conceituação 19

   2.1 Discernindo os termos: o que é responsabilidade? 19

   2.2 Discernindo a responsabilidade civil da responsabilidade patrimonial 21

   2.3 O sentido e alcance da expressão "responsabilidade patrimonial" 23

   2.4 A expressão o "devedor deve, o patrimônio responde" 24

   2.5 Da responsabilidade pessoal à responsabilidade patrimonial 26

   2.6 Natureza *legal* da garantia patrimonial 28

2.7 Garantia patrimonial geral como fator de *segurança* contra o *risco* do inadimplemento 29

3. Origem e evolução... 32

   3.1 Marcos teóricos 32

   3.2 Evolução da execução pessoal para a execução do patrimônio 33

4. Características 38

   4.1 A garantia patrimonial coexiste com a dívida: nascem juntos 38

   4.2 A garantia (responsabilidade) patrimonial antes e depois do inadimplemento 39

   4.3 Segue: a sujeitabilidade abstrata e a concreta da garantia patrimonial 40

   4.4 Segue: a proteção jurídica do papel garantidor mesmo (principalmente) depois do inadimplemento 41

   4.5 A garantia patrimonial e o dever negativo impeditivo do garantidor da livre disponibilidade do seu patrimônio 42

   4.6 O inadimplemento: do direito à segurança ao direito de realização da segurança 46

   4.7 A realização da garantia patrimonial: o poder de excussão do patrimônio do responsável 48

   4.8 O desfalque patrimonial violador da garantia patrimonial (antes ou depois do inadimplemento) e sua tutela jurídica 50

   4.9 Garantia (responsabilidade) patrimonial e solidariedade passiva 52

5. Classificação.. 54

   5.1 A responsabilidade patrimonial primária e secundária 54

   5.2 Segue *lege ferenda*: responsabilidade patrimonial *principal e subsidiária*.. 63

   5.3 Responsabilidade patrimonial subsidiária ou teoria menor da desconsideração da personalidade jurídica?.................................... 64

CAPÍTULO 3 – O RELACIONAMENTO (DINÂMICA) ENTRE O DÉBITO E A GARANTIA (RESPONSABILIDADE) PATRIMONIAL... 69

1. Introito 69

2. A situação jurídica subjetiva da garantia patrimonial inserida na relação jurídica obrigacional 71

SUMÁRIO XV

3. A garantia patrimonial na estrutura da norma que estabelece a relação obrigacional.. 73

4. Responsabilização patrimonial e título executivo judicial ou extrajudicial... 79

    4.1 Nota prévia sobre a cognição plena, a evidência e o título executivo 79

    4.2 Garantia patrimonial e execução... 82

5. Responsabilização patrimonial e execução para pagamento de quantia ... 86

6. Responsabilidade patrimonial solidária e subsidiária e suas projeções no processo 88

CAPÍTULO 4 – O PATRIMÔNIO GARANTIDOR.. 93

1. Universalidades de fato e de direito... 93

2. O patrimônio 95

    2.1 Introito 95

    2.2 Patrimônio: evolução conceitual 98

3. O sujeito *responsável* e o *objeto* do *patrimônio* (comum e especial).......... 104

4. A garantia geral e a acessória... 109

5. Todo o patrimônio do responsável: bens presentes e futuros....................... 111

6. Bens presentes e futuros do patrimônio responsável..................................... 112

7. Patrimônio garantidor do responsável e o regime da impenhorabilidade 115

8. Imunidades patrimoniais: absolutas ou relativas; totais ou parciais........... 116

9. Garantia patrimonial x impenhorabilidade relativa x ordem processual da penhora... 117

10. A *realização* da garantia patrimonial por meio da tutela executiva expropriatória 119

11. A sujeição concreta do patrimônio penhorado e a sujeição abstrata do patrimônio não penhorado... 120

12. Os limites políticos do patrimônio: o que não pode ser expropriado do executado... 122

13. O patrimônio garantidor e sua limitação por convenção das partes.......... 124

14. A flexibilização judicial da imunidade patrimonial: quebra da impenhorabilidade por decisão judicial.. 129

CAPÍTULO 5 – O DIREITO QUE SERÁ GARANTIDO PELO PATRIMÔNIO DO RESPONSÁVEL 133

1. Introito 133

2. Incidência e efeitos 135

3. Primazia do cumprimento e subsidiariedade da responsabilização patrimonial 137

4. Segue 139

5. O direito à *reparação do dano* garantido pelo patrimônio do devedor/responsável 140

    5.1 Dano resultante do incumprimento legal e negocial e o dever/direito de reparação... 140

    5.2 A garantia patrimonial do dano resultante do dever legal violado e o dever/direito de reparação.. 141

    5.3 A garantia patrimonial do dano resultante do incumprimento negocial e o dever/direito de reparação... 142

6. Um pouco mais sobre a tutela específica e tutela pecuniária na perspectiva da garantia patrimonial 146

7. A garantia patrimonial do dever de pagar quantia: muito além da reparação de danos... 148

8. Segue: a garantia patrimonial geral para proteger a prestação inadimplida e os *novos danos* decorrentes do inadimplemento 149

9. A garantia da responsabilização patrimonial: função subsidiária no incumprimento das obrigações específicas?... 152

10. A descoincidência quantitativa entre o valor da prestação pecuniária e o valor coberto pela garantia patrimonial 154

11. Dever de indenizar, responsabilidade patrimonial e título executivo: o problema envolvendo a *indenização substitutiva da prestação devida incumprida* e a *indenização excedente da substitutiva*............................. 154

CAPÍTULO 6 – TÉCNICAS DE PROTEÇÃO DA GARANTIA PATRIMONIAL GERAL... 165

1. Introito: proteção do direito de garantia para eventual e futura responsabilização patrimonial 165

2. As técnicas de *prevenção* e *repressão* do prejuízo à garantia patrimonial .. 166

    2.1 A tutela jurídica.. 166

    2.2 A tutela preventiva... 167

2.2.1	Introito	167
2.2.2	O "arresto" preventivo	168
2.2.3	A demanda/medida/atuação sub-rogatória pelo credor na posição jurídica do devedor/responsável	170

2.3 As técnicas de tutela repressiva de desfazimento do ilícito danoso (fraude patrimonial) 173

2.3.1 A importância do momento do ilícito de desfalque patrimonial: entre o início da relação obrigacional e a efetiva expropriação judicial do patrimônio do executado (responsável).... 173

2.3.2 A fraude patrimonial 176

2.3.3 As fraudes contra o credor e contra a execução: hipóteses e tutela jurídica 178

    2.3.3.1 Direito de propriedade do devedor e tutela jurídica da responsabilidade patrimonial 178

    2.3.3.2 O ato ilícito da fraude sob a perspectiva dos sujeitos envolvidos 181

    2.3.3.3 Fraude contra credores 183

    2.3.3.4 Fraude à execução 188

2.3.4 A declaração de nulidade do negócio jurídico 192

2.3.5 A desconsideração da personalidade jurídica 195

    2.3.5.1 Introito: finalidade da desconsideração 195

    2.3.5.2 A desconsideração no CPC 196

    2.3.5.3 Pontos de reflexão sobre o direito material e direito processual na desconsideração da personalidade jurídica 200

        2.3.5.3.1 Os limites da impugnação do sujeito que se pretende atingir com a desconsideração 200

        2.3.5.3.2 Os limites da demanda principal e do incidente em relação ao atingido 202

        2.3.5.3.3 A desconsideração como modalidade de intervenção coacta de terceiro no CPC 202

        2.3.5.3.4 Incidente que depende de requerimento e só vale no processo em que houve a desconsideração 203

        2.3.5.3.5 Compatibilização do o procedimento executivo e procedimento cognitivo do incidente 204

2.3.5.3.6	Coisa julgada na desconsideração	206
2.3.5.3.7	Embargos de terceiro e incidente de desconsideração	206
2.3.5.3.8	Incidente de desconsideração instaurado pelo executado	210
2.3.5.3.9	Incidente de desconsideração e fraude à execução	211

2.3.5.3.9.1	Relembrando o conceito de fraude à execução para contraste com a desconsideração da personalidade jurídica	211
2.3.5.3.9.2	Elementos da fraude à execução..	212
2.3.5.3.9.3	O reconhecimento da fraude à execução e contraste com a desconsideração	214
2.3.5.3.9.4	Fraude à execução e desconsideração da personalidade jurídica	215
2.3.5.3.10	O Tema n.º 1232 do STF: incidente de desconsideração e o incidente de corresponsabilização	218

REFERÊNCIAS 225

INTRODUÇÃO

1. Meio e resultado. O sujeito que deseja colocar um quadro na parede da sala de sua casa pode se valer de várias ferramentas disponíveis para alcançar o seu objetivo. O percurso entre o local em que alguém se encontra e o destino que pretende chegar também pode ser percorrido por veículos diferentes. A mensagem que o orador pretende passar com o seu discurso e a forma de expressá-la também pode ser das mais variadas possíveis. Entre o *meio e o resultado, instrumento e fim*, sempre existirá um caminho que, a depender de várias circunstâncias, pode tornar o percurso mais ou menos demorado, mais ou menos fatigante, mais ou menos prazeroso, mais ou menos frustrante.

2. Meio, resultado, adequação e expectativas. Nenhum instrumento é absolutamente desconectado com o fim ao qual ele se destina. Pode haver instrumentos mais ou menos *adequados ao fim* para o qual ele existe, mas não instrumentos sem um fim em si. Não se concebe a existência de pregos e martelos, ou de furadeiras e parafusos, sem uma razão lógica para a qual sejam eles considerados *ferramentas*. Não se pinta uma parede com um martelo. Pincéis existem porque são ferramentas de pintura. Obviamente que se pode isolar a ferramenta, estudá-la de fio a pavio, dissecar todos os seus elementos, estudar cada uma de suas composições, e até mesmo dizer que ela existe materialmente de forma autônoma, mas jamais se poderá desvincular que a razão de ser da sua utilidade é alcançar um fim, um resultado. Todavia, é importante que se diga que entre o (a) resultado expectado e o (b) resultado alcançado após o processo de utilização das ferramentas pode haver um maior ou menor descompasso em razão de uma série de fatores relacionados às (i) características imanentes ao "quadro" e a "ferramenta"; (ii) questões ligadas ao fator tempo; (iii) aspectos relacionados àquele que manuseia a ferramenta; (iv) acontecimentos inesperados e imprevisíveis etc. Por mais ajustada que seja a ferramenta, por melhor que seja o profissional contratado, por melhor que seja a parede ou o quadro, por menor que seja o tempo gasto para sua colocação, nada impede que, quando ele (o quadro) esteja na parede, o sujeito frustre-se com o resultado alcançado.

3. Relação obrigacional e risco. Entre o início e o fim do caminho há sempre o *risco* de que algo possa acontecer e o resultado almejado fique distante do que possa ser alcançado. Risco é a possibilidade de dano. Se o quadro que se pretende colocar na parede é muito pesado, se a parede é mais fina, se o profissional é menos experiente, se as ferramentas não antigas ou novas, se o tempo dedicado é maior ou menor etc., tudo isso influencia na possibilidade de que danos possam acontecer entre o início e o fim da empreitada. O *risco* (de dano) é maior ou menor a depender de uma série de circunstâncias.

De igual modo se passa com a relação jurídica obrigacional que é um fenômeno que se desenvolve no tempo; ela é um *processo* que tem início, meio e fim. O *processo obrigacional* pode envolver um conteúdo mínimo e resumir-se na aquisição quase instantânea de uma bala numa padaria usando apenas uma moeda, mas também pode ser um *processo* extremamente complexo, com sucessivas etapas, que se perpetue por anos, com vários integrantes e múltiplas prestações, por exemplo, um contrato público com financiamento internacional para construção de uma hidrelétrica. É intuitivo que neste exemplo a chance de que algo possa não sair como planejado (risco de dano) é bem maior do que a anterior. Em qualquer processo obrigacional, sempre existirá o "risco" de que o resultado da forma como foi pretendido, quando da celebração do negócio, possa não ser alcançado. Tanto isso é verdade que, mesmo que as partes envolvidas na relação obrigacional nada digam a respeito, a própria lei antevê e regula as múltiplas consequências para os casos de incumprimento do negócio jurídico.

4. Risco, conhecimento e segurança. O conceito de risco não é uniforme. Estuda-se o risco na matemática, na física, na biologia, na ecologia, no direito, na administração, na economia, na psicologia etc. Essa miríade de flancos com que se observa o *risco* permitiu, inclusive, que no final do século XX surgisse um novo campo de estudo científico chamado Cindínica ou Cindinicologia, cujo objetivo é justamente dissecar e compreender o risco para permitir a tomada de decisões técnicas que *reduzam ou impeçam* os riscos aos quais as populações são normalmente expostas. Risco já foi sinônimo de perigo (hazard)[1], de chance ou possibilidade de perda[2], de uma incerteza de uma perda[3]

---

1. Blount, Thomas. *Glossographia*, A dictionary interpreting all such hard words of whatsoever language now used in our refined English tongue. London: Printed by Tho. Newcombe for George Sawbridge, 1661.
2. "risk". *Oxford English Dictionary* (3rd ed.). Oxford University Press. September, 2005.
3. WILLETT, Allan. *Economic Theory of Risk and Insurance*. Columbia University Press. 1901, p. 6.

ou incerteza mensurável[4], probabilidade e gravidade dos eventos[5], incerteza de uma atividade e da severidade das respectivas consequências[6], efeito da incerteza sobre os objetivos[7].

Ao que parece, certo está Fischhoff, Watson e Hope[8] que, após reconhecerem as enormes confusões e controvérsias na definição e risco, sustentam que toda *"definição é política e que leva em consideração aspectos diversos daquele que define sob a perspectiva em análise"*. Trata-se de um conceito complexo porque formado a partir da combinação de diversos aspectos, sendo que cada um é complexo em si. O *risco* é uma chance de um resultado, positivo ou negativo e, às vezes, submeter-se a uma situação de risco pode ser o caminho para obter uma *vantagem* ou *desvantagem*, a exemplo do caso do sujeito que realiza operações de risco na bolsa de valores. O resultado pode ser positivo ou negativo. Dir-se-á no futuro que valeu, ou não valeu a pena, correr o risco da operação efetuada. Como dito antes, toma-se aqui neste trabalho apenas o sentido mais comum de risco, qual seja, da possibilidade de que um *dano* venha acontecer, portanto, associando-o à chance de ocorrer um resultado prejudicial. Na medida em que se estudam e se *conhecem* os riscos, passa-se a identificar meios de evitá-lo ou reduzi-lo. A própria experiência serve de método para identificar e tomar, antecipadamente, medidas que anulem ou reduzam significativamente o risco (incerteza) de danos.

---

4. KNIGHT, Frank. *Risk, Uncertainty and profit*. Disponível em: <https://archive.org/details/riskuncertaintyp00knig/page/6/mode/2up?q=risk>. Acesso em: 15 jul. 2020. O trabalho seminal de Knight sobre risco, incerteza e lucro permitiu abrir a discussão sobre o conceito de risco, *dissecando-o criticamente*, como ele mesmo disse. Com ênfase na *competição* (perfeita e imperfeita) do mercado, o autor firma um axioma de que *risco implica conhecimento com probabilidades (mensurável), pois do contrário é desconhecimento ou incerteza (não no sentido de dúvida)*. Assim, aproxima o conceito de risco ao de probabilidade mensurável como se observa na parte III do seu livro.

5. Kaplan, S.; Garrick, B.J. *On The Quantitative Definition of Risk*. 1981. Disponível em: https://doi.org/10.1111/j.1539-6924.1981.tb01350.x. Acesso em: 20 jul. 2020. Os autores dão ênfase ao conceito quantitativo de risco sob a perspectiva gerencial – gestão de riscos e tomada de decisões – com vistas a reduzir a incerteza conceitual e, assim, facilitar a escolha de decisões envolvendo riscos sob diferentes perspectivas. O autor aprimora o conceito de Knight sob a perspectiva de gerencial de gestão de riscos, envolvendo o trinômio cenário, probabilidades e consequências. Daí fala em risco relativo, relativo risco e aceitabilidade do risco.

6. AVEN, Terje. *Fundations of Risk Analysis*. John Wiley and Sons, Ltd, United Kingdom, 2012. Neste trabalho o autor também se dedica à análise dos riscos para tomada de decisões, tendo por base o trabalho de Kaplan e Garrick.

7. Conceito estabelecido na ISO 31000:2009 que possui esta proposição genérica com notas que densificam o seu conteúdo. A ISO 31000 é a norma internacional que foi criada pela Organização Internacional de Padronização (ISO) cujo objetivo é servir de roteiro/guia no planejamento, implementação e manutenção do gerenciamento de riscos.

8. Fischhoff, B; Watson, S.R.; Hope, C. *Defining risk*. However, the definition of 'risk', like that of any other key term in policy issues, is inherently controversial. 1984. Disponível em https://www.cmu.edu/epp/people/faculty/research/Defining-Risk1984.pdf. Acesso em: 20 jul. 2020.

Num processo obrigacional, tanto quanto maior sua complexidade e duração, também há o risco (incerteza) de que os resultados não sejam alcançados e, com isso, advenham prejuízos daí inerentes. Para eliminar a *incerteza* que o risco proporciona, é preciso encontrar meios e técnicas que proporcionem *segurança*, especialmente àqueles sujeitos da relação obrigacional cujo risco de dano se mostra mais acentuado, por exemplo, pelos recursos econômicos que terá de desprender antecipadamente (ex. o sujeito que paga antes pelo serviço ou mercadoria que recebe bem depois). Inegavelmente mostra-se maior o risco quando estamos diante de um *dever de indenizar fruto de um ilícito extranegocial* porque, pela incidência da lei, a vítima passa a ser credora do responsável pela indenização decorrente da violação do direito. Nestas situações as partes da obrigação podem não ter nenhuma relação prévia anteriormente ao ilícito cometido.

6. Pretensão à segurança da satisfação de uma outra prestação. Como visto, o risco é inerente à vida das pessoas nesta "modernidade"[9] que vivemos, e uma das formas de lidar com ele é identificá-lo, mensurá-lo e excogitar meios de neutralizá-lo ou aplacá-lo. Quando se colocam os protetores nas tomadas da casa, está-se realizando *medidas de segurança* para prevenir o risco de acidente de um choque elétrico tão corriqueiro às crianças que engatinham pela casa.

Da mesma forma, quando um banco empresta dinheiro a um cliente e exige a garantia da hipoteca de determinado bem, nada está fazendo senão tomando medidas de segurança e precaução para o caso de o tomador do empréstimo não devolver a quantia emprestada na forma como foi pactuada. A *insegurança* que o risco causa em razão do prejuízo que pode acontecer é algo que pode ser objeto de mensuração e proteção. Ora, *"pelo contrato de seguro o segurador se obriga, mediante o pagamento do prêmio, a garantir interesse legítimo do segurado, relativo à pessoa ou à coisa, contra riscos predeterminados"* (art. 797 do CCB). É perfeitamente possível que, ao final do contrato de seguro, o *risco não tenha passado de um estado de incerteza (risco)* e nenhum dano concreto tenha acontecido, mas ninguém arguirá dizendo que, por não ter ocorrido o prejuízo, o dinheiro do seguro deveria ser devolvido. Isso porque se protegeu (proporcionou paz, segurança e tranquilidade durante) o segurando durante o estado de incerteza, pelo "risco de dano", tenha ou não ele acontecido. Quando alguém toma uma garantia real ou especial de alguém, fá-lo não porque tem certeza de que a prestação não

---

9. "Quem se dá conta de que seu chá de cada dia contém DDT e sua recém-adquirida cozinha contém formaldeído encontra-se numa situação totalmente diferente (...)". BECK, Ulrich. Sociedade de risco: rumo a uma outra modernidade. Tradução Sebastião Nascimento. São Paulo: Editora 34, 2010, p.63.

será cumprida, mas pelo risco de que isso possa acontecer, daí porque se diz que: (a) uma coisa é a pretensão à prestação e outra é a (b) pretensão à segurança de uma outra prestação[10].

7. O patrimônio do devedor como meio de garantia contra o risco de prejuízo causado pelo inadimplemento das prestações. Considerando que a relação jurídica obrigacional é um *processo* formado por etapas que se sucedem no tempo, sejam elas mais ou menos demoradas ou complexas, e considerando ainda que existe sempre o risco de que uma ou mais prestações que ali estejam previstas possam não ser cumpridas causando prejuízos insuportáveis a quem aguardava o seu cumprimento, era realmente necessário que houvesse mecanismos que trouxessem algum tipo de segurança e proteção *contra o risco de inadimplemento*. Nem sempre será possível cogitar que as partes promovam a realização de garantias especiais para fazer frente ao risco de prejuízo pelo eventual inadimplemento das obrigações. E exatamente por isso é que a própria lei estabelece a regra de que toda obrigação, legal ou convencional, é protegida por uma garantia: o patrimônio do sujeito responsável pelo incumprimento.

8. A prestação e a garantia. Não tivesse o legislador fixado a regra de que o dever de prestar é garantido pelo patrimônio do devedor/responsável, certamente, o credor viveria um mundo de mera expectativa e confiança na palavra daquele que deveria cumprir a prestação devida. Nada haveria para o credor fazer, senão lamentar e absorver o prejuízo, se não existisse a relação de acessoriedade entre o patrimônio garantidor e o débito inadimplido. As obrigações se tornariam todas elas *obrigações naturais* e se viveria em um mundo de inseguranças e incertezas.

9. Responsabilidade patrimonial, responsabilização patrimonial e garantia patrimonial. No desenvolvimento desta Introdução ao *Estudo da Responsabilidade Patrimonial* um dos aspectos que mais chama a atenção daquele que se debruça sobre o tema é a imprecisão conceitual do fenômeno alcunhado de "responsabilidade patrimonial", cerne do tema.

Sabe-se que "*onde os conceitos estão mal definidos, os fenômenos ainda confusos e insatisfatoriamente isolados, onde o método não chegou a tornar-se claro ao estudioso de determinada ciência, é natural que ali também sejam pobres*

---

10. PONTES DE MIRANDA, Francisco Cavalcanti. *Tratado de direito privado*, tomos I, III, V, Imprenta: Rio de Janeiro, Borsoi, 1970, p. 585.

a linguagem e as palavras se usem sem grande precisão técnica", como adverte Dinamarco[11].

Primeiro, é preciso registrar que a expressão "responsabilidade patrimonial" é comumente tomada como fenômeno evolutivo que se apresenta como um oposto da "responsabilização pessoal" da época romana, quando se sacrificava a vida e a liberdade do devedor pelos seus débitos inadimplidos.

Segundo, é preciso destacar que a expressão também é tomada para descrever o fenômeno processual da própria atuação executiva estatal sobre o patrimônio do executado, confundindo-se, neste particular, o direito material de garantia com a atuação executiva dos direitos.

A rigor, sem suspense algum, a responsabilidade patrimonial nada mais é do que um *direito material de garantia da obrigação devida*. Um direito legalmente previsto, acessório ao "débito" e que com ele não se confunde, mas que com ele se conecta pelo vínculo de acessoriedade. Se não mais existe o débito (ex pagamento) ou prescrita a pretensão de exigir o direito, não há mais o que se garantir. O acessório não existe sem o principal. Enfim, é um *direito de garantia* que está embutido na relação obrigacional e, normalmente, envolve as próprias partes da própria relação. Uma garantia que é prestada pelo devedor, ou excepcionalmente por um terceiro, por meio de seu patrimônio ou parte dele.

10. Introdução ao estudo da responsabilidade patrimonial. Não temos aqui um estudo exaustivo, não só porque o espaço não comporta, tampouco porque não daria conta de atender de forma satisfatória todas as nuanças e particularidades da responsabilidade patrimonial nas mais diversas situações previstas no ordenamento jurídico. A nossa intenção é dar um ponto de partida na fixação de bases teóricas para compreensão de um instituto que até hoje carece de estudos monográficos a respeito. É chacoalhar, por assim dizer, um tema que está incompreensivelmente adormecido e escorado em bases que, com o devido respeito, precisam evoluir. A natureza processual que lhe foi atribuída por parte da comunidade científica, e para muitos, ainda mantida, acabou por baralhar ainda mais o seu desenvolvimento teórico. Não se discute seu caráter bifronte[12] como tantos outros institutos do direito que tocam fortemente o processo e o direito

---

11. DINAMARCO, Cândido Rangel. Vocabulário de direito processual. In: Fundamentos do processo civil moderno, vol. I, p 136-137

12. "Nem sempre há uma transparência tão clara quanto à carga que é impregnada no dispositivo, sendo possível lhe extrair (simultaneamente) efeitos materiais e processuais. Nesse tipo de norma o deslocamento não é total, já que há no seu núcleo um caráter híbrido que permite, ao menos em parte, a localização do dispositivo naquele diploma específico. A este tipo de regra com dupla faceta (material e processual) chamamos de normas bifrontes". MAZZEI, Rodrigo. "Enfoque processual do art. 928

material. Num estudo, como este aqui desenvolvido, o que se almeja é a possibilidade de que reflexões possam ser feitas sobre o a origem da responsabilidade patrimonial, o seu conceito e importância na sociedade, a natureza, os sujeitos que a titularizam, o objeto que serve de garantia e o direito que é garantido, além, é claro, de como pode ser a sua tutela jurídica.

---

do Código civil: responsabilidade civil do incapaz (republicação)". In: Revista Brasileira de Direito Processual (Impresso), v. 61, p. 45-70, 2008, p.49-50.

CAPÍTULO 1
CRÉDITO E SUA PROTEÇÃO

1. CRÉDITO E SOCIEDADE

1.1 Etimologia: credor e devedor

Os vocábulos "crer" (*creditis*), "crença" (*credentia*), "acreditar" (*credere*), "inacreditável" (*incredibiliter*), "crível" (*credibile*), "crédito" (*creditu*), "credor" (*creditor*), "crente" (*credentis*), "credibilidade" (*credibilis*), "crédulo" (*credulus*), "creditício" (*credit*) etc. têm em comum o fato de que todos estão diretamente relacionados com o sentido de confiança, crença, acreditar, ter convicção, fé etc.

Crédito nada mais é do que a confiança que se deposita em alguma coisa e, "credor", no sentido financeiro, é justamente aquele sujeito que *acredita*, que tem a *confiança* e a *expectativa* de que receberá aquilo a que tem o direito de receber. Por sua vez o *devedor* é aquele que *deve*, tem o *débito* (*debere*), qual seja o *dever* junto àquele que é o credor.

1.2 Importância macroeconômica da relação débito/crédito

Engana-se quem olha para o problema da inadimplência das obrigações e "crê" que ele se restringe a uma ilha distante e que envolve apenas o *credor X que ficou sem receber o que lhe era devido e o devedor Y que deixou de pagar o que deveria.*

Os dados fornecidos pelo CNJ por meio da "Justiça em números" da execução civil no Brasil têm revelado o retrato de duas tristes realidades:

a) primeiro, porque pressupõe a existência de *créditos que foram inadimplidos; credores insatisfeitos que tiveram que recorrer ao Poder Judiciário*. O gradativo aumento de execuções civis revela um descompromisso, proposital ou não, com o adimplemento espontâneo das obrigações;

b) segundo, porque descortinam uma forte crise na tutela executiva, posto que não consegue satisfazer o direito do credor, chegado a seguinte encruzilhada: *nem a prestação é adimplida espontaneamente* e nem mesmo a *satisfação do direito mediante a responsabilização patrimonial tem êxito no país*. Isso quer dizer que há uma crise tanto do *dever de prestar* quanto do *direito de satisfazer-se mediante a agressão do patrimônio do devedor*[1].

Não se pode esconder que o patamar da inadimplência no Brasil permanece, ano após ano, em índices alarmantes. Há anos que mais de 60 milhões de brasileiros estão inadimplentes, com mais de 20% devendo serviços essenciais (água, energia, gás etc.), mais de 27% devendo a bancos e financeiras, gastos com varejo mais de 12% etc. Se considerar-se que este número de inadimplentes supera com facilidade mais da metade do índice PEA[2] (população economicamente ativa) e a taxa de desocupação no primeiro trimestre de 2024 supera 8 milhões de pessoas[3], pode-se perceber que a inadimplência no Brasil é um fenômeno pandêmico. E alguém poderia questionar:

– Mas o que eu tenho a ver com isso?

– Como essa "pandemia da inadimplência" pode me afetar?

No *âmbito interno*, com o superendividamento das pessoas, seus nomes ficam "sujos" e começam a ter restrições de crédito, diminuindo o consumo de bens e gerando uma retração econômica nos produtos e serviços colocados no mercado, a causar um efeito "bola de neve". Para aqueles que estão no comércio, não há para quem vender e, por isso, a receita cai, obrigando a fazer cortes no setor produtivo que, por sua vez, diminuirá a receita de quem fabrica e produz a matéria prima, sem falar no corte e demissão das pessoas com aumento do desemprego. Reduzido o consumo, produz-se menos, o dinheiro fica mais escasso e mais caro, os juros aumentam e começa uma recessão econômica[4].

---

1. Seria uma tola ingenuidade imaginar que o "cerne do problema" das execuções infrutíferas reside nas "técnicas processuais defasadas" ou na "prestação do serviço judiciário" ou, quiçá, porque existem devedores que "blindam seus patrimônios" para escapar da execução. Estes são "problemas satélites". Num país situado abaixo da linha da pobreza como o Brasil, com quase 50% da população sem saneamento básico, com enorme desigualdade na distribuição da renda *per capita*, é certo que haverá inadimplência, superendividamento e execução infrutífera, porque a grande massa de devedores não possui patrimônio expropriável.

2. Disponível em: https://cidades.ibge.gov.br/brasil/panorama.

3. Disponível em: https://www.ibge.gov.br/explica/desemprego.php.

4. DANA, Samy. Entenda como a inadimplência afeta a economia do país. *G1*. Disponível em: https://g1.globo.com/economia/blog/samy-dana/post/entenda-como-inadimplencia-afeta-economia-do-pais.html Acesso em: 22 fev. 2022; MARINS, Jaqueline Terra Moura Marins; NEVES, Myrian Beatriz Eiras das. Inadimplência de Crédito e Ciclo Econômico: um exame da relação no mercado brasileiro de crédito corporativo. *Banco Central do Brasil*. Disponível em: https://www.bcb.gov.br/pec/wps/port/TD304.pdf, Acesso em: 22 fev. 2022.

"O crédito é um poderoso instrumento para o desenvolvimento econômico, mas se for pago. Se houver calote é prejudicial, pois destrói valor e afeta a qualidade de vida dos cidadãos, que passam a enfrentar as dores de cabeça do superendividamento, e de toda a cadeia produtiva. Empresas, sociedade civil organizada e governos devem encarar o grande desafio de educar financeiramente nossos consumidores"[5].

No *âmbito externo* o cenário não é menos preocupante, pois há um grande problema, a "crise de confiança", os países com poder de investimento passarem a ver o país que padece do endividamento.

A metodologia *risco-país,* criada pelo banco americano J. P. Morgan nos idos de 1990, tem por finalidade servir como critério de avaliação do risco de se investir em países emergentes como o Brasil, daí porque se fala em *risco-Brasil* como corolário do *risco-país.*

Portanto, quando os países desenvolvidos decidem investir em países emergentes, um dos critérios de avaliação para realização do aporte de investimentos financeiros é a capacidade que apresentam de pagar as respectivas dívidas, se honram os seus compromissos, se têm estabilidade e segurança econômica e política e, até mesmo se têm capacidade de prosseguir com os investimentos já iniciados. Umas das variáveis que integram a metodologia são o *déficit* fiscal, o crescimento econômico e a relação dívida/PIB, sem descartar outros fatores como estabilidade política e institucional, situação geográfica, potencialidade de consumo etc. Esses elementos elevam ou reduzem o "risco-país", propiciando a entrada ou a fuga de capitais de investimento estrangeiro.

É uma tolice imaginar que o *problema da dívida inadimplida e, posteriormente, não satisfeita,* envolvendo "João" e "Maria", restrinja-se a um microcosmo sem consequências e desdobramentos econômicos para toda a sociedade.

A realidade é exatamente inversa, por causa de um fenômeno maciço de dívidas inadimplidas e insatisfeitas, pandêmico, como dito alhures, que, não raramente, aparece misturado com ingredientes culturais e idiossincrásicos da sociedade, por exemplo, a inexistência de uma educação financeira[6] no ensino fundamental.

---

5. NAGATA, Vander. Inadimplência bate recorde. *Portal Crédito e Confiança.* Disponível em: https://www.portalcreditoecobranca.com.br/estatistica/55198/inadimplencia-bate-recorde/ler.aspx. Acesso em: 22 fev. 2022.

6. Tamanha a importância da educação financeira na construção de uma sociedade com melhor qualidade de vista, mais justa e igualitária que este tema é objeto de preocupação constante da OCDE, que definiu a educação financeira como sendo "o processo mediante o qual os indivíduos e as sociedades melhoram a sua compreensão em relação aos conceitos e produtos financeiros, de maneira que, com informação, formação e orientação, possam desenvolver os valores e as competências necessários para se tornarem mais conscientes das oportunidades e riscos neles envolvidos e, então, poderem fazer escolhas bem informadas, saber onde procurar ajuda e adotar outras ações que melhorem o

Diante desse cenário, além de políticas públicas destinadas à proteção do crédito que passam tanto pelo comando e controle da regulação da oferta do crédito, fixação de juros compatíveis com o mercado, fiscalização de instituições financeiras que fornecem o crédito, desenvolvimento de estratégias para a implementação de educação financeira do tomador do crédito etc., há ainda uma série de soluções ofertadas no plano da tutela jurídica que também se destinam à *proteger o crédito*, seja com ou sem a necessidade de se buscar no judiciário provimentos judiciais que outorguem ao credor exatamente aquilo a que teria direito de receber (ou as perdas e danos decorrentes do inadimplemento).

A existência no direito legislado de uma *garantia patrimonial* para o credor quirografário que permite ser satisfeita por meio da responsabilização patrimonial numa execução judicial é uma dessas técnicas; porém, como mostram os números do CNJ, até mesmo ela está em crise, pois as execuções são infrutíferas por ausência de patrimônio expropriável.

Ainda que seja necessária uma investigação social e antropológica que expliquem a *"crise de inadimplemento"*, na verdade, a crise da execução no nosso país, como em qualquer outro país com enorme desigualdade na distribuição da riqueza, finca-se num problema econômico de *ausência de patrimônio expropriável da maioria da população*, ou seja, de nada adianta a lei civil prever a regra de que "toda dívida é garantida pelo patrimônio do devedor"[7], se o devedor inadimplente não tem patrimônio expropriável.

A *garantia geral* estabelecida em lei existe em toda obrigação para proporcionar ao credor comum alguma segurança e tranquilidade contra o risco do inadimplemento. Entretanto, o que fazer se, quando ele dela necessita, verifica o credor que não há patrimônio disponível para fazer frente ao prejuízo suportado pelo inadimplemento? E, frise-se, essa constatação não se dá porque tal patrimônio garantidor foi dissipado ou fraudado pelo devedor, mas sim porque nunca teve patrimônio expropriável, nem antes, durante ou após o inadimplemento da obrigação.

---

seu bem-estar. Assim, podem contribuir de modo mais consistente para a formação de indivíduos e sociedades responsáveis, comprometidos com o futuro". OCDE. *Recommendation on Principles and Good Practices For Financial Education and Awareness*. Recommendation of The Council. July, 2005; SAITO, Andre Taue. *Uma contribuição ao desenvolvimento da educação em finanças pessoais no Brasil*. 2007, 152p. Dissertação de Mestrado. Universidade de São Paulo, São Paulo.

7. Por exemplo o 391 do CCB que "pelo inadimplemento das obrigações respondem todos os bens do devedor".

2. A PROTEÇÃO DO CRÉDITO POR MEIO DA GARANTIA PATRIMONIAL GERAL

Como visto em tópicos anteriores, há um interesse público de que as relações jurídicas obrigacionais sejam cumpridas espontaneamente, e, caso isso não aconteça, que então sejam satisfeitas pela força coativa da tutela jurídica estatal sobre o patrimônio do devedor inadimplente.

No momento em que o *corpo* do devedor é substituído pelo seu *patrimônio* na responsabilização pelo inadimplemento da obrigação, nasce a regra geral de que todo credor comum tem, no patrimônio do devedor, a "tranquilidade", a "segurança", a "garantia" de que, se ele inadimplir a prestação, será o seu patrimônio que responderá pelos prejuízos daí decorrentes.

O *patrimônio do devedor* passa a ser, na estrutura da relação jurídica obrigacional, a *garantia geral* de todos os credores comuns. É a lei que cria, para todos os credores comuns, uma *garantia patrimonial geral*. É o patrimônio do devedor que serve de garantia para o credor receber o valor em dinheiro correspondente aos prejuízos decorrentes do inadimplemento.

Desde então, e por isso mesmo, cada vez mais as atenções do ordenamento jurídico se voltam (também) para a conservação do patrimônio garantidor que, no final das contas, garantirá a satisfação do credor contra o eventual inadimplemento.

Como o mundo gira em torno da transferência de riquezas, inevitavelmente surge o problema de a política legislativa encontrar um ponto de equilíbrio na gangorra envolvendo:

(1) de um lado o *direito do devedor de dispor do seu patrimônio* (evitando um congelamento dos negócios e da própria economia) e

(2) de outro o *dever de conservá-lo (mantendo a confiança nas relações negociais) para garantia de suas dívidas.*

O dilema do legislador não é simples de resolver, porque se a conservação do patrimônio não for protegida, cria-se um ambiente maior de insegurança e risco para os credores, mas, se engessar demais a liberdade de o devedor dispor do patrimônio, pode gerar uma imobilidade econômica indesejável e, muitas vezes, desnecessária, porque a regra, numa sociedade civilizada, é a do cumprimento espontâneo da prestação e não o inverso, ou seja, muitos "congelamentos de patrimônios garantidores" seriam desnecessários considerando a premissa da normalidade.[8]

---

8. Numa sociedade com baixos índices de inadimplemento reduz-se a necessidade da congelar patrimônios para servirem de garantia; ao inverso, ganha relevo a conservação do patrimônio garantidor quando os índices de inadimplência se elevam.

Todavia, num país em que a inadimplência grassa em níveis pandêmicos, a *garantia patrimonial* é uma ferramenta fundamental à proteção do crédito, pois, sem medo de ser repetitivo, ela constitui a *garantia legal comum* que concede ao credor, prejudicado pelo inadimplemento, o direito de "realizar" a referida garantia, expropriando do patrimônio do responsável o valor do prejuízo resultante do inadimplemento da prestação.

Nesse passo, a *responsabilidade patrimonial* é o nome que se dá a este fenômeno que envolve, de um lado, o direito de garantia que tem o credor e, de outro, o correspondente dever de sujeição do devedor com o seu patrimônio vinculado à respondência da dívida. A efetiva realização material feita por meio de atos executivos estatais expropriatórios sobre o patrimônio do executado depende do requisito processual do título executivo e é apenas a exteriorização processual de um direito material de garantia, acessório à obrigação inadimplida. A responsabilidade patrimonial de forma alguma se reduz ou se confunde com o processo expropriatório.

A verdade é que se vivêssemos em um mundo perfeito, todas as obrigações seriam extintas da forma mais natural possível por meio do cumprimento da prestação devida[9]. Resgatando o sentido extraído da etimologia das palavras "credor e devedor", bastaria, num mundo ideal, o *credor crer* e o *devedor dever* e nada mais seria necessário além disso, pois o *cumprimento da prestação* aconteceria *naturalmente*. A rigor, não haveria a necessidade de existir nenhuma *garantia para a hipótese de o devedor não cumprir o que deve*.

Mas não é assim que o mundo funciona, em especial o Brasil, e, por isso, o sistema jurídico coloca à disposição das pessoas uma miríade de ferramentas para permitir que o devedor cumpra a prestação prevista na lei ou no negócio jurídico, enfim, oferta meios que pressionam, reforçam, estimulam o cumprimento da prestação tal como ela está delineada na regra jurídica.

O *credor* que apenas *crê* que o devedor irá cumprir o que *deve*, certamente, respira uma atmosfera de risco e incerteza, mormente quando a prestação não é de bilateralidade imediata, isto é, v.g., quando a prestação a ser realizada é posterior ao pagamento já efetuado, ou, pior ainda, quando o tempo para a sua realização é distante da celebração do negócio jurídico, e , ainda, muitas vezes quando o credor não possui informações prévias sobre aquele que *deve*, como nas obrigações decorrentes de atos ilícitos etc.

---

9. "Logo, a *solutio* é *sempre* algo natural na vida da *obligatio*". CRUZ, Sebastião. *Da "solutio" I* (Época arcaica e clássica). Coimbra, 1962, p. 9.

Obviamente que o *"risco às obrigações pode ser controlado, minimizado ou, no limite, até suprimido, através das garantias"*[10].

E o mais interessante é que as técnicas de proteção de crédito *tanto* podem ter por alvo imediato à própria realização da *prestação propriamente dita*, o que aliás, é altamente recomendável (tutela específica), *quanto* a proteção da própria *garantia patrimonial* para o caso de inadimplemento (tutela subsidiária).

Neste passo, a expropriação do patrimônio (responsabilização patrimonial) do devedor em caso de inadimplemento da prestação nada mais é do que a efe-tiva *realização* de um direito material de garantia (da garantia patrimonial). Em sentido lato, e, fenomênico, diz-se que *com a responsabilização patrimonial* não é mais o corpo e nem a vida do devedor que suportam o prejuízo causado pelo inadimplemento, mas sim os bens que compõem o seu patrimônio.

De tal modo, como dizia *Clóvis Beviláqua*, *"o patrimônio do devedor é a garantia comum dos credores"*[11], pois é sobre ele que incide a responsabilidade patrimonial do devedor. Assim, a existência de uma garantia de responsabilização patrimonial para o caso de inadimplemento da prestação constitui uma técnica essencial de proteção do crédito. E, diga-se, tão "essencial" que está inserida na própria estrutura da relação jurídica obrigacional de fonte negocial ou extrane-gocial. *Trata*-se de um direito acessório, mas diverso do direito à prestação que ela visa garantir.

Observe-se que é a lei que insere a *garantia da responsabilização patrimonial* na estrutura de qualquer relação jurídica obrigacional, exceto naquelas em que ela mesma – a lei – permite às partes criar limitações ou exceções (art. 789) que visam proteger valores como a dignidade do devedor ou de sua família.

O fato de existir a *garantia patrimonial* na estrutura de qualquer relação jurídica obrigacional não implica dizer que o ordenamento jurídico deseje que a satisfação do credor se dê por meio da execução coativa do patrimônio do devedor, antes o contrário.

Obviamente que ninguém deseja que seja acionada a realização desta garantia, pois o cumprimento da prestação *in natura* de forma espontânea ou imposta pelo judiciário é sempre a melhor alternativa para o credor, de modo que a "satisfação" mediante o acionamento da garantia patrimonial é sempre uma solução subsidiária; porém, absolutamente necessária no nosso ordenamento.

---

10. CORDEIRO, Antonio Menezes. *Tratado de direito civil*, vol X: direito das obrigações, 3ª edição, Coim-bra: Almedina, 2019, p. 37.
11. BEVILÁQUA, Clóvis. *Theoria Geral do Direito Civil*. 2ª edição, São Paulo: Livraria Francisco Alves, 1929, p. 291.

Não existisse a garantia da responsabilização patrimonial, viveríamos sob o risco de confiar – e apenas confiar – no adimplemento espontâneo dos devedores.

De forma alguma, deve ser olvidado que todos os esforços do ordenamento devem se voltar, prioritariamente, para o cumprimento das prestações, tal como estão previstas originariamente na regra de direito material legal ou negocial.

Assim, por exemplo, ninguém contrata uma prestação de fazer, esperando receber as perdas e danos ou o equivalente em pecúnia, extraídos do patrimônio do devedor, até porque existem determinados direitos e deveres que não se monetizam com justa equivalência, de forma que nenhuma conversão em dinheiro proporcionaria o mesmo benefício da prestação específica, antes o contrário. Basta imaginar os direitos fundamentais sociais que constituem dever do Estado e um direito de todo cidadão[12].

As respostas às seguintes indagações são óbvias e intuitivas:

É melhor receber um dinheiro de indenização por ter se contaminado com agrotóxico contido no alimento ou receber uma tutela jurídica que evite a contaminação e danos à saúde?

É preferível receber o remédio para ter o tratamento de saúde, ou o "correspondente" valor pecuniário pelos prejuízos causados pela doença ou perda da qualidade de vida?

Enfim, nem é necessário trazer estes óbvios e extremos questionamentos para dizer que o sistema jurídico deve priorizar, estimular, lutar para que sempre ocorra a maior coincidência possível entre a prestação originariamente prevista no direito material e a que efetivamente for realizada pelo devedor em favor do credor.

Todavia, por outro lado, ainda que a *máxima coincidência possível* seja um mantra do ordenamento[13], não se pode largar ao ostracismo o fato de que, se não fosse a existência da garantia patrimonial para o caso de inadimplemento, certamente se poderia viver o caos da inadimplência sem consequências para o devedor, transformando todas as obrigações em *frágeis*[14] *obrigações naturais.*

---

12. A respeito ver, por todos, BENJAMIN, Antonio Herman Vasconcellos e. *"Responsabilidade civil pelo dano ambiental"*, in Revista de Direito Ambiental, vol. 09, São Paulo: RT, 1998, p. 5-52 – edição eletrônica.; MARINONI, Luiz Guilherme. *"A tutela inibitória e os seus fundamentos no novo código de processo civil"*, in Revista de Processo, vol. 252, São Paulo: RT, 2016, edição eletrônica, p. 303-318.

13. MOREIRA, José Carlos Barbosa. Por um processo socialmente efetivo. *Revista Síntese de Direito Civil e Processual Civil*, Porto Alegre, v.2, n. 11, p. 5-14, maio/jun., 2001, p. 6; GUERRA, Marcelo Lima. *Direitos Fundamentais e a Proteção do Credor na Execução Civil*. São Paulo: RT, 2003, p. 115; TARUFFO, Michelle. A atuação executiva dos direitos: perfis comparatísticos. Tradução de Teresa Arruda Alvim Wambier. *Revista de Processo*, São Paulo, v. 15, n. 59, p. 72-97, jul.-set. 1990, p. 75.

14. LACERDA DE ALMEIDA, F.P. *Obrigações*: Exposição Sistemática Desta Parte do Direito Civil Pátrio em Seguimento aos "Direitos de Família" e "Direito das Coisas" do Conselheiro Lafayette Rodrigues Ferreira. Porto Alegre: Cesar Reinhardt, 1897, p. 7.

3. AS TÉCNICAS DE PROTEÇÃO DO CRÉDITO E DA GARANTIA PATRIMONIAL GERAL

Considerando que nem sempre as prestações obrigacionais se realizam de forma "instantânea" como um picolé que se recebe pelo dinheiro que se entrega, *é certo que sempre haverá algum descompasso temporal entre o momento da prestação pelo credor em relação a do devedor*, de forma que poderá existir um certo grau de insegurança e incerteza daquele que, eventualmente, *v.g.* já tenha efetuado o pagamento pelo serviço, mas ainda não tenha recebido o que lhe seja devido, ou até, inversamente, do próprio devedor de receber a quitação pelo que, eventualmente, já tenha sido entregue ao credor. Essa diferença temporal dos atos do credor e devedor – a depender das complexidades inerentes de cada relação obrigacional – é que provoca ansiedade, incerteza e medo de que aquele que prestará por último, *a posteriori,* possa realmente cumprir o que lhe for devido.

Assim, por exemplo, quando um banco empresta dinheiro a um cliente, não o faz apenas exigindo, por exemplo, a prestação de garantias acessórias como uma hipoteca, mas também (a) limitando a política de empréstimo de valores a clientes que tenham histórico financeiro positivo, ou que (b) não tenham tido restrições de crédito em órgãos de proteção nos últimos cinco anos, (c) que tenha uma situação patrimonial estável, (d) que apresente o informe de rendimentos anuais etc.

Tudo isso é exigência que o Banco faz *antes*, tal como se fossem "requisitos necessários" para iniciar um procedimento de empréstimo bancário. Ninguém tem um ilusório "crédito pré-aprovado" sem que ali se tenha feito uma análise prévia, normalmente sem consentimento, do histórico financeiro do indivíduo. Nenhum banco empresta dinheiro sem avaliar *riscos e incertezas* em relação ao futuro adimplemento do referido empréstimo[15]. Tais medidas do procedimento bancário são ferramentas que servem para minimizar a incerteza/insegurança/receio de que o *futuro devedor* cumprirá com o dever de pagar, tal como fora combinado no contrato de mútuo[16].

---

15. . A cultura da avaliação patrimonial prévia deveria ser ínsita à celebração de negócios jurídicos, pois é o patrimônio do devedor que garantirá os prejuízos decorrentes do eventual inadimplemento. O conhecimento prévio da existência ou inexistência de patrimônio, antes do litígio, pode evitar surpresas desagradáveis no futuro.

16. Quando o legislador processual atribui natureza de título executivo extrajudicial a contratos como estes (art. 784, II), ele também protege o crédito na medida em que proporciona tutela jurídica executiva imediata em caso de inadimplemento, tornando eventual e posterior (à execução) o *contraditório* do executado. Os títulos executivos extrajudiciais são técnicas que privilegiam a tutela da evidência, redistribuindo o ônus do tempo do processo, levando em consideração a enorme probabilidade de que a obrigação revelada no título executivo seja verdadeira.

Nada impede que no próprio negócio jurídico firmado, ou até por previsão legal, existam técnicas que reduzam o risco de inadimplemento ou, caso este já tenha acontecido, ampliem a chance de ressarcimento do prejuízo causado. Essas ferramentas estão espalhadas pelo ordenamento, e aqui merece destacar: a) as arras ou sinal[17]; b) a cláusula penal[18]; c) os juros legais, d) o direito de retenção da coisa para ressarcimento do prejuízo (*v.g.* arts. 681, 742, etc.); d) o contrato de seguro (art. 747 e ss.); e) a exceção de contrato não cumprido (art. 477); f) as garantias reais (art. 1419) e fidejussórias (art. 818); f) a solidariedade passiva (art. 275), g) a sub-rogação no crédito do devedor que paga a dívida (art. 259), g) a estipulação de cláusula que antecipa o momento inadimplemento da prestação principal à quebra de algum dever acessório antecedente etc.

São inúmeras as possibilidades, técnicas e ferramentas que o ordenamento jurídico oferta para prevenir contra risco do inadimplemento das obrigações, ou, se já tiver ocorrido, minimizar ou aplacar os prejuízos daí decorrentes, portanto, antes ou após o evento "inadimplemento" é possível lançar mão de instrumentos ora mais simples, ora mais complexos que servem *tout court* para proteger o crédito.

Uma dessas técnicas, inserida na estrutura da relação jurídica obrigacional, denomina-se *garantia patrimonial comum* e existe em função do princípio civilizatório básico de preservação da vida e da liberdade que estabelece que apenas o patrimônio de um sujeito responde pelas dívidas inadimplidas.

Só é possível expropriar o patrimônio do devedor/responsável pela dívida inadimplida, porque existe um direito material de garantia subjacente que proporciona esta situação de vantagem para o credor que ficou prejudicado pelo inadimplemento.

Assim, firmada a obrigação, há um direito de garantia que pode ser protegido por meio de técnicas de conservação do patrimônio do responsável; mas, havendo inadimplemento, abre-se para o credor o direito de ressarcir-se dos prejuízos que dele resultam, valendo-se justamente da garantia patrimonial existente.

Na linha do que se expôs, é de se observar que a existência da responsabilidade patrimonial implica admitir que o ordenamento impõe, como regra geral, a situação jurídica de que toda relação obrigacional, de origem negocial ou extranegocial, é *garantida pelo patrimônio do* devedor.

---

17. Art. 418. Se a parte que deu as arras não executar o contrato, poderá a outra tê-lo por desfeito, retendo-as; se a inexecução for de quem recebeu as arras, poderá quem as deu haver o contrato por desfeito, e exigir sua devolução mais o equivalente, com atualização monetária segundo índices oficiais regularmente estabelecidos, juros e honorários de advogado.
18. Art. 408. Incorre de pleno direito o devedor na cláusula penal, desde que, culposamente, deixe de cumprir a obrigação ou se constitua em mora.

Havendo o inadimplemento, o credor, desde que munido de título executivo, passa a ter o direito de *realizar* a referida garantia e o faz por meio da expropriação do patrimônio garantidor. Ter a garantia patrimonial não é sinal de que será necessário utilizá-la. Tudo dependerá da ocorrência ou não do inadimplemento: se isto ocorrer, recorrer-se-á à garantia patrimonial para eliminar os prejuízos sofridos; se isto não ocorrer, o direito acessório de garantia extingue-se naturalmente com a extinção da prestação adimplida.

Não se pode negar, contudo, que mesmo não tendo a função de promover a realização da prestação principal, é possível cogitar que a própria existência da garantia patrimonial exerça sobre o devedor uma pressão ou estímulo de que deve cumprir a prestação para que seu patrimônio não venha responder pela dívida inadimplida[19].

É preciso sempre deixar claro que a solução ofertada pela "realização da garantia patrimonial", após o inadimplemento do devedor, é sempre uma via secundária, indesejável e nem sempre frutífera para o credor. Sempre que for possível a realização da prestação *in natura*, ainda que judicialmente, é sempre o melhor resultado para o próprio ordenamento jurídico, seja pelo seu caráter pedagógico, seja para a eficiência (custo e benefício), seja para o equilíbrio das relações. Essa descoincidência de resultados da prestação *in natura* com a que se obtém com a realização da garantia patrimonial e os custos que isso representa permitem que o ordenamento não meça esforços na busca da tutela específica da obrigação.

Contudo, alguém poderia questionar:

E nos casos em que a prestação originária é pecuniária (primária), a responsabilização patrimonial (secundária) entregaria uma solução coincidente com a primitiva?

A rigor, e curiosamente, nem mesmo aí, quando a obrigação originária a ser prestada pelo devedor seja o pagamento de uma quantia, pode-se dizer que existirá a coincidência desta quantia com o valor que se exigirá por meio da responsabilização patrimonial.

Vejam-se os termos do art. 404, *caput* do CCB, no qual se lê que, uma vez ocorrido o *inadimplemento da prestação de pagar quantia*, as perdas e danos daí derivadas serão pagas com atualização monetária segundo índices oficiais regularmente estabelecidos, abrangendo juros, custas e honorários de advogado, sem

---

19. Apenas indiretamente é que teria uma função estimuladora do devedor de cumprir a obrigação principal, pelo receio de que seu patrimônio, vinculado pela garantia legal, possa ser expropriado no futuro, caso ele dê causa ao inadimplemento.

prejuízo da pena convencional. No entanto, o parágrafo único abre a possibilidade de que *"provado que os juros da mora não cobrem o prejuízo, e não havendo pena convencional, pode o juiz conceder ao credor indenização suplementar".*

Nessa hipótese, além do valor da prestação inadimplida, somada com juros e eventual pena convencional e honorários advocatícios, ainda pode existir uma *indenização suplementar* como mencionado no dispositivo, caso em que descoincidirá, ao menos quantitativamente, a prestação originária e a subsidiária.

Se, por um lado, a *garantia patrimonial legal* é uma técnica de proteção do crédito (servindo-lhe de *garantia*, um direito acessório), por outro lado, é preciso abrir os olhos e notar que *ela mesma pode ser objeto de proteção por outras ferramentas jurídicas.*

Assim, as técnicas jurídicas que servem de proteção da garantia patrimonial são, portanto, *instrumentos do instrumento*, na medida em que se prestam de forma imediata à proteção do direito de garantia que, por sua vez, serve de tutela de segurança ao direito de crédito. Embora possam existir muitas técnicas de proteção da garantia patrimonial – inclusive porque podem ser objeto de convenção das partes -, destacam-se as técnicas jurídicas preventivas e as repressivas da garantia patrimonial. Naquelas, evita-se e, nestas, remove-se o prejuízo ao patrimônio. De tais técnicas, cuida o Capítulo 6.

4. A RESPONSABILIZAÇÃO PATRIMONIAL COMO UM DIREITO MATERIAL DE GARANTIA PARA A PROTEÇÃO DO CRÉDITO (PECUNIÁRIO)

Existe uma série de técnicas que servem para a proteção do crédito, inclusive, e especialmente, do *crédito pecuniário*, seja ele oriundo de uma relação negocial ou legal. Numa sociedade em que o dinheiro é essencial para a circulação, troca, comércio de mercadorias, bens e serviços, força de trabalho etc., é necessário que o crédito pecuniário seja protegido seja *ex ante* ou *ex post* ao inadimplemento.

Existem diversas técnicas de direito material de proteção do crédito, as quais têm por finalidade estimular o devedor a realizar o cumprimento da prestação pactuada, portanto, anteriores a qualquer inadimplemento. Esse estímulo tanto pode ser pela outorga de um futuro benefício àquele que cumpre a obrigação, quanto pela imposição de uma perda àquele que a descumpre . Além da multa coercitiva, do protesto futuro do título, da posterior inclusão do nome do devedor em serviços de proteção ao crédito, da antecipação do momento do inadimplemento pelo descumprimento de um dever acessório prévio à prestação principal

CAPÍTULO 1 • CRÉDITO E SUA PROTEÇÃO **13**

etc., há também o exercício do direito de retenção (nas situações em que é admitida) pelo credor que poderá conservar consigo o bem do devedor que esteja em seu poder, privando-o da posse desse, enquanto (ele) não adimplir a prestação[20]. Assim é, por exemplo, "*o mandatário tem sobre a coisa de que tenha a posse em virtude do mandato, direito de retenção, até se reembolsar do que no desempenho do encargo despendeu*" (art. 671 do CCB)[21]. Aqui interessa, *commodatis causa*, apenas a menção às técnicas que constituem um direito material de garantia para o caso de futuro e eventual inadimplemento.

Os direitos de garantia dão tranquilidade/segurança ao credor – e ao comércio em geral – porque o credor sabe que, em caso de *inadimplemento*, poderá satisfazer o seu crédito, valendo-se destas garantias previstas na lei ou no negócio jurídico. Por outro lado, para o devedor, este já sabe, desde o momento em que nasce o seu dever de adimplir a obrigação legal ou negocial que, se não o fizer, este inadimplemento permite que se execute a garantia existente, isto é, a garantia (o patrimônio garantidor) servirá, efetivamente, para satisfazer o direito do credor.

É de se recordar que existe a *garantia geral* e as *garantias especiais*. Quando o ordenamento jurídico adota a regra da responsabilidade patrimonial (*é o patrimônio, e não o corpo, do devedor que responde pelo seu inadimplemento*) ele expressamente assume que o patrimônio do devedor constitui um *direito material de garantia para os credores*. Por estar expressamente prevista na lei, a garantia patrimonial serve tanto para as relações jurídicas negociais quanto extranegociais e está embutida na estrutura da relação obrigacional.

A *garantia patrimonial* nasce com a relação obrigacional, mas ela se visualiza com feições distintas a depender do que ocorrer nas etapas do desenvolvimento da referida relação. O inadimplemento da obrigação de pagar quantia é o fato jurídico ocorrido no curso da relação obrigacional que "mimetiza" *o direito de ter o patrimônio como garantia, guardado para o futuro,* em *direito atual de excutir esta garantia patrimonial.* [22]

---

20. SERPA LOPES, Miguel Maria. *Curso de direito civil*, vol. III – 6ª edição, Rio de Janeiro: Freitas Bastos, 1995, 243.
21. Ver ainda Art. 527. Na segunda hipótese do artigo antecedente, é facultado ao vendedor reter as prestações pagas até o necessário para cobrir a depreciação da coisa, as despesas feitas e o mais que de direito lhe for devido. O excedente será devolvido ao comprador; e o que faltar lhe será cobrado, tudo na forma da lei processual.; Art. 708. Para reembolso das despesas feitas, bem como para recebimento das comissões devidas, tem o comissário direito de retenção sobre os bens e valores em seu poder em virtude da comissão.; Art. 742. O transportador, uma vez executado o transporte, tem direito de retenção sobre a bagagem de passageiro e outros objetos pessoais deste, para garantir-se do pagamento do valor da passagem que não tiver sido feito no início ou durante o percurso.
22. Esse direito de excutir depende de um requisito processual: título executivo que revele uma obrigação líquida, certa e exigível.

O inadimplemento do devedor é o fato jurídico eventual e incerto (que pode ou não acontecer na relação jurídica obrigacional) e autoriza o credor a exigir que se extraia (exproprie) do patrimônio do responsável o numerário que lhe seja devido. *Antes* do inadimplemento há o direito de ter a garantia patrimonial para o futuro, que por isso mesmo pode ser conservada e protegida juridicamente; depois dele, esse direito de garantia projeta-se no direito potestativo de realizar a referida garantia por meio de expropriação, que via de regra, é num processo executivo judicial.

Importante que fique claro que sob o mesmo guarda-chuva da corriqueira expressão "responsabilidade patrimonial" está o seu papel garantidor para o futuro, bem como o poder de excussão patrimonial do responsável após o *inadimplemento*. Este é o fato jurídico eventual e incerto imputável ao devedor que pode acontecer no percurso da relação obrigacional que destrava a possibilidade de execução do patrimônio garantidor do responsável. O *antes e o depois* do inadimplemento imputável ao devedor são decisivos para a compreensão do fenômeno (faces distintas de uma mesma moeda): *antes* é um direito de garantia para uma situação futura; *depois* é o direito de satisfazer o direito por meio da realização da referida garantia.

Tanto no Código Civil, quanto em leis específicas há a previsão da responsabilidade patrimonial. Cite-se aqui o Código Civil brasileiro como regra geral do tema:

> Art. 391. Pelo inadimplemento das obrigações respondem todos os bens do devedor.
>
> Art. 942. Os bens do responsável pela ofensa ou violação do direito de outrem ficam sujeitos à reparação do dano causado; e, se a ofensa tiver mais de um autor, todos responderão solidariamente pela reparação.

Parece claro que se não existisse a *garantia geral patrimonial* – e sendo totalmente vedada a *responsabilidade pessoal* –, nenhuma consequência existiria para o caso de o devedor inadimplir a obrigação. Ter-se-ia que confiar na honradez do devedor em cumprir a sua obrigação, o que seria um verdadeiro esculacho.

A garantia geral contra o incumprimento da obrigação legal ou negocial de pagar quantia – escondida sob o rótulo de "responsabilidade patrimonial" – nada mais é do que, sob a perspectiva do *credor do crédito inadimplido que esteja munido de um título executivo*, a existência de uma *posição jurídica ativa* que lhe proporciona um *poder* de extrair do patrimônio do responsável o numerário suficiente para satisfazer o seu direito de crédito inadimplido. Trata-se de *executar, realizar, satisfazer* a garantia representada pelo patrimônio[23].

---

23. O credor em favor do qual foi prestada a garantia de uma hipoteca tem a seu favor não só esta garantia especial, que poderá ser realizada caso aconteça o inadimplemento (execução hipotecária), mas também a garantia comum que recai sobre o patrimônio do devedor.

Já sob a perspectiva do *devedor/responsável,* nada mais é do que assumir uma *posição jurídica passiva de sujeição do seu patrimônio* que serve de garantia para satisfação da dívida inadimplida. Com a responsabilidade patrimonial, o devedor/responsável tem a certeza e a garantia de que seu corpo e sua vida estarão a salvo já que não mais existe a responsabilidade pessoal. Para o credor munido de título executivo contra o devedor, há a segurança (e a situação jurídica ativa) de que o patrimônio do devedor/responsável *garante à satisfação* uma obrigação assumida pelo devedor, caso este não a cumpra.

Já as garantias especiais são assim chamadas porque constituem um *plus* em relação à garantia geral da responsabilidade patrimonial. Elas podem ser classificadas segundo o modo como são constituídas: (i) *legais* (privilégios/preferências de determinados créditos); (ii) convencionais, porque acordadas pelas partes (cláusula penal, arras); (iii) *mistas* porque tanto podem ser derivadas de lei ou por convenção das partes (penhor, hipoteca, fiança). É possível classificá-las ainda em *reais* e *pessoais.* Do primeiro grupo, cite-se o penhor, a anticrese e a hipoteca; do segundo, o aval e a fiança. Não raramente, terceiros que não têm o dever de prestar assumem, pessoalmente ou com bens do seu patrimônio, a responsabilidade de garantir a prestação inadimplida, em típico exemplo do que se costuma chamar de *responsabilidade sem débito.*

O fato de o direito de garantia ser *instrumental ou acessório* ao direito de crédito não lhes retira a característica de que constituem um *direito material em favor do credor* e suportável pelo devedor/responsável. Não havendo regra legal ou negocial específica, o direito à garantia patrimonial, proporcionado pela adoção da responsabilização patrimonial do devedor no nosso ordenamento, nasce no mesmo momento do direito de crédito/débito relativo à determinada prestação.

Desde o nascimento da relação obrigacional, pode-se tutelar juridicamente a conservação do patrimônio com medidas judiciais que visem impedir ou reprimir desfalques prejudiciais que comprometam o seu papel garantidor. Depois do inadimplemento é que se torna possível exigir a excussão do patrimônio do responsável (executar a garantia patrimonial). Antes do inadimplemento, essa "execução da garantia" é mero *direito expectado de excussão patrimonial.* Deixa de ser um *direito expectado* e passa a ser um direito sem óbices (condição) de ser exercido quando (e se) ocorrer o inadimplemento. O inadimplemento é *condictio iuris* para que o "direito do credor à garantia patrimonial" possa ser convolado e, concretizado, em "direito de satisfazer-se mediante a excussão da garantia", obviamente, desde que esta responsabilidade patrimonial esteja revelada num título executivo judicial ou extrajudicial. A *excussão do patrimônio garantidor* realizável, regra geral por meio de uma execução judiciária, é manifestação direta do direito de garantia à responsabilização patrimonial. Só se executa o patrimônio do devedor/responsável porque existe um direito material de garantia antecedente que recai sobre o referido patrimônio.

A eficácia atinente ao poder de excussão patrimonial *é condicionada ao evento incerto e futuro do "inadimplemento"*, que se coloca como condição jurídica para sua efetivação. Frise-se, isso não elimina o fato, antes o inverso, de que é um direito que nasce junto com a obrigação, reconhecido como um *direito de garantia* e, por isso, pode ser protegido juridicamente no que toca a sua função garantidora de uma situação futura.

> Assim, por exemplo, Marcelo e Guilherme pretendem realizar um negócio jurídico vultuoso. Um quer vender caminhões e o outro adquiri-los ao longo de um ano. Assim, antes de assinarem o pacto decidem trocar informações sobre as suas respectivas situações patrimoniais. Só depois disso, é que Marcelo e Guilherme decidem por realizar um contrato onde o primeiro irá pagar ao segundo uma vultuosa quantia e o segundo irá entregar ao primeiro 15 caminhões seis meses depois da assinatura do pacto.

> Ora, é claro que se Marcelo tiver conhecimento de que o patrimônio de Guilherme sofreu redução ao longo do primeiro mês de forma que a "garantia patrimonial" existente no momento da realização do contrato possa estar comprometida ou em risco, não há dúvidas de que ainda que esteja no terceiro mês de contrato (não tenha acontecido o "inadimplemento"), mas esteja clara a dilapidação do patrimônio do responsável, então é perfeitamente possível a utilização de remédios judiciais para restaurar ou prevenir o desfalque quando indique um comprometimento do direito de garantia patrimonial.

Depois do inadimplemento imputável ao devedor, tem o credor o direito de extirpar o seu prejuízo, valendo-se da *garantia patrimonial existente*. Enquanto não se satisfizer, mediante a expropriação do patrimônio garantidor, poderá valer-se de medidas de conservação da referida garantia. São as medidas conservativas que impedem ou restauram a sua higidez para que o patrimônio garantidor continue a ser útil à função que desempenha. Essas técnicas muitas vezes só podem ser utilizadas por meio de um processo judicial e podem ser classificadas didaticamente em (i) *conservativas preventivas*, algumas exercidas judicialmente, (v.g. arresto[24]) ou (ii) *conservativas restauradoras* (v.g. reconhecimento judicial da fraude contra credores e fraude à execução). Veremos isso mais adiante no Capítulo V.

---

24. Outro exemplo é a descrita no art. 477 do CCB em que se lê que "se, depois de concluído o contrato, sobrevier a uma das partes contratantes diminuição em seu patrimônio capaz de comprometer ou tornar duvidosa a prestação pela qual se obrigou, pode a outra recusar-se à prestação que lhe incumbe, até que aquela satisfaça a que lhe compete ou dê garantia bastante de satisfazê-la".

Capítulo 2
Conceito, ontologia, evolução, características e classificação da garantia patrimonial geral

1. INTROITO: A RELAÇÃO OBRIGACIONAL E A GARANTIA DA RESPONSABILIDADE PATRIMONIAL

O clássico conceito de obrigação, com algumas variações, pode ser resumido na seguinte definição:

> relação jurídica, de caráter transitório, estabelecida entre devedor e credor e cujo objeto consiste numa prestação pessoal econômica, positiva ou negativa, devida pelo primeiro ao segundo, garantindo-lhe o adimplemento através de seu patrimônio[1].

Embora este conceito não esteja equivocado, ele é *insuficiente* para descrever a obrigação como um *fenômeno* bem mais *complexo*, seja porque os deveres nela existentes não se limitam à *prestação principal* – que normalmente a qualifica -, seja porque em virtude desses outros deveres os atores que dela participam assumem posições jurídicas ativas e passivas variadas e distintas.

Além disso, essa *transitoriedade* da relação obrigacional é muito mais do que uma relação "momentânea" ou "efêmera", porque envolve verdadeiras etapas distintas que se desenvolvem de forma sucessiva ao longo do tempo, como acertadamente assevera autorizada doutrina[2-3-4].

---

1. MONTEIRO, Washington de Barros. *Curso de Direito civil brasileiro*. São Paulo: Saraiva, 1979. v. IV, p. 8.
2. "La relación de obligación, como relación jurídica concreta entre personas determinadas, existente en el tiempo, es, ciertamente, un conjunto de derechos, obligaciones y 'situaciones jurídicas', pero no es la suma de aquello. Es, más bien, un todo, un conjunto ('Gefüge'). [...] Toda relación de obligación persigue, a ser posible, la más completa y adecuada satisfacción del acreedor y de los acreedores, a consecuencia de un determinado interés en la prestación. Ahora bien, por el hecho mismo de que en toda relación de obligación late el fin de la satisfacción del interés en la prestación del acreedor, pude y debe considerarse la relación de obligación como un proceso. Está desde un principio encaminada a alcanzar un fin determinado y a extinguirse con la obtención de este fin." LARENZ, Karl. *Derecho de obligaciones*. Tomo I. Trad. (espanhola) Jaime Santos Briz. Madrid: Editora Revista de Derecho Privado, 1958, p.38-39; ver ainda SILVA, Clóvis do Couto e. *A obrigação como um processo*. São Paulo:

Assim, por exemplo, quando um advogado recebe um telefonema no seu escritório de um sujeito que se interessa por contratar os seus serviços de advocacia e consultoria, desde o primeiro momento, antes mesmo de firmar um negócio jurídico com ele, ele já tem *deveres prévios* em relação à futura e eventual contratação que possa realizar com potencial cliente. [3-4]

A primeira coisa a fazer, antes de ouvir o caso, é saber se existe algum impedimento/suspeição de alguma causa/pessoa do escritório em relação ao referido sujeito. Superado este obstáculo, então agendará um encontro, ouvirá o relato, estudará o caso e fará uma proposta de trabalho com diversas cláusulas estabelecendo os direitos e deveres de ambos; direitos e deveres estes que se relacionam tanto com o objeto principal da contratação, quanto com prestações secundárias como custo de deslocamento, ressarcimento de despesas, sigilo das informações, relatórios mensais, regras de *compliance* etc.

De tal modo, assinado o contrato, à medida que o processo judicial caminha, a relação jurídica negocial de prestação de serviços advocatícios também se desenvolve no tempo, e os deveres aos quais ambos estão submetidos vão sendo cumpridos segundo o roteiro contratual preestabelecido em comum acordo. Contudo, conquanto o contrato preveja o seu fim normal, também estão ali previstas as regras que incidem em caso de inadimplemento de qualquer das partes. Logo, as *consequências do inadimplemento*, ainda que este não venha acontecer, também integram a relação jurídica negocial. Ninguém deseja que aconteça o inadimplemento, mas ali estão elas (as consequências), firmadas e sacramentadas para o caso de vir a ocorrer.

Com este exemplo comum do cotidiano, é muito fácil perceber que as obrigações podem ser simples ou complexas, duradouras e imediatas, envolvendo

---

José Bushatsky, 1976, p. 120; MARQUES, Cláudia Lima. *Contratos no código de defesa do consumidor*: o novo regime das relações contratuais. 5.ed. São Paulo: Revista dos Tribunais, 2006, p. 217; NORONHA, Fernando. *O direito dos contratos e seus princípios fundamentais*. São Paulo: Saraiva, 1994, p.153-190; PERLINGIERI, Pietro. *Perfis do direito civil*. Introdução ao direito civil constitucional. Tradução de Maria Cristina de Cicco. 2.ed. Rio de Janeiro: Renovar, 2002, p. 212.

3. "Portanto, a solutio não extingue uma obrigação; realiza-a. Considerada em relação com o facto ou o negócio constitutivo dessa obligatio, vem a ser o acto final duma série ou cadeia que se desenrola". CRUZ, Sebastião. *Da "solutio" I* (Época arcaica e clássica). Coimbra, 1962, p. 14.

4. "Por outras palavras: as obrigações têm marcadas na sua teleologia ou destinação a satisfação dos interesses do credor, ou seja, o cumprimento. As obrigações constituem-se para se cumprirem. Por isso que a obrigação tenha sido pensada algumas vezes como um mecanismo (Gefüge), organismo (Organismus), em suma, como um processo (Prozess), misto de sucessão de estádios e de possibilidades concedidas aos sujeitos dele, e isso não apenas para por em evidencia o destino ou finalidade últimos da relação obrigacional como para chamar a atenção para as diversas influências de perturbação a que ela está sujeita precisamente até ao cumprimento." FARIA, José Leite Areias Ribeiro de. *Direito das obrigações*, vol. I, Coimbra: Almedina, 1987, p. 4-5.

apenas uma ou várias prestações principais ou acessórias, além é claro, dos deveres anexos que lhes são inerentes.

Como dito pelo civilista lusitano Ribeiro de Faria[5], ora reconhecida como *organismo*, ora como *mecanismo*, ora como *estrutura*, ora como um *processo*, a "obrigação" é um fenômeno dinâmico, processual e procedimental, que nela contém inúmeras relações jurídicas; relações que nela se formam e se conformam dentro de uma macro relação jurídica, submetendo os seus atores a ocupar uma série de posições jurídicas distintas, ora ativas ora passivas, durante todo o seu desenrolar.

Didaticamente falando, essa complexa relação jurídica se finca em dois pilares que são (1) *o dever principal de prestar* e (2) a *garantia patrimonial para o caso de sua inexecução*. Conquanto a relação jurídica obrigacional nasça para ter um fim; fim este que se dá com o *cumprimento do dever de prestar*, nela também está prevista a situação indesejada do *incumprimento*. Embora seja, como se disse, uma "situação indesejável", quando se estabelece a relação jurídica obrigacional, nela se prevê o "plano B", ou seja, a responsabilização patrimonial por meio da realização da garantia patrimonial.

No momento em que se constitui uma relação obrigacional, nasce junto a *garantia patrimonial legal*. O nosso ordenamento jurídico adotou a regra geral da *responsabilidade patrimonial legal do devedor inadimplente*, ou seja, ela já existe enquanto "garantia" da relação obrigacional antes do inadimplemento, mas caso aconteça esta *condicio iuris,* permite-se ao credor, munido de título executivo, que realize esta garantia por meio da excussão do patrimônio do responsável numa execução de pagar quantia.

O credor só poderá retirar do patrimônio do devedor a quantia correspondente ao prejuízo do inadimplemento porque tal situação jurídica (potestativa) deriva do subjacente direito material à garantia patrimonial. É importante que se perceba isso, pois são *momentos distintos* do mesmo fenômeno alcunhado de *responsabilidade patrimonial* – antes e depois do incumprimento – que podem ser protegidos juridicamente sob perspectivas também distintas, como adiante se demonstrará.

2. CONCEITUAÇÃO

2.1 Discernindo os termos: o que é responsabilidade?

O vocábulo "responsabilidade" é de senso comum no nosso dia a dia. Pode-se até dizer que faz parte de um pensamento intuitivo – diria quase "lógico" – decorrente do binômio *causa/efeito* (*dever/consequência*).

---

5. RIBEIRO DE FARIAS, Jorge Lei Areias. *Direito das Obrigações*, vol. II, Coimbra: Almedina, 1990.

A "responsabilidade" é uma qualidade que se atribui ao "responsável"; e este, por sua vez, é o sujeito que deve *suportar, assumir, garantir, sujeitar (responder)* às consequências dos atos que conscientemente decidiu praticar[6].

Não por acaso as reflexões em torno do que seja a "responsabilidade" perambula por assuntos que envolvem a *consciência, equivalência, liberdade e consequência*[7], e, exatamente por isso é estudada também sob várias perspectivas (psicológica, filosófica, corporativa, jurídica etc.) trazendo questionamentos seríssimos sobre o *determinismo* e a *liberdade de ser e agir*[8].

Em sentido comum, toma-se a "responsabilidade" como um *dever jurídico* suportado por alguém em razão de seus próprios atos e escolhas, ou excepcionalmente, pelos atos de outrem.

Numa sociedade em que a *liberdade de um termina quando a do outro começa*, o *direito de um corresponde ao dever do outro*, é certo que, quando alguém realiza condutas contrárias ao Direito (quando faz o que *não* deveria ser feito ou deixa de fazer o que deveria ser feito), *deve* suportar as *consequências negativas* resultantes de seus atos ou, excepcionalmente, dos atos de outrem pelos quais a lei ou o negócio jurídico impõe que seja responsável[9].

> Ora, v.g., se atiro uma pedra de uma calçada para outra cruzando toda rua assumo o risco de causar um mal a alguém e por isso me sujeito, me obrigo, me submeto às consequências deste ato.
>
> Se opto por não cumprir um contrato e não realizo aquilo que deveria realizar, me sujeito as consequências dessa atitude.
>
> Observe que é daí a aproximação entre *liberdade de agir* e a *responsabilidade pelas consequências* do agir.

No parágrafo acima, há dois exemplos envolvendo situações jurídicas (lei e contrato), mas a verdade é que o fenômeno da responsabilidade não se reduz ao mundo jurídico, pois se atrela a toda e qualquer consequência derivada de

---

6. "Responsabilidade" do Latim *responsus*, particípio passado de *respondere*, "responder, prometer em troca", de "RE", "de volta, para trás", mais *SPONDERE*, "garantir, prometer".

7. JONAS, H. *O Princípio Responsabilidade*. Rio de Janeiro: Contraponto: Ed. PUC-Rio, 2006.

8. FOUCAULT, Michel. *Vigiar e punir*. Petrópolis: Vozes, 1996; HEIDEGGER, Martin. *Ser e tempo*. 12. ed. Petrópolis: Vozes, 2002; BOBBIO, Norberto. *Igualdade e liberdade*. Rio de Janeiro: Ediouro, 2002; DELEUZE, G. *A Lógica do Sentido*. Tradução de Luiz Roberto Salinas Fortes, São Paulo: Perspectiva, 1975; DWORKIN, Ronald. *A raposa e o porco-espinho*: justiça e valor. Tradução de Marcelo Brandão Cipolla. São Paulo: Martins Fontes, 2014.

9. Ver por todos os DIAS, José de Aguiar. *Da responsabilidade civil*, vol. I, 10ª edição. Rio de Janeiro: Forense, 1997, p. 01-03.; FARIAS, Cristiano Chaves de; ROSENVALD, Nelson; BRAGA NETTO, Felipe Peixoto. *Curso de Direito Civil*, vol. III, 4ª edição, Salvador: Podivm, 2017, p. 34.

nossos atos e decisões no meio social[10]. Nesse passo, também há responsabilidade no sentido de submissão às nossas escolhas e ao nosso agir, ainda que isso não tenha nenhuma relevância jurídica e restrinja-se apenas a uma consequência moral ou psicológica.

> Assim, por exemplo, a pessoa que decide trair um amigo, pode nem ter tal ato descoberto e mesmo assim sofrer as consequências da culpa que pode atormentá-lo para toda a vida.
>
> Aquele outro que pensa em praticar um crime, mas desiste de fazê-lo poderá suportar a dor da culpa simplesmente por ter pensado em realizar um ato que é tido como infame.

Aqui interessa apenas *responsabilidade* sob a perspectiva *jurídica*, ou seja, *sujeição de alguém às consequências jurídicas de ele mesmo ter praticado – ou excepcionalmente de outrem – um ato contrário ao direito.*

2.2 Discernindo a responsabilidade civil da responsabilidade patrimonial

A "responsabilidade", como já assinalado, é o dever jurídico que deriva – como consequência – dos atos praticados pela própria pessoa ou por outrem.

A *responsabilidade civil* é esse dever jurídico consequencial *reparatório* que nasce para aquele que comete uma conduta antijurídica *danosa* a alguém[11].

> A responsabilidade civil tem, pois, como um de seus pressupostos, a violação do preceito jurídico e a perda. Há um compromisso constitucional originário, cuja violação gera um dever legal sucessivo ou secundário, de indenizar o prejuízo[12].

Por sua vez, a *responsabilidade patrimonial* é, também, este dever sucessivo ou consequencial, inerente ao conceito de "responsabilidade", mas refere-se ao dever jurídico de sujeitar (suportar, submeter) o seu patrimônio à satisfação do

---

10. PONTES DE MIRANDA. *Tratado de Direito Privado*, t. LIII, § 5498, item 3. Imprenta: Rio de Janeiro, Borsoi, 1970.
11. BITTAR, Carlos Alberto. *Curso de direito civil*. 1 ed. Rio de Janeiro: Forense, 1994, p. 561; STOCO, Rui. *Tratado de responsabilidade civil*: doutrina e jurisprudência. 7 ed. São Paulo Editora Revista dos Tribunais, 2007, p. 114; GONÇALVES, Carlos Roberto. *Direito Civil brasileiro*, Responsabilidade. 7ª ed. São Paulo. Saraiva, 2011. V.7. p. 24; PEREIRA, Caio Mário da Silva. *Responsabilidade civil*. 9. ed. Rio de Janeiro: Forense, 1999; GAGLIANO, Pablo Stolze; PAMPLONA FILHO, Rodolfo. *Novo curso de direito civil*. 2. ed. rev., atual. e ampl. São Paulo: Saraiva, 2004. v. 3., p. 09 e ss.; CAVALIERI FILHO, Sérgio. *Programa de responsabilidade civil*. 9. ed. rev. e ampl. São Paulo: Atlas, 2010, p. 3 e ss.; RODRI-GUES, Silvio. *Direito civil*: responsabilidade civil. 19. ed. São Paulo: Saraiva, 2002. v. 4. p. 6.; DINIZ, Maria Helena. *Dicionário jurídico*. 2. ed. São Paulo: Saraiva, 2005. v. 4., p. 200; VENOSA, Sílvio de Salvo. *Direito civil*: responsabilidade civil. 8. ed. São Paulo: Atlas, 2003, p. 1.
12. GONÇALVES, Carlos Roberto. *Direito Civil Brasileiro*: Responsabilidade Civil. 8ª. Ed. São Paulo: Saraiva, 2013, p. 24.

crédito pecuniário correspondente aos prejuízos decorrentes do inadimplemento por ele mesmo cometido ou por outrem.

Observe-se que, quando se forma a relação obrigacional, há o vínculo principal representado pela prestação principal e em torno da qual existem diversas relações satélites, dentre as quais se destaca justamente o vínculo da garantia patrimonial. Ao formar a relação obrigacional, nasce com ela o vínculo garantidor entre o *responsável e o credor*. Aquele garante a este, com o seu patrimônio, que, caso a prestação seja inadimplida, ele, credor, poderá retirar do referido patrimônio o numerário suficiente para eliminar o prejuízo que sofrer com o tal incumprimento. Assim, a *responsabilização patrimonial* nada mais é do que um vínculo jurídico de garantia. Quando acontece o incumprimento, permite-se ao credor munido de título executivo o direito de realizar a referida garantia patrimonial.

A noção de *dever sucessivo pelo cometimento de uma conduta antijurídica* é o mesmo na *civil e na patrimonial*, mas se diferem no âmbito de aplicabilidade de cada um deles. Na responsabilidade patrimonial, esse dever sucessivo decorre do *inadimplemento de uma prestação contida numa obrigação legal ou convencional* e qualifica-se pela submissão do patrimônio do *responsável* à satisfação do prejuízo suportado pelo credor.

Curiosamente, a aproximação dos institutos não se dá apenas pelo sentido comum do vocábulo "responsabilidade", pois a rigor a *responsabilidade patrimonial* incide para qualquer dever de pagar quantia (obrigação pecuniária[13]), seja ele fruto de uma obrigação de indenizar (responsabilidade civil) ou não.

Logo, por exemplo, aquele que não cumpre o *dever de pagar quantia fruto de uma obrigação pecuniária tributária*, ou o *dever de pagar quantia (multa) fruto de uma punição processual* ou o *dever de pagar uma indenização por um ato ilícito*, submete-se à responsabilização patrimonial[14].

A realização da garantia patrimonial proporcionada pelo fenômeno da responsabilização patrimonial depende do incumprimento de um dever jurídico que pode ser, inclusive, fruto da incidência da responsabilização civil. Havendo um direito de crédito inadimplido, seja qual for a sua origem, incide a possibilidade de

---

13. "Diz-se pecuniária (de pecúnia) a obrigação que, tendo por objecto uma prestação em *dinheiro, visa proporcionar ao credor o valor que as respectivas espécies possuam como tais*". VARELA, João de Matos Antunes. *Das obrigações em geral*. 10ª edição. Vol. 1, Coimbra: Almedina, 2000, p. 845.

14. Insere-se no gênero comum "obrigações pecuniárias" tanto aquelas que primitivamente a prestação originariamente descumprida era pecuniária (prestação de pagar quantia num contrato de mútuo), quanto aquelas que sejam "dívidas de valor" em que a prestação original era, por exemplo, um fazer ou não fazer e em prestação de pagar dinheiro foi convertida. Neste sentido ver VARELA, João de Matos Antunes. *Das obrigações em geral*. 10ª edição. Vol. 1, Coimbra: Almedina, 2000, p. 858 e ss.

realização da garantia patrimonial. Isso porque o patrimônio do devedor constitui uma *garantia legal geral*, ela permite que, após o inadimplemento, a garantia seja efetivamente realizada mediante a efetivação de atos judiciais de expropriação.

2.3 O sentido e alcance da expressão "responsabilidade patrimonial"

A expressão *responsabilidade patrimonial* – isso será visto com vagar em tópicos seguintes – é a face oposta da expressão *responsabilidade pessoal*, típica de uma sociedade incivilizada que admitia que dívidas inadimplidas fossem "satisfeitas" com o corpo, a vida e a liberdade do devedor ou de seu garantidor.

Dizia-se *responsabilidade pessoal* quando a *pessoa* suportava com seu corpo as consequências do seu ato de inadimplir a obrigação. A única garantia de cumprimento da obrigação era a *confiança, a palavra, a boa-fé* e, quando esta era quebrada com o inadimplemento, se não fosse trazido um *garantidor* para arcar com a dívida, restaria a escravidão ou a morte do devedor.

Obviamente que a *responsabilização pessoal* não substituía a obrigação inadimplida e funcionava muito mais como uma punição ao inadimplente, daí porque não parece tecnicamente adequado dizer que a responsabilidade patrimonial seja, neste sentido, uma evolução (jurídica) à responsabilidade pessoal. Esta servia para *punir* uma conduta, aquela uma *substituição reparativa* da prestação inadimplida[15].

Entretanto, a partir do momento em que se substituiu a "responsabilidade pessoal" pela "responsabilidade patrimonial", alterou-se também o papel que elas desempenhavam. O nascimento da relação obrigacional traz consigo embutida a

---

15. Costuma-se dizer que a Lei das XII Tábuas determinava que, caso fosse realizado todo o procedimento da *manus iniectio* e, mesmo assim, o credor não obtivesse a satisfação da dívida, então o devedor seria vendido como escravo para além do Tiberis ou morto, podendo ainda, caso houvesse multiplicidade de credores, seu corpo ser esquartejado e entre eles dividido. Todavia, os textos que apoiam tal concepção não são interpretados de forma uníssona pelos romanistas, em especial a passagem sobre o esquartejamento do cadáver e sua divisão entre os credores. Tal aspecto é objeto de profundas divergências. De forma geral, há quem examine o texto de forma literal, afirmando que ele realmente significa um esquartejamento e divisão do próprio corpo do devedor; por outro lado, há quem entenda não ser uma divisão, o "esquartejamento", algo relativo propriamente ao corpo do devedor, mas sim ao seu patrimônio, que seria dividido entre os credores, situação que implicaria em admitir a responsabilidade patrimonial desde esta época. A questão é altamente disputada, havendo ainda diversas outras interpretações da *Lex Duodecim Tabularum*, como a que sustenta que a morte é uma punição pelo ilícito do inadimplemento, qual seja, uma "quebra à honra da palavra empenhada. Uma ofensa que devia ser punida" como diz BUZAID, Alfredo. *Do concurso de credores no Processo de Execução*. São Paulo: Saraiva, 1952, p. 42. A respeito das polêmicas ver: SMITH, William; WAYTE, William; MARIDIN, G. E. *A Dictionary of Greek and Roman Antiquities*, Vol. II, 3.ª ed. London: John Murray, Albemarle Street, 1891, p. 125; WENGER, Leopold. *Istituzioni di procedura civile romana*. Tradotte da Riccardo Orestano sull'edizione tedesca interamente riveduta e ampliata dall'autore, Milano: Giuffrè,1938, p. 222, nota n. 8.

regra legal de que o *patrimônio do devedor responderá em caso de inadimplemento*. Está dito, pela lei, que existe aí uma *garantia patrimonial*.

Enfim, todo credor comum tem a seu favor uma garantia de que o patrimônio do devedor responde pelo seu inadimplemento. É um *direito de garantia legalmente previsto em favor do credor comum*, mas só pode ser *realizada* por meio de atos executivos expropriatórios do patrimônio do responsável se houver o incumprimento da prestação e desde que o credor tenha título executivo contra o devedor/responsável.

Comumente a expressão *responsabilidade patrimonial* tem sido usada em seu sentido mais estrito, pós-inadimplemento, de efetiva sujeição do patrimônio do responsável às medidas de execução, associando e reduzindo o fenômeno, indevidamente, a uma natureza estritamente processual. Essa noção mais restrita ignora o fato de que essa "sujeição patrimonial à expropriação" existe e decorre do *direito material de garantia* estabelecido na relação obrigacional, que vincula o credor e o responsável garantidor (seu patrimônio).

Portanto, fala-se em *responsabilidade patrimonial* como fenômeno jurídico que se refere aos diferentes momentos da garantia patrimonial representada pelo patrimônio do responsável para o caso de inadimplemento da dívida: antes do inadimplemento existe o direito de garantia que recai sobre o patrimônio do responsável, trazendo paz e segurança para o credor para o caso de haver inadimplemento; depois do inadimplemento, torna-se preciso realizar a garantia patrimonial mediante a retirada do numerário suficiente para satisfazer o prejuízo que o inadimplemento do devedor causou ao credor, o que é feito, normalmente por uma execução judiciária e sendo portador de título executivo contra o responsável patrimonialmente.

A *responsabilidade*, rectius, *garantia patrimonial*, cristaliza-se no direito de garantia do credor sobre o patrimônio do devedor para fazer frente aos riscos do futuro e eventual inadimplemento; já a *responsabilidade pessoal* não tinha este mesmo papel garantidor, talvez, sim, uma função coercitiva resultante da severa função punitiva que exercia.

2.4 A expressão o "devedor deve, o patrimônio responde"

Tem sido muito comum ver e ouvir e a expressão "o *devedor deve, o patrimônio responde*".

A máxima não é incorreta, mas precisa ser compreendida com exatidão. A simplificação de um fenômeno tão complexo numa "frase de efeito", quase um *slogan* de *outdoor*, não permite esconder que nas duas situações: (a) em que "o devedor deve" e (b) em que o "patrimônio responde", existe *de um lado um sujeito numa posição jurídica ativa e de outro lado um outro sujeito numa posição jurídica passiva*. Portanto, em ambos os casos (na relação de crédito/débito e na relação de crédito/responsabilidade) há relação jurídica de direito pessoal e não de direito real.

Na primeira relação, é o *dever de prestar* que une o credor e o devedor, na segunda relação jurídica, entre credor e responsável, está um direito de garantia consubstanciado na sujeitabilidade abstrata do patrimônio do responsável, de forma que, se houver o inadimplemento incide a *sujeição do patrimônio do responsável* (ordinariamente do próprio devedor e extraordinariamente de um terceiro garantidor).

Frise-se, para ser mais claro, num e noutro caso existem relações entre pessoas e não entre pessoa e coisa[16]. Não é de natureza real – mas sim pessoal – a relação jurídica entre o sujeito ativo (credor) que titulariza o poder de exigir que se extraia do sujeito passivo (responsável) a parcela do seu patrimônio para satisfazer a obrigação inadimplida.

> Sempre certeiro diz Pontes de Miranda: "Quando se fala de responsabilidade do patrimônio, ou do bem, de Haftung, no sentido de situação jurídica do patrimônio, ou do bem, na possível execução forçada, pessoal ou real, em verdade se abstrai de qualquer relação jurídica e não se emprega o têrmo "responsabilidade" no sentido de posição de sujeito passivo na relação jurídica. Sem se atender a isso, "responsabilidade'é têrmo ambíguo. "O patrimônio A responde" não é mais nem menos do que "Na execução contra o sujeito passivo da relação jurídica, que é A, a quem toca o patrimônio, o Estado pode retirar para satisfazer o credor o quanto necessário para a satisfação da dívida". "O bem B responde" não é mais nem menos do que "Na execução contra o sujeito passivo total, quem quer, portanto, que seja, no momento, o dono ou possuidor do bem, pode o Estado retirar o bem (ou o que se extraia como valor do bem) para satisfazer a pretensão do titular da pretensão real". "O devedor responde" não é mais nem menos do que "O patrimônio do devedor está exposto à execução forçada"[17][18].

Quando se fala que o "patrimônio responde", o que se pretende é afirmar que a *responsabilidade do sujeito* que suporta as consequências do incumprimento do dever de pagar quantia recai sobre o seu patrimônio (e não sobre seu corpo ou sua vida). Portanto, não é o patrimônio que é o responsável, mas sim a pessoa que o titulariza.

---

16. . Nesse sentido, mencionando que tal equívoco seria de "mau gosto", ver BRINZ, Alois von. *L èhrbuch der Pandekten*. Erste Abtheilung. Erlangen: Verlag von Andreas Deichert, 1857. p. 319.

17. PONTES DE MIRANDA, Francisco Cavalcanti. *Tratado de Direito Privado* t. XXII, t. XXVI. São Paulo: Revista dos Tribunais, 1984, p. 79.

18. Neste mesmo sentido E. Betti ao dizer que "Sujetos de responsabilidad sólo pueden serlo las personas, en cuanto sujetos de derecho. Las cosas, como igualmente el patrimonio el mismo cuerpo humano, si bien pueden estar "sujetas o sometidas al poder de agresión de un acreedor", o sea constituir la materia de garantía, no puede decirse correctamente nunca que son responsables". BETTI, Emilio. *Teoría Generalde las Obligaciones*, t. 1, Editorial Revista de Derecho Privado: Madrid, 1969, p. 252-3.

2.5 Da responsabilidade pessoal à responsabilidade patrimonial

Imagine se, por alguma razão, você tivesse uma dívida em dinheiro e, uma vez intimado judicialmente para pagar em 15 dias, você nem realizasse o pagamento nem oferecesse um garantidor. Imagine ainda que escoado o prazo acima, você fosse literalmente adjudicado em favor do seu credor que o prenderia na sua casa com amarras e algemas, forçando-o a trabalhar como escravo. Mas não é só. Imagine, em sequência, que o seu credor pudesse oferecê-lo em até 03 feiras livres, oportunizando que alguém da sua família ou algum amigo pudesse pagar a dívida e libertá-lo da escravidão. E, por fim, imagine que se nada disso fosse suficiente, que o seu credor pudesse esquartejá-lo para que seus pedaços fossem distribuídos aos seus credores.

Pois bem, segundo a *Tábula III* da Lei das XII Tábuas, em linhas gerais, esse era o procedimento da *manus iniectio*[19] e nele fica claro que o incumprimento do dever de pagar quantia acarretava a execução da pessoa do devedor ou do seu garantidor, ou seja, o corpo e a vida "respondiam pelas dívidas", não sendo por acaso que o termo "solver a dívida" implicava, verdadeiramente, *libertar, soltar, desprender* o devedor até então literalmente preso pelo credor[20].

Credita-se à *Lex Poethelia Papiria de nexis* (326 a. C.), rogada pelos cônsules Poetelius e Papirius, o fim da execução pessoal passando a recair sobre o patrimônio do devedor[21]. Nos dizeres de Moreira Alves:

> Com relação ao vínculo existente entre sujeito ativo e sujeito passivo, era ele, a princípio – como já salientamos (vide nº 92) –, puramente material (o devedor respondia pela dívida com seu próprio corpo); mais tarde, a partir da lei Poetelia Papiria (326 a.C.), passou a ser um

---

19. A respeito ver CRUZ, Sebastião. *Direito Romano*. Vol. 01, Introdução. Fontes. 4ª edição. Coimbra Editora, 1984, p. 188-189; MOREIRA ALVES, José Carlos. *Direito Romano*. 18ª edição. Forense: Rio de Janeiro, 2018, § 130; MEIRA, Silvio A. B. *Instituições de direito romano*, 3ª edição, São Paulo: Max Limonad, p. 312; MATOS PEIXOTO, José Carlos de. *Curso de Direito Romano*, tomo I, 2ª edição, Rio de Janeiro: Companhia Editora Fortaleza, 1950, p. 245; CRETELLA JR., José. *Curso de Direito Romano*. 5ª edição. Rio de Janeiro: Forense, 1973, p. 376.
20. "Further terminological evidence for the development sketched above is provided by the word used in classical law to indicate fulfilment of an obligation: the term "solvere" (= to loosen) refers back to the stage where payment was a means of securing release from power of seizure, that is, of loosening the (not merely metaphorical) bond around the debtor's body". ZIMMERMANN, Reinhard. The Law of Obligations: Roman Foundations of the Civilian Tradition. Cape Town. Juta & Co, Ltd, 1992, p. 6.
21. Os historiadores revelam que os motivos dessa transformação da responsabilidade pessoal para a patrimonial não se deram por uma função humanizadora, mas sim para aplacar a tensão existente entre patrícios e plebeus. Havia interesse em suprimir a prisão por dívida, pois necessitava-se de pessoas para integrar o exército naquele período de instabilidade bélica, e, outro lado abolia-se a escravidão por dívida, mantendo o status de cidadania do devedor.

vínculo jurídico (isto é, imaterial), respondendo, então, pelo débito, não mais o corpo do devedor, mas seu patrimônio[22].

Na medida em que a *responsabilidade pessoal* (corpo, pessoa, liberdade) paulatinamente foi dando lugar à *responsabilidade patrimonial,* passou a ficar mais evidente que uma coisa era a *prestação devida* e outra a *responsabilidade decorrente do incumprimento da referida prestação.*

Importante observar, pela lente contemporânea, que o papel da "responsabilidade pessoal" não corresponde ao que a "responsabilidade patrimonial" desempenha atualmente. Esta nada mais é que o direito do credor de ter uma garantia patrimonial pelo inadimplemento de qualquer obrigação quantificável em pecúnia. Atualmente, a responsabilidade patrimonial nada mais é do que a existência de uma garantia patrimonial que poderá ser realizada mediante a expropriação do patrimônio garantidor do executado. Antigamente, eram os pedaços do corpo do devedor ou sua escravidão que eram entregues ao credor no caso de inadimplemento. Logo, comparativamente, a responsabilidade pessoal e a responsabilidade patrimonial não possuem funções correspondentes.

Assim, toda obrigação inadimplida quantificável em dinheiro decorrente do descumprimento de uma regra jurídica legal ou negocial é garantida pelo patrimônio do inadimplente (ou de um terceiro garantidor). É do patrimônio do garantidor (normalmente o próprio devedor) que se extrairá a quantia devida para fazer frente ao prejuízo suportado pelo inadimplemento.

A forma pela qual se realiza esse dever de pagar que também seja descumprido não é outro senão atuando executivamente sobre o patrimônio do garantidor. Executar o patrimônio passa longe de ser o direito de ter o patrimônio como garantia. Frise-se: é o direito material de garantia patrimonial que legitima a atuação executiva sobre o patrimônio do responsável, lembrando que isso só será possível de acontecer se essa situação jurídica de responsabilidade estiver revelada num título executivo judicial ou extrajudicial.

O Código Civil brasileiro é claro ao dizer, no art. 391, que *"pelo inadimplemento das obrigações respondem todos os bens do devedor".* E, mais ainda, no art. 942, diz que *"os bens do responsável pela ofensa ou violação do direito de outrem ficam sujeitos à reparação do dano causado; e, se a ofensa tiver mais de um autor, todos responderão solidariamente pela reparação".* Consagra em ambos os casos um direito material de garantia para trazer segurança ao credor/lesado. A garan-

---

22. MOREIRA ALVES, José Carlos. Direito Romano. 18ª edição. Forense: Rio de Janeiro, 2018, § 130.; no mesmo sentido, mas apontando que esse rompimento da responsabilidade pessoal para a patrimonial não se deu de forma tão límpida ver Bonfante, Pedro, Instituciones de Derecho Romano. 2. ed. Madrid, Reus, 1951, p. 467.

2.6 Natureza *legal* da garantia patrimonial

tia de que o patrimônio do devedor/responsável vincula-se respondendo pelos prejuízos resultantes de um eventual inadimplemento.

2.6 Natureza *legal* da garantia patrimonial

A despeito de também estar prevista, aos montes, em legislação especial, a *cláusula geral* que impõe a responsabilização patrimonial vem descrita como nos arts. 391 e 942 do CCB e 789 do CPC. Segundo estes dispositivos:

> Art. 391. Pelo inadimplemento das obrigações respondem todos os bens do devedor.
>
> Art. 942. Os bens do responsável pela ofensa ou violação do direito de outrem ficam sujeitos à reparação do dano causado; e, se a ofensa tiver mais de um autor, todos responderão solidariamente pela reparação.
>
> Art. 789. O devedor responde com todos os seus bens presentes e futuros para o cumprimento de suas obrigações, salvo as restrições estabelecidas em lei.

Isso quer dizer que mesmo que o credor e o devedor nada mencionem num contrato[23] acerca da existência de uma *garantia patrimonial do devedor em caso de inadimplemento da prestação a ele imputável*, ainda assim ela incidirá, porque essa consequência está prevista na lei, de forma que na estrutura da norma obrigacional há, além do dever de prestar (está ali embutida), por determinação legal, a regra da garantia patrimonial em favor do credor comum. É para proteger o crédito – de todos os credores comuns – que a lei estabelece a garantia patrimonial. Sem ela não se justificaria a responsabilização patrimonial.

O direito de exigir do patrimônio do responsável a quantia necessária para satisfação do dever descumprido está inserto dentro da relação jurídica obrigacional e depende da ocorrência de uma condição jurídica: o *inadimplemento*. O direito do credor de ter a *garantia da responsabilidade patrimonial* (pretensão à segurança) nasce com a própria relação obrigacional; mas o direito de excutir do patrimônio do responsável o numerário que satisfaça a obrigação inadimplida depende de que aconteça uma condição substancial: o inadimplemento. [24]

O *inadimplemento* é *o fato jurídico*, uma *condição jurídica*, que se apresenta abstratamente no início da relação jurídica obrigacional como evento incerto e futuro; enfim, para que a garantia da responsabilidade patrimonial possa produzir o efeito concreto de exigir a expropriação do patrimônio garantidor. Com a sua ocorrência, o credor, munido de título executivo, passa a poder exigir (situação

---

23. . Da mesma forma, nas obrigações decorrentes de atos ilícitos, como deixa claro a cláusula geral do art. 942 do CCB. Ocorrido o ilícito danoso, nasce o dever de reparar o dano e, com ele, a garantia patrimonial do responsável.

24. A excussão patrimonial depende ainda de uma condição processual: a existência de título executivo judicial ou extrajudicial do credor contra o responsável que suportará a execução.

jurídica subjetiva ativa) do sujeito responsável pela satisfação do crédito inadimplido; de outro lado, com o inadimplemento, já não há mais obstáculo à efetivação da situação jurídica subjetiva passiva de sujeição patrimonial do responsável.

Portanto, é importante que fique bem claro que, em qualquer obrigação, há um vínculo jurídico pessoal que une o credor e o devedor consubstanciado no *dever de prestar*, mas também um *vínculo* que une o credor e o responsável que incide sobre o patrimônio deste último: o direito de garantia que recai sobre o patrimônio garantidor e que após o inadimplemento se perfectibiliza no direito de realizar a referida garantia tal como legalmente previsto.

É o *inadimplemento do devedor* que constitui o *gatilho*, o fato jurídico que liberta a eficácia, para que o credor munido de um título executivo tenha o direito de "realizar a garantia" e assim retirar do patrimônio do responsável o valor correspondente ao prejuízo causado pelo inadimplemento. Antes do inadimplemento, a responsabilidade patrimonial do garantidor já existe apenas como direito de garantia latente, para um risco futuro, que traz segurança e tranquilidade ao credor, cuja conservação pode ser protegida caso esteja configurada a ameaça ou lesão à garantia patrimonial. Com a ocorrência do inadimplemento, o que se pretende não é mais *garantir para o risco futuro*, mas executar, satisfazer, realizar a garantia, daí porque a responsabilização patrimonial revelada num título executivo se efetiva mediante o direito de expropriar o patrimônio do responsável, dele retirando a quantia suficiente para satisfação da obrigação pecuniária resultante do crédito inadimplido.

2.7 Garantia patrimonial geral como fator de *segurança* contra o *risco* do inadimplemento

Imaginem-se três hipóteses decorrentes da inexecução de uma obrigação em que A que deve pagar a B uma quantia "tal" no dia "d".

Na primeira hipótese, (i) A não sofrerá nenhuma consequência por não pagar;

Na segunda, (ii) o patrimônio de A serve para garantir o inadimplemento por ele cometido; e por fim,

Na terceira, (iii) além do patrimônio de A, o credor B poderá ainda extrair a quantia devida do patrimônio de outras pessoas também responsáveis.

Não é preciso muito esforço para perceber que o *risco do prejuízo* que B corre na primeira situação é maior do que na segunda, que por sua vez é maior do que na terceira. E, ao contrário, a existência de uma "situação protetora" contra o eventual incumprimento da obrigação existente, nas duas últimas situações narradas acima, proporcionam segurança e tranquilidade ao credor quando comparados à primeira hipótese[25].

Também não parece haver dúvida de que, pelo menos em tese (na teoria), esse risco de prejuízo suportado pelo credor tende a ser menor, quando a relação obrigacional deriva de um negócio jurídico com prévio acordo de vontades do que quando deriva de um dever extranegocial surgido de um ato ilícito[26].

> Assim, se A já conhece B e com ele contrata, ainda que por mera adesão a um contrato padrão, há aí a possibilidade de que A busque ou tenha buscado informações prévias sobre B e com isso *confie, acredite* que o negócio jurídico firmado será cumprido, inclusive instrumentalizando-o previamente num título executivo extrajudicial. Por outro lado, se a obrigação de B pagar a A nasce, por exemplo, de um acidente de trânsito que o primeiro causou ao segundo (ato ilícito), então não foi dado a "A" a chance de escolher o sujeito passivo da obrigação. Aqui, surge como *efeito* do ato ilícito o *dever obrigacional de ressarcir pelo dano causado* não raramente revelado apenas com um título executivo judicial obtido em demanda proposta pela vítima contra o ofensor, de forma que o credor não possui a mesma tranquilidade/confiança de que de que será adimplida pelo devedor.

Como se pode notar, a possibilidade de se retirar do patrimônio do devedor a quantia necessária para ressarcir do prejuízo decorrente do incumprimento do dever de prestar traz segurança para o credor, ao mesmo tempo que cria no devedor um constrangimento, o de que não adiantaria fugir ao compromisso de prestar a obrigação, porque, no final das contas, o seu patrimônio garantiria o prejuízo do inadimplemento por ele cometido.

Considerando que toda relação obrigacional – derivada imediatamente da lei ou da vontade das partes – implica uma *situação transitória e progressiva no tempo*, ou seja, nasce e se desenvolve em estágios diferentes para ter um almejado fim (cumprimento), em que o seu começo é cronológica e logicamente antecedente ao seu momento final, parece certo dizer que sendo o *cumprimento* da obrigação um momento futuro, mesmo naquelas modalidades de "execução instantânea" em que o biombo entre os atos de início e fim não são tão percebi-

---

25. "Ao constituir-se a obrigação, o credor tranquiliza-se, porque, incontinenti, obteve o direito de, se necessário, tornar os bens do devedor responsáveis, satisfazendo-se do dano sofrido; e, consequentemente o devedor passou a arcar com o ônus de seus bens responderem pela sua violação ao compromisso assumido ou pelo ilícito praticado". LIMA, Alcides de Mendonça. *Comentários ao Código de Processo Civil Brasileiro*, vol. VI, t. II, Rio de Janeiro: Forense, 1977. p. 473.

26. Segue-se, *commodatis causa*, a classificação dualista das fontes obrigacionais em *negociais e extranegociais*, tomando-se como fonte o *fato jurídico* cujo efeito é a relação obrigacional e sem descurar das discussões envolvendo novas formas e critérios de classificação. A respeito ver GOMES, Orlando. *Obrigações*. 4ª edição. Rio de Janeiro, Editora Forense. 1976, p. 36; RUGGIERO, R. de. *Instituições de direito civil*. Tradução da 6ª edição italiana por Paulo Roberto Benasse. Campinas, Editora Bookseller, 1999, p. 131-132; COSTA, Judith Martins. *A boa-fé no direito privado*, p. 258.; CHAVES, Christiano *et al*. *Curso de direito civil*, vol. II, 15ª edição, Obrigações, Salvador: Podivm, 2021, p. 140-141.

dos, também aí nessas hipóteses pode ocorrer de *o cumprimento* não acontecer, caso em que a própria relação obrigacional apresenta aos seus sujeitos uma outra face, mas que também a ela pertencem e nela estão previstas as *consequências do inadimplemento*.

Considerando o que foi dito, imagine-se a hipótese de A receber a quantia de B comprometendo-se a entregar a mercadoria na semana seguinte. Na data e momento aprazado, portanto, no futuro, será possível saber se A realmente adimplirá a sua prestação, caso em que, não o fazendo, deve suportar as consequências de sua atitude. Entre a data que B pagou a quantia e a data que A deverá adimplir a obrigação, há uma "situação de incerteza", um "estado de risco" (mais ou menos provável de acordo com uma série de circunstâncias) que é suportado por B. Será B que passará uma semana com ansiedade, medo, preocupação e inseguro se A adimplirá sua prestação.

Por outro lado, imagine-se hipótese em que o "futuro" cumprimento não fique assim tão evidente como no exemplo acima, quando numa loja o consumidor A paga ao vendedor B, que entrega o objeto. Então, A dá o dinheiro a B que entrega a coisa. Mesmo que isso pareça ser uma "execução instantânea", ainda aqui existe uma diferença temporal entre o início e o fim da relação obrigacional, tanto para o consumidor que paga, quanto para o vendedor que entrega. Entre pegar a roupa na loja, testá-la, colocá-la no carrinho, aguardar na fila e pagar a quantia e a receber depois disso com a nota que comprova a relação de compra e venda há diferenças cronológicas importantes.

O que se deseja demonstrar com isso é que, por maior que seja a *credibilidade* do devedor ou a *confiança* que o credor deposita nele, o momento do *cumprimento* da prestação principal está no *futuro* e não há absoluta certeza e segurança de que será realmente adimplida (inclusive da forma como combinada), motivo pelo qual a existência de *garantia contra o inadimplemento* é sempre um meio de se *administrar riscos* contra um possível prejuízo resultante do inadimplemento.

A lei civil estabelece em favor do credor comum um direito de garantia básico, mínimo, representado pelo patrimônio do devedor. É o "piso" legalmente previsto. Antes do eventual inadimplemento, essa garantia legal fornece ao credor uma *pretensão à segurança*; depois do inadimplemento do devedor a pretensão à segurança é substituída pela pretensão à satisfação da referida segurança. Esses são os dois momentos da *garantia patrimonial geral*. Certo mesmo será apenas o primeiro momento que nasce com a própria obrigação, porque o segundo depende da ocorrência do inadimplemento. Ninguém executará uma garantia patrimonial se a prestação foi adimplida corretamente.

Se o locatário paga o que é devido, o patrimônio do fiador permanece intacto;

Se a obrigação é adimplida o penhor desaparece.

Se não ocorre o acidente, não se aciona o seguro.

Considerando que a prestação do devedor é um *evento futuro* que depende da sua realização, certamente que quanto maior for o prazo para que se realize, mais longe se estará do momento em que as bases da relação obrigacional foram construídas, o que certamente traz maior ansiedade e incerteza para o credor da prestação[27].

Neste particular, fica claro que sempre haverá um risco de prejuízo maior para o credor numa relação obrigacional em que não exista nenhum tipo de proteção contra um futuro e eventual inadimplemento do devedor. Obrigações lastreadas e garantidas apenas na "confiança" e "na palavra" sem *qualquer responsabilização patrimonial* são um risco não apenas para o credor específico, mas para a própria sociedade, mormente num modelo econômico no qual as relações comerciais são cada vez mais impessoalizadas e globalizadas.

As *garantias* que o sistema jurídico oferta contra o *risco do inadimplemento* são importantíssimas para trazer segurança e tranquilidade ao desenvolvimento econômico e, nesse passo, a consagração da *responsabilização patrimonial* no nosso ordenamento é sem dúvida o reconhecimento de que todo credor comum possui um direito de garantia mínimo, *legal,* representado pelo patrimônio do responsável que serve para administrar riscos e trazer tranquilidade não apenas ao titular da posição jurídica ativa da prestação principal de uma relação jurídica obrigacional, mas ao próprio sistema econômico como um todo.[28]

3. ORIGEM E EVOLUÇÃO

3.1 Marcos teóricos

É muito difícil estabelecer com segurança e linearidade uma linha evolutiva sequencial e lógica de como se deu, desde os tempos romanos, a transformação da *execução pessoal para a execução patrimonial* até que se chegasse ao estágio atual

---

27. A respeito ver MENEZES CORDEIRO, António. *Tratado de direito civil*, vol. X: Direito das Obrigações, vol. X, 209, p. 33.

28. Sempre clara e lúcida a lição de Lopes da Costa: "Já assim sucede no direito civil, onde encontramos *medidas acauteladoras, de segurança, embora um tipo diferente*. Ali, nascem elas do contrato, criadas pela livre vontade das partes, dependendo apenas da confiança que no devedor deposita o credor, pois a *circunspecção*, que faz parte da prudência, consiste justamente em agir observando as circunstâncias, que variam de caso para caso. Outras derivam da lei. (...) Forma-se então um direito acessório, em reforço do direito principal, aumentando-lhe as possibilidades de realização, a prevenir um obstáculo ao pagamento (a insolvência do devedor). Essa função acessória é assinalada pela terminologia de que tais direitos chama de *direitos de garantia* (*Cod. Civil,* Parte Especial, tít. III, cap. VIII). LOPES DA COSTA, Alfredo Araujo. *Medidas Preventivas.* 3ª edição, São Paulo: Sugestões literárias, 1966, p. 14.

de reconhecer a existência de uma *responsabilidade patrimonial* como sendo um direito de garantia do credor em caso de inadimplemento do devedor.

Tal como se fosse uma escadaria de um edifício de seis andares, talvez não seja possível identificar de modo preciso a evolução da responsabilidade patrimonial se pensar-se passo a passo, de degrau por degrau, mas sim de um andar para o outro.

Nessa escada evolutiva da responsabilidade patrimonial, identificam-se alguns institutos que nitidamente separam o térreo, onde estava a execução pessoal, para o último (6º) andar onde atualmente se situa a garantia da responsabilidade patrimonial como elemento que integra a relação obrigacional.

Entre o *térreo* e a *cobertura* há no segundo andar a *bonorum venditio*; no terceiro, a construção jurídica do conceito de *patrimônio*; no quarto, a distinção feita entre *débito e responsabilidade*; no quinto o reconhecimento da complexidade da relação obrigacional como um "processo"; no sexto e último andar o reconhecimento de que a responsabilização patrimonial não só integra a relação obrigacional, como constitui um direito de garantia para o credor.

Assim, nessa complexa e longa escalada evolutiva aqui colocada de uma forma muito didática e simplista, esses seriam os marcos teóricos que representam a evolução do instituto da responsabilidade patrimonial da forma como ela se apresenta hoje: i) *execução pessoal*; ii) *bonorum venditio*; iii) *o conceito jurídico de patrimônio*; iv) distinção entre *débito e responsabilidade*; v) reconhecimento da *complexidade da relação jurídica obrigacional* e; vi) a responsabilidade patrimonial é uma *garantia geral e legal* inserta em relações jurídicas obrigacionais negociais ou legais.

3.2   Evolução da execução pessoal para a execução do patrimônio

O ponto de partida é a *execução pessoal* praticada em Roma, no período das *Legis Actiones* (vigentes da Realeza até o fim da República).

Sistemas processuais romanos: 1) *Legis l actiones* (Da fundação até o VII século); 2) Formular (os 3 primeiros séculos de Império); 3) Extraordinário (*extra ordinem*). Os três sistemas processuais acima indicados acompanharam a evolução de Roma durante as suas três fases históricas: a Realeza, a República e o Império. As *legis actiones* (ações da lei) vigoraram possivelmente desde o tempo da Realeza até o 7º século da Fundação, isto é, até o fim da República. NO 1º século a.C. passou a ter vigência o processo *per formulas* (formular), que foi utilizado durante o Principado (os três primeiros séculos da era cristã).

Esses dois sistemas processuais constituíam a *Ordo Judiciorum Privatorum*, misto da justiça aplicada pelo Estado e justiça arbitral. O primeiro, mais que o segundo, tinha ainda muito da antiga justiça privada.

O processo extraordinário teve vigência durante todo o Dominato ou Baixo Império, a partir do 3º século da era cristã até Justiniano. Caracteriza-se pela organização judiciária puramente estatal[29].

Foi apenas durante o *período republicano* das *ações da lei* que passou a existir uma divisão da instância, e o processo judiciário se desenvolvia em duas fases distintas: a primeira *in iure* (perante um magistrado) e a segunda *in iuditium* (perante um juiz escolhido para cada caso). Assim, quando se fala em "execução pessoal" em Roma, o que se está a dizer é que, ao final da condenação pecuniária depois destas duas fases, seria preciso iniciar um outro procedimento (*legis actio per manus injectionem*) no qual o devedor condenado que tivesse inadimplido a obrigação originada da sentença proferida na fase *in iuditium* ou da confissão na fase *in iure*. É aqui que se abre para o *credor* o direito de *per manus iniectio* sobre o devedor iniciar um procedimento que culminava com a escravidão (e a possibilidade de venda nesta condição) ou esquartejamento do devedor, deixando muito claro que a execução pessoal era na verdade uma *punição* e não uma forma de satisfação do direito de crédito.

> Era penal, porque visava obrar a vontade do devedor, visto como se considerava o inadim-plemento da obrigação como uma quebra à honra da palavra empenhada e, portanto, uma ofensa que devia ser puída. (...) Decorre daí o caráter *pessoal* da execução, isto é, um processo que tem por objeto a pessoa do devedor, não os seus bens[30][31].

Ainda no período das legis actiones, alguns tipos de créditos especiais (ex. dinheiro militar) poderiam ser tutelados mediante a ação da lei per pignoris capio[32] que permitia ao credor apreender bens do devedor para coagi-lo a pagar o que devia. Observe-se, portanto, que a pignoris capio tinha por finalidade a apreensão e retenção como forma de pressionar o devedor a pagar e não de liqui-dar o seu patrimônio para daí obter dinheiro que seria para satisfazer o crédito. Tanto que a apreensão de bens do devedor não tinha correspondência com o

---

29. MEIRA, Silvio A.B. *Noções gerais de processo civil romano*. Roma: [s.n.], 1963, p. 5; igual sentido ver TUCCI, José Rogério Cruz e; AZEVEDO, Luiz Carlos de. *Lições de história do processo civil romano*. São Paulo, Revista dos Tribunais, 1996, p. 39.
30. BUZAID, Alfredo. *Do concurso de credores no Processo de Execução*. São Paulo: Saraiva, 1952, p. 42-43.
31. Curiosamente após a morte do devedor, ainda existia para o credor o direito de impedir o seu sepul-tamento que acabava sendo uma seríssima forma de coagir a família do morto para pagar a dívida inadimplida, seja porque sepultar era um dever dos familiares, seja pela importância religiosa deste ato.
32. Não é pacífica a doutrina sobre considerar a pignoris copionem como ação da lei, mesmo com a citação das Institutas de Gaio IV 26-29. Um dos motivos é que a medida de pignoris capio era realizada fora do tribunal e, às vezes, sem a presença da parte contrária, além do que tanto poderia acontecer nos dias *fastus* (dias de audiência, dia que não é feriado) e dias *nefastus* (dia em que não se realizam audiências, dia feriado) em que normalmente não se poderia agir judicialmente.

valor devido, mas inegavelmente já se pode perceber o caminho evolutivo para a transformação da execução pessoal em patrimonial[33].

> A ação da lei pela realização da penhora (pignoris capionem) exercia-se tanto em virtude de costume, tanto em virtude de lei.
>
> Esta ação foi introduzida em virtude de costumes, nos casos de emolumentos militares. Mesmo em caso de sôldo, era permitido ao soldado, quando deixava de recebe-lo, realizar sobre os bens do pagador em falta a *pignoris capio*: o dinheiro que era dado a título de sôldo chamava--se *dinheiro militar* (*Aes militare*). Da mesma forma, podia empregar-se *pignoris capio* sobre a quantia destinada a comprar um cavalo, a que se chamava dinheiro equestre (*Aes equestre*)[34].

Destarte, desse *"extremo rigor do primitivo processo romano não perdurou largo tempo (...) fez-se sentir a necessidade de uma reforma"*[35]. Tomando por base o texto de Livio, aponta-se o ano de 326 a.C. como data da *lex rogata* dos cônsules C. Poetelius Libo e L. Papirius Cursor, conhecida como *Lex Poetelia Papiria* o marco da mudança (mas não de encerramento por completo) da proibição da execução sobre a pessoa do devedor. Entretanto, após a *missio in possessionem* e a *cessio bonorum*[36], portanto, com a *bonorum venditio*, a execução sobre o patrimônio do devedor alcança maior desenvolvimento.

A *bonorum venditio*, também conhecida como ação rutiliana, tem este codinome porque é atribuída ao pretor público Rutílio[37] e consistia num procedimento com uma *fase preliminar* de apreensão e conservação do patrimônio do devedor e *uma seguinte* de venda dos bens do devedor para satisfação dos seus credores.

> a história do direito romano assinala, portanto, uma profunda ytransformação; ele evolui da execução pessoal para a execução real, da *manus injectio* cruel e bárbara para a *bonorum venditio*, riada pelo pretor como meio de liquidação *total* do patrimônio do executado. Essa foi a forma de execução, que caracterizou o direito clássico[38].
>
> a *bonorum venditio*, provavelmente obtida e aperfeiçoada, ao longo dos tempos, em moldes empíricos, deu as suas provas: pelo seu aspecto dissuasivo, relativamente a dívidas excessivas, pela especial pressão psicológica que exercia sobre o devedor e pela relativa recuperação de valores que, no final, sempre permitia, apresentou-se como a melhor solução para os débitos inadimplidos. Restava fazer a projeção conceitual de todo este maquinismo: pelos débitos responde o patrimônio do devedor. Foram necessários muitos séculos, para alcançar este grau de abstração[39].

---

33. Para alguns, estaria aí a origem da execução patrimonial, mesmo no período das *legis actiones*. A respeito ver: PÉREZ ÁLVAREZ, María Del Pilar. *La Bonorum Venditio – Estudio sobre el Concurso de Acreedores en Derecho Romano Clásico*, Madrid, Mira, 2000, p. 27.
34. MEIRA, Silvio A.B. *Noções gerais de processo civil romano*. Roma: [s.n.], 1963, p. 32-33.
35. BUZAID, Alfredo. Op. Cit., p. 53.
36. CORDEIRO, Antonio Menezes. Tratado de direito civil, t. X, Direito das Garantias, p. 53.
37. GAIO, Institutas IV, n. 35.
38. BUZAID, Alfredo. Concurso de credores no processo de execução, p. 57.
39. CORDEIRO, Antonio Menezes. Tratado de direito civil, t. X, Direito das Garantias, p. 55.

Nada obstante o direito romano já conhecesse a distinção entre universalidade de fato e de direito[40], a distinção entre *res in patrimonium e res extra patrimonium* e até já tomassem por patrimônio a noção de conjunto de bens e direitos do *pater* (pai de família)[41], a importância conceitual, e, especialmente, funcional de patrimônio para a formação do papel da responsabilidade patrimonial como uma garantia ínsita à relação obrigacional só veio acontecer com a teoria do patrimônio criada por dois juristas franceses, Charles Aubry e Charles Rau[42].

Diplomados na Universidade de Estrasburgo, esses juristas lançaram o famoso "curso de direito francês"[43] nele inserindo a teoria sobre o patrimônio que, mesmo sendo posteriormente aperfeiçoada e criticada, foi a base para o desenvolvimento do tema e para a compreensão da responsabilidade patrimonial como uma garantia contra o inadimplemento da obrigação. O momento político-econômico e social para a apresentação da teoria sobre o patrimônio era perfeito para atender aos anseios da burguesia no pós-revolução francesa e semear o desenvolvimento do capitalismo, pois estimulava a circulação de crédito e a concentração de riquezas nas mãos, muitas vezes, de uma mesma pessoa. A transmissibilidade contratual do direito de propriedade no Código Napoleônico[44], associada ao impulso ao direito de liberdade em prol da acu-

---

40. No nosso CCB: Art. 90. Constitui universalidade de fato a pluralidade de bens singulares que, pertinentes à mesma pessoa, tenham destinação unitária. Parágrafo único. Os bens que formam essa universalidade podem ser objeto de relações jurídicas próprias.; Art. 91. Constitui universalidade de direito o complexo de relações jurídicas, de uma pessoa, dotadas de valor econômico.

41. Em Gaio, Institutas II, § 1º consta "no comentário anterior, expusemos o direito das pessoas e agora vamos tratar do direito das coisas, as quais estão em nosso patrimônio ou fora do nosso patrimônio". Aqui, embora use a expressão patrimônio, não o coloca na perspectiva de "conjunto de bens de uma pessoa", mas sim para introduzir a classificação posterior das coisas que podem integrar e podem não integrar o nosso patrimônio. Pressupõe a noção de patrimônio, mas aqui define apenas as coisas que podem a ele se integrar e a ele não se integrar. A noção aqui aproxima-se do conceito de domínio privado, sobre quais as coisas que podem e as que não podem fazer parte desse domínio, como se observa na tradução das institutas realizada por Edward Poste: "In the preceding book the law of persons was expounded; now let us proceed to the law of things, which are either subject to private dominion or not subject to private dominion". POSTE, Edward. 4th Edition. Oxford, at the Clarendon Press, MDCCCCIV (1904), p. 122.

42. A própria *execução pessoal*, fruto do incumprimento de uma obrigação, revela que não se tinha, num primeiro momento do direito romano, a percepção da *função garantidora* do patrimônio para satisfação das dívidas inadimplidas. Por serem personalíssimas as obrigações, a execução era pessoal e punitiva. Nesse sentido ver: CALIXTO, Marcelo Junqueira. Reflexões em torno do conceito de obrigação, seus elementos e suas fontes. In: TEPEDINO, Gustavo (Coord.). *Obrigações*: estudos na perspectiva civil-constitucional. Rio de Janeiro: Renovar, 2005, p. 8.

43. C. Aubry, C. Rau. Cours de droit civil français: d'apres la methode de zachariae. 8 v., Paris, Libr. Generale de Droit Et de Jurisprudence, 1869.

44. "Para o Código Napoleônico o contrato tem o efeito de transmitir o domínio". Caio Mario da Silva Pereira. *Código Napoleão*: Influência nos sistemas jurídicos ocidentais. Disponível em file:///C:/Users/marce/Dropbox/My%20PC%20(DESKTOP-I1AFBBB)/Downloads/1003-Texto%20do%20Artigo-1877-2-10-20141003.pdf. Acesso em: 30 mar. 2022.

mulação de riquezas necessárias ao capitalismo, refletiu de forma muito aguda no desenvolvimento da noção de patrimônio como um conjunto de direitos de determinada pessoa[45].

A percepção, criticada e aperfeiçoada depois, de que o patrimônio seria uma emanação da própria personalidade, revelando que todos sujeitos são dotados de um patrimônio, passivo ou ativo que seja, permitia também o entrosamento desta teoria com a teoria dualista de Bekker e Brinz que propunha uma releitura da estrutura da relação jurídica obrigacional – e foi posteriormente aperfeiçoada no início do século XX por Von Gierke. A combinação da teoria do patrimônio com a teoria dualista de Brinz teve enorme importância na evolução da responsabilidade patrimonial como um direito de garantia ínsito à relação jurídica obrigacional. Pela teoria dualista, a obrigação continha *"dois momentos distintos"*[46]: o *schuld*, o dever de prestar (débito); e *haftung*, que seria a *responsabilidade* decorrente do inadimplemento, conferindo ao credor o *poder* e ao responsável a *submissão* do seu patrimônio para satisfação do direito inadimplido.

Com a evolução do conceito de obrigação como *mecanismo, organismo, processo,* pôde reconhecer-se que a *autonomia* da "responsabilidade patrimonial" não lhe retiraria o caráter instrumental de garantia geral das obrigações, e, mais ainda, que nela estaria inserida como um de seus elementos, seguindo-se, portanto, a teoria unitarista da obrigação[47].

O dualismo era importante para demonstrar a existência de dois fenômenos diferentes, débito e responsabilidade, mas não para afastar o segundo do primeiro, como "sombra ao corpo"[48], ainda que pudesse haver débito sem responsabilidade e responsabilidade sem débito[49]. Esses, portanto, ao que se entende, de forma exclusivamente didática, foram os marcos históricos que pareceram decisivos

---

45. Segundo Russeau: "não passando o direito de propriedade de convenção e instituição humana, todo homem pode à vontade dispor do que possui; mas não acontece o mesmo com os dons essenciais da natureza, tais como a vida e a liberdade". ROUSSEAU, Jean-Jacques. *Discurso sobre a origem e os fundamentos da desigualdade entre os homens.* Tradução: Alex Marins. São Paulo: Martin Claret, 2007, p. 79.

46. BETTI, Emilio. *Teoria General de las Obligaciones.* Madri: Editorial Revista de Derecho Privado, 1969, t. 1.

47. BUZAID, Alfredo. Do concurso de credores no processo de execução, cit., p. 17.; ANTUNES VARELA, João de Matos. *Das Obrigações em Geral.* 10ª ed. Coimbra: Almedina, 2003, v. 1, p. 131 ss.; RUGGIERO, Roberto de. *Instituições de Direito Civil.* Campinas: Bookseller, 1999, v. 3, p. 43-46; PEREIRA, Caio Mário da Silva. *Instituições de Direito Civil.* 20ª ed. Rio de Janeiro: Forense, 2004, v. 2, p. 24-27.

48. A expressão é de Karl Larenz. *Derecho de Obligaciones.* Madrid: Editorial Revista de Derecho Privado, 1958, t. 1, p. 34.

49. A respeito ver MARTINS-COSTA, Judith. Comentários ao Novo Código Civil. Rio de Janeiro: Forense, 2003, v.5, t., 1. MARTINS-COSTA, Judith. A boa-fé no direito privado. São Paulo: RT, 1999.; LARENZ, Karl. Derecho de Obligaciones. Madrid: Editorial Revista de Derecho Privado, 1958, t.1.; SILVA, Clóvis V. do Couto. A obrigação como processo. São Paulo: Bushatsky, 1976.

para a conformação da responsabilidade patrimonial como *garantia legal e geral de todas as obrigações*[50].

4. CARACTERÍSTICAS

4.1 A garantia patrimonial coexiste com a dívida: nascem juntos

Com a devida vênia, parece-nos superada a tese jurídica de que a garantia patrimonial geral não existe como um direito material e sim como um instituto de natureza processual, meramente executório. Por limitação indevida, reduz-se a expressão "responsabilidade patrimonial" ao fenômeno processual de excussão do patrimônio do executado. Ora, não há direito processual sem um direito material subjacente. Só é possível excutir o patrimônio do responsável, porque esse patrimônio se apresentava, desde o nascimento da obrigação, como um direito de garantia em favor do credor.

É preciso ter claro que tanto as consequências do *adimplemento* quanto do *inadimplemento* integram a relação jurídica obrigacional, vista como um *processo* ou *organismo* que se desenvolve num procedimento complexo com etapas sucessivas.

A clássica distinção entre débito e responsabilidade, como figuras distintas e insertas dentro da mesma relação obrigacional, reforça a tese da natureza material do fenômeno. Na medida em que se reconheceu essa distinção, tornou-se possível, pela lei ou pela vontade das partes, atribuir a *responsabilidade a* terceiro por dívida de outrem. Isso revela, sem sombra de dúvida, que são fenômenos distintos e que integram a mesma relação obrigacional.

> O terceiro que assina um contrato como garantidor (oferta em hipoteca um bem imóvel) de um mútuo tomado pelo seu amigo junto ao banco já é garantidor de dívida alheia; já assume que existe a responsabilidade patrimonial limitada ao referido bem. A aceita que tal bem será submetido à satisfação do crédito em caso de inadimplemento do seu amigo que é quem assumiu a dívida.

Tanto é verdade que a responsabilização patrimonial coexiste com o débito, pois nascem juntos e integram a mesma relação obrigacional, e, mesmo antes de

---

50. Com precisão milimétrica Menezes Cordeiro ao dizer que "a garantia geral inscreve-se no conteúdo do vínculo obrigacional complexo, através da sua projeção potestativa: em face da inexecução definitiva, o credor dispõe do direito protestativo de desencadear os mecanismos da responsabilidade patrimonial, recorrendo à ação executiva ou, no limite, à insolvência. E mesmo antes de tal inexecução ou independentemente dela: o credor dispõe das posições potestativas de desencadear os denominados meios de conservação do patrimônio, com relevo para a sub-rogatória e pauliana". CORDEIRO, Antonio Menezes. Op. Cit., p. 67.

se pensar em *inadimplemento*, já é possível tutelar juridicamente qualquer lesão ou ameaça à sua função (eficácia) de garantia para o futuro[51].

Não se pode reduzir a *responsabilização patrimonial ao fenômeno processual executivo*, uma vez que, só é possível pensar em *execução da garantia patrimonial*, porque, desde o nascimento da obrigação, a referida *garantia patrimonial* já é existente para o credor comum. Inexplicáveis seriam, do ponto de vista puramente processual, dívidas garantidas por terceiro[52]. O terceiro sofrerá com a perda do seu patrimônio, porque é *garantidor de dívida* alheia.

O *devedor* é quem *deve* adimplir a prestação e o patrimônio do *responsável* que será garantidor da obrigação; é, pois, quem se sujeita à futura excussão caso ocorra o inadimplemento. Não é possível exercitar, antes do inadimplemento, a eficácia referente ao *poder de excussão do patrimônio do responsável*, mas já é possível exercitar todas as técnicas de tutela com vistas à *conservação do patrimônio que serve de garantia*.

Antes do inadimplemento, a *sujeitabilidade do patrimônio é abstrata,* pois tem o papel de garantia para o futuro, cujas consequências ainda se mostram incertas; porém, depois do inadimplemento imputável ao devedor, não há mais o "risco do inadimplemento". Assim, o patrimônio que se apresentava como uma "garantia para o futuro" deve servir a uma situação "presente": servir para ressarcir os prejuízos do crédito inadimplido suportados pelo credor. O *poder de executar o patrimônio do responsável* tem seu fundamento no direito de o credor realizar a garantia existente contra o eventual inadimplemento.[53]

4.2 A garantia (responsabilidade) patrimonial antes e depois do inadimplemento

Numa relação jurídica obrigacional para pagamento de quantia (independentemente da sua origem), está embutida a cláusula (legal) da responsabilidade patrimonial. Diz-se "legal", porque decorre diretamente da lei e é absolutamente irrelevante o silêncio das partes no negócio jurídico sobre a inclusão ou previsão da garantia geral.

---

51. Inexplicável se mostra aos processualistas a existência de remédios jurídicos como a milenar ação pauliana cuja finalidade é justamente proteger o patrimônio garantidor. A acessoriedade ou instrumentalidade dos direitos de garantia ao direito de crédito não tem o condão de transformá-las em matérias "processuais".

52. Igualmente inexplicáveis seriam os remédios de conservação da garantia patrimonial antes e depois da dívida vencida, independentemente de vir a ser ajuizada a futura execução ou sem a obrigatoriedade de que sobre o patrimônio conservado judicialmente tenha que recair, necessariamente, a referida execução.

53. .Não é demais lembrar que, para dar início à tutela executiva, não basta a existência da responsabilidade patrimonial, mas que ela esteja revelada num título executivo judicial ou extrajudicial.

Portanto, quando nasce o débito, nasce também a responsabilidade. Coexistem na mesma obrigação (a) o direito/dever em relação ao crédito/débito com (b) a garantia patrimonial que autoriza a atuar o poder/sujeição de excutir o patrimônio do responsável após o inadimplemento.

Embora coexistam desde o nascimento, nem todas as eficácias do direito à garantia patrimonial se operam desde o seu nascimento.

As eficácias do direito à garantia patrimonial constituem: (1) direito de proteção da garantia e (2) direito de realização da garantia patrimonial mediante atos de excussão patrimonial, como se observa no item seguinte.

4.3 Segue: a sujeitabilidade abstrata e a concreta da garantia patrimonial

A primeira função proporciona segurança e tranquilidade para o credor, bem como atua como meio de coerção, exercendo uma pressão intimidatória para o devedor que sabe que seu patrimônio se sujeita à possível expropriação em caso de inadimplemento. Neste momento, a garantia implica uma situação jurídica de sujeitabilidade *abstrata* do patrimônio do responsável (garantidor), limitando a sua livre disponibilidade, posto que o vincula à garantia de uma prestação que ele deve cumprir. Essa eficácia opera-se desde o momento em que nasce a relação obrigacional e perdura até o momento em que a dívida não tiver sido satisfeita.

Já a função atinente ao direito de *satisfação ou realização da garantia* passa a operar seus efeitos com o inadimplemento da prestação pecuniária. O "inadimplemento" é o fato jurídico que destrava a eficácia que permite ao credor excutir do patrimônio garantidor do responsável a quantia correspondente ao prejuízo sofrido, de modo que, aos poucos, o patrimônio, que antes serviria de *garantia para uma situação eventual e futura*, passa então a servir a uma situação atual e presente, resultante do inadimplemento. Antes do inadimplemento era *garantia para o futuro*; depois do inadimplemento passa à realização *presente* da referida garantia.

Deixa-se uma *sujeição abstrata "para o caso de ocorrer o inadimplemento" e passa-se a uma sujeição concreta (ressarcir os prejuízos suportados pelo inadimplemento)*. O inadimplemento permite que o credor passe a exigir que se retire do patrimônio garantidor o valor correspondente ao crédito inadimplido. Isso é feito normalmente por meio do processo judicial expropriatório de forma que só se elimina completamente a função garantidora para o futuro (sujeição abstrata) *se* e *quando* ocorre a satisfação (seja de que modo for) do direito do credor (exequente), pois, como lembra Pontes de Miranda, a "*acessoriedade supõe a principalidade de outro crédito ou direito. Se foi solvida a dívida principal, cessa a acessoriedade*"[54].

Dessa forma, em algum momento da realização do procedimento executivo podem conviver, e não será incomum que isso aconteça, a sujeição abstrata com a sujeição concreta quando, por exemplo, já se tenha penhorado um bem do executado. Observe-se que, ao se penhorar um bem do patrimônio, inicia-se o procedimento e execução forçada para fazer valer a eficácia de "realização da garantia", mediante a excussão patrimonial do responsável pelo inadimplemento, mas isso não significa que os demais bens do patrimônio ficam livres da sujeitabilidade abstrata, pois, apenas quando a execução termina com a expropriação satisfativa e ocorre a entrega do valor devido ao exequente, o vínculo de sujeitabilidade abstrata deixa de existir, uma vez que, enfim, cessará o direito de garantia, tal como dito alhures.

Enquanto não ocorrida a *quitação do débito* mediante a entrega do valor ao exequente ou a adjudicação do bem penhorado (art. 904), todo o patrimônio continua em *sujeição abstrata* pela *eficácia garantidora* da responsabilidade patrimonial. Logo, mesmo depois da penhora de determinado bem, continuam a existir limites ao direito de o executado dispor do seu patrimônio, afinal de contas ninguém sabe, por exemplo, se haverá leilão, se sairá pelo valor mínimo, quando isso irá acontecer (pois a dívida será corrigida e pode passar a valer mais do que o bem a ser leiloado), se haverá concurso singular de exequentes e credores antes da entrega do dinheiro etc.

Importante perceber que, conquanto a eficácia atinente ao *direito de satisfação da garantia mediante a excussão patrimonial* nasça junto com a relação jurídica obrigacional, ela é *condicionada* à ocorrência de um fato jurídico posterior, eventual e incerto que é o inadimplemento. Portanto, antes do inadimplemento, o condicionamento da sua eficácia referente ao *poder de excussão do patrimônio do responsável* é apenas um *direito expectado*, existindo apenas de forma concreta e atual a eficácia referente à conservação da garantia patrimonial para proteger uma situação eventual e futura.

4.4 Segue: a proteção jurídica do papel garantidor mesmo (principalmente) depois do inadimplemento

Tomemos de exemplo o negócio jurídico vultuoso firmado entre A (credor) e B (devedor).

---

54. PONTES DE MIRANDA, Francisco Cavalcanti. *Tratado de direito privado*, t. V, p. 338.

Na data da avença, B tinha um patrimônio disponível que proporcionava segurança e confiança para A de que, se houvesse o inadimplemento, o patrimônio existente de B seria suficiente para satisfazer o seu prejuízo. Ora, passados alguns meses, mesmo com as prestações em dia e sem um risco iminente de inadimplemento, poderia A promover a tutela jurídica para preservar e conservar o patrimônio de B se estivesse acontecendo um desfalque que comprometesse a confiança e a tranquilidade que existiam quando da contratação?

A resposta deve ser positiva, porque tendo o patrimônio do devedor/responsável a função de dar garantia e proporcionar segurança para que, em caso de inadimplemento, possa servir ao ressarcimento do prejuízo, nada mais lógico que seja possível uma demanda que conserve o estado jurídico que foi essencial à realização do negócio jurídico e sem o qual não teria sido realizado.

O mesmo se diga, por exemplo, na hipótese em que A contrate com B e que C seja fiador deste último. Independentemente de existir ou não o risco do inadimplemento de B, é perfeitamente possível que A promova demanda contra C para impedir a redução iminente do seu patrimônio, haja vista o que determina o art. 826 do CCB[55].

Da mesma forma, pode C, fiador, promover demanda contra B (devedor) para que conserve o seu patrimônio da forma como existia na época da formação do vínculo, ainda que não exista o risco iminente de inadimplemento.

A *segurança* que a *responsabilidade patrimonial* proporciona ao credor é, não raramente, o fator que leva à própria realização do negócio jurídico, e se assim é nas relações negociais, permitindo a tutela jurisdicional conservativa da garantia, com muito maior razão naquelas que não derivam de um negócio jurídico – ex. responsabilidade civil *aquiliana* – em que o credor nem sequer teve a chance de informar-se previamente sobre o patrimônio garantidor do devedor, quando do nascimento da relação jurídica obrigacional.

Em tópico mais adiante (capítulo VI), dedicado à *tutela jurídica da garantia patrimonial*, iremos tratar com mais vagar das técnicas processuais de tutela de conservação e restauração do patrimônio.

4.5 A garantia patrimonial e o dever negativo impeditivo do garantidor da livre disponibilidade do seu patrimônio

Como decorrência lógica desta função de garantia nascida com a relação jurídica obrigacional, parece-nos óbvio que há para o devedor/responsável um

---

55. Art. 826. Se o fiador se tornar insolvente ou incapaz, poderá o credor exigir que seja substituído.

fator de limitação à livre disponibilidade de seu patrimônio. Já dissemos alhures que este é um árduo dilema do legislador: não pode limitar demais a liberdade do devedor de dispor seu patrimônio, nem pode ser permissivo demais em relação a isso. É preciso ter equilíbrio para que o remédio não vire veneno.

É fato que, ao assumir a obrigação, e a reboque, a garantia patrimonial geral, desde então, sabe o devedor que seu patrimônio é *garantidor* de *prejuízo* do eventual inadimplemento da prestação que ele venha cometer. É ele que melhor sabe se poderá ou não adimplir a prestação, bem como se o seu patrimônio estará disponível para garantir os prejuízos pelo inadimplemento.

Ainda que não tenha acontecido o inadimplemento, não há como negar que o *patrimônio do responsável* fica de certa forma "aprisionado" àquele débito que visa garantir, pois, se assim não fosse, inútil seria a referida garantia legal.

Ora, porque serve de *garantia* para uma futura *satisfação,* é obvio que de nada adianta chegar ao momento de *satisfazer* se nada foi *garantido*. Não pode ser uma "garantia de faz de conta". Quem nunca teve, nunca garantiu, mas quem tinha patrimônio expropriável e deixou de ter e caiu em "insolvência" poderá ter problemas se inadimplir a dívida assumida.

Ninguém faz provisões se não puder usá-las um dia. O seguro do carro é contratado para proporcionar tranquilidade ao proprietário; paga-se por esta segurança e pode até ser que, ao final do contrato, não tenha sido preciso "acionar" o seguro, porque nenhum acidente houve. Por outro lado, se causar acidente, sabe o segurado que poderá acionar o seu seguro e fazer valer a sua garantia. Bem sabemos que as provisões são conservadas e guardadas para quando delas se necessita, ainda que não se saiba se essa necessidade acontecerá no futuro.

Protege-se contra o risco, e risco é a *possibilidade de ocorrência de um dano,* portanto, uma incerteza, como já explicamos na introdução deste trabalho. Com esse mesmo raciocínio, deve-se enxergar o direito que a lei confere ao credor de que o patrimônio do devedor responde em caso de seu inadimplemento. Se adimplir corretamente, o patrimônio permanece intacto, mas, se não o fizer, a *eficácia da garantia patrimonial* implicará a submissão do seu patrimônio à satisfação dos prejuízos causados ao credor.

Frise-se, por oportuno, que a garantia patrimonial nasce com a prestação devida, pois é contra o inadimplemento desta que o credor fica protegido. A *eficácia do poder de excussão da garantia patrimonial* destrava-se com o inadimplemento. Enquanto antes do inadimplemento o *patrimônio do responsável permanece abstratamente vinculado,* depois dele, *sujeita-se concretamente à expropriação.* Antes, dá tranquilidade ao credor contra o risco da inadimplência da prestação; depois, desde que munido de título executivo, dá tranquilidade de que o prejuízo suportado será ressarcido pelo patrimônio garantidor mediante a expropriação da quantia devida.

Desde o momento que é instaurada a relação jurídica obrigacional, já sabe o devedor (responsável) que é o seu patrimônio que responderá, caso não realize o adimplemento da prestação. Esta é a consequência do seu inadimplemento. Não que, em determinados casos, como nos deveres de fazer, não possa o credor exigir que o devedor realize a própria prestação *in natura* inadimplida, mas a rigor, sabe o devedor que, ocorrido o inadimplemento, incide a garantia geral de toda relação obrigacional: a sujeitabilidade abstrata e potencial do patrimônio passa servir à sujeitabilidade concreta.

Sabe o devedor/responsável (ou o responsável pela dívida alheia), ainda que não tenha chegado ao momento de realização da prestação devida, que não deve desfalcar o seu patrimônio a ponto de torná-lo inútil ao seu papel de meio de garantia dos prejuízos resultantes do inadimplemento.

Há, portanto, essa *sujeitabilidade abstrata* do patrimônio que paira como uma sombra para o devedor para que este verdadeiramente cumpra a função garantidora da responsabilidade patrimonial. Isso implica dizer que, mesmo não tendo ocorrido o inadimplemento (e até depois dele enquanto o crédito não for integralmente satisfeito), antes disso, já é possível admitir restrições ao patrimônio do responsável em relação à sua liberdade de dispor dos direitos que o integram. Ao assumir a garantia patrimonial, assume também, por tabela, o dever de não o desfalcar além do que ele deve garantir, sob pena de que, se assim não fosse, seria absolutamente inservível a referida garantia. Só serve de garantia para alguma coisa se puder ser conservado como tal.

Não há como negar que este *estado de sujeitabilidade abstrata do patrimônio* já existe desde o momento de nascimento da relação obrigacional, pois a função garantidora ínsita à responsabilidade patrimonial já existe desde então; pretender sustentar que a função de garantia só existiria após o inadimplemento é, além de teoricamente equivocado, na prática, uma solução absolutamente insustentável, tornando ridículo e inofensivo o papel da *garantia patrimonial*.

Afinal de contas, qual sujeito manteria íntegro seu patrimônio "responsável", após o início da relação jurídica obrigacional para além do inadimplemento, se soubesse que o desfalque antecedente a isso fosse livre e sem consequências?

Este estado de sujeitabilidade abstrata do patrimônio não engessa o direito de propriedade, porque ele incide *abstratamente* sobre todo o patrimônio, mas nos limites do que deve garantir; ademais, por isso traz para o responsável uma séria consequência do dever jurídico de não poder desfalcar além dos limites da dívida que ele deve garantir (dever de não fazer – inibição).

Logo, todo e qualquer desfalque patrimonial – inclusive a omissão de não o aumentar, *v.g.* renúncia a uma herança -, cometido além desse limite estabelecido pela garantia, é um ilícito ao direito material de garantia e deve ser prevenido ou reprimido juridicamente, lembrando que é absolutamente irrelevante qualquer análise do fenômeno culpa ou dolo nesta hipótese, simplesmente porque se presume que o devedor/responsável saiba quais os limites da disponibilidade patrimonial que possui, considerando-o como o sujeito, cujo patrimônio é garantidor de uma dívida por ele assumida.

Questão diversa, e veremos isso oportunamente, é o elemento anímico do terceiro que adquire o bem que desfalcou patrimônio do responsável. O problema reside, na verdade, em relação ao *terceiro* que participa deste desfalque com ou sem ciência de que este desfalque comprometeria a garantia patrimonial de um crédito. Veremos o problema dos terceiros em tópico futuro[56].

---

56. Entrementes, a questão envolvendo o conhecimento prévio por parte do terceiro adquirente de que determinado bem por ele adquirido integrava patrimônio com vínculo de garantia de uma dívida não é tão simples quanto a de quem aliena (devedor ou responsável). Como o terceiro pode ter conhecimento prévio de que o alienante tem dívidas, ainda mais se elas ainda não estiverem inadimplidas? Ou ainda, como saber se o bem por ele adquirido é assaz relevante dentro de um universo patrimonial a ponto de que esta alienação representaria uma violação da garantia patrimonial? Parece-nos claro que as diferentes etapas pela qual passa a relação obrigacional influencia diretamente nesta questão envolvendo o terceiro que participa do desfalque do patrimônio que serve como garantia da dívida. Não se pode dar o mesmo tratamento àquelas situações em que a alienação se dá em momento muito antecedente ao inadimplemento onde não se vislumbra nenhum indício de que o ativo patrimonial do responsável ficará menor do que o seu passivo, muito embora seja direito do credor a conservação do patrimônio do responsável em proporção tal que garanta a dívida assumida. Por outro lado, se já ocorrido o inadimplemento o risco aumenta consideravelmente, mas mesmo assim é preciso verificar se e como, o terceiro poderia ter conhecimento desta situação jurídica do alienante (devedor/responsável). Por outro lado, a situação do terceiro vai se tornando complicada quando além de inadimplemento, já existe (m) processo (s) judicial (ais) – executivo ou cognitivo – capaz (es) de levar a redução comprometedora da garantia patrimonial. Não se pode olvidar que toda esta questão envolvendo o terceiro passa por uma análise econômica do ordenamento jurídico pois se de um lado há que se preservar a garantia da responsabilidade patrimonial para trazer segurança jurídica ao crédito, por outro lado, o engessamento patrimonial pode levar a uma estagnação e imobilidade econômica também prejudicial à circulação de riquezas. A opção política de se tratar o terceiro com maior ou menor dose de responsabilidade na aquisição de bens deveria, ao nosso ver, optar por técnicas de cláusulas abertas para que diante do caso concreto possa ser avaliado se teria agido dentro de um padrão aceitável de cautela. Com o desenvolvimento tecnológico e o acesso mais simplificado (e quase instantâneo) às informações sobre os bens que estão sujeitos a algum tipo de registro público, certamente que a melhor opção política é fixar uma presunção de que o efeito erga omnes do registro, a priori, afastaria a inocência e desconhecimento do terceiro adquirente, ou seja, bens em cujo registro público (carros, ações, cotas, imóveis etc.) conste algum tipo de restrição judicial ou extrajudicial identificadora de que ele vincula-se à garantir determinado crédito serve para presumir que o terceiro adquirente deste bem tem conhecimento do eventual ilícito que esteja cometendo, cabendo a ele, terceiro, o ônus de provar que naquele caso concreto, inobstante a restrição, teria agido de boa-fé. Mas nem todos os bens e direitos são sujeitos a algum tipo de registro público, e, nestes casos um bom caminho para o terceiro seria buscar informações públicas registradas no CPF ou CNPJ de quem vende. Uma simples busca em sítios eletrônicos de pesquisa permite antever qual a situação jurídica do alienante e assim

O ordenamento jurídico excogita diversas técnicas de proteção do crédito e talvez a mais importante delas seja justamente o instituto da responsabilidade patrimonial (garantia comum de todos os credores). O reconhecimento jurídico do *patrimônio* como uma *universalidade de direito* serve diretamente à proteção do crédito, e sem ele nenhum risco haveria para o devedor que decidisse por inadimplir a obrigação. O credor não possui apenas o direito de que o devedor realize a prestação, mas também o direito de que se não cumprir o que deve, o seu patrimônio *responda pela* dívida. Dívidas sem responsabilidade patrimonial (obrigações naturais) são exceções à regra legal; um convite a anarquia, tanto quanto o são as dívidas cuja responsabilidade patrimonial que as garanta sejam um mero faz de conta, porque não podem ser objeto de tutela jurídica conservativa ou restauratória.

4.6 O inadimplemento: do direito à segurança ao direito de realização da segurança

É muito importante que se compreenda que a *responsabilidade patrimonial* é fenômeno íntimo ao direito material, pouco importando se suas regras estão previstas numa lei processual. Ao adotar a regra da *responsabilização patrimo-nial* e não a *pessoal,* o ordenamento jurídico acaba por reconhecer a existência de uma *garantia patrimonial geral* que todos os credores comuns possuem para neutralizar os prejuízos decorrentes do eventual inadimplemento das obriga-ções. Toda obrigação, seja ela negocial ou extranegocial, tem nela embutida, por determinação legal, um direito de garantia para o caso de haver inadimplemento da prestação pelo devedor.

---

criar um alerta para o terceiro adquirente. As "certidões negativas" são importante instrumento para aumentar ou diminuir a dose de risco para o terceiro. O preço do produto, a forma de pagamento, o auxílio de profissionais da área para a aquisição (ex. corretores) constituem importante método de redução de riscos e demonstração de boa-fé na aquisição. O ato do alienante que desfalca ou pretenda desfalcar o seu patrimônio em montante que o torna inservível à função de garantia da dívida ao qual está vinculado pela relação jurídica obrigacional é sempre um ato ilícito que, a depender do momento, torna mais fácil ou mais complexa a sua tutela jurídica. Antes de ocorrido, a tutela inibitória se volta contra o devedor/responsável e se presta a impedir qualquer alienação. Se já ocorrido o ilícito a tutela repressiva se volta contra o alienante (devedor/responsável) e contra o terceiro adquirente e tem por finalidade reconhecer a ineficácia desta alienação nos limites da garantia patrimonial a qual ele servia, ou seja, a alienação ou oneração praticada pelo devedor/responsável com o terceiro, ainda que o bem já esteja no patrimônio deste último, não perde o vínculo da responsabilidade patrimonial preexistente. Assim, por exemplo, se o devedor B desfalca seu patrimônio mediante a alienação de diversos bens para um terceiro C, e então A (credor) promove demanda contra B e C para reconhecer a ilicitude da alienação porque feita em ofensa à garantia da responsabilidade patrimonial, a procedência desta demanda não será para anular o negócio jurídico firmado entre B e C, mas sim para reconhecer que tal negócio não foi suficiente para afastar o vínculo de responsabilidade patrimonial daquele bem com a dívida que B tinha com A, isto é, embora esteja na propriedade de C, a alienação não teria sido eficaz para retirar o referido patrimônio da sujeição patrimonial garantidora da dívida preexistente.

O gatilho para que a garantia patrimonial se realize (efetive a garantia patrimonial), de forma que o direito à segurança (garantia) se convole em direito de realização da segurança, é o *inadimplemento*. Portanto, para que o patrimônio do devedor se submeta à futura expropriação judicial pelo credor, é preciso que ocorra a condição jurídica do *inadimplemento da obrigação* como faz claro o texto do art. 391 do CCB, verdadeira cláusula geral do assunto.

Como já dissemos, o direito de o credor munido de título executivo extrair o numerário devido do patrimônio garantidor (expropriação patrimonial) fica com esta eficácia contida, é um direito expectado, dependente do acontecimento de um fato jurídico incerto e futuro que é o inadimplemento do devedor.

Se "A" firmou um contrato com "B" e não pagou a quantia devida na data pactuada, desde o inadimplemento, o patrimônio de "B" "responde" concretamente pelos prejuízos que causou à "A". Há então um direito de "A" de retirar o numerário devido do patrimônio de "B" para ressarcir os prejuízos que suportou pelo inadimplemento. Obviamente que não poderá fazer isso senão por meio de uma expropriação, via de regra judicial e, desde que esteja munido de um título líquido, certo e exigível judicial ou extrajudicial.

O fato de A só poder retirar o numerário devido do patrimônio de B mediante uma expropriação, normalmente num procedimento executivo *judicial* para pagamento de quantia, em nada altera o fato de que a garantia patrimonial nasce muito antes de iniciar o processo judicial. A expressão *responsabilidade patrimonial* se manifesta no direito de "garantia patrimonial" inerente a toda relação obrigacional e, a um só tempo, engloba (i) o direito à garantia da prestação, que, com a ocorrência do inadimplemento, passa a ser (ii) o direito à satisfação dos prejuízos, extraindo o valor devido da referida garantia (patrimônio).

A função garantidora da responsabilidade patrimonial nasce junto com a relação débito/crédito a qual serve de garantia e implica uma *sujeitabilidade abstrata* do patrimônio do responsável. O patrimônio (presente e futuro) permanece intocado na propriedade do responsável, mas juridicamente vinculado à garantia da dívida. Por enquanto, *o direito de executar a garantia é direito expectado*. Contudo, após o inadimplemento, a função garantidora dará lugar à função satisfativa, pois a garantia deve ser realizada para satisfação dos prejuízos resultantes do crédito inadimplido. O que antes era sujeição abstrata passará à sujeição concreta mediante a expropriação judicial. Apenas a completa satisfação do direito do credor implicará plena cessação da função garantidora, ou seja, a penhora e a expropriação não livram o patrimônio da sujeição abstrata (função de garantia), se – e enquanto – não acontecer a satisfação *integral* do crédito inadimplido. Tantas penhoras e tantas expropriações serão feitas do patrimônio do responsável até que ocorra a satisfação integral do crédito.

Existem vários direitos subjetivos que só podem ser exercidos num processo judicial e nem por isso deixam de existir no plano material. O *direito de o credor excutir a garantia patrimonial imposta pela lei ao devedor com a finalidade de ser ressarcido dos prejuízos que o inadimplemento* lhe causou é um direito que, regra geral, é exercido dentro de um processo judicial, porque envolve atos de expropriação forçada de bens de propriedade do devedor/responsável.

Por outro lado, como qualquer direito subjetivo, nos termos do inciso XXXV da CF/88, o direito à garantia patrimonial, mesmo antes do inadimplemento, pode ser protegida contra lesão ou ameaça. Existem, portanto, várias técnicas que permitem proteger *o direito do credor à sujeitabilidade do patrimônio do devedor*, prevenindo-o (ex. ação de arresto) de um desfalque patrimonial ou reprimindo/removendo, se já ocorrido (fraude contra credores). Mesmo que a garantia *ainda* não possa ser satisfeita (excussão do patrimônio do executado), porque ainda não ocorreu o inadimplemento, ela já pode ser tutelada para a função de "garantia contra o risco de inadimplemento". Enquanto não ocorrido o inadimplemento, o "direito subjetivo de garantia" pode ser tutelado judicialmente, pois há a *pretensão à segurança* do credor, sobretudo, se e quando na formação do negócio jurídico a existência de um patrimônio garantidor tenha sido um fator considerado para a celebração do negócio jurídico.

4.7 A realização da garantia patrimonial: o poder de excussão do patrimônio do responsável

Como toda e qualquer garantia que se preze, a responsabilidade patrimonial existe para dar segurança e tranquilidade para o (garantido) credor, pois, em caso de inadimplemento imputável ao devedor, ele tem a proteção proporcionada pela garantia, ou seja, ela serve para evitar que ele tenha prejuízo com o inadimplemento.

Assim, quando alguém assume pagar um aluguel mensal e não o faz, resta ao locador fazer uso das garantias que constem do contrato firmado com o locatário. Para tanto, pode exigir o recebimento de qualquer garantia que tenha firmado, tais como: o seguro-bancário ou seguro-caução, se houver; o penhor ou a hipoteca, se houver; pode ainda extrair do patrimônio do locatário ou do seu fiador o numerário correspondente ao prejuízo que teve pelo inadimplemento, valendo-se da *garantia da responsabilidade patrimonial*.

No momento em que se dá o inadimplemento, a função garantidora da responsabilidade patrimonial, que até então causava uma *sujeitabilidade abstrata do patrimônio* e cuja função era dar tranquilidade e segurança para o credor, passa paulatinamente a dar lugar a uma eficácia que garante ao credor, munido de título executivo, o *direito de exigir a expropriação do patrimônio garantidor do responsável* com vistas a eliminar o prejuízo causado pelo inadimplemento.

Se adimplemento houvesse, então a obrigação estaria extinta naturalmente e com ela também extinta a função garantidora que nunca teria saído do seu estado de latência (sujeitabilidade abstrata). O *inadimplemento* é o fato jurídico que destrava essa mudança de papel, e o direito expectado de poder promover a excussão patrimonial da garantia passa a ser um direito atual e servirá ao papel de satisfazer os prejuízos causados pelo incumprimento do devedor.

Um exemplo muito singelo dessa mudança de eficácia – de *garantia* para *realização da garantia* – ocorre quando se entra num hotel cujas diárias já tenham sido pagas, e sempre que se faz o *check in, se é* obrigado a usar o cartão de crédito para um *depósito de caução* que, ao fim da hospedagem, será cancelado, se durante a estadia não tiver ocorrido prejuízos que obviamente não estavam inseridos nos preços das diárias que tinham sido pagas. No entanto, se ao sair do hotel, durante a vistoria do *check out*, seja verificado no quarto utilizado que, durante a estadia, as toalhas e lençóis foram rasgados, o lustre tenha sido quebrado, a mesa rabiscada, a parede danificada, o chuveiro destruído, o frigobar consumido e não pago? Se a conta destes prejuízos não fossem espontaneamente pagas pelo hóspede o que faria o estabelecimento? A forma mais fácil seria retirar o numerário correspondente ao prejuízo do *depósito caução* que foi autorizado no início da hospedagem e é isso que normalmente os estabelecimentos fazem usando o depósito prévio no cartão de crédito apresentado pelo devedor. Mas, e se, ainda assim, o valor caucionado for insuficiente para afastar o prejuízo? Por certo, poderá acionar judicialmente o hóspede para extrair do seu patrimônio o numerário correspondente ao prejuízo.

> Recorde-se que antes de buscar a tutela jurisdicional, poderia o hotel acima fazer uso das faculdades descritas no CCB. Nos termos do art. 1467, I do CCB os hospedeiros, ou fornecedores de pousada ou alimento são credores pignoratícios ex legge, sobre as bagagens, móveis, joias ou dinheiro que os seus consumidores ou fregueses tiverem consigo nas respectivas casas ou estabelecimentos, pelas despesas ou consumo que aí tiverem feito. Isso lhes confere o direito de reter os mencionados bens até o valor da dívida (arts. 1.468[57] e 1.469[58]), exercendo

---

57. Art. 1.468. A conta das dívidas enumeradas no inciso I do artigo antecedente será extraída conforme a tabela impressa, prévia e ostensivamente exposta na casa, dos preços de hospedagem, da pensão ou dos gêneros fornecidos, sob pena de nulidade do penhor
58. Art. 1.469. Em cada um dos casos do art. 1.467, o credor poderá tomar em garantia um ou mais objetos até o valor da dívida.

autotutela sem ter que passar previamente pelo Poder Judiciário (art.1.470 CCB[59]). Uma vez realizada a retenção de bens, aplica-se o art. 793 do CPC[60].

Neste exemplo acima, tanto o depósito-caução quanto a garantia da responsabilidade patrimonial, em algum momento, deixaram de ter uma função meramente garantidora para cumprir o papel ao qual se propunham, caso ocorresse o inadimplemento. Então, uma vez ocorrido o inadimplemento e verificado o prejuízo, o ressarcimento é feito mediante o direito de extrair a quantia devida da *garantia prestada.*[61]

O direito à garantia da responsabilidade patrimonial existe desde o momento em que se forma a obrigação. Apenas a sua eficácia, referente à possibilidade de extrair do patrimônio do responsável, fica condicionada à ocorrência de um fato jurídico previsto na lei: o inadimplemento. O inadimplemento não *cria* a responsabilidade patrimonial, apenas destrava esta eficácia (*poder de excussão do [sobre o] patrimônio do responsável garantidor*), já que o seu papel garantidor já existe desde a concepção do próprio débito.

4.8 O desfalque patrimonial violador da garantia patrimonial (antes ou depois do inadimplemento) e sua tutela jurídica

Considerando o que já foi dito em tópicos anteriores sobre os distintos papéis da *dívida* e da *responsabilidade*, embora nasçam de um mesmo vínculo jurídico, e também considerando que pode haver responsabilidade sem débito e débito sem responsabilidade[62], ou responsabilidade e débito recaindo sobre pessoas diversas, parece clara a ideia de que, do ponto de vista do credor, a dívida e a responsabilidade são figuras que se completam, posto que essa se presta para garantir aquela.

É justamente porque "dívida" e "responsabilidade" são fenômenos distintos, enfim, porque correspondem a diferentes situações jurídicas subjetivas de vantagem do credor em relação ao devedor/responsável, ambas podem ser tuteladas de forma autônoma pelo ordenamento.

---

59. Art. 1.470. Os credores, compreendidos no art. 1.467 podem fazer efetivo o penhor, antes de recorrerem à autoridade judiciária, sempre que haja perigo na demora, dando aos devedores comprovantes dos bens de que se apossarem.

60. Art. 793. O exequente que estiver, por direito de retenção, na posse de coisa pertencente ao devedor não poderá promover a execução sobre outros bens senão depois de excutida a coisa que se achar em seu poder.

61. . Lembrando que, para promover a execução por quantia mediante a expropriação do patrimônio do responsável, será necessário que o credor preencha o requisito processual de ser portador de um título executivo judicial ou extrajudicial.

62. São os exemplos das obrigações naturais, como no caso do art. 814 do CCB.

CAPÍTULO 2 • GARANTIA PATRIMONIAL GERAL **51**

Com isso se quer dizer que, por ser reconhecido no plano do direito subjetivo como um *direito de garantia pela sujeitabilidade abstrata do patrimônio* que, após o inadimplemento, se projeta em um *direito de extrair do patrimônio garantidor do responsável (sujeitabilidade concreta) o valor correspondente ao crédito inadimplido*, parece claro que tanto a prestação devida (débito) quanto essas duas faces pelas quais se manifesta a responsabilização patrimonial, ambas as funções podem (devem) ser objeto de tutela pelo direito processual quando, eventualmente, ocorrer ameaça ou lesão a quaisquer dessas posições jurídicas de vantagem do credor.

Sendo mais explícito: o credor poderá recorrer ao Poder Judiciário para tutelar o seu *direito de crédito* ou *a proteção da garantia patrimonial, sempre que estiverem ameaçados ou lesionados por quem quer que seja, especialmente pelo próprio devedor.*

Nesse sentido, e atendo-se à tutela jurisdicional da garantia patrimonial, ante a existência de lesão ou ameaça, pode-se enxergá-la sob dois flancos: (a) primeiro, protege-se o patrimônio garantidor de modo a conservar a sua função de *garantia para o risco de um futuro inadimplemento*; (b) segundo, após o inadimplemento, protege-se e conserva-se o patrimônio garantidor para que possa ser exercido e ser satisfeito o direito de realizar a garantia que se faz por meio de expropriação da quantia do patrimônio garantidor.

Observe-se que, no primeiro caso, a garantia patrimonial encontra-se numa situação de sujeitabilidade abstrata, um vínculo de garantia para o futuro, num momento em que todas as expectativas é de que o devedor realize a prestação devida. Já no segundo caso, o que se tem é uma sujeitabilidade concreta, pois o inadimplemento já aconteceu, e é desejo do credor a realização da garantia para ressarcimento dos prejuízos. Em ambas as hipóteses o ordenamento deve excogitar meios para proteger a situação jurídica de vantagem que a garantia proporciona ao credor.

É certo que nos dois casos se deseja manter a higidez patrimonial:

(i) uma para conceder tranquilidade e segurança ao credor antes do inadimplemento (estado de incerteza do risco;

(ii) outra para evitar a inocuidade ou inutilidade da própria realização da garantia mediante a expropriação do patrimônio.

Antes ou depois do inadimplemento e, ainda que voltado a proteger situações jurídicas subjetivas distintas do credor – direito à garantia e direito de satisfazer-se com a garantia – a tutela jurisdicional do direito de garantia se dá quando o que se deseja obter com o processo é um resultado que evite a redução (ou o não aumento) do patrimônio do responsável, de forma que tal redução (ou não aumento) importaria um desfalque que comprometeria a garantia da responsabilidade patrimonial.

Como são os bens "presentes e futuros" ao nascimento da relação obrigacional que integram a garantia patrimonial contra o inadimplemento; então, a tutela jurisdicional será voltada para *conservar* o patrimônio garantidor existente (*presente*) quando da formação do vínculo obrigacional ou para inibir qualquer ato do devedor que impeça o aumento patrimonial com os bens *futuros* à formação do referido vínculo.

Verifica-se com mais vagar em tópico próprio, mas aqui é importante que se mencione antecipadamente que ninguém melhor que o devedor/responsável para saber qual o tamanho do seu patrimônio, o que nele contêm, o que pode e o que não pode alienar sem comprometer as garantias de dívidas às quais já está preso em razão de vínculo obrigacional preexistente.

Ainda que tais dívidas não tenham sido inadimplidas ou, no pior cenário, que já tenham sido inadimplidas, é sempre o devedor/responsável que sabe o que pode ou o que não pode alienar/onerar no seu patrimônio, sem que isso comprometa a função garantidora que ele possui.

Quando o responsável patrimonialmente realiza o desfalque que reduz o seu patrimônio comprometedor da garantia da dívida, ou, máxime, quando deixa de praticar ato que implicaria aumento patrimonial, presume-se ciência e consciência de tal ato, de forma que não é necessário àquele credor/exequente que promove a demanda (para conservar, ou restaurar o patrimônio) que ele tenha sobre si o ônus da prova de que o devedor/responsável sabia o que estava fazendo. Presume-se a ciência do titular do patrimônio (alienante).

Ao servir de garantia de dívida própria ou alheia, o patrimônio do responsável vincula-se juridicamente ao referido débito, pois dívida e responsabilidade integram a mesma relação jurídica obrigacional, não sendo nem sequer crível que "desconhecia" a sua situação patrimonial quando realizou o desfalque ou não promoveu o aumento do patrimônio. Logo, como se vê, a questão que atormenta o Direito nestas hipóteses de desfalque violador da garantia patrimonial não gravita em torno do devedor/responsável, já que o ilícito se demonstra de forma simples: ou o desfalque não compromete ou então compromete a garantia patrimonial.

4.9 Garantia (responsabilidade) patrimonial e solidariedade passiva

A solidariedade não é uma garantia em sentido estrito tal como o aval, a fiança, a hipoteca, o penhor etc.; também não é um fenômeno anexo à relação obrigacional, já que, usando neologismo de Pontes de Miranda, é *inexa* a ela[63]. No entanto, como certeiramente menciona Orlando Gomes, embora não exista para ter a função de *garantia*, para o que se propõe, ela acaba *"desempenhando este papel"*[64]. Aliás, tal função é embasadora de teoria que justifica a complexa natureza do instituto:

> Procura-se, então, substituí-la pela chamada função de garantia, constitutiva da teoria fide-jussória, para a qual cada devedor é garante da prestação para com o credor, e é em razão desta função fidejussória que o credor tem o direito de exigir a prestação por inteiro; de revés, pagando o devedor a um dos credores solidários, liberta-se dos outros, porque em favor de todos e de cada um institui-se como garantia de solução[65].

E a razão do certeiro apontamento de Orlando Gomes – que coloca o instituto dentro das técnicas de proteção do crédito – é porque, com a solidariedade passiva, o credor possui a inegável vantagem de *"exigir e receber de um ou de alguns dos devedores, parcial ou totalmente, a dívida comum; se o pagamento tiver sido parcial, todos os demais devedores continuam obrigados solidariamente pelo resto"*, nos termos do art. 275 do CCB.

A rigor, com a solidariedade passiva, amplia-se para o credor a garantia patrimonial, já que todos respondem em pé de igualdade pela dívida solidarizada. Haverá tantos patrimônios responsáveis quanto forem os devedores solidários, pois todos se colocam numa posição de *responsáveis patrimoniais principais*. Frise-se, todavia, há a garantia da responsabilidade patrimonial de todos *apenas pela obrigação originária*.

Sobre o tema importa ressaltar as importantíssimas regras dos arts. 279 e 280 do CCB que se complementam:

> Art. 279. Impossibilitando-se a prestação por culpa de um dos devedores solidários, subsiste para todos o encargo de pagar o equivalente; mas pelas perdas e danos só responde o culpado.
>
> Art. 280. Todos os devedores respondem pelos juros da mora, ainda que a ação tenha sido proposta somente contra um; mas o culpado responde aos outros pela obrigação acrescida.

---

63. "Têrmos e condições são determinações necessàriamente insertas nos atos jurídicos; são nêles, in--nexam, porque de dentro dêles lhes traçam, no tempo, limite de eficácia; não se ligam a êles, não se lhes anexam; são, por isso, ditas determinações inexas. O nexo é interno, e não externo". Pontes de Miranda. Tratado de direito privado, vol. V, p. 159.

64. GOMES, Orlando. *Obrigações*. 17ª edição, Rio de Janeiro: Ed. Forense, Grupo Gen, 2008, p. 274; na mesma linha apontando a proteção da segurança do crédito como uma das funções da solidariedade passiva ver SERPA LOPES, Miguel Maria. *Curso de direito civil, vol. II:* obrigações em geral – 6ª edição, Rio de Janeiro: Freitas Bastos, 1995, p. 132; AZEVEDO, Alvaro Villaça. *Teoria geral das obrigações e responsabilidade civil*. 11ª edição, São Paulo: Atlas, 2008, p. 76.

65. PEREIRA, Caio Mario da Silva. *Instituições de direito civil:* teoria geral das obrigações, v. II, 25ª edição, Rio de Janeiro: Grupo Gen, 2012, p. 85.

Nos dispositivos que foram citados acima, fica claro que o débito e a responsabilidade patrimonial do devedor solidário cingem-se apenas à obrigação originária; isto é, o acréscimo decorrente de juros de mora à obrigação original não altera a relação externa da solidariedade junto ao credor, pois todos respondem patrimonialmente por ele; contudo, na relação interna entre os próprios devedores, é o culpado que responderá patrimonialmente pela obrigação acrescida (art. 280).

A hipótese do art. 279 ratifica a regra acima, só que o faz de forma transversa, qual seja, a frase final do texto do artigo deixa muito claro que o débito e a responsabilidade do devedor solidário se limitam (ao todo) apenas em relação à prestação obrigacional originariamente concebida. A *nova* obrigação geradora de *perdas e danos*, fruto do inadimplemento culposo de um dos devedores, porque é uma *nova obrigação distinta da anterior*, não estende a regra da solidariedade. O texto do artigo é claro ao dizer que *para todos subsiste o dever de pagar e responder* pelo equivalente da prestação inadimplida, mas não pelas *perdas e danos* (obrigação nova) dali decorrentes[66].

Esse aspecto é demasiadamente importante para perceber que a responsabilidade patrimonial nasce com a obrigação e a ela vincula-se. A *nova* obrigação mencionada no dispositivo faz gerar uma nova responsabilidade patrimonial a ela correspondente.

5. CLASSIFICAÇÃO

5.1 A responsabilidade patrimonial primária e secundária

A classificação da "responsabilidade patrimonial" em *primária* e *secundária* foi feita por Liebman[67] que, por sua vez, adotava a posição de Carnelutti[68] de que a responsabilidade patrimonial teria natureza processual[69], afastando-se da corrente privatista e dualista das obrigações que tinha como um dos maiores expoentes o notável civilista Emilio Betti[70] e, na Alemanha, essa classificação já se desenvolvia de forma robusta com os trabalhos de Brinz e Gierke.

---

66. No mesmo sentido o art. 520 do CPC português, ainda mais preciso do que o nosso ao tratar da solidariedade daqueles que cometeram o ilícito contratual gerador da nova obrigação: "Se a prestação se tornar impossível por facto imputável a um dos devedores, todos eles são solidariamente responsáveis pelo seu valor; mas só o devedor a quem o facto é imputável responde pela reparação dos danos que excedam esse valor, e, sendo vários, é solidária a sua responsabilidade".

67. LIEBMAN, Enrico Tullio. *Processo de execução*. 3. ed. São Paulo: Saraiva, 1968, n. 41, p. 79.

68. CARNELUTTI, Francesco. *Diritto e Processo*. Napoli: Morano, 1958, p. 315-316.

69. LIEBMAN, Enrico Tullio. Processo de execução, 3ª ed., p. 61.; LIEBMAN, Enrico Tulio. *Manual de Direito Processual Civil*. Vol. 1, Forense: Rio de Janeiro, 1984 p.209.

70. BETTI, Emilio. *Teoría Generalde las Obligaciones*, t. 1, Editorial Revista de Derecho Privado: Madrid, 1969.

CAPÍTULO 2 • GARANTIA PATRIMONIAL GERAL

A execução civil no Brasil é AC/DC, antes e depois de Cândido Rangel Dinamarco, por toda contribuição que este notável jurista dedicou ao estudo teórico do tema, num momento em que as bases conceituais de suas categorias fundamentais ainda estavam incipientes no país. Por sua vez, Cândido, foi um dos mais diletos pupilos de Liebman, um dos ícones mundiais da fase autonomista do direito processual tão desenvolvida na Alemanha e Itália.

Liebman, citando Carnelutti, defendeu a natureza processual da responsabilidade patrimonial não sem antes explicitar que o tema fervilhava na doutrina, mencionando inclusive a posição materialista sobre o tema (notável de Emilio Betti)[71]. A posição do mestre Liebman[72] no clássico "processo de execução" (São Paulo, Saraiva, 1946) foi entre nós defendida pelo seu pupilo Dinamarco já na sua tese de livre docência na Faculdade de Direito da Universidade de São Paulo intitulada de "execução civil", que veio a se tornar logo depois um clássico na sua versão comercial.[73] Cândido é, sem qualquer favor, o maior processualista brasileiro sobre o tema da execução civil, e, todas homenagens são justas e merecidas, embora tímidas pelo acervo científico que nos proporciona. No entanto, em nosso sentir o direito processual civil e o direito civil amadureceram para um estágio posterior de refundação de ambos, redescobrindo o seu papel instrumental do processo na vida, anseios e direitos das pessoas – aqui, inclusive com trabalho hercúleo de Dinamarco[74]. Nesta lenta evolução, mas rápida transformação social, é que se insere ao nosso ver, atualmente, o reconhecimento da natureza material da garantia patrimonial. Não haveria "responsabilidade executiva" se não houvesse, antes, um direito material subjacente (garantia patrimonial) que lhe dá suporte e que legitima a sua atuação. Longe de afastar a natureza material, os argumentos da tese processualista reforça e conecta com aquela.

Para Carnelutti, a responsabilidade não teria natureza material, mas sim processual, ou seja, uma relação jurídica processual, invocando que corresponderia à ação executiva ensejadora de uma relação entre credor e estado-juiz que imporia uma "sujeição" e não uma "obrigação"[75].

Como já pontuado, não há relação jurídica de direito processual sem um direito material subjacente seja ele de que natureza for. A *tutela jurisdicional* impõe uma solução prevista e acobertada pelo direito material. O que justifica a possibilidade de excutir o patrimônio do executado, colocando-o numa posição de sujeição como acertadamente menciona Carnelutti, é justamente a existência dessa "respondência" existente no plano de direito material e contida na estrutura da relação obrigacional.

É no direito material que está descrito que "o patrimônio do devedor responde pelo inadimplemento da prestação". A questão importante a *decifrar* é o

---

71. C.F. Teoria generale del negozio giuridico. Torino, Unione Tipografico-editrice Torinese, 1943.
72. LIEBMAN, Enrico Tullio. *Processo de execução*. São Paulo, Saraiva, 1946.
73. DINAMARCO, Cândido Rangel. *Execução civil*: a execução na teoria geral do direito processual civil. São Paulo, Revista dos Tribunais, 1972.
74. C.F. A Instrumentalidade do processo. São Paulo, Revista dos Tribunais, 1987.
75. CARNELUTTI, Francesco. *Diritto e Processo*. Napoli: Morano, 1958, p. 315-316.

que significa, no plano de direito material, a "respondência" em caso de inadimplemento.

Coube a Emilio Betti[76] a sagaz observação de que não haveria no direito italiano uma palavra que corresponderia com absoluta precisão conceitual ao termo alemão *haftung*, ao analisar a teoria dualista de Brinz (*schuld/haftung*), para em seguida concluir que a palavra mais próxima de *haftung* seria o de "garantia" do lado ativo e do lado passivo, algo que se aproximasse de "coisa obrigada".

De fato, o que prevê a regra da "responsabilidade patrimonial" é que, desde a formação da obrigação, existe o reconhecimento de que, se acontecer o inadimplemento imputável ao devedor, o seu patrimônio atual e futuro responderá pela dívida inadimplida. Há uma situação atual regulamentando uma situação futura, incerta e possível de acontecer. Estabelece-se uma regra atual para garantir o futuro, sendo que a regra do futuro é justamente a de submissão do patrimônio garantidor.

Essa equação implica reconhecer que a "submissão do patrimônio do devedor" está posta desde a formação da relação obrigacional como uma garantia para um evento incerto e futuro, ou seja, sabem credor e devedor que se esse último inadimplir a prestação, é o patrimônio dele que se sujeitará ao pagamento dos prejuízos. Isso é a "garantia patrimonial" que concede ao credor, caso de fato ocorra o inadimplemento do devedor, o direito de ele retirar deste patrimônio o numerário suficiente para cobrir o prejuízo que teve. Como isso não pode ser feito *per manus iniectio*, a tutela jurídica deste direito se realiza mediante o procedimento executivo expropriatório. Não se duvida de que o Judiciário está ali pronto para a atuação coativa dos direitos que não são cumpridos, mas nenhuma atuação coativa pode ser feita sem uma situação jurídica de direito material subjacente e legitimante.

Frise-se: não é o "débito inadimplido" que legitima essa atuação, mas sim a previsão normativa de direito material de que "o patrimônio garante".

Retomando, a posição doutrinária defendida por Liebman teve forte adesão no solo brasileiro[77] e faz sentido atualmente apenas para compreender a distin-

---

76. BETTI, Emilio. *Teoría Generalde las Obligaciones*, t. 1, Editorial Revista de Derecho Privado: Madrid, 1969, p. 254: "La palabra italiana que equivaldría mejor al concepto de "Haftung" sería la de "garantía", Pero esta palabra expresa el lado activo de la relación de responsabilidad, no el lado pasivo como la palabra alemana, o como la latina de "obligatio", en el sentido asumido por ella en la expresión 'obligatio rei'".

77. CASTRO, Amilcar de. *Do procedimento de execução*: Código de processo civil – livro II – arts. 566 a 747, Rio de Janeiro, Forense, 2000; LIMA, Alcides de Mendonça. *Comentários ao Código de Processo Civil*. Rio de Janeiro: Forense, 1974, v. VI, t. II, n. 1.041, p. 471; ASSIS, Araken. *Manual da execução*. 18ª edição, São Paulo: Revista dos Tribunais. 2016, p. 292; THEODORO Jr., Humberto. *Curso de Direito Processual Civil*, vol. III, 52ª edição, Rio de Janeiro: Forense (Grupo Editorial Nacional), 2019, item 221.

ção entre o *devedor (dívida)* e o *responsável (responsabilidade)*[78]. À sua época, defendendo a natureza processual com a maestria que lhe era peculiar, Liebman inclusive adjetivou a responsabilidade de *responsabilidade executiva*. No entanto, com a enorme evolução e sedimentação do conceito de obrigação a referida natureza jurídica processual da responsabilidade patrimonial nos parece superada como dito alhures, e a classificação que foi feita por Liebman de *primária e secundária* – inegavelmente importante do ponto de vista acadêmico – pode levar a falsas conclusões, se não for compreendido o contexto em que foi idealizada, pois, como dito, é majoritária a posição de que a *responsabilidade patrimonial* integra a relação jurídica obrigacional e, portanto, não seria um instituto de direito processual, ainda que no processo executivo seja concretizada.

O equívoco que a classificação de Liebman pode causar é de que ela pode sugerir a existência de uma obrigatória ordem de prioridade na responsabilização patrimonial, como se sempre o patrimônio do *devedor* tivesse que ser primeiramente atingido em relação ao do *responsável,* ou, inversamente, de que este só poderia sujeitar seu patrimônio se o devedor tivesse sujeitado o seu em primeiro lugar.

Entende-se que já restou muito claro neste trabalho, a "responsabilidade patrimonial" enseja um direito material de garantia previsto na lei para os credores comuns e, com o inadimplemento, a *existência da garantia* passa à necessidade de *efetivação desta garantia*[79]. Logo, se além do próprio devedor, que é naturalmente *responsável garantidor*, há um outro sujeito que se responsabilizou pela dívida, é sobre ambos que incidirá a garantia da responsabilização patrimonial.

Embora intuitivamente haja inclinação para se pensar que exista uma ordem de preferência para excussão de um patrimônio do devedor em relação ao do responsável pela dívida alheia não necessariamente isso ocorrerá, pois pode, perfeitamente:

(a) não existir preferência/ordem alguma,

(b) pode existir preferência de excussão do patrimônio do devedor sobre o do responsável como também;

(c) pode existir a incomum situação de ordem de preferência de excussão do patrimônio do responsável pela dívida alheia para subsidiariamente atingir o patrimônio do próprio devedor inadimplente.

---

78. *Schuld* corresponderia ao dever de prestar (dívida), e, *haftung*, à responsabilidade patrimonial (sujeição do patrimônio para garantir a satisfação da dívida). Assim, por exemplo, o fiador não é o *devedor*, mas tem *responsabilidade* pela dívida do afiançado.

79. "(...) às garantias especiais, que são aquelas estipuladas como um extra. Representa, pois, um reforço à garantia geral, que é o patrimônio do devedor". MENEZES CORDEIRO, António. *Tratado de Direito Civil Português*. v. II, t. IV, Coimbra: Almedina, 2010, p. 503.

Observe-se que pelo fato de que a responsabilidade patrimonial integra a própria estrutura da relação obrigacional, então, logo se vê que não sendo o próprio devedor o garantidor de dívida alheia, este sujeito não é propriamente um "*terceiro*" que esteja fora da relação obrigacional. Reitere-se que justamente porque a relação jurídica obrigacional engloba tanto o débito quanto a responsabilidade não se pode dizer que o sujeito que é responsável pelo débito alheio *não é terceiro nesta relação obrigacional*. A distinção dos personagens no plano do débito e da responsabilidade não coloca o garantidor na condição de "terceiro". Sendo cartesiano, ele seria um terceiro no tocante à relação credor e devedor, mas não no contexto da relação jurídica obrigacional com um todo.

Isso fica claro num exemplo do nosso cotidiano:

A locador contrata com B locatário a locação de imóvel X e C, fiador, assume a responsabilidade de garantir a dívida de B. O dever de pagar e o benefício da moradia serão exercidos pelo locatário. É ele quem *deve*. No entanto, se não o fizer como determina o contrato, um outro sujeito C que integra o contrato (não é um *terceiro* na relação jurídica contratual) assumiu a *responsabilidade* pela eventual dívida do locatário. Imaginando que este contrato seja um título executivo extrajudicial e que expressamente C tenha renunciado ao benefício de ordem, então, o locador A poderá cobrar/executar a quantia e retirar o numerário correspondente do patrimônio de B quanto de C, sem ordem de preferência. Pode, inclusive, optar por executar apenas C, caso entenda que suas chances de obter mais rapidamente o seu direito seja buscando a tutela apenas quanto ao fiador.

Aquele que suportará a futura expropriação do patrimônio em um procedimento executivo será o *responsável* pela dívida (devedor / garantidor), desde que, obviamente, tenha sido vencido na ação de conhecimento ou que figure no título executivo extrajudicial.

Não parece suficientemente completa a afirmação de que o patrimônio do devedor é "*o primeiro exposto aos meios executórios*", só porque o sujeito é *devedor* e ao mesmo tempo *responsável*. Isso porque também estará igualmente exposto, sem ordem de prioridade, o patrimônio do garantidor que conste no título executivo judicial ou extrajudicial.

Isso quer dizer que tanto o *responsável primário* quanto o *secundário*, usando a terminologia de Liebman para designar o *devedor e o "terceiro" garantidor de dívida alheia*, estarão sujeitos, sem ordem de preferência, à sujeição patrimonial para satisfação da dívida inadimplida.

Alcunhar de responsável *primário* o *devedor*, porque é ele que deve adimplir a prestação, e *secundário* o garantidor da dívida por ele não assumida, não altera em absolutamente nada a ordem de sujeição patrimonial de ambos. Sendo o devedor naturalmente responsável e existindo um garantidor de dívida alheia, ambos responderão patrimonialmente, *a priori*, sem ordem de preferência como sugere a terminologia utilizada para classificar as distintas posições de quem deve e de quem é responsável sem dever.

Apenas para deixar ainda mais clara a nossa crítica, o vocábulo "primário" indica o que vem em primeiro lugar e "secundário" é o que vem em segundo. Logo, são palavras relacionais e transitivas que perpassam a noção de ordem, porque um objeto só pode ser "primário" ou "secundário" em relação a outro objeto.

Esta óbvia explicação acima serve para perceber a equivocada adjetivação da expressão "responsabilidade patrimonial" com o vocábulo "primário" ou "secundário" *com o sentido que se lhe quer emprestar.*

Ora, se a responsabilidade *primária ou secundária* serve apenas para designar, respectivamente, a responsabilidade do devedor e de outrem pelo débito alheio, então a terminologia é válida, embora conceitualmente criticável. Porém, se além disso, pretender dizer que é "primária" ou "secundária" para sustentar uma ordem de prioridade de submissão patrimonial então a classificação pode conduzir a equívocos.

Daí porque a classificação de Liebman pode gerar riscos de interpretação, pois inúmeros são os casos em que o "responsável secundário" pode ser conjuntamente demandando/executado com o "responsável primário" sem que exista qualquer ordem de prioridade de excutir primeiro o patrimônio deste e depois daquele.

Assim, só se poderia afirmar ser a responsabilidade patrimonial de A como sendo "primária" e a de B "secundária", se sempre houvesse nestas situações uma ordem preferencial de sujeição da garantia patrimonial de A em relação a B, o que definitivamente não é verdadeiro.

Por isso, não parece adequada, embora consagrada, a utilização da expressão "responsabilidade patrimonial primária e secundária" para dizer que aquela é do devedor que assumiu a dívida e a secundária seria do garantidor débito alheio, pois na estrutura da relação jurídica obrigacional há a dívida e também a responsabilidade e, embora alguém possa ser responsável pela dívida de outrem, se ambos constam no título executivo, então o exequente pode promover a execução contra o "primário" e ou conta o "secundário", de forma que não haverá uma ordem de preferência em relação à sujeição patrimonial de um ou de outro, ou excepcionalmente, haverá a possibilidade de alegar o benefício de ordem pelo secundário.

Ademais, em nada altera a conclusão acima, antes a confirma o fato de o legislador material trazer situações específicas de *ordem de prioridade de excussão do patrimônio do devedor antes do responsável* como o *benefício de ordem* na fiança[80].

---

80. Art. 828. Não aproveita este benefício ao fiador:

I – se ele o renunciou expressamente;

Segundo o art. 827 do CCB:

> Art. 827. O fiador demandado pelo pagamento da dívida tem direito a exigir, até a contestação da lide, que sejam primeiro executados os bens do devedor.
>
> Parágrafo único. O fiador que alegar o benefício de ordem, a que se refere este artigo, deve nomear bens do devedor, sitos no mesmo município, livres e desembargados, quantos bastem para solver o débito.

Observa-se que o dispositivo pressupõe que o fiador tenha sido demandado e, na condição de legitimado passivo da demanda, possa arguir o *benefício de ordem* como aliás determina o art. 794 do CPC:

> Art. 794. O fiador, quando executado, tem o direito de exigir que primeiro sejam executados os bens do devedor situados na mesma comarca, livres e desembargados, indicando-os pormenorizadamente à penhora.
>
> § 1º Os bens do fiador ficarão sujeitos à execução se os do devedor, situados na mesma comarca que os seus, forem insuficientes à satisfação do direito do credor.
>
> § 2º O fiador que pagar a dívida poderá executar o afiançado nos autos do mesmo processo.
>
> § 3º O disposto no *caput* não se aplica se o fiador houver renunciado ao benefício de ordem.

Como se observa acima, não há que se falar em ordem secundária de *responsabilidade* do garantidor de dívida alheia, pois o eventual *benefício de ordem* previsto pode ser renunciado expressamente ou nem sequer existir se ele se obrigou como principal pagador ou como devedor solidário. Logo, pode haver responsabilidade sem débito (garantidor de dívida alheia), que exponha o patrimônio do responsável ao mesmo tempo e em pé de igualdade (na mesma ordem) do patrimônio do devedor inadimplente sem qualquer relação de preferência de submissão patrimonial.

Observe-se que não é o fato de ser "responsável secundário", *tout court,* que dá a tal sujeito algum privilégio em relação à ordem de sujeição patrimonial. Ao assumir a responsabilidade por dívida alheia, ele é tão sujeito passivo de eventual responsabilização patrimonial, quanto o é o "devedor" tido como "responsável primário". Apenas em casos específicos é que a lei pode dar o benefício de expropriação patrimonial prioritária do devedor em relação àquele que garantiu responsabilizar-se por dívida alheia.

Curiosamente, há hipóteses legais em que o garantidor de dívida alheia (alcunhado de responsável secundário), tem o seu patrimônio posto em ordem de prioridade de excussão em relação ao próprio devedor, alcunhado de responsável primário.

II – se se obrigou como principal pagador, ou devedor solidário;

III – se o devedor for insolvente, ou falido.

Prevê o art. 928 do CCB que "*o incapaz responde pelos prejuízos que causar, se as pessoas por ele responsáveis não tiverem obrigação de fazê-lo ou não dispuserem de meios suficientes*". Aqui nesta hipótese o incapaz é o devedor e "responsável primário", mas são os patrimônios de seus pais (responsáveis secundários) que responderão prioritariamente pela dívida do filho.

A desmistificação de que a terminologia *primário responsável e secundário responsável* nada tem a ver com a ordem de preferência de excussão da garantia patrimonial pode ser colhida dos arts. 794 e 795 do CPC:

Art. 795. Os bens particulares dos sócios não respondem pelas dívidas da sociedade, senão nos casos previstos em lei.

§ 1º O sócio réu, quando responsável pelo pagamento da dívida da sociedade, tem o direito de exigir que primeiro sejam excutidos os bens da sociedade.

§ 2º Incumbe ao sócio que alegar o benefício do § 1º nomear quantos bens da sociedade situados na mesma comarca, livres e desembargados, bastem para pagar o débito.

§ 3º O sócio que pagar a dívida poderá executar a sociedade nos autos do mesmo processo.

§ 4º Para a desconsideração da personalidade jurídica é obrigatória a observância do incidente previsto neste Código.

Art. 796. O espólio responde pelas dívidas do falecido, mas, feita a partilha, cada herdeiro responde por elas dentro das forças da herança e na proporção da parte que lhe coube.

No caso do art. 794 do CPC, o que diz o *caput* é que a regra geral é a da separação patrimonial da pessoa jurídica em relação aos bens particulares dos sócios. Contudo, o próprio dispositivo prevê que existem situações dispostas na lei em que o patrimônio do sócio responde conjuntamente pela satisfação da dívida assumida pela sociedade, ou seja, além da própria sociedade ser responsável pela sua dívida, também serão responsáveis os patrimônios dos seus sócios.

Nessas hipóteses, desde que ambos constem no título executivo, poderão ser demandados, e, seus patrimônios, atingidos. Há *responsabilidade patrimonial* destes sujeitos que não são *devedores*, de forma que, não são "terceiros", tampouco estranhos à relação obrigacional, considerando que nela estão na condição de garantidores.

É o caso da sociedade em nome coletivo e na comandita simples, respectivamente nos arts. 1039 e 1045 do CCB:

Art. 1.039. Somente pessoas físicas podem tomar parte na sociedade em nome coletivo, respondendo todos os sócios, solidária e ilimitadamente, pelas obrigações sociais.

Parágrafo único. Sem prejuízo da responsabilidade perante terceiros, podem os sócios, no ato constitutivo, ou por unânime convenção posterior, limitar entre si a responsabilidade de cada um.

Art. 1.045. Na sociedade em comandita simples tomam parte sócios de duas categorias: os comanditados, pessoas físicas, responsáveis solidária e ilimitadamente pelas obrigações sociais; e os comanditários, obrigados somente pelo valor de sua quota.

Parágrafo único. O contrato deve discriminar os comanditados e os comanditários.

Ainda se observa que o "benefício" trazido no art. 794 do CPC é dado àqueles que seriam *responsáveis* junto com a própria pessoa jurídica. Conquanto sejam conjuntamente responsáveis, aí sim há o benefício de que *primeiro* se exproprie o patrimônio garantidor da devedora, e, residualmente, o dos sócios. Ambos são corresponsáveis, mas há preferência na ordem de expropriação patrimonial.

O que se poderia dizer para aproveitar a classificação de Liebman é que o responsável primário é quem deve, o próprio devedor, e o responsável secundário é aquele que não deve, mas se responsabiliza por garantir dívida alheia. Ambos são corresponsáveis (cogarantidores com seus respectivos patrimônios), a não ser que exista regra específica estabelecendo uma ordem de excussão de um patrimônio em relação ao outro.

A questão da ordem de prioridade de excussão de um patrimônio em relação ao do outro sujeito é aspecto que não se prende a esta distinção liebmaniana. Enfim todo responsável secundário se sujeita à execução tal como o responsável primário (devedor), e apenas quando a distinção estiver prevista no direito material (na lei ou no negócio jurídico quando a lei assim permita), *normalmente* será o responsável secundário o sujeito contemplado com o "benefício da ordem" de excussão patrimonial, como no caso dos arts. 793 e 794 do CPC.

É o caso também do art. 134 do CPC que estabelece expressamente que determinados sujeitos descritos nos incisos do artigo respondem também com o seu patrimônio quando houver "impossibilidade de exigência do cumprimento da obrigação principal pelo contribuinte". Observe que a *responsabilidade* destas pessoas[81] só incide *quando não for possível exigir do contribuinte*. Aqui, como ali, há uma *ordem preferencial* de expropriação patrimonial do devedor, e depois do responsável.

Aqui é importante ficar atento para mais um aspecto. É preciso observar a importantíssima regra de que em todos esses casos em que a lei ou o negócio jurídico preveem a responsabilidade, jamais um desses responsáveis poderá ter o seu patrimônio atingido se contra ele não existir título executivo judicial ou extrajudicial. Não basta ser um *garantidor com patrimônio responsável* para ser atingido pela expropriação judicial, como já dito alhures. É necessário que, além

---

81. I – os pais, pelos tributos devidos por seus filhos menores; II – os tutores e curadores, pelos tributos devidos por seus tutelados ou curatelados; III – os administradores de bens de terceiros, pelos tributos devidos por estes; IV – o inventariante, pelos tributos devidos pelo espólio etc.

disso, exista contra ele um título executivo judicial ou extrajudicial que legitime atos de execução forçada contra o seu patrimônio (Cap. 03, item 4).

Daí porque, no exemplo do art. 134 do CTN acima mencionado, se no curso de uma execução fiscal constatar-se que o contribuinte não possui bens, não se pode, com uma "canetada", *redirecionar* a execução contra os sujeitos descritos nos incisos do referido dispositivo, porque, embora *legalmente responsáveis secundários e subsidiários*, contra eles não há título executivo, devendo ser instaurado um incidente cognitivo dentro da execução para que o sujeito (até então um terceiro no processo)possa ter o direito de opor exceções à dívida e à responsabilidade, que, se forem rejeitadas, aí sim poderá a execução prosseguir sobre os seus patrimônios. Igualmente, é exatamente o que diz o art. 513, §o do CPC ao dizer que "o cumprimento da sentença não poderá ser promovido em face do fiador, do coobrigado ou do corresponsável que não tiver participado da fase de conhecimento". Veremos isso mais adiante.

5.2 Segue *lege ferenda*: responsabilidade patrimonial *principal* e *subsidiária*.

Ao invés de se considerar como "secundária" a responsabilidade apenas pelo fato de que o responsável não é o devedor (responsabilidade e débito não coincidem na mesma pessoa), melhor seria se fosse adotada a terminologia de *responsabilidade secundária, ou indireta ou subsidiária* apenas para os casos em que o *responsável por garantir a dívida alheia* tenha algum benefício legal ou convencional que lhe permita exigir que o seu patrimônio só seja expropriado depois de ter sido tentada, de modo infrutífera, a expropriação do patrimônio do devedor que inadimpliu a obrigação. Aí sim se teria uma situação de *ordem, prioridade, preferência* de excussão de um patrimônio (do devedor) em relação a outro (do responsável).

Existem inúmeros casos no direito material em que a lei estabelece a *responsabilidade subsidiária* de determinados sujeitos em razão do vínculo que mantém com o devedor (responsável primário, direto, principal). Um dos exemplos é o que se mencionou, valendo-se do art. 134 do Código Tributário Nacional, pois apenas quando houver insuficiência patrimonial do contribuinte (devedor e responsável principal) é que poderá ser atingido o patrimônio dos sujeitos listados nos incisos do art. 134.

Exemplo bastante comum ocorre no processo trabalhista como se pode observar na Súmula 331, IV do TST:

> IV – o inadimplemento das obrigações trabalhistas, por parte do empregador, implica a responsabilidade subsidiária do tomador dos serviços quanto àquelas obrigações, desde que haja participado da relação processual e conste também do título executivo judicial.

A hipótese acima tem sido regularmente aplicada nas situações de *terceirização* de forma que a empresa que contrata a empresa terceirizada é responsável *subsidiariamente* pelas obrigações trabalhistas se estas não forem honradas.

Nestes dois exemplos, há corresponsabilidade, mas com uma ordem de preferência na excussão patrimonial de um em relação ao outro, o que faz com que denominemos um de *responsável primário e outro de secundário*. O requisito necessário para que se possa excutir o patrimônio do responsável subsidiário é que o primeiro responsável não tenha patrimônio suficiente para satisfazer a dívida inadimplida. Obviamente, em ambos os casos deve haver título executivo contra o responsável subsidiário para que este possa sofrer a expropriação de bens do seu patrimônio[82].

5.3 Responsabilidade patrimonial subsidiária ou teoria menor da desconsideração da personalidade jurídica?

Em sequência ao que foi dito no tópico anterior é preciso apontar um equívoco criado pela jurisprudência brasileira, e que aos poucos vem sendo por ela sedimentado, que é o de atribuir ao fenômeno da responsabilidade patrimonial subsidiária (*garantia patrimonial subsidiária*) o nome de *teoria menor da desconsideração da personalidade jurídica.*[83]

Justifica-se o equívoco – ainda que bem-intencionado – pela forte influência (e estagnação) da teoria *processual* da responsabilidade patrimonial não permitiu a jurisprudência enxergar, avançar e aplicar a responsabilidade patrimonial como um fenômeno do direito material. Este é o fato que explica a invenção da *teoria menor da desconsideração da personalidade jurídica*, ao invés de simplesmente tratar o fenômeno como *incidência do fenômeno da responsabilidade patrimonial subsidiária*. Trocando em miúdos, encontrou-se na criação da "teoria menor da desconsideração da personalidade jurídica" uma solução de direito material para situações que são, claramente, de responsabilidade patrimonial (legal) subsidiária, justamente porque os olhos da maciça doutrina ainda estão vendados para o fato de que aqui se trata de um fenômeno de direito material.

Bastaria a compreensão de que [a] a responsabilidade patrimonial nada mais é do que um direito material de garantia previsto em toda relação jurídica

---

82. O art. 4º da Lei 9605 prescreve que "Poderá ser desconsiderada a pessoa jurídica sempre que sua personalidade for obstáculo ao ressarcimento de prejuízos causados à qualidade do meio ambiente". A rigor, não parece ser caso de *desconsideração da personalidade jurídica*, tratada como *teoria menor*, mas sim de hipótese de responsabilidade patrimonial subsidiária.

83. Segundo Felipe Peixoto Braga Netto: "No Brasil, a prática jurisprudencial criou, a propósito da 2015, p. 273.

obrigacional e que, [b] em caso de inadimplemento do devedor, [c] proporciona ao credor o direito de retirar do patrimônio garantidor a quantia correspondente aos prejuízos do inadimplemento, para se perceber que [d] a garantia patrimonial pode ser *principal* ou *subsidiária* e que [e] o critério que a lei normalmente estabelece para que se retire do patrimônio garantidor subsidiário, e não do principal, o valor devido é justamente [f] a insuficiência (estado de "insolvência") deste último em relação àquele.

Entretanto, em acórdão publicado em 2004, o Superior Tribunal de Justiça, impulsionado pela interpretação dos arts. 28, § 5º do CDC e art. 4º da Lei 9605, dá início à fixação da tese da "teoria menor da desconsideração da personalidade jurídica":

> RESPONSABILIDADE CIVIL E DIREITO DO CONSUMIDOR. RECURSO ESPECIAL. SHOPPING CENTER DE OSASCO-SP. EXPLOSÃO. CONSUMIDORES. DANOS MATERIAIS E MORAIS. MINISTÉRIO PÚBLICO. LEGITIMIDADE ATIVA. PESSOA JURÍDICA. DESCONSIDERAÇÃO. TEORIA MAIOR E TEORIA MENOR. LIMITE DE RESPONSABILIZAÇÃO DOS SÓCIOS. CÓDIGO DE DEFESA DO CONSUMIDOR. REQUISITOS. OBSTÁCULO AO RESSARCIMENTO DE PREJUÍZOS CAUSADOS AOS CONSUMIDORES. ART. 28, § 5º.

> (...). A teoria maior da desconsideração, regra geral no sistema jurídico brasileiro, não pode ser aplicada com a mera demonstração de estar a pessoa jurídica insolvente para o cumprimento de suas obrigações. Exige-se, aqui, para além da prova de insolvência, ou a demonstração de desvio de finalidade (teoria subjetiva da desconsideração), ou a demonstração de confusão patrimonial (teoria objetiva da desconsideração). A teoria menor da desconsideração, acolhida em nosso ordenamento jurídico excepcionalmente no Direito do Consumidor e no Direito Ambiental, incide com a mera prova de insolvência da pessoa jurídica para o pagamento de suas obrigações, independentemente da existência de desvio de finalidade ou de confusão patrimonial. Para a teoria menor, o risco empresarial normal às atividades econômicas não pode ser suportado pelo terceiro que contratou com a pessoa jurídica, mas pelos sócios e/ou administradores desta, ainda que estes demonstrem conduta administrativa proba, isto é, mesmo que não exista qualquer prova capaz de identificar conduta culposa ou dolosa por parte dos sócios e/ou administradores da pessoa jurídica. A aplicação da teoria menor da desconsideração às relações de consumo está calcada na exegese autônoma do § 5º do art. 28, do CDC, porquanto a incidência desse dispositivo não se subordina à demonstração dos requisitos previstos no *caput* do artigo indicado, mas apenas à prova de causar, a mera existência da pessoa jurídica, obstáculo ao ressarcimento de prejuízos causados aos consumidores. Recursos especiais não conhecidos. (REsp n. 279.273/SP, relator Ministro Ari Pargendler, relatora para acórdão Ministra Nancy Andrighi, Terceira Turma, julgado em 4/12/2003, DJ de 29/3/2004, p. 230.)

Esta posição, ano após ano, restou sedimentada no Superior Tribunal de Justiça como se observa no recente julgado:

> PROCESSUAL CIVIL. AGRAVO INTERNO NO AGRAVO EM RECURSO ESPECIAL. NEGATIVA DE PRESTAÇÃO JURISDICIONAL. INOCORRÊNCIA. FUNDAMENTAÇÃO. AUSENTE. DEFICIENTE. SÚMULA 284/STF. DESCONSIDERAÇÃO DA PERSONALIDADE JURÍDICA. TEORIA MENOR. ART. 28, § 5º, DO CDC.

(...) 3. Nos termos do art. 28, § 5º, do CDC, a aplicação da teoria menor da desconsideração da personalidade jurídica da empresa é justificada pelo mero fato de a personalidade jurídica representar um obstáculo ao ressarcimento de prejuízos causados aos consumidores (Súmula 568/STJ). 4. Agravo interno não provido.

(AgInt no AREsp n. 2.002.504/DF, relatora Ministra Nancy Andrighi, Terceira Turma, julgado em 2/5/2022, DJe de 4/5/2022.)

Como se observa nos arestos citados a insuficiência do patrimônio do responsável principal destrava a possibilidade de que o patrimônio dos sócios possa ser atingido.

A rigor, o que se quer dizer, é que não há desconsideração da personalidade jurídica quando a própria lei (art. 28, § 5º, do CDC e art. 4º da Lei 9.605) estabelece que o requisito para atingir o patrimônio do sócio é a insuficiência patrimonial do responsável principal.

Nestas hipóteses, denominada de "teoria menor da desconsideração da personalidade jurídica", o que se tem é apenas a previsão legal da responsabilidade patrimonial subsidiária, ou seja, nas dívidas da sociedade, se o seu patrimônio garantidor não for suficiente para satisfazer os prejuízos resultantes do seu inadimplemento, então é o patrimônio dos sócios que responderá subsidiariamente.

Não há "quebra" nem "desconsideração" da personalidade jurídica como faz crer, erroneamente, o próprio texto do art. 4º da Lei 9605[84], bem como os arestos citados que sedimentaram uma "teoria menor" da desconsideração da personalidade jurídica.

Observe que nestas hipóteses não há nenhum "ilícito" praticado contra a garantia patrimonial do responsável garantidor principal e nenhuma "sanção de desconsideração" é aplicada judicialmente, simplesmente porque desde o momento de constituição da obrigação já existe, por ordem legal, tanto a garantia patrimonial principal (naquele caso do devedor) e a garantia patrimonial subsidiária do sócio. Há corrresponsabilidade com ordem de prioridade de excussão patrimonial. O critério, absolutamente objetivo, para que incida a *garantia subsidiária* independe de qualquer verificação de ilicitude praticada pelo garantidor principal em relação à ocultação do seu patrimônio.[85]Logo, o magistrado não

---

84. Art. 4º Poderá ser desconsiderada a pessoa jurídica sempre que sua personalidade for obstáculo ao ressarcimento de prejuízos causados à qualidade do meio ambiente.

85. Sobre a necessidade de existência de um ilícito para a desconsideração ver: NERY JÚNIOR, Nelson; NERY, Rosa Maria de Andrade. Código Civil Comentado, 6ª ed. Editora Revista dos Tribunais: 2008, p. 249; BRUSCHI, Gilberto Gomes, "Aspectos Processuais da Desconsideração Jurídica", 2ª Ed., Saraiva, 2009.

"rompe" a linha divisória da sociedade com os sócios simplesmente porque o patrimônio deste é garantidor subsidiário da sociedade que ele integra.[86]

Veremos mais adiante no capítulo 3, item 3 que é perfeitamente possível que a Lei, por opção política [como se vê no acórdão citado acima quando menciona a necessidade de proteger o consumidor], decida por estabelecer sujeitos responsáveis/garantidores (seus patrimônios) de dívidas alheias seja solidariamente, seja subsidiariamente, tudo para proporcionar maior segurança e proteção às relações creditícias.

No exemplo do art. 4º da Lei 9605, bem como no caso do art. 28, § 5º, do CDC, foi a importância do direito tutelado e a hipossuficiência do consumidor e da coletividade (titular do meio ambiente ecologicamente equilibrado) que motivaram o legislador a estabelecer a responsabilidade patrimonial subsidiária de "terceiro" por dívida alheia. Nestas hipóteses o legislador nem foi "tão protetor assim", pois veremos no capítulo 3, item 3 que a responsabilidade patrimonial principal pode, excepcionalmente, recair sobre o "terceiro" e a responsabilidade patrimonial subsidiária recair sobre o "devedor", invertendo a ordem natural de qual patrimônio deve responder primeiro pela dívida inadimplida.

Considerando o que foi dito, dentre outras coisas, três aspectos importantes devem restar claros.

O primeiro é que por não ser propriamente uma *desconsideração da personalidade jurídica* não há que se falar em *desconsideração inversa*, ou seja, a lei fixa apenas a garantia patrimonial subsidiária de "terceiro" (sócio) em relação ao devedor (sociedade), mas não diz o inverso, qual seja, caso seja a pessoa física demandada e esta não tenha patrimônio suficiente para arcar com os prejuízos resultantes do inadimplemento, não está prevista na lei a garantia patrimonial subsidiária da sociedade. Isso não impede, como dito alhures, que possa ser efetivamente aplicada a regra da desconsideração da personalidade jurídica (inclusive inversa) desde que exista ato ilícito de esvaziamento ou ocultação do patrimônio da pessoa física por meio da pessoa jurídica, caso em que o patrimônio desta será atingida.

O segundo aspecto é que todas as técnicas de proteção do patrimônio garantidor, preventivas (arresto, medidas sub-rogatórias, produção antecipada de prova (art. 381 do CPC) para identificação/apuração prévia (mas sem constrição) do patrimônio garantidor, arrolamento de bens etc.), ou repressivas (ex. *fraude à execução e fraude contra credores*), se aplicam sem nenhuma dificuldade

---

86. Inclusive, nada impede que efetivamente se promova a desconsideração da personalidade jurídica do garantidor subsidiário no caso de fraude ou ilícito para furtar-se à sua responsabilidade patrimonial subsidiária.

ao garantidor patrimonial subsidiário e, por não se tratar de "desconsideração propriamente dita", deve ser ele citado na demanda cognitiva para que contra ele seja formado o título executivo judicial.

O terceiro aspecto é que, especialmente nas obrigações decorrentes de atos ilícitos, nas quais é necessário formar um título executivo judicial, já deveria o autor da demanda – que se afirma credor – colocar no polo passivo tanto aquele que se apresenta como responsável primário, como também o subsidiário, pois assim terá título executivo contra ambos e poderá direcionar a execução contra um e/ou outro, como determina o art. 513, § 5º, do CPC. Não fazendo desta forma, terá que no curso do cumprimento de sentença usar a carcaça do incidente de desconsideração da personalidade jurídica para um caso típico de reconhecimento de "corresponsabilização" que é algo que já deveria ter acontecido no processo de cognição como mencionado pelo art. 513, § 5º. O incidente de corresponsabilização travestido de incidente de desconsideração pode não ser admitido porque, verdadeiramente, não nos parece que um incidente cognitivo no curso do cumprimento de sentença ostentaria as mesmas oportunidades de contraditório real e ampla defesa que existiria para o requerido caso tivesse sido demandado pelo procedimento comum.

Capítulo 3
O relacionamento (dinâmica) entre o débito e a garantia (responsabilidade) patrimonial

1. INTROITO

João realiza um contrato com José onde o primeiro se apresenta como credor de uma quantia emprestada ao segundo. José tem o compromisso de pagar o valor com correção e juros depois de 60 dias da assinatura do contrato, sob pena de que, se assim não o fizer, o seu patrimônio irá responder pelas perdas e danos sofridos pelo credor.

Esse exemplo permite construir um conceito simples com base num esquema mínimo do que seria uma "obrigação".

Primeiro, há que se dizer que aquilo que se chama de "obrigação" em sentido estrito nada mais é do que uma *relação jurídica* envolvendo, no mínimo, duas pessoas que se vinculam por um *direito a uma prestação* (credor) e o correspondente *dever de prestá-la* (devedor). O *objeto principal e imediato de uma relação jurídica obrigacional* é uma *prestação* que, por sua vez, pode ter como *objeto* a realização de um fazer ou não fazer ou dar alguma coisa. Esse vínculo jurídico que une credor e devedor é *relacional* e *pessoal*.

Contudo, seria quase infantil reduzir o esquema da relação jurídica obrigacional apenas à relação jurídica *crédito/prestação principal/débito*, pois sabemos que "*além da prestação principal, podem estar envolvidas diversas realidades, como as prestações secundárias e os deveres acessórios*"[1].

Além dessa "prestação principal" que delimita as posições jurídicas ativas e passivas "principais" do *credor* e do *devedor*, há ainda uma série de *outros vínculos jurídicos* insertos nesta mesma relação obrigacional, que podem ser tomadas como *prestações secundárias*, envolvendo essas partes que, inclusive, podem até

---

1. CORDEIRO, Antonio Menezes. *Tratado de direito civil, vol. VI*: direito das obrigações, 3ª edição, Coimbra: Almedina, 2019, p. 537.

mesmo estar em posições jurídicas ativas e passivas invertidas, isto é, o *credor da prestação principal* pode ser o *devedor de uma prestação secundária* contida nessa mesma "obrigação" e vice-versa.

Além disso, não se pode esquecer também da existência dos *deveres anexos de boa-fé* pelos quais as partes devem se relacionar[2] antes, durante e depois da realização do negócio jurídico firmado, sempre com vistas à preservação do que foi pactuado.

Contudo, além do que foi dito, não poderia ficar de fora do esquema mínimo de uma relação jurídica obrigacional, por expressa disposição de lei, a figura da "responsabilidade patrimonial". É a Lei que embute no esquema da relação jurídica obrigacional (negocial ou legal) o vínculo jurídico da responsabilidade patrimonial, justamente com intento de dar segurança e proteção à relação *débito/crédito*, ou seja, para *garantir* que, se a prestação não for adimplida espontaneamente, o credor possa extrair do patrimônio do responsável (normalmente o próprio devedor) a quantia necessária para satisfazer o seu crédito inadimplido.

Portanto, se tivéssemos que reconhecer um "esquema mínimo de uma relação jurídica obrigacional", teríamos que apresentar a existência de pelo menos dois vínculos jurídicos essenciais:

a) o vínculo primário que seria o direito do credor à prestação e o correspondente dever do devedor de prestá-la e;

b) o vínculo secundário que consistiria no direito de garantia do credor, permitindo ao primeiro exigir do segundo a satisfação do seu direito às custas do patrimônio do responsável, caso aconteça o inadimplemento da prestação.

O primeiro vínculo pessoal se faz entre o *credor*, o *devedor* e a *prestação principal*. Já o segundo vínculo também é pessoal formado entre o *credor* e o *responsável* e consiste no direito à garantia patrimonial, ou seja, é o *patrimônio* desse último que responderá pelos prejuízos que o seu inadimplemento causar ao credor. Os objetos imediatos dessa relação jurídica são o direito e o correspondente dever de prestar a garantia, e o objeto imediato é justamente o patrimônio garantidor do responsável/devedor.

As situações jurídicas subjetivas titularizadas pelo credor e pelo devedor em relação a cada uma dessas relações jurídicas que estão inseridas dentro da relação obrigacional são diferentes, até porque é possível que uma outra pessoa que não seja o devedor, e, portanto, não tenha o dever de realizar a prestação, possa ser responsável pela dívida de outrem.

---

2. MARTINS-COSTA, Judith. *A boa-fé no direito privado*: sistema e tópica no processo obrigacional. São Paulo: Revista dos Tribunais, 2000. p. 487.

2. A SITUAÇÃO JURÍDICA SUBJETIVA DA GARANTIA PATRIMONIAL INSERIDA NA RELAÇÃO JURÍDICA OBRIGACIONAL

A relação jurídica obrigacional é um fenômeno complexo e dinâmico, quase um *organismo vivo*, pois além de não se reduzir a uma "prestação principal", ela também não é estática, está sempre em movimento em etapas sequenciais, em que um fato jurídico é pressuposto de outro seguinte sucessivamente.

Nem as relações jurídicas obrigacionais mais simples se reduzem a uma prestação principal, pois nela se inserem deveres anexos recíprocos e a cada momento distinto uma nova etapa se sucede até caminhar para o seu fim, daí porque se fala em "obrigação como processo", trazendo aqui a expressão consagrada pelo título do livro do civilista Clovis do Couto e Silva, seguidor da doutrina desenvolvida na Alemanha, que foi bem exposta por Karl Larenz.

> A relação obrigacional tem sido visualizada, modernamente, sob o ângulo da totalidade. O exame do vínculo como um todo não se opõe, entretanto, à sua compreensão como processo, mas, antes, o complementa. Como totalidade, a relação obrigacional é um sistema de processos. (...) A relação obrigacional pode ser entendida em sentido amplo ou em sentido estrito. Lato sensu, abrange todos os direitos, inclusive os formativos, pretensões e ações, deveres (principais e secundários, dependentes e independentes), obrigações, exceções e, ainda, posições jurídicas. Stricto sensu, dever-se-á defini-la tomando em consideração os elementos que compõe o crédito e o débito, como faziam os juristas romanos[3].

Sendo assim, o arquétipo mais fidedigno de uma relação jurídica obrigacional não se faz representar por um desenho estático e simplista que normalmente fazemos num quadro de uma sala de aula, tendo C *credor* de um lado, D, *devedor,* de outro e uma prestação específica ligando um ao outro. Ao contrário, é um fenômeno dinâmico, cheio de prestações diversas e com os mesmos sujeitos ocupando diferentes posições jurídicas ativas e passivas de acordo com o movimento e desenvolvimento da relação obrigacional.

Mais do que isso, embora seja construído para culminar com o adimplemento da tal "prestação principal" e os efeitos dela decorrentes, também pode acontecer o seu incumprimento total ou parcial e, com isso, uma outra situação jurídica contida na própria relação jurídica obrigacional se fazer incidir: a garantia da responsabilidade patrimonial.

A relação jurídica obrigacional, independentemente da fonte negocial ou extranegocial (dever legal de reparar), contém realmente uma prestação principal em torno da qual ela é construída, mas que a ela não se resume de forma alguma. E, curiosamente, nessa relação jurídica, não há apenas a previsão dos efeitos que

---

3. SILVA, Clóvis V. do Couto e. *A obrigação como processo*. Rio de Janeiro: FGV, 2007, p. 19.

advirão do cumprimento espontâneo da prestação principal, mas também as consequências do seu incumprimento.

É de se esperar, portanto, que uma série de *faculdades, deveres, direitos, ônus* e *poderes* sejam titularizados e exercitados pelos sujeitos da relação jurídica obrigacional no curso deste caminho. Assim, por exemplo, basta imaginar o *poder* do locatário de exercer o direito de preferência na aquisição do imóvel que ele aluga, mas todo mês tem o *dever* de pagar o aluguel para o locador.

Perceba-se que, em relação ao aluguel mensal, ele titulariza uma posição jurídica subjetiva passiva de *devedor*, mas em relação ao direito de preferência na aquisição do imóvel, ele titulariza uma posição jurídica subjetiva ativa trazida em um *poder jurídico*. Observe-se que é uma *faculdade* deste mesmo devedor pagar a quantia mensal ao credor mediante transferência, ou depósito em espécie ou por meio de um "pix" para a conta indicada no contrato. Enfim, é preciso pensar fora da caixa do "esquema mínimo" e enxergar a relação jurídica obrigacional como um complexo fenômeno de situações jurídicas subjetivas ativas e passivas que são titularizadas pelas partes ao longo do seu desenvolvimento que culminará com o adimplemento ou o inadimplemento.

Importante é notar que, nessa sequência de atos/fatos jurídicos que se encadeiam em direção a um fim natural e almejado (adimplemento), a ocorrência do ato/fato antecedente é pressuposto do subsequente. Assim, por exemplo, no dia em que se inicia a relação jurídica obrigacional, ainda não terá nascido o direito de obter a quitação, porque nem sequer aconteceu o momento do adimplemento. Com este (adimplemento) passa a ter o devedor o *direito de exigir* a *quitação*".

De igual modo se passa com a *garantia patrimonial*.

Ela nasce com a relação obrigacional e, desde então, já exerce a função de "garantia", proporcionando segurança e tranquilidade para o credor contra o risco de um futuro e indesejável inadimplemento. Só com o efetivo inadimplemento é que esta *garantia poderá ser acionada pelo credor e efetivamente realizada*, qual seja, torna-se possível ao credor *exigir a excussão do patrimônio do garantidor para eliminar os prejuízos suportados*. No momento de formação da relação obrigacional, nasce o papel *garantidor* da "responsabilidade patrimonial", mas só terá *direito realizar a garantia* mediante a excussão do patrimônio do responsável quando ocorrer, e se ocorrer, o inadimplemento causado pelo devedor e desde que esteja o credor munido de título executivo. Enquanto não adimplido o direito do credor, a garantia deve ser conservada para que sirva à efetiva satisfação do direito.

É interessante notar que o desfecho da relação obrigacional não necessariamente será o desejado *adimplemento e seus efeitos*, pois é perfeitamente possível que, nesse percurso de desenvolvimento da relação obrigacional, ocorram situações, justificáveis ou não, lícitas ou ilícitas, que culminem com o incumprimento das prestações, fazendo que incidam as consequências do inadimplemento. Ambos são desfechos possíveis e integram a relação jurídica obrigacional em sua unidade, embora só se possa falar em exercício de direitos, poderes, faculdades etc., quando cada ato específico da cadeia tiver sido realizado e dele nascerem as situações jurídicas subjetivas ativas e passivas titularizadas pelas partes envolvidas.

3. A GARANTIA PATRIMONIAL NA ESTRUTURA DA NORMA QUE ESTABELECE A RELAÇÃO OBRIGACIONAL

Para entender de forma simples a distinção entre *débito* e a *responsabilidade*, basta relembrar os conceitos fundamentais da estrutura da norma jurídica e aplicá-los à relação jurídica obrigacional legal ou negocial.

Sem descurar da possibilidade de que o ordenamento jurídico contenha normas que sirvam exclusivamente para integrar ou complementar outras normas (*normas que servem a outras normas)*, via de regra, quando se pensa numa norma jurídica imediatamente, vem à cabeça a existência de uma proposição que contenha, em moldura abstrata, um *suporte fático* e as respectivas *consequências* advindas do encaixe desse suporte fático ao fato nele previsto que venha ocorrer futuramente. Esses efeitos/consequências da *incidência* da regra abstrata ao fato que nela está previsto podem ser de todos os tipos, tais como direitos, deveres, ônus, sanções, prêmios etc.[4]

Assim, por exemplo, quando o art. 927 do CCB prescreve que: "aquele que, por ato ilícito (arts. 186 e 187), causar dano a outrem, fica obrigado a repará-lo", nada mais diz que qualquer um que cometer um ato ilícito e causar prejuízo a outrem deve repará-lo.

---

4. Sempre precisa a lição de Pontes de Miranda: "Rigorosamente, o direito subjetivo foi abstração, a que sutilmente se chegou, após o exame da eficácia dos fatos jurídicos criadores de direitos. A regra jurídica é objetiva e incide nos fatos; o suporte fáctico torna-se fato jurídico. O que, para alguém, determinadamente, dessa ocorrência emana, de vantajoso, é direito, já aqui subjetivo, porque se observa do lado dêsse alguém, que é o titular dêle. A princípio os juristas trabalhavam com os conceitos, sem os precisar, e quase lhes bastava aludirem a estados: 'tem direito', 'teve direito', 'terá direito', 'cessou o direito'. A despeito da sua extraordinária finura, os juristas romanos não desceram ao fundo do problema. Na linguagem comum, "direito" tem sentidos múltiplos, dando ensejo, por vezes, a equívocos. Não raro, tratando-se de dever moral, ouvimos que "A não tem direito de fazer isso"; ou, a respeito de alguém que deseja vender bens, que tem "direito de dispor do que é seu". As leis mesmas cometem êsses êrros, turbando a precisão técnica. Para o jurista, direito tem sentido estrito: é a vantagem que veio a alguém, com a incidência da regra jurídica em algum suporte fáctico. Na distribuição dos bens da vida, que é tôda feita pelas regras jurídicas, se excluímos a arbitrariedade, – cada posição de titular de vantagem, que se confere a alguém, é direito. Antes de cada direito, esteve, pois, a ordem jurídica, a lex, a regra: o mesmo étimo deu rex, rei, rego, regere, regula-, o outro, leg-, deu lego, legere, legio e lex. Regra, rei; ler, legião, lei." PONTES DE MIRANDA, Francisco Cavalcanti. *Tratado de direito privado*, t. V, p. 281-282.

Há aí, em moldura abstrata, um "suporte fático", assim estruturado: *agente que comete + ato ilícito + causa danos a outrem*, acarreta a seguinte "consequência": nasce *um dever de reparação a um correlato direito de ser reparado*.

Por sua vez diz o art. 942 que: "os bens do responsável pela ofensa ou violação do direito de outrem ficam sujeitos à reparação do dano causado (...)".

Essa norma acima determina que aquele dever de reparação que nasce do fato jurídico descrito no art. 927 tem a sua *satisfação garantida* pelos bens do responsável pela ofensa, pois *"ficam sujeitos à reparação do dano causado"*, ou seja, se não houver o adimplemento espontâneo do dever de reparação, então, nascerá o direito de a vítima de poder exigir que a garantia patrimonial seja acionada e, de tal modo, exigir que se extraia o numerário devido da propriedade do responsável com vistas a eliminar o prejuízo suportado.

Assim, considerando esses dois dispositivos, admitamos a seguinte hipótese:

João, com 15 anos, andando em velocidade com sua bicicleta na calçada da rua acaba atingindo inesperadamente uma criança (Pedro) que caminhava em sentido contrário causando-lhe ferimentos graves.

Nessa hipótese, voltemos para o suporte fático do art. 927: *alguém comete + ato ilícito + causa danos a outrem*.

Dada a incidência do fato à regra abstratamente prevista, surge a consequência desse fato jurídico: o dever de João indenizar Pedro.

Nasce aí um direito de *crédito* da criança que foi vítima (Pedro) e um correspondente *débito* de João (incapaz).

Art. 927. Aquele que, por ato ilícito (arts. 186 e 187), causar dano a outrem, fica obrigado a repará-lo.

Em razão do ilícito danoso, João tem um *dever de reparação dos prejuízos suportados por Pedro*. A relação nascida da responsabilidade civil pelo ato ilícito é de natureza pessoal, de forma que João (incapaz) *deve a* Pedro; este tem o direito de ser reparado.

E o que acontece se o primeiro não reparar espontaneamente os prejuízos suportados pelo segundo? Pode Pedro, vítima que teve o seu direito à reparação inadimplido, satisfazer o seu direito de crédito retirando a quantia devida do patrimônio de João (incapaz)?

Sendo Pedro titular de um título executivo que reconheça este direito, a resposta é positiva, porque o art. 942 deixa isso claro, mas, além disso, é preciso ainda, dada a peculiaridade do exemplo (causador da ofensa é um incapaz), a apreensão conceitual de outros dispositivos do CCB. Assim, vejamos os dispositivos em conjunto:

> Art. 928. O incapaz responde pelos prejuízos que causar, se as pessoas por ele responsáveis não tiverem obrigação de fazê-lo ou não dispuserem de meios suficientes.
>
> Art. 932. São também responsáveis pela reparação civil:
>
> I – Os pais, pelos filhos menores que estiverem sob sua autoridade e em sua companhia;
>
> Art. 933. As pessoas indicadas nos incisos I a V do artigo antecedente, ainda que não haja culpa de sua parte, responderão pelos atos praticados pelos terceiros ali referidos.

Da análise dos dispositivos, neste exemplo, fica muito evidente a distinção entre *débito e responsabilidade*, pois são *situações jurídicas subjetivas distintas titularizadas por sujeitos distintos*.

Observe-se que há um *dever de reparação* (débito/crédito) envolvendo João (ofensor) e Pedro (ofendido). Por outro lado, prevê a lei que, se o ofendido não for reparado espontaneamente pelo ofensor, ele, munido de título executivo, terá o direito de extrair do patrimônio do ofensor a quantia que corresponda ao dever de reparação não cumprido espontaneamente.

Esse "direito de extrair" só existe porque a lei estabelece que o *patrimônio do responsável funciona como garantia da dívida em caso de inadimplemento*. A *permissão para excutir o patrimônio*, ainda que por meio do poder judiciário, só é possível porque há, subjacente, um *direito material de garantia*, que é a *garantia patrimonial prevista na lei*.

Ora, o *patrimônio só responde em caso de inadimplemento* porque, muito antes, já servia de *garantia* da obrigação. A *responsabilização patrimonial* se cristaliza pelo poder expropriatório estatal que retira o patrimônio do executado para entregar ao exequente – e muitos costumam reduzir o fenômeno a isso -, mas, frise-se, isso só é possível porque o exequente (credor) já era titular de um direito de garantia contra o risco de descumprimento da obrigação em que a "garantia" recaía sobre o patrimônio do responsável.

Nesta hipótese mais acima, o devedor João é a um só tempo o *devedor* e também o *garantidor responsável* pela dívida. Todavia, quando se leem os dispositivos acima, percebe-se que, por ser menor de idade, os pais de João também garantem (respondem) pelo débito inadimplido, ou seja, o ofendido (Pedro) pode satisfazer o seu direito de reparação, expropriando o patrimônio de um sujeito que não é o *devedor* (João).

É que os pais de João são garantidores (*responsáveis pela*) da dívida do filho. Não foram os pais que cometeram o ilícito e, por isso, não são eles "*devedores do dever de reparação que surgiu com o ato ilícito*", mesmo assim os seus patrimônios (garantirão) responderão pela dívida de João caso o *dever de reparação* não seja espontaneamente adimplido.

Aqui nesta situação, os arts. 932, I e 933 deixam claro que a *responsabilidade pela satisfação da dívida que não foi paga* recai em pessoa diversa da do *devedor*. *Responsável e devedor* não são a mesma pessoa, descoincidem. Esse exemplo revela em cores vivas os diferentes vínculos, natureza, funções e titularidade do *dever* e a respectiva *responsabilidade* que lhe serve de garantia, deixando claro ainda o seu caráter de direito acessório.

E o exemplo é tão interessante que o art. 928 vai além, pois determina que nada obstante João seja o *devedor* da reparação a Pedro, curiosamente, o patrimônio de João só *responderá* pelo inadimplemento do seu *débito* depois de o patrimônio de seus pais *responderem* pela dívida dele.

Isso implica dizer que o *próprio devedor* tem uma *responsabilidade patrimonial subsidiária* em relação à *responsabilidade patrimonial principal* de seus pais. O patrimônio de João só será agredido e servirá para pagar o que ele deve a Pedro, se o patrimônio de seus pais não for suficiente para satisfazer a dívida inadimplida. Há uma garantia patrimonial principal prestada pelo terceiro (pais) e uma subsidiária prestada pelo devedor incapaz (João).

Desse exemplo simples, com bases nestes dispositivos, extrai-se a inusitada situação: *João é devedor*, mas é *responsável subsidiário*; já os pais de João não são *devedores*, mas *responsáveis principais* da dívida inadimplida de João.

Neste caso comum, citado acima, tomando por base uma relação de crédito/débito que nasce da responsabilidade por um ato ilícito, demonstramos que o débito e a responsabilidade, contidos na relação obrigacional, são figuras distintas a tal ponto de que pode haver alguém que seja responsável garantidor primário pela dívida de outrem, ou seja, alguém que não seja o devedor ter que submeter em primeira ordem o seu patrimônio para satisfazer a dívida inadimplida de outra pessoa.

Essa distinção de situações jurídicas – débito e responsabilidade – é que permite o incremento e desenvolvimento das relações jurídicas negociais, pois admite que sujeitos que não sejam devedores possam ser garantidores de dívidas alheias.

Observe que a Lei pode manipular o tema da *garantia patrimonial geral*, criando *sujeitos responsáveis/garantidores* (seus patrimônios) de dívidas alheias, tudo para trazer maior segurança e proteção às relações creditícias. No exemplo, verificamos que foi o binômio "vínculo familiar e a incapacidade do adolescente" que motivou o legislador a estabelecer a responsabilidade patrimonial de primeira ordem de terceiro por dívida alheia.

CAPÍTULO 3 • RELACIONAMENTO ENTRE O DÉBITO E A GARANTIA PATRIMONIAL — 77

Já na *responsabilidade* de origem negocial, fica ainda mais fácil de entender a distinção, se usarmos as garantias especiais (por exemplo, a fiança), bastando imaginar uma hipótese de um aluguel de um imóvel firmado entre Marcelo (locador) e Camila (locatária), esta se compromete a pagar uma quantia mensal a título de aluguel, e, para o caso de inadimplemento da locatária, a sua amiga Fernanda assume o papel de fiadora no referido contrato.

Admitindo que Camila (locatária) seja inadimplente e não pague o aluguel, Marcelo (locador) propõe demanda de rescisão do contrato cumulada com perdas e danos contra a devedora (Camila)[5] e também contra a fiadora (Fernanda) – justamente porque esta garantiu, contratualmente, satisfazer a obrigação em caso de inadimplemento da sua amiga (devedora). Fica evidente que Fernanda não é *devedora*, mas, sim, *garantidora* responsável pela satisfação da dívida inadimplida pela Camila (locadora).

Vejamos o que versam os artigos do CCB que incidem nessa situação de fato, narrada acima:

> Art. 475. A parte lesada pelo inadimplemento pode pedir a resolução do contrato, se não preferir exigir-lhe o cumprimento, cabendo, em qualquer dos casos, indenização por perdas e danos.
>
> Art. 389. Não cumprida a obrigação, responde o devedor por perdas e danos, mais juros e atualização monetária segundo índices oficiais regularmente estabelecidos, e honorários de advogado.
>
> Art. 391. Pelo inadimplemento das obrigações respondem todos os bens do devedor.
>
> Art. 818. Pelo contrato de fiança, uma pessoa garante satisfazer ao credor uma obrigação assumida pelo devedor, caso este não a cumpra.

E mais, é preciso observar que, embora apenas Camila seja *devedora*, ela é também *garantidora responsável* pela sua dívida inadimplida. Ter-se-á então apenas *uma devedora* (Camila) e *duas garantidoras responsáveis* (Camila e Fernanda) pela dívida. E há um ingrediente a mais nesse simples e corriqueiro caso que nos permite avançar um pouquinho mais sobre a garantia da responsabilidade patrimonial de Camila e de Fernanda.

É que o CCB prevê, excluídas as hipóteses do art. 828, a regra geral do *benefício de ordem* em favor do fiador (art. 827), o que significa dizer que nada obstante a fiadora Fernanda tenha a responsabilidade de sujeitar o seu patrimônio para garantir a satisfação da dívida de outrem, ela pode invocar esse direito, exigindo que o patrimônio da devedora (Camila) seja prefacialmente atingido antes do dela. Ter-se-ia aí uma *ordem de preferência na sujeição patrimonial*, de modo que

---

5. Tratando-se de contrato com natureza de título executivo, poderá promover o processo de execução da quantia devida contra locatário e fiador; separadamente propor a demanda de rescisão contra o locatário apenas.

se pode falar neste caso que a Fernanda tem uma *responsabilidade (garantia) patrimonial subsidiária em relação à* Camila *que é a responsável (garantidora) principal.*

Enfim, com esses exemplos, fica muito claro que, na estrutura do direito de crédito, seja ele resultante de uma responsabilidade civil negocial ou extranegocial, há uma relação biunívoca e lógica entre:

(1) o *direito pessoal de crédito e débito a ele correspondente (credor/devedor)* e

(2) o *direito acessório que lhe serve de garantia.*

Curiosamente, *a lei* impõe a *garantia patrimonial* prestada pela locatária (devedora), e o *contrato* impõe a garantia patrimonial prestada por Fernanda (fiadora). O *inadimplemento* da *devedora* é que permite ao credor ressarcir os prejuízos que sofreu justamente recorrendo a garantia patrimonial prestada por ambas.

Há duas situações jurídicas subjetivas completamente distintas, embora se possa dizer que a segunda exista e em função da primeira (acessória), além de o papel que desempenha estar diretamente condicionado à existência de um evento *(incumprimento)* ocorrido na primeira:

a) não há que se falar em *garantia patrimonial* (segunda relação jurídica) se não houver – ou se já tiver acabado – uma relação débito/crédito para a qual ela se preste a dar segurança. Não há, por exemplo, o que se garantir se a dívida foi paga, se estiver prescrita, se o credor tiver renunciado ao seu crédito etc.

b) A relação jurídica de garantia nasce com a primeira, mas a garantia só pode ser "realizada" se ocorrer uma condição jurídica, qual seja, o inadimplemento que pode ou não acontecer no curso da relação jurídica obrigacional é que faz que o credor possa "acionar" a garantia patrimonial existente.

Existindo uma prestação (fazer, não fazer, entrega de coisa ou pagar) que no momento da sua constituição já tenha um valor apreciável em dinheiro, há também uma garantia patrimonial legal. Se tudo correr como se espera o *patrimônio garantidor,* terá proporcionado apenas a segurança e a tranquilidade contra o risco do inadimplemento. Mas, por outro lado, se este acontecer e for imputável à parte, a outra poderá recorrer ao patrimônio garantidor para daí retirar a quantia necessária para elidir os prejuízos que sofreu.

Este "responsável garantidor" tanto pode estar previsto na lei quanto no negócio jurídico, lembrando que é da integralidade ou de parte do patrimônio do garantidor (isso dependerá do tipo de garantia patrimonial e de eventual convenção das partes), que se retirará o montante correspondente ao prejuízo sofrido com o inadimplemento.

O "normal" é que a lei imponha que este "patrimônio sujeitável" seja do próprio devedor que assume então o papel de "devedor e responsável", mas é possível que o (patrimônio) de outra pessoa (ou parte dele) seja responsável para satisfazer os prejuízos do inadimplemento, ou seja, que o "responsável" não seja o próprio "devedor". Como dito, é a lei ou o negócio jurídico que fixam de quem é a responsabilidade por garantir a dívida inadimplida, bem como se todo o patrimônio ou parte dele se sujeitam à satisfação do direito.

> Tema dos mais sérios, que veremos mais adiante, é saber se as *restrições* à responsabilidade patrimonial estão no campo exclusivo das leis ou se, por permissão dela, inserem-se no espaço do autorregramento da vontade. Trocando em miúdos, poderiam as partes excluir (ou ao menos limitar) a responsabilidade patrimonial de uma relação negocial?

Portanto, há um direito de crédito/débito cujo vínculo pessoal é entre *credor e devedor* e outro direito cujo vínculo pessoal é entre *credor e responsável (garantidor)* só que vinculado à satisfação do direito sobre o patrimônio deste último.

Tratando-se da *garantia patrimonial legal,* o mesmo fato jurídico que faz nascer a obrigação faz nascer o direito acessório de garantia, de forma que se tiver ocorrido o inadimplemento, passa o credor a valer-se da garantia para dela retirar (do patrimônio do responsável) o valor devido.

A rigor, o fenômeno da responsabilidade do garantidor patrimonial possui dois momentos distintos, cuja tutela jurídica também será distinta: (a) uma, enquanto direito de manter e conservar a garantia – pretensão à segurança que nasce junto com a relação jurídica obrigacional; (b) outra como direito de realizar a garantia, extraindo do patrimônio do garantidor responsável o numerário suficiente para satisfação do crédito e que só pode ser exercido se houver "inadimplemento" e, além disso, um "título executivo".

4. RESPONSABILIZAÇÃO PATRIMONIAL E TÍTULO EXECUTIVO JUDICIAL OU EXTRAJUDICIAL

4.1 Nota prévia sobre a cognição plena, a evidência e o título executivo

É normal que no nosso agir a *cognição completa preceda a execução.* Normalmente se pensa, conhece, reflete para depois agir, atuar e realizar. Mas essa lógica pode ser invertida ou atenuada não apenas no processo, mas na nossa vida também. Muitas vezes por razões de *urgência*, para evitar um risco de dano iminente, agimos antes de termos uma cognição completa dos fatos e da situação. Não raras vezes, também se efetiva determinado ato de imediato, prescindindo da cognição [prévia] completa, tendo por base uma *situação evidente ou escan-*

carada que aparentemente não suscita maiores dúvidas, tampouco justificaria uma cognição prévia à execução.

Há vários exemplos do nosso cotidiano que demonstram que não é necessário esperar uma *cognição completa* antes de se *realizar* determinado ato, até porque todo conhecimento que se adquire é armazenado e projeta-se para situações futuras sem que percebamos. Por isso, por exemplo, quando chegamos num lugar que não "conhecemos" é normal que sejamos mais cautelosos antes realizar nossos atos. Mas, se é um local que frequentamos, então o conhecimento adquirido é memorizado, e a realização de nossos atos é fruto de uma *evidente* e quase imperceptível cognição já adquirida. Na construção do nosso processo cognitivo temos preconceitos adquiridos ao longo da nossa vida que, num círculo hermenêutico[6], acabamos usando para formar nossas convicções. A rotina diária do nosso cotidiano é um exemplo disso.

E, com o processo não se passa de modo diferente. Nele também é possível que a execução seja antecipada à cognição, permitindo que se *realize determinado ato antes mesmo de se ter uma cognição completa* da situação. É claro que essas situações não são as comuns ou vulgares, mesmo assim acontecem e é importante que o ordenamento jurídico as preveja, exatamente para que esteja rente ao direito material.

Além do fato [inconteste] de que as relações sociais na sociedade atual são *líquidas* e não mais tão *sólidas* quanto outrora, ou seja, contentamo-nos com um grau de cognição bem mais brando para tomar decisões e fazer escolhas sobre coisas da vida comum[7], o legislador também reconhece que, em determinados casos, pela evidência do direito ou pela urgência da situação, torna-se possível a antecipação do momento executivo à cognição judicial plena.

Tateando superficialmente o CPC de 2015, nós podemos identificar várias técnicas diferentes, envolvendo alterações ou combinações entre o momento da cognição com o da execução.

A *regra normal* do CPC, contemplando os momentos cognitivo e executivo, está prevista no *procedimento comum* do Título I do Livro II do CPC. Neste, o processo inicia por petição inicial e só "termina" com o cumprimento da sentença[8]. Mas, como já se disse, existem diversas outras situações em que o

---

6. GADAMER, Hans-Georg. *Verdade e Método*: traços fundamentais de uma hermenêutica filosófica. Tradução Flávio Paulo Meurer. 2.ed. Petrópolis: Editora Vozes, 1998.
7. BAUMAN, Zygmunt. *Modernidade líquida*. Rio de Janeiro: Zahar, 2001, p. 7.
8. Duas observações são importantes. A primeira de que o cumprimento de sentença para pagamento de quantia *depende* de requerimento executivo (art. 513 e 523). A segunda a de que as regras do procedimento da fase de cumprimento de sentença para pagamento de quantia *dependem* de atos executivos cuja regulamentação se encontra no Livro II dedicado ao Processo de Execução.

binômio *cognição-execução,* fruto da análise do conflito de interesses, não segue o modelo padrão. Nessas situações *invulgares,* o que acontece é uma *antecipação do momento executivo,* ou seja, antes de se ter a *cognição judicial completa* do conflito de interesses. Seria um verdadeiro truísmo imaginar que o processo é uma sequência estática e retilínea de peças processuais que tipificam apenas um determinado tipo de atividade. Se o processo deve retratar a vida das pessoas e o conflito, deverá ter ao mesmo tempo uma função histórica, presente e futura, tal qual é a nossa realidade. As situações de urgência e tutela provisória estão aí para provar isso.

É o legislador que aponta as situações que justificam a alteração da regra ordinária, deslocando a execução para um momento anterior à cognição completa do conflito. E, frise-se, exatamente por isso, torna-se possível a existência de diferentes degraus de *cognição incompleta*, ou seja, a execução pode estar lastreada em um título (judicial ou extrajudicial) com diferentes degraus de cognição, tendo como referência o grau mais "firme", "sólido" e menos "vulnerável" que é representado pela decisão de mérito transitada em julgado, já ultrapassados dois anos do prazo da ação rescisória. A partir daí, podemos até fazer uma escadinha decrescente de títulos executivos que vão se tornando mais e mais vulneráveis, justamente porque sobre eles cada vez é mais incompleta a cognição prévia à execução.

Todas as vezes que o legislador atribui *força executiva* a um título (judicial ou extrajudicial), permitindo que ele seja efetivado antes de se ter a cognição completa sobre o conflito, pode-se dizer que houve uma *quebra* da regra normal milenarmente (*do ab executione non est inchoandum sed primo debet causa cognosci, et per definitivam sententiam terminari*) adotada pelos países da *civil law.*

Assim, razões ligadas a situações de urgência do direito material, de perigo de dano, como no caso dos arts. 300 ao 310 do CPC, podem justificar a alteração dessa equação. O mesmo se diga em relação ao que se denomina de *técnicas de tutela da evidência do direito* que estão espalhadas pelo CPC (art. 311, art. 332, art. 355, art. 520, art. 932, IV e V). Também são exemplos de proteção do *direito evidente* somados a fatores econômicos, sociais e culturais tipos diversos de documentos que receberam a eficácia executiva. Se bem observado, o grau de cognição na formação do documento ao qual o legislador atribui força executiva não é o mesmo, embora todos eles sejam tomados como *títulos executivos extrajudiciais.* Há ainda situações em que o legislador não confere a natureza de título executivo extrajudicial para alguns documentos, mas a eles atribui uma força, chamamos, assim, "quase executiva", usando uma linguagem pouco técnica, que são as hipóteses legais que ensejam o procedimento injuncional do art. 700 do CPC.

Todas estas situações, e outras aqui não listadas que se encontram tanto no CPC quanto na legislação extravagante, refletem uma opção do legislador de alterar a máxima da *cognição completa com posterior execução*, admitindo que a execução seja efetivada com base numa cognição incompleta.

É importante deixar claro que essas hipóteses invulgares, mencionadas acima, poderiam nem sequer existir, ou seja, todas elas poderiam submeter-se à máxima milenar já mencionada acima, mas, de fato, se assim fosse, estariam certamente comprometidas a *efetividade* e a *eficiência* da justiça. Enfim, para garantir em sua plenitude a tutela jurisdicional justa e adequada é que o legislador – por razões várias – cria técnicas processuais e procedimentos que, fugindo à regra milenar que o legislador considera a mais adequada, e assumindo um caráter dinâmico que deve ter o processo, permitem que seja feita a efetivação do direito antes mesmo de se ter uma cognição completa desse mesmo direito.

4.2 Garantia patrimonial e execução

Ao adotar a responsabilidade patrimonial, o ordenamento jurídico prescreve a regra geral e abstrata de que todo credor comum tem no patrimônio do devedor a garantia do seu crédito *para o caso de inadimplemento*. Esse direito de garantia está no direito material, inserto na estrutura da relação jurídica obrigacional, seja ela, a obrigação, de fonte legal ou convencional. Antes do eventual e futuro inadimplemento é um direito de garantia que proporciona segurança e tranquilidade ao credor, e, indiretamente, serve de pressão para o devedor cumprir o que é devido *sob pena de que*, como dito, o *seu patrimônio arque com os prejuízos do inadimplemento*.

Portanto, antes do inadimplemento, esse direito de garantia patrimonial implica um vínculo jurídico de sujeitabilidade abstrata do patrimônio do responsável.

O fato de ser "abstrata" e "potencial" não elimina a sua existência, posto que já traz para o credor uma situação jurídica de vantagem que inclusive pode ser juridicamente protegida. A sua função é servir de "garantia para o futuro" eventual e incerto. Nesse momento, há o direito de conservar a garantia, mas não de "realizar a garantia" porque não houve o inadimplemento. Sob esse último aspecto, há apenas um direito expectado de que isso possa ocorrer. Depois de ocorrido o inadimplemento, não há mais "direito expectado", mas sim o de valer-se da garantia para eliminar os prejuízos suportados; liberta-se a sua eficácia consistente no poder do credor de fazer que a garantia se efetive, o que se dá mediante a sujeitabilidade concreta do patrimônio do responsável que será expropriado para satisfação da obrigação de pagar, resultante do crédito inadimplido.

Nesse tópico, interessa-nos justamente o momento atinente ao direito de realizar a garantia patrimonial prestada e, especialmente, sobre como ela se projeta no processo.

Pressupondo a ocorrência do inadimplemento imputável ao devedor, não se pode confundir:

a) a existência da situação jurídica "ativa" consistente no *poder de excutir o patrimônio garantidor do responsável* e a correlata "passiva" do *dever de sujeição patrimonial* com

b) a aptidão para dar início à tutela executiva.

Essas situações ativas e passivas não se projetam no plano processual de forma imediata, como num piscar de olhos, transformando-se em *exequente e executado,* sem que seja necessário:

(i) a prévia formação do título executivo judicial, provisório ou definitivo, fruto de uma atividade cognitiva, ou

(ii) por vontade das partes conste tal situação relevada em título executivo extrajudicial nas hipóteses descritas pelo legislador (art. 784).

Para deflagrar qualquer execução que recaia sobre o patrimônio do devedor/responsável, é preciso que estejam *reconhecidas a dívida e a responsabilidade patrimonial em um título executivo judicial ou extrajudicial* que revele os seguintes elementos: quem deve, a quem se deve, se é devido e o quê (ou quanto) é devido.

Com esses elementos objetivos e subjetivos contidos na norma jurídica individualizada, estampada em documento com eficácia de título executivo (judicial ou extrajudicial), é que o ordenamento jurídico dá permissão para que o patrimônio do responsável garantidor possa ser expropriado para dali extrair a satisfação da obrigação de pagar resultante do crédito inadimplido.

Certamente que um dos grandes males da teoria processualista da responsabilidade patrimonial, quando atribuiu o fenômeno à atividade estatal executiva, foi o de ter provocado um açodado – e errôneo – pensamento de que basta haver *responsabilidade* para transformar o *responsável* em *executado.*

Ao apelidar a "responsabilidade patrimonial" de "responsabilidade executória", fez-se crer que tal assunto estava contido nas "sanções imperativas sobre o bem, inerentes à execução forçada"[9], permitindo a criação de um sofisma de

---

9. Candido Rangel Dinamarco, ao tratar da "responsabilidade patrimonial ou executiva", diz: "A concreta imposição das medidas imperativas sobre o bem, que são as sanções inerentes à execução forçada, depende de esse bem ser responsável, isto é, depende de ele ser parte de um patrimônio apto a fornecer meios à execução". Instituições de direito processual civil, vol. IV, p. 323-324. Ver ainda, LIEBMAN, Enrico Tullio. Processo de execução, p. 61: "Ao poder executório do Estado e à ação executória do

que a existência do título executivo seria pressuposto da responsabilidade patrimonial e não o inverso.

Ora, porque dívida e garantia patrimonial estão na relação jurídica de direito material, sempre que esses elementos não estiverem revelados num título executivo, não se poderá partir para uma excussão patrimonial. Só se legitimam as medidas de execução porque, no plano material, alguém é responsável, seu patrimônio responde, pela dívida inadimplida. Logo, seja porque esteja revelado num título executivo judicial posterior ao contraditório, seja porque revelado num título extrajudicial nas hipóteses que a lei determina, a verdade é que tanto débito, quanto responsabilidade devem estar estampados num título executivo.[10]

O título executivo legitima a atividade executiva desde que neles estejam revelados os elementos da obrigação, aí incluída a responsabilidade patrimonial. Tanto isso é verdade que o art. 515, § 5º, do CPC é claro ao dizer que "o cumprimento da sentença não poderá ser promovido em face do fiador, do coobrigado ou do corresponsável que não tiver participado da fase de conhecimento".

A regra é tão clara que muitas vezes o óbvio não se enxerga: ainda que na relação obrigacional exista um fiador, garantidor de dívida alheia, ele não poderá ser executado porque contra ele não houve contraditório prévio à formação do título. Contraditório que lhe permitiria discutir e contestar a dívida (alheia) e a responsabilidade (própria).

Assim como o *devedor* pode questionar em juízo a existência, a validade e a eficácia de uma dívida que afirmam ter contra si, também será possível ao suposto responsável levar a juízo a discussão sobre a existência ou inexistência, validade e eficácia da relação jurídica da responsabilidade patrimonial.

Não por acaso, uma das maiores dificuldades de se admitir a *desconsideração da personalidade jurídica na execução*[11], como um incidente processual "inofensivo", é justamente porque o sujeito atingido pela desconsideração passa

---

credor corresponde a responsabilidade executória do devedor, que é a situação de sujeição à atuação da sanção, a situação em que se encontra o vencido de não poder impedir que a sanção seja realizada com prejuízo seu. Restringindo o exame à execução civil, esta responsabilidade consiste propriamente na destinação dos bens do vencido a servirem para satisfazer o direito do credor. Ela decore do título, exatamente como deste decore da ação executória correspondente".

10. Naturalmente o reconhecimento do débito e da responsabilidade patrimonial nas obrigações derivadas de ato ilícito normalmente são feitas por meio de demanda judicial onde o credor obtém decisão que reconheça "a exigibilidade de obrigação de pagar quantia, de fazer, de não fazer ou de entregar coisa" (art. 515, I do CPC), ao passo que nas obrigações resultantes de um inadimplemento negocial a chance do débito e da responsabilidade já estarem reconhecidas num título executivo extrajudicial é bem maior (art. 784, III do CPC). Em qualquer caso, tanto o débito quanto a responsabilidade patrimonial devem estar reveladas em um título executivo, seja ele judicial ou extrajudicial, daí porque não se permite demandar execução contra o devedor ou o responsável contra qual não se tenha título executivo.

11. Ver Capítulo 06, item 2.3.5.

CAPÍTULO 3 • RELACIONAMENTO ENTRE O DÉBITO E A GARANTIA PATRIMONIAL

a ser *executado* sem que antes tenha tido a chance de discutir – contraditório, ampla defesa e cognição – a dívida e a sua condição de garantidor (responsável patrimonialmente). A causa de pedir do processo/incidente de desconsideração da personalidade jurídica não é nem a dívida nem a responsabilidade que o atingirá, mas sim os pressupostos materiais que justificam a desconsideração.

Parece-nos claro que uma vez admitida a desconsideração e estabilizada a situação jurídica que a justificou, o sujeito atingido poderá questionar/debater tanto a dívida que não era sua (se foi paga, se está prescrita a pretensão, se houve renúncia, novação etc.), bem como a responsabilidade do seu patrimônio decorrente do inadimplemento daquela. Lembremos que *se* não houver mais a dívida (ou prescrita a pretensão de exigi-la) nada mais haveria que se garantir. Tem todo o interesse em fulminar a obrigação devida, pois assim livraria a incidência da garantia patrimonial sobre o seu patrimônio.

Prossigamos no raciocínio e imaginemos uma hipótese em que o contrato de locação, firmado entre o locador A com o locatário B e garantido pela fiança de C, *não* seja um título executivo extrajudicial por não se encaixar nas hipóteses dos incisos do art. 784 do CPC. Pelo arquétipo apresentado, B e C são solidariamente responsáveis patrimonialmente pelo inadimplemento de B (locatário). Ainda que A tenha plena convicção de que B e C são responsáveis patrimonialmente e deseje extrair do patrimônio de qualquer deles o valor do prejuízo resultante do inadimplemento, terá que passar por um processo cognitivo com direito a contraditório dos réus antes da formação do título executivo judicial. Será no processo cognitivo que se debaterão as questões deduzidas sobre a relação jurídica obrigacional, aí incluída, obviamente, a *dívida* (se existe, se foi adimplida ou inadimplida, se houve novação ou não, se está prescrita etc.) e a *responsabilidade do garantidor* (se há a garantia patrimonial, se cessou em determinado momento, se houve limitação ou não etc.). A formação do título executivo judicial representa a superação deste debate com o reconhecimento de que A tem o direito de exigir de B e C a satisfação da dívida inadimplida por B e, com isso, terá aptidão para ingresso na fase executiva por meio do cumprimento de sentença para pagamento de quantia.

Imaginemos que, no exemplo acima, por estratégia processual, A decidisse propor a demanda apenas contra B por entender que C, fiador, poderia atrapalhar o andamento do procedimento, criando incidentes temerários ou porque pelo pequeno patrimônio que possui não se justificaria a sua inserção no polo passivo da demanda. Nesse caso, a sentença condenatória obtida por A contra B admite que se dê início ao seu cumprimento para recebimento do valor devido. Mas e se, por qualquer razão, A pretender incluir no polo passivo do *cumprimento de sentença* o fiador C? Pode? A resposta é negativa.

Não pode como expressamente determina o art. 513, § 5º,[12] que é muito límpido ao reconhecer que se não houve formação de título contra o fiador, ele não pode ser executado, ainda que seja expressamente prevista no contrato a sua responsabilidade pela dívida de B, pois se assim não fosse haveria um desprezo ao devido processo legal.

Reforça o exposto o art. 776, IV quando enfatiza que a execução pode ser promovida contra "o fiador do débito constante em título extrajudicial". Parece claro que os dispositivos estão em fina sintonia e querem dizer que o fiador (ou qualquer responsável patrimonialmente que não seja o tomador da dívida) que figura no título executivo, judicial ou extrajudicial, é quem poderá ser executado.

> O clássico instituto do chamamento ao processo revela justamente a possibilidade de que *responsáveis patrimonialmente* possam ser demandados em conjunto ou isoladamente. Nesta hipótese admite-se o chamamento ao processo requerido pelo réu (art. 130 do CPC): do afiançado na ação em que o fiador for réu; dos demais fiadores, na ação proposta contra um ou alguns deles; dos demais devedores solidários, quando o credor exigir de um ou de alguns o pagamento da dívida comum.

Assim, se com base num documento sem eficácia de título extrajudicial, o credor ajuíza a ação condenatória apenas contra o devedor, mas não contra o responsável, é nítido que contra este *não* será formado o título executivo e não poderá ser inserido como parte no futuro cumprimento de sentença. De nada adianta a lei, ou o contrato sem força executiva, dizer que A e B são responsáveis pela dívida de C, se essa responsabilidade não estiver sintetizada em um título executivo judicial ou extrajudicial. Por outro lado, não é o título que cria a responsabilidade patrimonial, senão *revela* o que já existe.

5. RESPONSABILIZAÇÃO PATRIMONIAL E EXECUÇÃO PARA PAGAMENTO DE QUANTIA

O direito de garantia é um direito acessório de um direito principal, logo, quando se fala em *garantia patrimonial de uma dívida inadimplida*, deve-se perquirir os elementos objetivos deste relacionamento ente o *acessório e o principal*:

a)   o "objeto" que está sendo garantido e

b)   o "objeto" que serve de garantia.

O objeto que está sendo garantido desde o momento em que se constituiu a relação obrigacional é a "obrigação inadimplida" ou, mais precisamente, o

---

12. 513, § 5º acentua que "o cumprimento da sentença não poderá ser promovido em face do fiador, do coobrigado ou do corresponsável que não tiver participado da fase de conhecimento".

CAPÍTULO 3 • RELACIONAMENTO ENTRE O DÉBITO E A GARANTIA PATRIMONIAL

prejuízo que do seu incumprimento resulta. Portanto, a garantia patrimonial não irá trazer de volta a *prestação inadimplida* senão porque o que ela oferta, ao sujeito prejudicado pelo inadimplemento, é o valor monetário equivalente ao prejuízo do inadimplemento.

Isso quer dizer que qualquer modalidade de prestação, cujo valor econômico seja mensurável no momento em que deveria acontecer o adimplemento, pode ser garantida pela *"garantia patrimonial"* e, por outro lado, apenas dinheiro é ofertado como garantia. A mensuração do valor devido pode ser posterior, e normalmente o é, nas prestações de obrigações específicas que são convertidas em pecúnia após prévia liquidação do valor devido (ex.: art. 809 do CPC). A garantia patrimonial proporciona ao credor o direito de retirar dinheiro do patrimônio do responsável pela dívida inadimplida, ou, sendo ainda mais claro, é do patrimônio do responsável que será extraída a *quantia* que corresponda ao *prejuízo imediato da prestação ina-dimplida*. Observe, e isso veremos mais adiante, que o *prejuízo resultante da dívida inadimplida* é, no mínimo, igual ao valor da prestação inadimplida, podendo ser acrescido de outros prejuízos que resultem do inadimplemento.

Ocorrido o inadimplemento e passando o direito à garantia ao direito de realizar a garantia patrimonial, então nasce a uma outra indagação: como con-cretizar a retirada do numerário devido do patrimônio do garantidor?

É aí que o fenômeno se conecta com a execução para pagamento de quantia, ou seja, sempre que o credor pretender a obtenção de dinheiro do patrimônio do devedor (crédito pecuniário), isso só será possível mediante a sujeição patrimonial do executado à expropriação, cuja regra é por meio de um procedimento judicial deflagrado com um título executivo judicial ou extrajudicial. Retira-se, por ato de império estatal, a propriedade do dinheiro de um (executado/responsável) e transfere-a para outro (exequente/credor)[13].

---

13. Como vimos no tópico anterior (Capítulo 03, item 4), o direito de realizar a garantia patrimonial, por já ter ocorrido o inadimplemento, não implica estar apto a sujeitar o responsável a uma execução. Justamente porque a execução para pagamento de quantia se dá por meio de uma expropriação estatal (judicial) forçada, é necessário que o credor tenha um título executivo judicial ou extrajudicial contra o responsável (garantidor) patrimonialmente. É necessário que essa responsabilidade patrimonial esteja revelada num documento com força executiva (decisão judicial ou documento extrajudicial). É preciso que esse direito esteja evidenciado num documento com eficácia de título executivo, tal como esmiuçamos no tópico anterior. Isso porque, não tendo um título executório, deverá passar por um processo de conhecimento prévio para obter uma sentença condenatória que reconheça tanto o débito, quanto à responsabilidade (existia ali naquela hipótese a garantia patrimonial) pelo dever de pagar. Só depois disso, se inadimplido o dever de pagar, reconhecido na sentença, é que poderá seguir para um cumprimento (de sentença) com execução forçada. Frise-se que a responsabilidade patri-monial (garantia patrimonial) tem natureza material e sua existência pode ser questionada/debatida/contraditada num processo cognitivo antecedente (título judicial) ou posterior (título extrajudicial) à formação do título executivo, daí porque é expressa a regra do art. 513, § 5º do CPC.

6. RESPONSABILIDADE PATRIMONIAL SOLIDÁRIA E SUBSIDIÁRIA E SUAS PROJEÇÕES NO PROCESSO

Sendo o credor portador de um título executivo extrajudicial contra C e D, ambos responsáveis solidários, ainda que o primeiro seja o próprio devedor e o segundo seja apenas um garantidor, o exequente pode optar por ajuizar a demanda contra C ou contra D ou contra ambos.

Ainda na hipótese de solidariedade da responsabilidade patrimonial, tratando-se de demanda *cognitiva*, o credor pode optar por demandar qualquer um dos corresponsáveis ou todos eles em litisconsórcio passivo. Apenas contra o (s) que tiver (em) sido demandado (s), é que terá a formação de título executivo judicial caso a sentença condenatória seja procedente. Essa situação pode se alterar – e então passar a título executivo contra todos – se, no curso da demanda julgada procedente, um dos réus decidir por ampliar o polo subjetivo passivo por meio do chamamento ao processo (art. 130 do CPC).

A situação ganha interesse justamente quando as responsabilidades dos devedores ou do garantidor da dívida não sejam todas de primeira ordem, mas uma subsidiária à outra, ou seja, quando um dos responsáveis pela dívida tem o direito de exigir que o seu patrimônio só seja atingido *após* o patrimônio do outro responsável ser preliminarmente excutido.

Nessa hipótese, tendo título executivo contra ambos, o exequente pode promover a execução apenas contra o responsável subsidiário, mas fica sujeito à alegação do benefício de ordem na primeira oportunidade que couber ao executado falar nos autos (art. 794), caso em que, se acolhida, implicará dilatação do procedimento culminando com a necessidade de intimar ou citar o responsável principal (cumprimento de sentença ou processo de execução) para integrar o polo passivo da demanda executiva.

Ainda nessa situação de *responsabilidades patrimoniais* que ao menos um dos responsáveis tenha o direito de exigir que primeiro sejam excutidos os bens do responsável principal, em se tratando de processo cognitivo proposto apenas contra o sujeito que tem responsabilidade patrimonial subsidiária, este deverá alegar na primeira oportunidade que tiver para se defender (contestação) o seu direito ao benefício de ordem sob pena de preclusão. Isso quer dizer que deve se opor ao credor, alegando não apenas as causas extintivas da obrigação, mas todas aquelas, gerais ou pessoais, que se refiram a sua responsabilidade patrimonial.

Tomando de modelo o art. 827 do CCB tem-se que:

Art. 827. O fiador demandado pelo pagamento da dívida tem direito a exigir, até a contestação da lide, que sejam primeiro executados os bens do devedor.

> Parágrafo único. O fiador que alegar o benefício de ordem, a que se refere este artigo, deve nomear bens do devedor, sitos no mesmo município, livres e desembargados, quantos bastem para solver o débito.

Da forma como está escrito o dispositivo, fica claro que o "direito de exigir que sejam primeiro executados os bens do devedor", ou seja, de alegar o benefício de ordem da futura excussão patrimonial, deve ser feito até a contestação da demanda. Trata-se, portanto, de direito dispositivo (como também deixa claro o art. 828, I do CCB) que, se não for alegado pelo responsável patrimonial subsidiário, simplesmente perderá tal possibilidade. Entretanto, dá a entender o parágrafo único do dispositivo que não basta alegar o *benefício de ordem*, porém, mais do que isso, ele deve alegar o benefício, mas também "*deve nomear bens do devedor, sitos no mesmo município, livres e desembargados, quantos bastem para solver o débito*".

Nitidamente esse parágrafo único parece estar voltado para o processo de execução (nada obstante o *caput* falar em contestação) seguindo a linha do art. 794 do CPC que pontua: "*o fiador, quando executado, tem o direito de exigir que primeiro sejam executados os bens do devedor situados na mesma comarca, livres e desembargados, indicando-os pormenorizadamente à penhora*". Obviamente que, em se tratando de demanda cognitiva contra o responsável secundário da dívida inadimplida, ele deve alegar o benefício de ordem na sua contestação, sob pena de perda desse direito, mas não precisa nem deve ter o ônus de *indicar pormenorizada e individualizadamente* bens do devedor principal, porque nenhuma penhora será feita neste momento de sujeitabilidade abstrata do patrimônio, sendo suficiente a indicação clara e inequívoca de que existe garantia patrimonial expropriável do devedor principal.

Nesse ponto, é de se perguntar se esta alegação do benefício de ordem *deve* ser feita por meio do chamamento ao processo, trazendo o responsável principal para também ocupar o polo passivo ou se, ao contrário, poderia ser feito sem necessariamente usar a técnica do chamamento ao processo e sem a ampliação do polo passivo.

> Segundo Thiago Siqueira "o chamamento ao processo caracteriza-se, portanto, como verdadeiro ônus imposto ao fiador, cujo descumprimento impede que, no futuro, venha ele a exercer o benefício de ordem"[14].

---

14. SIQUEIRA, Thiago Ferreira. *A responsabilidade patrimonial no novo sistema processual civil*, p. 245.; neste mesmo sentido adverte Candido Rangel Dinamarco, ao dizer que: "O chamamento ao processo tem também a para o fiador-réu a utilidade prática de viabilizar a efetividade do benefício de ordem, a ser obtida depois, na execução promovida pelo credor – porque sem ter sido parte no processo de conhecimento e condenado a pagar não poderá o devedor principal suportar execução alguma (CPC, art. 568, inc. I)". *Fundamentos do Processo Civil Moderno*, "Fiança e processo", p. 1647.

Nem o Código Civil no art. 827 citado acima, nem o art. 130, I do Código de Processo Civil, quando trata do chamamento ao processo, dão a entender que o exercício do direito de benefício de ordem deve ser feito por meio dessa técnica do chamamento ao processo, ainda que ela apresente vantagens ao chamante, como deixa claro o art. 132. Segundo o art. 130, I do CPC:

> Art. 130. É admissível o chamamento ao processo, requerido pelo réu:
>
> I – do afiançado, na ação em que o fiador for réu;
>
> II – dos demais fiadores, na ação proposta contra um ou alguns deles;
>
> III – dos demais devedores solidários, quando o credor exigir de um ou de alguns o pagamento da dívida comum.

Partindo da premissa de que é no inciso primeiro que possa estar abrigada a hipótese de *responsabilidade patrimonial subsidiária* do fiador demandado que chame ao processo o afiançado (devedor principal), percebe-se que o *caput* do dispositivo atribui facultatividade – e não obrigatoriedade – ao exercício do chamamento ao processo.

Como o chamamento ao processo é exercido no CPC de 2015 dentro da própria contestação, sem maiores formalidades, não vemos dificuldade em admitir que é direito do réu apenas alegar o benefício de ordem e indicar a existência de garantia patrimonial expropriável do devedor principal, sem, contudo, exigir que este seja citado para integrar o polo passivo da lide, tendo que arcar com os ônus desta citação como indica o art. 131, *caput*.

Enfim, pensamos que este ônus de ampliar o polo passivo da demanda cognitiva deve ser do autor da demanda, de forma que, caso opte por não promover a integração do polo passivo, certamente assumirá um risco de ficar numa encruzilhada sem saída, pois, se procedente a demanda, não terá título executivo contra o devedor principal – que não poderá ser demandado – e também não poderá excutir o patrimônio do responsável subsidiário, caso a defesa do benefício de ordem do responsável subsidiário seja acolhida na sentença condenatória.

Nessa esdrúxula e incômoda situação, terá que promover nova demanda cognitiva, só que agora contra o devedor principal para obter sentença condenatória contra esse último e, aí sim, promover a execução contra ambos os responsáveis, sujeitando-se ao benefício de ordem, reconhecido na primeira demanda.

Há casos em que a lei estabelece a corresponsabilidade patrimonial de determinada pessoa por dívida alheia, sem que ainda se tenha um mínimo de concretude que permita identificar quem seria no caso concreto aquela dita pessoa, aspecto que pode dificultar em demasia a propositura da demanda cognitiva contra todos os corresponsáveis. É o caso da corresponsabilidade dos sujeitos que integrem o mesmo grupo econômico (art. 2º, § 2º, da CLT, objeto do tema n.º 1232 do STF), bem como o da corresponsabilidade do companheiro do devedor. Explica-se tomando de análise este último exemplo. O art. 790 do CPC diz que "são sujeitos à execução os bens: (...) IV – do cônjuge ou companheiro, nos casos em que seus bens próprios ou de sua meação respondem pela dívida". Unindo este dispositivo do CPC com a regra dos arts. 1.643 e 1.644 do CCB, pode-se sustentar que, nestas hipóteses do Código Civil, o patrimônio do companheiro também serviria de garantia da dívida assumida pelo outro. Isso parece claro no dispositivo, mas o problema pode residir justamente no reconhecimento da existência, ou não, de união estável entre os sujeitos. Como o reconhecimento da união estável é fundamento para que se afirme existir um "companheiro", torna-se um problema a comunicabilidade da dívida do devedor para com o seu suposto companheiro. A lacuna para resolução deste problema foi apontada em dissertação de mestrado apresentada por Schamyr Pancieri,[15] que sugere a instauração no curso da execução de um incidente de comunicabilidade do débito à semelhança dos arts. 741 e 742 do Código de Processo Civil Português. A solução apresentada coaduna-se com a instauração de incidentes cognitivos de corresponsabilização mal denominados de "incidentes de desconsideração", tal como se vê no objeto de discussão do Tema n.º 1232 do STF.

A grande e complexa questão para estes casos é que tanto o suposto companheiro, quanto as supostas empresas que integrariam o mesmo grupo econômico tem o direito de acionar a justiça para obter, mediante um devido processo ordinário e seguindo um procedimento comum, uma declaração negativa da relação jurídica da suposta união estável ou da suposta integração do mesmo grupo econômico. Aqui o pedido é a declaração negativa de uma relação jurídica, enquanto no incidente cognitivo de corresponsabilização o pedido é a extensão da responsabilidade patrimonial tendo por fundamento a suposta relação jurídica de união estável e de integração do mesmo grupo econômico para usar os exemplos mencionados. Isso quer dizer que eventual demanda declaratória proposta no juízo competente e submetida a um devido processo é prejudicial – *e por isso poderá suspender* – o reconhecimento da extensão da responsabilidade patrimonial no incidente cognitivo.

---

15. . PANCIERI, Schamyr. O redirecionamento da execução de título executivo extrajudicial em face do companheiro do executado por força da responsabilidade patrimonial. Dissertação de mestrado da UFES, 2024. p. 98.

Capítulo 4
O patrimônio garantidor

1. UNIVERSALIDADES DE FATO E DE DIREITO

A palavra "universalidade" (do latim "ūnĭversĭtas"), assim como "universidade", tem origem no vocábulo *universus* que em latim significa "todo inteiro", "*communem rerum naturam universitatemque omnia continentem* (a natureza comum das coisas e a totalidade do universo); *the whole number of things, the whole world, the universe: universitatis corpus* (todo o conjunto de coisas, todo o mundo, o universo: *universitatis corpus*); *universitatis sunt, non singulorum*" (eles pertencem ao universo, não aos indivíduos)[1].

Na metafísica[2] o "universal" é algo que pode ser tomado pela ideia (conceitualistas) ou ente (realistas) que exprima uma essência comum a coisas que são agrupadas sob o mesmo signo[3]. Tentando ser didático e deixar sedimentada o sentido do que seja "universalidade", é preciso relembrar os conceitos dos vocábulos "continente" e "conteúdo".

A etimologia do vocábulo "continente" deriva de *continens + entis*, cujos sentidos são "contínuo, ininterrupto", que, no particípio presente de *continere*, significa "conter, abranger" (verbo cum, con + tenere = ter). Por sua vez, conteúdo é aquilo que ocupa, parcial ou totalmente, o espaço em algo, que está inserto no interior de algo. Assim, se o continente é a mente, o conteúdo são os pensamentos, se o continente é a caixa, o conteúdo são os objetos; se o continente é o tanque, o conteúdo é o combustível; se o continente é o acervo, o conteúdo são as obras.

Logo, quando se fala em *universalidade*, exprime-se a existência de algo (ideia ou de um ente) que seja o *continente* de *conteúdos que se agregam* em razão de alguma característica essencial que os façam únicos enquanto conjunto, sem que isso represente a inexistência enquanto indivíduo. A relação entre livro e biblioteca, obra e acervo etc. revela exatamente essa propriedade de que cada

---

1. Tradução livre. Disponível em https://latinitium.com/latin-dictionaries/?t=lsn49860. Acesso em: 10 maio 2022.
2. Ciência que estuda a essência das coisas, o que está para além da física.
3. A respeito ver KANT, Immanuel. *Lições de metafísica*. São Paulo: Vozes, 2022; HEIDEGGER, Martin. *Introdução à Metafísica*. São Paulo: Instituto Piaget, 1997.

livro é uma unidade isoladamente, mas em conjunto integra um todo chamado biblioteca.

No Código Civil de 1916, tínhamos no art. 57 uma conceituação mais precisa do que seriam as *universalidades*. Segundo estes dispositivos:

> Art. 57. O patrimônio e a herança constituem coisas universais, ou universalidade, e como tais subsistem, embora não constem de objetos materiais.

Observe-se que o dispositivo acima deixa claro que *patrimônio e herança* são universalidades inseridas dentro do capítulo que tratam dos bens (coisas universais) que constituem objeto das relações jurídicas. Mesmo que no conteúdo destas universalidades *não constem objetos materiais,* isso não se lhe retira a identidade de "herança" e de "patrimônio".

No Código Civil atual, também no livro dedicado aos "bens", o art. 91 define que:

> Art. 90. Constitui universalidade de fato a pluralidade de bens singulares que, pertinentes à mesma pessoa, tenham destinação unitária.
>
> Parágrafo único. Os bens que formam essa universalidade podem ser objeto de relações jurídicas próprias.
>
> Art. 91. Constitui universalidade de direito o complexo de relações jurídicas, de uma pessoa, dotadas de valor econômico.

Da mistura do novo dispositivo com o extinto, pode-se firmar que o patrimônio e a herança são *universalidades de direito* (continente) e, mais ainda, são constituídos por um complexo de relações jurídicas (conteúdo), mas sua existência (continente) independe de que algum de seus conteúdos esteja efetivamente presente.

O fato de ser uma "universalidade" significa dizer que é um conceito inventado, uma ficção jurídica, ou seja, no mundo das coisas reais, ela não existe, já que é apenas uma forma criada de um ente único e autônomo (universalidade), que serve para "representar" autonomamente o conjunto de indivíduos que se aglutinam em torno de uma mesma razão/essência/característica.

O fato de ser "de direito" ou de "fato" significa que as primeiras constituem um ente constituído por *direitos* (todas as relações jurídicas) e as segundas constituídas por objetos (bens e coisas) que, por sua vez, cada um deles autonomamente podem ser objeto de relações jurídicas próprias.

Assim, nos dois exemplos de universalidade de direito do art. 91, temos: i) a herança (continente), vista como o conjunto de bens, direitos, obrigações e relações jurídicas suscetíveis de sucessão *mortis causa*; ii) o patrimônio, visto como um conjunto de relações jurídicas de uma pessoa as quais sejam dotadas de valor econômico.

Muito bem, parece simples observar que a razão pela qual se atribui o título de *universalidade de fato* à pluralidade de bens singulares que, pertinentes à mesma pessoa, tenham uma destinação unitária, está na circunstância de que entre esses bens singulares existe alguma característica *natural* que os permita dar um tratamento universal, enquanto no caso das universalidades de direito, é a *lei* que determina esta condição para atender a fins jurídicos específicos[4].

2. O PATRIMÔNIO

2.1 Introito

Vimos acima que, ao tratar dos bens singulares e coletivos, o CCB, no art. 91, conceitua a *universalidade de direito* como "*o complexo de relações jurídicas, de uma pessoa, dotadas de valor econômico*". São exemplos o *patrimônio geral*, a *massa falida, o espólio* etc.

Permita-se uma rápida consulta ao CCB, usando a palavra "patrimônio" e, nas quarenta vezes em que ela aparece, enxergará a sua capital importância nas mais diversas áreas e temas, mas em especial no direito das obrigações e no direito sucessório[5].

Assim, quando se fala em *patrimônio,* deve-se entender como se este fosse um *continente* do qual todos os direitos, pretensões, ações, direitos expectados etc. (situações jurídicas ativas) com valor econômico de uma pessoa constituem o seu conteúdo. Por se tratar de um conjunto, uma unidade em si mesma, o patrimônio pode aumentar ou diminuir sem que isso lhe altere a condição de ser um *patrimônio*. Mesmo o patrimônio que esteja sem nenhum conteúdo, continua a ser patrimônio.

Recorde-se de que não por acaso a sua etimologia está conectada com a noção de transmissibilidade de pai para filho – *patri*, pai + *monium*, recebido. Essa etimologia não afasta, antes aproxima, daqueles que enxergam o vocábulo patrimônio como a junção de *patri, pater, pai* com *omnium* dando a ideia de que se tratava de conjunto de bens e direitos que pertenciam ao chefe de família[6].

---

4. "Universalidade de fato (...) a unidade baseia-se na realidade natural. (...) Universalidade de direito (...)a unidade é resultante da lei". GOMES, Orlando. *Introdução ao direito civil*. 7. ed. Rio de Janeiro: Forense, 1983, p. 141.

5. BERGER, Adolf. *Encyclopedic Dictonary of Roman Law*. Philadelphia: The American Philosophical Society, 1991, p. 622.

6. "Ainda o auctor pátrio a que alludimos, invocando G. May, Grande Encyclopedia, adverte que primitivamente, entre os romanos, a expressão patrimônio era designativa dos bens da familia e assim, que

Também não discrepa do raciocínio daqueles que enxergam no vocábulo uma representação do poder do pai – cidadão romano – sobre os bens de propriedade de sua família que devem ser passados (múnus) de geração para geração[7].

Embora o patrimônio de um sujeito nasça com a personalidade civil, não é uma extensão desta, tanto que, mesmo depois de falecido, o patrimônio do morto ainda existe[8]. O patrimônio só se extingue quando *o fim jurídico* ao que ele se destina também extingue de forma definitiva. O *"pertencer a um só sujeito é pressuposto necessário, porém não suficiente de patrimônio. Os pressupostos necessários e suficientes são a unidade e a pluralidade potencial de elementos "direitos", "pretensões", "ações" e "exceções""*[9].

É importante que fique claro que se denomina de "patrimônio comum" ou "patrimônio geral" é o patrimônio que a pessoa com capacidade civil passa a ter e permite distingui-la de outras pessoas. O mesmo raciocínio vale para as pessoas jurídicas. Esse *patrimônio comum ou geral* vincula-se à pessoa e dela não desgruda nem mesmo depois de sua morte. É o patrimônio comum que se vincula à regra da *responsabilidade patrimonial* ou *garantia patrimonial genérica*, objeto de nosso estudo (ex. art. 391 do CCB).

A menção acima é importante porque a existência do "patrimônio comum" não afasta a possibilidade de que existam outros patrimônios, chamados de *especiais*, que possam ser criados diretamente pela lei (ou que se crie com autorização dela) para atender a finalidades específicas e, eventualmente, sejam

---

é possivel assignalar pelos vocábulos família e bona os estádios por que ella passou até crystallisar-se, sob o império, no patrimonium, com o significado que até hoje conserva. (...) Finalmente, quanto a patrimonium, si tivermos em consideração que é ao tempo do direito codificado que a expressão surge, e si attentarmos que por sua derivação ella vinha exprimir o conjuncto dos haveres do chefe da casa (pater omnia) e por extensão, mais tarde, a situação de qualquer proprietário da cidade ou do campo, concluiremos que a formação do epitheto com o alcance que lhe attribuimos, foi dictada pela mesma razão que levou os jurisconsultes a designarem a somma dos direitos do pae sobre a pessoa e bens do filho, por patria-potestas e a dos do senhor sobre o escravo, por – dominica-potestas". CLAUDIO, Affonso. *Estudos de Direito Romano. II Volume*: Direito das Cousas. Rio de Janeiro: Pap. e Typ. Marques Araújo & C–R. S. Pedro 214 e 210, 1927, p. 13.

7. BARCIA, D. Roque. *Primer Diccionario General Etimológico de la Lengua Española*. T. cuarto. Barcelona: Seix – Editor, 1894, p. 131.

8. Com tirocínio certeiro, Mazzei e Gonçalves, em denso artigo gentilmente cedido antes da publicação, afirmam que: "A premissa de que o "herdeiro não responde por encargos superiores às forças da herança" (art. 1.792 do CC) é indissociável da dicção de que a "herança/espólio responde pelo pagamento das dívidas do falecido" (art. 1.997, caput, do CC e art. 796 do CPC). Dicção, aliás, alinhada com a ideia de que a responsabilidade patrimonial não se encerra com a morte, razão pela qual, enquanto não ultimada a partilha (ou adjudicação), são os bens do falecido que continuam respondendo pelos seus débitos (arts. 789 do CPC e 391 do CC)". MAZZEI, Rodrigo e GONÇALVES, Thiago. "A responsabilidade patrimonial do herdeiro: esboço sobre os principais pontos", in In: ASSIS, Araken de; BRUSCHI, Gilberto Gomes (org.). *Processo de execução e cumprimento da sentença*: temas atuais e controvertidos. v. 3. São Paulo: RT, 2022, no prelo.

9. PONTES DE MIRANDA. *Tratado de direito privado*, vol. V, p. 446.

titularizados pela mesma pessoa como se vê no caso do *patrimônio especial herdado pelo herdeiro* que é distinto do *patrimônio comum do próprio herdeiro*, ou ainda do *patrimônio especial de afetação* criado para a indenização por ato ilícito no art. 533, § 1º do CPC[10] entre tantos outros exemplos. Esses *patrimônios especiais* certamente fazem nascer direitos, pretensões, expectativas e também, seguramente, *responderão pelas dívidas* para as quais atuem como *patrimônio garantidor.*

> O art. 1997 do CCB brasileiro determina que *"a herança responde pelo pagamento das dívidas do falecido; mas, feita a partilha, só respondem os herdeiros, cada qual em proporção da parte que na herança lhe coube".* Ora, o que significa isso senão o fato de que a lei, de forma expressa, *distingue,* mesmo depois de herdado, o patrimônio adquirido (valor obtido[11]) pelo herdeiro do patrimônio comum que lhe pertença.

Como se disse, a lei pode, para atender as mais diversas finalidades, criar, ou autorizar que os particulares criem, segundo as regras que ela estabelece, os *patrimônios especiais* que não passam de universalidades de direito (massa de bens [*rectius*=direitos] dotados de valor econômico) destinadas a um determinado fim.

> Por meio da separação patrimonial promove-se a afetação de um conglomerado de situações jurídicas subjetivas ativas, erigido em universalidade de direito, à consecução de certo fim valorado positivamente pelo legislador. Exemplos de patrimônio segregado, no direito brasileiro, têm-se na securitização de créditos imobiliários e na incorporação imobiliária. A admissão de massas patrimoniais unificadas para a persecução de certo escopo confere ao patrimônio ampla potencialidade funcional, permitindo que possa servir para a realização das mais variadas finalidades. Tendo em vista que o patrimônio segregado pode ter por objetivo essencial tutelar interesses outros que não os de seu titular, perde relevância o suporte subjetivista para a determinação do regime jurídico que lhe é aplicável[12].

---

10. Art. 533. Quando a indenização por ato ilícito incluir prestação de alimentos, caberá ao executado, a requerimento do exequente, constituir capital cuja renda assegure o pagamento do valor mensal da pensão. § 1º O capital a que se refere o caput, representado por imóveis ou por direitos reais sobre imóveis suscetíveis de alienação, títulos da dívida pública ou aplicações financeiras em banco oficial, será inalienável e impenhorável enquanto durar a obrigação do executado, além de constituir-se em patrimônio de afetação.
11. Cuidadosa e minudente a observação de Mazzei ao mencionar que a garantia patrimonial da herança recebida não recai sobre os bens herdados, mas sobre o *"valor patrimonial da sua cota"*, de forma que pela sub-rogação real entre os patrimônios que entram e saem, os bens que faziam parte do patrimônio comum do herdeiro podem servir para responder patrimonialmente nos limites da cota que lhe coube. MAZZEI, Rodrigo. Comentários ao Código de Processo Civil. v. XXII (arts. 610 a 673). GOUVÊA, Jose Roberto Ferreira; BONDIOLI, Luis Guilherme; FONSECA, José Francisco Naves da (coords). São Paulo: Saraiva, no prelo.
12. OLIVA, Milena Donato. "Indenização devida "ao fundo de investimento": qual quotista vai ser contemplado, o atual ou o da data do dano?", in Doutrinas Essenciais Obrigações e Contratos, vol.6, São Paulo: Revista dos Tribunais, jun-2011, p. 1303-1328.

Em seguida, passaremos a um breve contraste entre o aspecto histórico-evolutivo do conceito de patrimônio e sua relação com o incremento das relações econômicas na sociedade capitalista e a conexão com o seu papel de garantia patrimonial.

2.2 Patrimônio: evolução conceitual

O ponto de partida para compreender a real aproximação do conceito de patrimônio vinculado ao de responsabilidade patrimonial (garantia patrimonial pelas dívidas) está na sua conexão com o desenvolvimento do conceito de propriedade na Rev. Francesa, da forma como restou estampado no Código Napoleônico. A teoria subjetivista de Charles Aubry e Charles Rau só veio acontecer a partir da segunda metade do século XIX, como já dissemos alhures (capítulo 1, item 4), e percebe-se que ele se ancora e se abraça com o conceito de propriedade, este sim bastante desenvolvido no referido Código (art. 544 e ss.) a partir dos ideais liberais da Revolução Francesa. Como um dos ideais da burguesia era o acúmulo de riqueza para o desenvolvimento do liberalismo econômico, a propriedade passa a ocupar um papel de destaque especialmente em relação a função que viria a desempenhar no liberalismo econômico[13].

Para atender ao liberalismo era preciso reconhecer a função econômica da propriedade, abandonando um viés sacrossanto herdado do direito romano, e assim regulamentar a aquisição e a transmissibilidade da propriedade.

---

13. "Quem lê o Código Civil dos Franceses, mandado redigir por Napoleão em 1804 vê como a terra e a natureza viraram objeto de propriedade e, ainda mais claramente, o mais importante objeto do direito de propriedade dos quantos bens pudesse o ser humano inventar, porque a ele se agregam as coisas, seus acessórios, além do direito de usar, gozar e fruir. A leitura do art. 544 daquela lei civil que é a primeira a dar estrutura jurídica ao capitalismo, é reveladora da mudança sofrida: "a propriedade é o direito de fazer e de dispor das coisas do modo mais absoluto, contanto que delas não se faça uso proibido pelas leis ou pelos regulamentos". Dois verbos enlaçam esse direito de propriedade, dois verbos que se combinam: fazer e dispor. Há que se notar quem tem o direito absoluto de fazer, tem também o de não fazer. (...) Nessa concepção, qual é o fundamento da propriedade, então? É o direito de dispor, isto é, o ato pelo qual, um proprietário legítimo transfere o bem a outrem. Dito tecnicamente, é a legitimidade do contrato. O contrato legítimo gera uma propriedade legítima. O problema é a propriedade originária, a que não precisou de contrato, a primeira, inicial. Para as coisas feitas, produzidas pelo ser humano é o trabalho. O trabalho origina a propriedade. No caso da terra também é o trabalho. Então voltaríamos ao uso, proprietário da terra é quem nela trabalha. Errado, para o direito capitalista! O uso da terra só gera propriedade em duas situações: 1) quando o Poder Público, o Estado, ou o Rei formalmente autorizam ou concedem o direito de uso, como no caso das sesmarias (neste sistema o uso tinha que ser mantido) ou como no cercamento inglês; 2) a usucapião, que nada mais é do que o uso continuado, como se dono fosse, de um bem, em geral é exigido pela lei que o usuário, de boa-fé, se considere proprietário". MARÉS, Carlos Frederico. "Parte III – Função social da propriedade", disponível em <https://www.iat.pr.gov.br/busca?termo=carlos-mar%25C3%25A9s>. Acessado em 05.05.2022.

Nesse passo, a transmissão contratual da propriedade passou a ser algo absolutamente legítimo, desde que emanasse da livre manifestação de vontade, vinculando aqueles que pactuaram a transmissão. Por outro lado, diante desse cenário, passou-se a admitir a acumulação patrimonial e, com o desenvolvimento das relações obrigacionais por meio dos contratos, não foi por acaso que o próprio Código Napoleônico prescreveu no seu art. 2092 a regra, tão repetida até hoje, sobre a qual se desenvolveu a teoria da responsabilização patrimonial (garantia patrimonial) de que "quem se vincula pessoalmente, é obrigado a cumprir seu compromisso com todos os seus bens móveis e imóveis, presentes e futuros"[14].

A regra implica expressa ruptura com a ideia de *responsabilização pessoal pelas dívidas* e coloca sobre o *patrimônio* a função de garantir as dívidas assumidas. O *comercio jurídico* de bens traz consigo a responsabilidade (garantia) sobre o patrimônio adquirido pelo sujeito. Esse dispositivo é a semente para que se desenvolva a teoria da responsabilização patrimonial, ou seja, tratar o patrimônio como uma emanação do direito da personalidade de cada indivíduo, portanto, uno e indivisível.

Pela teoria subjetiva, toda pessoa física ou jurídica seria dotada de um patrimônio, pois este seria uma projeção natural da personalidade de cada pessoa[15]. Como a personalidade jurídica implicaria na possibilidade de titularização de direitos e obrigações, o *patrimônio* de cada sujeito seria uma extensão desta personalidade, aí incluindo os direitos inatos à personalidade, bem como aqueles que fossem adquiridos no futuro. Essa universalidade incorpórea de *direitos* é que formaria o patrimônio, singular de cada um, e num nível de abstração de que impediria a sua cindibilidade, de modo que cada sujeito só seria titular de *um* patrimônio. Os direitos que os integrariam não se confundiriam com o patrimônio, de forma que poderiam sair e entrar na universalidade por meio do comércio jurídico e, mesmo que o sujeito não tivesse nenhum objeto de valor, ainda assim teria um patrimônio, dado o fato que os direitos da personalidade o integrariam.

Se por um lado a teoria subjetiva foi importante para o tráfego jurídico da propriedade e o desenvolvimento da teoria da responsabilização patrimonial como garantia das dívidas assumidas por uma pessoa, por outro lado trazia problemas ao próprio desenvolvimento do comércio jurídico dos direitos sobre bens que integravam o patrimônio da pessoa.

---

14. Art. 2092: Whosoever binds himself personally, is required to fulfil his engagement out of all his property moveable and immoveable, present and future. (Disponível em < https://www.napoleon-series.org/research/government/c_code.html>. Acessado em 05.05.2022).
15. "Le patrimoine est l'ensemble des biens d'une personne, envi sagé comme formant une universalité de droit."

O vínculo jurídico entre o patrimônio e as dívidas assumidas acabou por servir de freio ao desenvolvimento econômico, pois trazia um engessamento ao direito de propriedade, daí porque passou-se a questionar o tratamento de patrimônio como uma universalidade incindível, ou seja, ao reverso a cindibilidade do patrimônio poderia ser um importante instrumento incentivador da circulação de riquezas, inclusive para atender e proteger finalidades sociais por meio de patrimônios de afetação. Nesse contexto, ganhou força a *teoria objetiva do patrimônio* desenvolvida inicialmente com a doutrina alemã[16], concebendo a sua unidade não no vínculo com a pessoa, mas com a sua finalidade (objetivo) ao qual se presta. Por esta teoria, rompeu-se o vínculo com a personalidade e permitiu-se, assim, a criação de "patrimônios separados", especiais, vinculados a determinadas finalidades.

A rigor, a própria distinção entre *esfera jurídica e patrimônio* já colocava em xeque a teoria subjetivista do patrimônio como sendo uma emanação da personalidade do sujeito. É certo que o *patrimônio de* uma pessoa não se confunde com a sua *esfera jurídica,* como já alertara Pontes de Miranda[17]. Na "esfera jurídica", estão, além do seu patrimônio que é o conjunto de bens e direitos dotados de valor econômico, também os *status* jurídicos que não possuam valor econômico. Segundo ele:

> (a) À pessoa corresponde algo como *sombra* sôbre os bens da vida, ainda que nada cubra essa sombra: é a sua esfera jurídica, como continente, na qual se hão de alojar os bens e talvez ainda não se aloje nenhum bem, exceto o que é ligado à personalidade mesma e não entra na definição de patrimônio. Patrimônio é o que seria essa sombra, menos o que não é patrimonial (vida, saúde, liberdade etc.). Os meus direitos como pai não entram no meu patrimônio. Os direitos de A, como mulher de B, não entram no seu patrimônio. É verdade que a ofensa à liberdade precisa ser indenizada; a liberdade não é, porém, direito patrimonial. Da exigência prática da vida é que resulta ter-se de dar sucedâneo patrimonial à liberdade. O valor econômico exerce êsse papel de integralização das esferas jurídicas, ainda quando o dano não seja, em si, patrimonial.

Nada obstante, é importante notar que o nosso Código Civil de 2002 continuou afeto a noção subjetivista do patrimônio quando se contrasta o art. 57 revogado[18] com o art. 91 atual[19], mas mesmo assim já se encontra no seu texto e,

---

16. Nesse sentido ver FIGUEROA, Gonzalo Yáñez. Curso de derecho civil: materiales para classes activas. Santiago: Juridica de Chile, 1991. v.1, p.40.

17. C.F. *Tratado de direito privado*, t. V, p. 439.; idem BEVILAQUA, Clovis. Theoria Geral do Direito Civil. ob. cit., p. 213.

18. Art. 57. O patrimônio e a herança constituem coisas universais, ou universalidade, e como tais subsistem, embora não constem de objetos materiais.

19. Art. 91. Constitui universalidade de direito o complexo de relações jurídicas, de uma pessoa, dotadas de valor econômico.

em várias legislações extravagantes de forma muito direta[20-21-22], a adoção da teoria objetiva/finalística inclusive pela adoção do patrimônio mínimo existencial[23]), o que nos permite dizer que o ordenamento jurídico brasileiro adotou uma posição mista em relação ao tema[24].

---

20. Art. 1.368-C. O fundo de investimento é uma comunhão de recursos, constituído sob a forma de condomínio de natureza especial, destinado à aplicação em ativos financeiros, bens e direitos de qualquer natureza. Art. 1.368-D. O regulamento do fundo de investimento poderá, observado o disposto na regulamentação a que se refere o § 2º do art. 1.368-C desta Lei, estabelecer: (...) § 3º O patrimônio segregado referido no inciso III do caput deste artigo só responderá por obrigações vinculadas à classe respectiva, nos termos do regulamento. (Incluído no CCB pela Lei nº 13.874, de 2019).

21. Lei n.º 4.591/64, Art. 31-A. A critério do incorporador, a incorporação poderá ser submetida ao regime da afetação, pelo qual o terreno e as acessões objeto de incorporação imobiliária, bem como os demais bens e direitos a ela vinculados, manter-se-ão apartados do patrimônio do incorporador e constituirão patrimônio de afetação, destinado à consecução da incorporação correspondente e à entrega das unidades imobiliárias aos respectivos adquirentes. (Incluído pela Lei nº 10.931, de 2004).

22. A Lei nº 8.668, de 25 de junho de 1993 dispôs sobre a constituição e o regime tributário dos Fundos de Investimento Imobiliário, e, posteriormente recebeu nova redação pela Lei 14130/21, mas já constava na sua redação original: Art. 1º Ficam instituídos Fundos de Investimento Imobiliário, sem personalidade jurídica, caracterizados pela comunhão de recursos captados por meio do Sistema de Distribuição de Valores Mobiliários, na forma da Lei nº 6.385, de 7 de dezembro de 1976, destinados a aplicação em empreendimentos imobiliários.; Art. 7º Os bens e direitos integrantes do patrimônio do Fundo de Investimento Imobiliário, em especial os bens imóveis mantidos sob a propriedade fiduciária da instituição administradora, bem como seus frutos e rendimentos, não se comunicam com o patrimônio desta, observadas, quanto a tais bens e direitos, as seguintes restrições: (...).

23. Art. 548. É nula a doação de todos os bens sem reserva de parte, ou renda suficiente para a subsistência do doador.; Art. 988. Os bens e dívidas sociais constituem patrimônio especial, do qual os sócios são titulares em comum.; Art. 994. A contribuição do sócio participante constitui, com a do sócio ostensivo, patrimônio especial, objeto da conta de participação relativa aos negócios sociais.; Art. 1.122. Até noventa dias após publicados os atos relativos à incorporação, fusão ou cisão, o credor anterior, por ela prejudicado, poderá promover judicialmente a anulação deles. (...) § 3 o Ocorrendo, no prazo deste artigo, a falência da sociedade incorporadora, da sociedade nova ou da cindida, qualquer credor anterior terá direito a pedir a separação dos patrimônios, para o fim de serem os créditos pagos pelos bens das respectivas massas.; Art. 1.390. O usufruto pode recair em um ou mais bens, móveis ou imóveis, em um patrimônio inteiro, ou parte deste, abrangendo-lhe, no todo ou em parte, os frutos e utilidades.; Art. 1.672. No regime de participação final nos aqüestos, cada cônjuge possui patrimônio próprio, consoante disposto no artigo seguinte, e lhe cabe, à época da dissolução da sociedade conjugal, direito à metade dos bens adquiridos pelo casal, a título oneroso, na constância do casamento.; Art. 1.711. Podem os cônjuges, ou a entidade familiar, mediante escritura pública ou testamento, destinar parte de seu patrimônio para instituir bem de família, desde que não ultrapasse um terço do patrimônio líquido existente ao tempo da instituição, mantidas as regras sobre a impenhorabilidade do imóvel residencial estabelecida em lei especial. (...). Art. 1.715. O bem de família é isento de execução por dívidas posteriores à sua instituição, salvo as que provierem de tributos relativos ao prédio, ou de despesas de condomínio.

24. VENOSA, Sílvio de Salvo. *Direito civil*. 8.ed. São Paulo: Atlas, 2008. v.1. p.288; GAGLIANO, Pablo Stolze; PAMPLONA FILHO, Rodolfo. *Novo curso de direito civil*. 10.ed. rev. e atual. São Paulo: Saraiva, 2008. v. 1. p. 256-258; FARIAS, Christiano Chaves de. ROSENVALD, Nelson. *Curso de direito civil*, vol.1, 19ª edição, Salvador: Podivm, 2019, p. 596 e ss. demonstram a conciliação das teorias a partir da própria aceitação de um patrimônio mínimo existencial ligado ao fenômeno de *despatrimonialização* das relações jurídicas mediante a colocação da dignidade do ser humano como um *objetivo* da própria teoria jurídica do patrimônio.

Como já assinalado, é importante que fique claro que o conceito de patrimônio resulta de uma ficção jurídica[25]; uma abstração artificialista denominada *universalidade de direito* que assim é criada para atender a finalidades específicas, como a *garantia patrimonial, a sucessão hereditária, regime matrimonial, patrimônio das empresas* etc. Não se incluiria no conteúdo do patrimônio as dívidas da pessoa, justamente porque para fim jurídico ao qual se destina o conceito desta universalidade de direito não faria sentido em falar em *patrimônio negativo*. Assim, o patrimônio é integrado apenas pelos direitos patrimoniais da pessoa:

(a) porque na sucessão hereditária não se transferem dívidas, mas apenas o patrimônio que sobra depois de elas terem sido deduzidas,

(b) porque a pelo inadimplemento das obrigações responde o "patrimônio" do devedor o que implica em admitir apenas as situações jurídicas ativas etc.

O patrimônio do sujeito não se confunde com os direitos que o integram. Aliás, é equívoco comum dizer que determinado bem (carro, casa, fazenda etc.) integra o patrimônio do sujeito, quando, na verdade, o correto seria dizer que é o *direito de propriedade daquele bem* que integra o patrimônio[26]; ademais, pela sub-rogação real dos direitos, uns entram e outros saem do patrimônio sem que isso em nada lhe altere a sua identidade. E, por ser o patrimônio, ele mesmo, objeto das relações jurídicas, é curioso perceber que o conteúdo que dele sai, então dele se desvincula, e o que nele entra, a ele se vincula.

O princípio da unicidade patrimonial nasce a partir da teoria clássica quando se vinculava à *unicidade patrimonial* à personalidade do *sujeito* de forma que cada pessoa corresponderia a um único patrimônio. Contudo, como se disse, respeitada a regra da unicidade do patrimônio, as transformações sociais e econômicas passaram a enxergar a possibilidade de cindir o patrimônio *comum* em patrimônios *separados,* para assim atender aos anseios do legislador.

A partir do momento que *desvinculou* a noção de *patrimônio* ao da *personalidade da pessoa*, e passou-se a enxergá-lo sob o prisma do destino/objetivo/

---

25. COLIN, De Ambroise et CAPITANT, Henri. Vol 1, n. 57, *Traite de droit civil*. Paris, Libr. Dalloz, 1953, p. 38.

26. VON TUHR, Andreas. Derecho Civil – Teoría General del Derecho Civil Aleman. Vol. I, 1. Prólogo por el Professor Tullio Ascarelli; traducción directa del alemán, Der Allgemeine Teil Des Deutschen Bürgerlinchen Rechts por Tito Ravà. Buenos Aires: Editorial Depalma, 1946, § 18, p. 391.; "El patrimonio sólo se compone de derechos. Por tanto las cosas non son partes del patrimonio, sino el derechos de propiedad sobre las cosas. No es así el uso del lenguaje, pero es prácticamente inofensivo" (ENNEC-CERUS, Ludwig; KIPP, Theodor; WOLFF, Martin. Tratado de Derecho Civil – Parte General. Tomo I, Vol. 1º, ob. cit., § 124, nota de rodapé n. 2, p. 591).

finalidade para o qual ele existiria, e percebeu-se que o patrimônio *não seria uma unidade incindível* desde então estava aberta a possibilidade para que se criassem, ou se reconhecessem, *patrimônios separados* do patrimônio principal, tendo cada um uma linha divisória isolando o que é um do outro.

Assim, considerando a evolução legislativa acerca do tema, e buscando uma conciliação sobre o conceito de patrimônio como sendo a integralidade das relações jurídicas (situações jurídicas ativas e passivas, direitos, obrigações, deveres, sujeições, poderes etc.) de uma pessoa, relações estas que sejam dotadas de valor econômico[27], então o patrimônio de uma pessoa, física ou jurídica, é a sua representação econômica, devendo-se dar relevo nesse conjunto que o integra, o que corresponda ao seu mínimo existencial sem o qual não poderia viver com dignidade.

Observe-se que, quando se fala em patrimônio, parte-se da premissa que é o conjunto de situações jurídicas ativas dotadas de valor econômico decotadas as dívidas que por ele são garantidas. Portanto, ainda que, no âmbito das ciências das finanças, fale-se em *ativo e passivo patrimonial,* não faz sentido falar em patrimônio passivo, sob pena de criar, por exemplo, uma contradição com os institutos da sucessão hereditária (dívida não se transmite) e com a responsabilidade patrimonial (o patrimônio é que garante as dívidas)[28].

Para a compreensão do estudo da *garantia patrimonial geral* – o patrimônio do devedor é garantia de suas dívidas – é preciso compreender, como explicado no tópico anterior, não apenas a existência de um patrimônio global, mas de patrimônios especiais ou separados que possam ser titularizados por um mesmo sujeito, que escapam do dever de garantia geral e, por isso mesmo, só podem ter a sua criação admitida nos casos em que a lei autoriza, evitando fraudes que poderiam transformar a regra da *garantia patrimonial geral* um *nada jurídico.*

---

27. Os temas envolvendo o conceito de patrimônio estão longe de serem pacíficos. A partir da teoria *subjetivista* contraposta pela *objetivista* existem posições controversas sobre "apenas os créditos ou também os débitos fazem parte do patrimônio"; "*patrimônio é o líquido ou o bruto desse conjunto de relações*"; "*o patrimônio é dotado ou não de personalidade*"; "*é composto só de bens ou de direitos*" etc.

28. Neste sentido ver ENNECCERUS, Ludwig; KIPP, Theodor; WOLFF, Martin. Tratado de Derecho Civil – Parte General. Tomo I, Vol. 1º, ob. cit., § 124, nota de rodapé n. 11, pp. 594.; No mesmo sentido Guilherme Abelha: "Aduzimos também o seguinte argumento histórico: no direito romano, especialmente no direito clássico, o termo técnico utilizado para se referir ao patrimônio era bona. Há disputa entre os romanistas para saber se nela se incluíam somente ativos, também os passivos, ou saber se era o ativo restante da dedução dos passivos. Cabe dizer que, ao nosso ver, a controvérsia resta solucionada por ampla argumentação de Scherillo (ver nota de rodapé 197), que conclui que os passivos não faziam parte do patrimônio, nem no direito clássico como no justinianeu. Patrimônio em sentido próprio incluía somente ativo". ABELHA RODRIGUES, Guilherme Santos Neves. *Introdução ao Direito Civil*: bens. Volume 2. Vitória: Edição dos Organizadores, 2020, p. 64.

3. O SUJEITO *RESPONSÁVEL* E O *OBJETO* DO *PATRIMÔNIO* (COMUM E ESPECIAL)

Para o nosso estudo – responsabilidade patrimonial – importa saber que o *patrimônio* é a universalidade de relações jurídicas dotadas de valor econômico (direitos reais, direitos de créditos etc.) pertencentes a uma pessoa, e que serve para *garantir* o credor contra os prejuízos causados pelo inadimplemento da dívida pelo devedor.

Nesse cenário, há uma série de questões que surgem em relação à identificação tanto do *sujeito* responsável quanto do *objeto* que integra o patrimônio.

No que concerne ao *sujeito* responsável, em princípio é sobre o devedor inadimplente que recai a responsabilidade patrimonial e nada mais justo que seja assim, porém é certa a possibilidade, legal ou convencional, de que outras pessoas também assumam a desconfortável situação de terem a *responsabilidade patrimonial* sobre a dívida alheia.

É daí, desta descoincidência, que vem a terminologia comumente utilizada em *responsável primário e secundário*, no sentido de que o primeiro é aquele que *deve e responde* e o segundo é aquele que *não deve*, mas *responde (garante)* pela dívida. Já dissemos mais acima que não gostamos muito desta terminologia, porque os termos "primário" e "secundário" podem levar à confusão e a equívocos, em relação à ordem de excussão do patrimônio responsável. A simples descoincidência *do sujeito que deve com o sujeito que responde* não implica de forma alguma em ordem de preferência na excussão patrimonial. É possível haver *a solidariedade da responsabilidade patrimonial* entre os dois sujeitos, e, excepcionalmente, até mesmo que o *sujeito garantidor seja responsável em primeira ordem (principal)* em relação ao *devedor* que seria o *responsável de segunda ordem (subsidiário).*

O sujeito *responsável* é aquele que responde (garante) com seu patrimônio pelo inadimplemento da dívida própria ou alheia; logo, não se admite que um "terceiro alheio à relação obrigacional" possa ter o seu patrimônio atingido se nem a lei ou o negócio jurídico lhe impôs essa situação jurídica passiva de responsabilidade (garantidor). Caso exista uma injusta ameaça ou turbação do seu patrimônio, o sistema processual oferta meios de protegê-lo contra tal agressão sendo um bom exemplo os embargos de terceiro.

A responsabilidade patrimonial pelo débito alheio pode ser prevista tanto em negócio jurídico quanto por previsão legal. Na primeira hipótese (ex.: fiança), há uma perfeita e simples identificação do sujeito que ocupa este papel de garantidor. Na segunda hipótese, a identificação deste sujeito pode não ser uma tarefa tão simples, afinal, a lei coloca em moldura abstrata um conceito que no caso concreto deve ser titularizado pelo respectivo sujeito.

Explica-se.

Diz a CLT, no seu art. 2º, § 2º, que "sempre que uma ou mais empresas, tendo, embora, cada uma delas, personalidade jurídica própria, estiverem sob a direção, controle ou administração de outra, ou ainda quando, mesmo guardando cada uma sua autonomia, integrem grupo econômico, serão responsáveis solidariamente pelas obrigações decorrentes da relação de emprego".

A regra legal supraexposta diz em moldura abstrata que *todos que integrarem o mesmo grupo econômico* respondem solidariamente pelas obrigações decorrentes da relação empregatícia. Ocorre que essa condição de "integrar um mesmo grupo econômico" pode depender de um reconhecimento judicial demandando instrução probatória e contraditório que ateste a referida condição. Observe que dúvida não há quanto a responsabilidade solidária de quem integra o mesmo grupo econômico, mas, sim, em saber quem efetivamente integra o referido grupo.

Saber se integra ou não o mesmo grupo econômico é condição necessária, portanto, antecedente, para estender a responsabilidade patrimonial às referidas empresas. A questão sensível que tem sido discutida no Tema n.º 1232 do STF é justamente se é possível redirecionar a execução contra as empresas que supostamente integrariam o mesmo grupo econômico por meio de um incidente cognitivo de corresponsabilização (mal denominado de incidente de desconsideração) dentro do procedimento executivo. Não nos parece que o art. 513, § 5º, permita equiparar um título executivo judicial formado num procedimento comum – com todas as garantias processuais – com um incidente processual cognitivo que será julgado pelo mesmo juiz que já enfrentou – e rejeitou – as teses jurídicas do devedor. Por outro lado o que fazer com milhares de cumprimentos de sentença trabalhistas em curso? Determinar que o autor proponha uma demanda cognitiva – as vezes já prescrita – contra os supostos integrantes do mesmo grupo econômico? A solução adotada a partir do voto dado pelo Min. Relator é a de admitir um incidente de "desconsideração" (rectius = corresponsabilização) no curso do cumprimento de sentença. [29]

> Veremos mais adiante que existem situações peculiares que dão a aparência de que o patrimônio de terceiro está sendo atingido, quando na verdade não é exatamente o que acontece como no caso das fraudes contra credores e à execução, bem como na hipótese de desconsideração da personalidade jurídica.

---

29. . A respeito, ver o nosso ABELHA, Marcelo. O tema 1.232 do STF... "o corpo ainda é pouco e o pulso, ainda pulsa". *Migalhas*, 23 nov. 2022. Disponível em: https://www.migalhas.com.br/depeso/377391/o--tema-1-232-do-stf---o-corpo-ainda-e-pouco-e-o-pulso-ainda-pulsa. Acesso em: 03 ago. 2024.

Já no que concerne ao *objeto* (patrimônio) da garantia da responsabilidade patrimonial, esta pode ser bipartida em *irrestrita e restrita* (parcial ou total) se *todo* ou apenas *parte* do patrimônio está vinculado à "sujeitabilidade garantidora" da dívida inadimplida. A rigor, *a priori* prevalece a regra de que todos os bens presentes do devedor quando da formação da obrigação ou que ingressaram no seu patrimônio posteriormente a ela servem para garantir os prejuízos resultantes da dívida inadimplida.

Todavia, não é bem assim que funciona a máxima, porque o ordenamento jurídico leva em consideração outros aspectos para sopesar a regra da *universalidade da garantia patrimonial* com a *situação jurídica de terceiros de boa-fé* que tenham adquiridos bens do patrimônio do devedor antes do inadimplemento e até mesmo antes da execução da garantia patrimonial. Apenas quando a alienação ou oneração foi feita de forma ilícita envolvendo as partes devedor/responsável e terceiro adquirente, abre-se a possibilidade de o credor prejudicado fazer com que incida a regra da sujeitabilidade do patrimônio já desfalcado que esteja em propriedade de terceiro.

Esta preocupação do legislador está diretamente relacionada com a dificuldade de se lidar com regras que criem um engessamento patrimonial do devedor de uma garantia que talvez nem seja necessária (caso aconteça o adimplemento que é o fim natural da relação obrigacional), o que poderia restringir demasiadamente a circulação de riquezas, além do fato de se proteger o terceiro adquirente de boa-fé.

Além disso, imbuído pelos critérios sociais, morais e econômicos a lei livra da garantia da responsabilidade patrimonial certos direitos que integram o patrimônio de uma pessoa, tornando-os imunes a *responsabilização de dívidas por ela inadimplidas*. São os chamados *limites políticos* da responsabilidade patrimonial que, equivocamente, são também comumente reconhecidos como *limites políticos da execução civil*. O *equívoco* reside no fato de que a imunidade não é processual, mas material como já dissemos em tópicos precedentes. A famosa objeção de ordem pública atinente à *impenhorabilidade absoluta* nas hipóteses do art. 833 do CPC nada mais é do que uma alegação, *no processo*, de um fenômeno que acontece no *plano do direito material* (garantia patrimonial).

> Assim, por exemplo, desde o momento em que se instaura a relação jurídica obrigacional o bem de família integrante do patrimônio do executado já está excluído da responsabilidade patrimonial, pois não pode ser *expropriado* para garantir nenhuma dívida, salvo naquelas hipóteses específicas previstas na própria Lei n.º 8.009.

A priori, poder-se-ia imaginar a possibilidade de credor e devedor convencionarem a redução ou exclusão da responsabilidade patrimonial criando um *débito sem uma correlata responsabilidade.* Do ponto de vista material, não parece haver óbices, especialmente porque estamos diante de direitos patrimoniais e disponíveis, e, pelo menos em tese, aqui seria um campo fértil para o autorregramento da vontade.

Todavia, mais uma vez aqui o legislador foi claro ao dizer que "o devedor responde com todos os seus bens presentes e futuros para o cumprimento de suas obrigações, *salvo as restrições estabelecidas em lei*". Para este tema, remetemos o leitor para o item 12 mais adiante.

Um outro aspecto que também reduz a regra da *universalidade da garantia patrimonial* está diretamente relacionado com a possibilidade legal, cada vez mais comum, de permitir que um mesmo sujeito tenha mais de um patrimônio, sendo que cada um deles pode estar vinculado à determinada dívida.

Isso de certa forma já acontece com o regime jurídico do patrimônio adquirido pelo herdeiro quando se lê no art. 1997 do CCB que "*A herança responde pelo pagamento das dívidas do falecido; mas, feita a partilha, só respondem os herdeiros, cada qual em proporção da parte que na herança lhe coube*". Nitidamente aqui existem dois patrimônios na mesma pessoa (herdeiro) com uma cisão do que cada um responde, ou seja, mesmo depois de feita a partilha e distribuído o que é de cada um, ainda assim, enxerga-se uma trincheira entre o patrimônio herdado e o patrimônio original do herdeiro.

Recorde-se que aberta a sucessão e instaurado o inventário do patrimônio hereditário (art. 1976 do CCB) se procederá, primeiro, a liquidação, e, antes da partilha, poderão os credores do espólio requerer ao juízo do inventário o pagamento das dívidas vencidas e exigíveis (art. 642 e ss. do CPC) e, se for o caso, proceder a partilha da herança.

Muito bem, dir-se-á que feita a partilha, o patrimônio herdado incorpora-se ao patrimônio do herdeiro, mas, frise-se, como se fosse uma tatuagem na pele, ainda pairará sobre o patrimônio herdado a responsabilidade pelas dívidas da herança, de forma que se, por algum motivo, emergir no futuro uma dívida não arrolada que venha ser cobrada do espólio, é justamente dos quinhões distribuídos que será cobrado o valor como deixa claro o art. 1.997: "*a herança responde pelo pagamento das dívidas do falecido; mas, feita a partilha, só respondem os herdeiros, cada qual em proporção da parte que na herança lhe coube*".

Ora, se assim é, então, há uma linha que delimita a existência de um patrimônio herdado dentro do patrimônio original do herdeiro. Dois patrimônios para a mesma pessoa, um especial, vinculado ainda às dívidas do espólio, outro, principal e comum, do próprio herdeiro.

A tese da unidade do patrimônio confunde duas noções distintas: a de patrimônio e a de personalidade. O patrimônio seria a aptidão para ter direitos e contrair obrigações, tornando-se, assim, um conceito inútil. Contra esse subjetivismo, nascido de preocupações lógicas, levanta-se a doutrina moderna que justifica a coesão dos elementos integrantes de uma universalidade de direito pela sua destinação comum. O vínculo é objetivo. Patrimônio será, desse modo, o conjunto e bens coesos pela afetação a fim econômico determinado. Quebra-se o princípio da unidade e indivisibilidade do patrimônio, admitindo-se um *patrimônio geral e patrimônios especiais*. No patrimônio geral, os elementos unem-se pela relação subjetiva comum com a pessoa. No patrimônio especial, a unidade resulta objetivamente da unidade do fim o qual a pessoa destacou, do seu patrimônio geral, uma parte dos bens que o compõem, como o dote e o espólio. A ideia de afetação explica a possibilidade de existência de patrimônios especiais. Consiste numa restrição pela qual determinados bens se dispõem, para servir a fim desejado, limitando-se, por este modo, a ação dos credores. Na concepção moderna do patrimônio, os princípios da unidade e indivisibilidade não sobrevivem[30].

Outro exemplo é a criação de *fundos de afetação* como acontece no *patrimônio de afetação* da incorporação imobiliária que surgiu numa medida provisória n.º 2.221 em 04 de setembro de 2001, como uma tentativa de resgatar a crise de confiança no mercado imobiliário, após a quebra da Encol S/A que trouxe enorme prejuízo para os consumidores. Posteriormente, a referida medida provisória foi revogada pela Lei n.º 10.931, de 02 de agosto de 2004, que introduziu na Lei nº 4.591, de 16 de dezembro de 1964, os arts. 31-A a 31-F. A criação do instituto da *separação do patrimônio do incorporador* tem por intenção evitar que os mais vulneráveis da relação possam ser prejudicados pela concepção de patrimônio universal do incorporador. Com isso, a lei separou, e afetou à incorporação, os recursos financeiros destinados à incorporação, pois se vinculam "à consecução da incorporação correspondente e à entrega das unidades imobiliárias aos respectivos adquirentes" (art. 31-A).

A possibilidade de se constituírem patrimônios separados para uma mesma pessoa, afetando-os a uma determinada situação específica, deve ser admitida com todo cuidado pelo legislador nas situações em que ele autorizar[31], sob pena de que a garantia comum torne-se cada vez mais inócua, prejudicando a grande

---

30. GOMES, Orlando. *Introdução ao direito civil*, 12ª edição, Rio de Janeiro: Forense, 1996, p. 205.

31. PEREIRA, Caio Mario da Silva. *Instituições de Direito Civil*, vol. I, Forense, p. 341.; Segundo NORONHA, Fernando: "Considerando que o próprio patrimônio geral é constituído por bens unificados com vista a finalidades específicas, a satisfação das necessidades do seu titular e o adimplemento das suas obrigações, compreende-se que a separação de patrimônios não poderá ficar ao arbítrio dos particulares. Ela há de atender a razões de interesse público: nenhum patrimônio especial poderá ser criado pelos particulares, fora dos casos expressamente previstos na lei. A teoria clássica tinha razão quando enfatizava que o patrimônio (entendido como o geral) era a garantia comum dos credores", "Patrimônios especiais: sem titular, autônomos e coletivos", Revista dos Tribunais, vol. 747, p. 13. Ver ainda FERRARA, Francesco. *Trattato di diritto civile italiano*, vol.1, Roma, Athenaeum, 1921, p. 826.; DE PAGE, Henri, Traité élémentaire de droit civil belge, t. I, Bruxelles: Émile Bruylant, 1941, p. 560.

massa de credores comuns, mas a rigor é possível pensar em patrimônios múltiplos com incomunicabilidade entre eles ou até mesmo uma relação de subsidiariedade, ou seja, um patrimônio pode responder pelas dívidas que o outro patrimônio afetado não foi capaz de suportar[32].

O tema, como visto, é vasto e complexo e ainda depende de uma melhor compreensão jurídica, pois tem sido cada vez mais comum no desenvolvimento das relações comerciais a prática de criação de patrimônios de afetação[33]. A liberdade de dispor do patrimônio, afetando-os às situações específicas deve encontrar freio, inclusive mediante a possibilidade de *desconsideração judicial do patrimônio de afetação*, sempre, nos atos que sejam praticados para fraudar a garantia geral da responsabilidade patrimonial em favor de credores comuns.

4. A GARANTIA GERAL E A ACESSÓRIA

A responsabilidade patrimonial é o nome que se atribui a uma garantia *legal* que o credor comum possui de que não sofrerá prejuízo em caso de inadimplemento. Todos os bens presentes e futuros do responsável, considerando o momento de nascimento da obrigação, concorrem pelo adimplemento dos prejuízos derivados da obrigação eventualmente não adimplida.

Sem dúvida, portanto, a responsabilidade patrimonial fixada em lei tem papel fundamental nas relações obrigacionais, sejam elas oriundas de uma relação negocial ou extranegocial. Entretanto, não obstante a célebre frase de que *"o direito creditório pode existir sem a hipoteca, porque, independentemente dela, os bens do devedor ficam, na verdade, geralmente afetados ao pagamento de suas dívidas"*, o fato é que a simples existência na lei da responsabilidade

---

32. O atual art. 533, § 1º do CPC, mantendo a regra introduzida pela Lei 11232 que introduziu o art. 475-Q no Código anterior, estabelece que quando a indenização por ato ilícito incluir prestação de alimentos, caberá ao executado, a requerimento do exequente, constituir capital cuja renda assegure o pagamento do valor mensal da pensão. Para tanto, diz o dispositivo, que o referido capital será representado por imóveis ou por direitos reais sobre imóveis suscetíveis de alienação, títulos da dívida pública ou aplicações financeiras em banco oficial. Este "capital garantidor" tem regime jurídico de inalienabilidade e impenhorabilidade enquanto durar a obrigação do executado, constituindo-se em verdadeiro patrimônio de afetação em favor do credor de alimentos.

33. A respeito ver CASTELLAN, Alvaro Gamio Santiago. "Límites a la creación voluntaria de patrimonios de afectación para la salvaguarda de bienes", disponível em http://revistaderecho.um.edu.uy/wp-content/uploads/2013/02/Gamio-y-Castellana-Limites-a-la-creacion-voluntaria-de-patrimonios-de--afectacion-para-la-salvaguarda-de-bienes.pdf>. Acessado em 02.04.2022.; MACHICADO, Jorge, "La Teoría Del Patrimonio-Afectacion ", Apuntes Juridicos™, 2013 http://jorgemachicado.blogspot.com/2013/05/tpa.html Consulta: Lunes, 9 Mayo de 2022; MARTÍN SANTISTEBAN, Sonia. Los patrimonios de afectación como instrumento de gestión y transmisión de riqueza. Editorial Tirant lo Blanch, Valencia, Espanha, 2020.

patrimonial não impede ao credor mais preocupado que, além dessa garantia legal imanente à qualquer obrigação, resolva pôr no negócio jurídico outra garantia para apertar ainda mais o negócio ou resguardar-se contra o eventual inadimplemento. Em relação a estas garantias acessórias possui total liberdade de ampliar ou reduzir a referida garantia com base no autorregramento da vontade, simplesmente porque são um *plus* em relação à responsabilidade patrimonial legal.

O que se quer dizer é que a responsabilidade patrimonial (garantia geral prevista na lei) não afasta a possibilidade de que, no mesmo negócio jurídico, sejam tomadas outras garantias, reais ou fidejussórias, que assegurem ao credor uma tranquilidade para o caso de inadimplemento do devedor.

É importante ressaltar que, no caso de serem tomadas outras garantias (além da responsabilidade patrimonial prevista na lei), o credor poderá, se necessário for, lançar mão de remédios jurisdicionais para tutela da responsabilidade patrimonial legal ou das garantias que eventualmente tiver tomado para remediar o prejuízo no caso do inadimplemento.

Como bem lembra Cahali: "*inobstante a garantia especificada no vínculo real constituído, os bens que compõem o patrimônio do devedor continuam respondendo pela total satisfação de seus débitos, qualquer que seja a origem ou natureza do crédito*"[34-35].

Logo, não é porque o credor mais preocupado e diligente acrescentou no negócio jurídico outras garantias, inclusive junto a "terceiros", que fica o devedor livre da responsabilidade patrimonial legal, podendo ter o seu patrimônio excutido se isso se mostrar mais favorável ao interesse do credor[36] ou se a garantia especial for insuficiente para cobrir o débito[37].

---

34. CAHALI, Youssef Sahid. *Fraude contra credores*, p. 137.

35. Ilustrativa a regra do art. 1.430 do CCB: "quando, excutido o penhor, ou executada a hipoteca, o produto não bastar para pagamento da dívida e despesas judiciais, continuará o devedor obrigado pessoalmente pelo restante".

36. (AgRg no AREsp 578.750/RJ, Rel. Ministro Antonio Carlos Ferreira, Quarta Turma, julgado em 22/09/2015, DJe 29/09/2015)

37. Segundo o STJ: "No tocante ao malferimento do art. 835, § 3º, do CPC (correspondente ao art. 655, § 1º, do CPC/73), a jurisprudência desta Corte Superior firmou-se no sentido de que a preferência é relativa, devendo ser afastada tal regra quando constatada situação excepcional, notadamente se o bem dado em garantia real se apresenta impróprio ou insuficiente para a satisfação do crédito da parte exequente" (AgInt no REsp n. 1.778.230/DF, Rel. Ministro Marco Buzzi, Quarta Turma, julgado em 11/11/2019, DJe 19/11/2019); "(...) No caso concreto, o Tribunal de origem concluiu pela possibilidade de penhora de bens diversos, conforme for mais conveniente à efetividade da execução. Alterar esse entendimento demandaria o reexame das provas produzidas nos autos, o que é vedado em recurso especial. (...) (AgInt no AREsp 1544669/SP, Rel. Ministro Antonio Carlos Ferreira, Quarta Turma, julgado em 14/03/2022, DJe 18/03/2022).

5. TODO O PATRIMÔNIO DO RESPONSÁVEL: BENS PRESENTES E FUTUROS

Ao dizer que o devedor "responde com todos os seus bens", o que pretende a Lei (art. 789 do CPC) é deixar claro que o patrimônio do responsável, o conjunto de seus bens e direitos dotados de valor econômico, responde (se submete à garantia e a futura expropriação) pelo inadimplemento da obrigação ao qual ele está vinculado.

Obviamente, essa responsabilidade (garantia genérica) possui limite interpretativo. O primeiro limite é a própria dívida, ou seja, todos os bens do patrimônio do responsável se sujeitam à garantia da dívida no seu exato limite do crédito decorrente do inadimplemento.

Logo, quando se fala em "todos" os seus "bens", quer-se dizer, na verdade, todos direitos[38] "suficientes" para garantir a integralidade da dívida. Ora, o limite do patrimônio que se submete à garantia é o limite da dívida[39].

Não é *todo* o patrimônio que está afetado e vinculado, mas apenas aquele conjunto que seja suficiente para *garantir o crédito contra o eventual inadimplemento.*

Já dissemos que, antes do inadimplemento, o patrimônio suficiente para garantir a dívida fica num estado de sujeitabilidade; é a eficácia garantidora, para o futuro, da responsabilidade patrimonial. O direito potestativo de exigir a *realização da garantia patrimonial,* mediante um processo que extraia do patrimônio do responsável, a quantia suficiente para satisfação dos prejuízos resultantes do crédito inadimplido só é destravado quando ocorre o inadimplemento. Mas, observe-se que só é possível cogitar neste direito de realizar a garantia, porque ela foi concebida quando da instauração da relação jurídica obrigacional. Ademais, uma vez que o valor exequendo tenha sido satisfeito, cessa a responsabilidade patrimonial e o estado de sujeição, simplesmente porque nada mais haveria que garantir.

---

38. Não são "bens", mas direitos. Ver por todos VON TUHR, Andreas. Derecho Civil – Teoría General del Derecho Civil Aleman. Vol. I, 1. Prólogo por el Professor Tullio Ascarelli; traducción directa del alemán, Der Allgemeine Teil Des Deutschen Bürgerlinchen Rechts por Tito Ravà. Buenos Aires: Editorial Depalma, 1946, § 18, p. 391.

39. Observe que o *patrimônio do devedor é garantia contra os prejuízos resultantes do inadimplemento,* que, a rigor, pode ser um *valor maior* do que o da própria dívida pecuniária (art. 404, parágrafo único do CCB). Todavia, no momento da obrigação e antes de ocorrido o inadimplemento, o que se pode exigir, minimamente, como garantia patrimonial do devedor para risco de um futuro inadimplemento que possa vir a cometer não poderá ser um valor que ainda não se sabe qual seria (salvo se houver clausula compensatória), senão, pelo menos, o valor do crédito a adimplir.

6. BENS PRESENTES E FUTUROS DO PATRIMÔNIO RESPONSÁVEL

A expressão "bens presentes e futuros", contida no art. 789 foi extraída do art. 2.740 do Código Civil italiano, como vimos anteriormente. A expressão tem sido muito criticada pela doutrina, nacional e italiana, porque não diz, afinal de contas, em relação à qual ato jurídico são "presentes e futuros". A primeira observação conceitual que precisa ser feita é que sendo o patrimônio (o continente, a universalidade) e não o conteúdo (elementos que o integram) e, considerando que *o patrimônio é que responde*, todos os bens que nele se encontrem, sejam presentes ou posteriores à formação da relação obrigacional, responderão pela dívida.

A situação jurídica potestativa do credor de exigir, pela intervenção do Estado, a expropriação do patrimônio que serve de garantia da dívida para satisfazer a obrigação inadimplida só existe porque há, como dito, um direito subjacente, envolvendo credor e responsável garantidor, em que o patrimônio deste último se vincula à garantia contra o risco do inadimplemento.

Mas não basta dizer isso! É preciso que essa relação que autoriza a exigir a excussão do patrimônio esteja estampada em título executivo judicial ou extrajudicial que permita dar início ao procedimento executivo expropriatório.

Os bens "presentes e futuros" que se submetem à responsabilização patrimonial têm como marco temporal a obrigação assumida pelo devedor, pois é desde esse momento que se instaura a referida garantia. Ela nasce com a obrigação e o inadimplemento apenas destrava a possibilidade de credor exigir a satisfação do seu crédito, mediante a realização da garantia por meio da expropriação do patrimônio do responsável. Não nos parece correta, portanto, a afirmação da natureza processual da responsabilidade patrimonial de que ficam submetidos à expropriação todo o patrimônio atual do executado apenas no momento de instauração da atividade jurisdicional, aí compreendendo os que já existem e os que venham a ser adquiridos[40].

---

40. Em trabalho monográfico belíssimo sobre o tema das *universalidades* Inocêncio Galvão Telles vinculava o patrimônio ao "direito de executar", refletindo corrente jurídica da sua época que defendia a referida natureza processual da responsabilidade patrimonial. "(...) o patrimônio é algo que se encontra preparado, por essência, desde que nasce até que morre, para ser objeto de determinado direito; Direito que na prática das coisas pode a tôdo instante recair sobre o patrimônio e a quasi a todo instante recai. Esse direito é o que chamamos de Direito Geral de Execução (...). TELLES, Inocencio Galvão. Das universalidades. Lisboa: Minerva, 1940, p. 107-108. Entrementes, é no direito português (art. 601), seguindo os passos da doutrina alemã, que mais se desenvolve a natureza material da garantia patrimonial. Por todos ver LIMA, Pires de. VARELA, Antunes. Código Civil Anotado, vol. 1, 4ª edição, 1987, p. 616-617: "Como regra, todos os bens do devedor, isto é, todos os bens que constituem o seu patrimônio, respondem pelo cumprimento da obrigação. É esta uma garantia geral, a qual se torna efetiva por meio da *execução* (cfr. Art. 817). (...) Não há que distinguir os bens existentes no patrimônio do devedor à data da constituição da obrigação e os que o futuro lhe venham a pertencer".

Portanto, em nosso sentir, são os presentes e os futuros em relação à obrigação assumida, e não em relação à instauração da tutela executiva. Explica-se mais uma vez o porquê de nossa divergência com a teoria processualista da responsabilidade patrimonial.

Não se discute, à obviedade, que todos os bens que integram o patrimônio do executado no momento de instauração da tutela executiva (cumprimento de sentença e processo de execução) se submetem à garantia responsabilidade patrimonial.

O que se quer dizer é que não só nesse momento (da execução) esses bens se submetem, mas, *ab initio*, todos aqueles que já existiam no patrimônio do executado desde o momento em que se configurou, no plano do direito material, o estado de sujeição do patrimônio do responsável (com a obrigação). O vínculo jurídico da *responsabilidade* (garantia) nasce com o *débito*.

O inadimplemento apenas liberta a eficácia atinente ao *poder de exigir a satisfação do direito sobre o patrimônio* responsável, mas antes dele e desde o momento que nasceu a obrigação já existe o vínculo entre o credor e o devedor/responsável no tocante a sujeitabilidade do patrimônio para satisfação do crédito. Não fosse assim, a função garantidora seria um fantoche.

O devedor/responsável não passa a ser sujeito passivo da relação jurídica de garantia patrimonial no momento do inadimplemento, pois já o era antes, desde o nascimento da obrigação. O que ocorre é que, neste momento, o credor necessita recorrer à garantia patrimonial para fazer frente aos prejuízos resultante do inadimplemento e, por isso, tem o direito de exigir (situação jurídica potestativa) a submissão do seu patrimônio garantidor à expropriação.

A questão que surge a partir dessa premissa é: e se for verificado no momento da execução (e dos atos expropriatórios de identificação de bens do patrimônio) que o patrimônio do responsável está desfalcado e esse desfalque se deu *antes* de iniciada a tutela condenatória/executiva, mas *depois* de assumida a obrigação inadimplida?

A questão jurídica relativa a possibilidade de atingir bens que saíram do patrimônio do devedor antes da execução ou da ação condenatória mas após contrair a obrigação não se resolve de forma objetiva, simplesmente porque o ordenamento jurídico faz uma opção política que equilibre esses dois vetores:

(A) congelamento dos bens que integram o patrimônio garantidor do débito na data da obrigação assumida e

(B) permissão do transito jurídico dos direitos que integram o património do devedor protegendo a livre disponibilidade dos bens, a boa-fé de terceiros e a premissa de que a regra é a do adimplemento e não o inverso.

A solução dada é a de permitir a conservação pela tutela jurídica do patrimônio evitando o desfalque ou reprimindo o que já tenha sido feito quando exista a lesão ou ameaça à garantia e indícios que o desfalque (ou a ameaça) é com ciência do terceiro em favor de quem o direito é onerado ou transferido.

Ora, é ínsita a qualquer obrigação ou prestação a cláusula da garantia responsabilidade patrimonial. Antes na função de garantia para o risco de inadimplemento, depois de este ter ocorrido na função de realização da garantia. Portanto, desde que assume o dever de adimplir a obrigação, o devedor/responsável já sabe que, se não o fizer, o seu patrimônio ficará sujeito à futura expropriação.

Se a obrigação inadimplida está configurada em um título executivo extrajudicial (art. 784), poderá o credor exercer o seu direito de exigir que o Estado proceda à expropriação, e, portanto, qualquer ato de desfalque do patrimônio que prejudique a responsabilidade patrimonial será tomado como fraude à execução instaurada. Por outro lado, se a obrigação inadimplida não está contida num título executivo extrajudicial, sendo necessário, primeiro, discutir em juízo o próprio "direito revelado na norma primária (quem deve, a quem se deve, se é devido e quanto ou o que é devido)", então, só depois poderá prosseguir no cumprimento da sentença (título executivo judicial), caso em que a eventual dilapidação patrimonial ocorrida, depois de iniciada a tutela jurisdicional cognitiva que formará o título executivo, também será tomada como fraude à execução.

É claro que o credor não precisa esperar o momento da execução e dos atos expropriatórios executivos para descobrir o desfalque patrimonial cometido pelo responsável, pois se tiver elementos que demonstrem a atitude dilapidatária antes mesmo de iniciado o processo de execução (ou o processo que ensejará o cumprimento de sentença), poderá lançar mão de remédio jurisdicional preventivo/inibitório para *conservar e proteger* o patrimônio garantidor que esteja sob risco.

A questão ainda se torna mais interessante se o devedor desfalcar o patrimônio depois da obrigação assumida, mas antes de iniciada a tutela jurisdicional (processo de execução ou ação sincrética que leva ao cumprimento de sentença), por exemplo, alienando para terceiros os bens e valores que compõem o seu patrimônio, ou seja, antes mesmo de o credor provocar a tutela jurisdicional formadora do título judicial ou de execução do título extrajudicial.

Ora, sob a perspectiva do devedor/responsável que alienou o patrimônio a sua atitude é fraudulenta e basta ao credor a demonstração, pela comparação entre o patrimônio atual com o existente ao tempo do nascimento da obrigação, que o patrimônio garantidor já não mais garante o inadimplemento da dívida para estar configurado o desfalque prejudicial à garantia assumida no momento da obrigação. Esse, ao desfalcar, sempre tem conhecimento de que seu patrimônio responde pela dívida, pois é a lei que impõe essa situação, e, por isso, presume-se em seu desfavor a previsão expressa na lei. A responsabilidade patrimonial é imanente à própria obrigação assumida.

Só que, nesta situação, tanto quanto no outro caso (antes ou depois de provocada a tutela jurisdicional), é preciso levar em consideração não apenas a conduta do devedor/responsável que desfalca o seu patrimônio, mas do *terceiro* que adquire e, nesse passo, é necessária uma digressão sobre existência ou não de boa-fé na aquisição, mas veremos isso mais adiante no item 6 .

7. PATRIMÔNIO GARANTIDOR DO RESPONSÁVEL E O REGIME DA IMPENHORABILIDADE

Num país como o Brasil com tantos hipossuficientes e vulneráveis, *a priori* é a lei que pode limitar a responsabilidade patrimonial e, ainda que a lei processual o faça por meio das "impenhorabilidades", na verdade o problema aí nada tem de processual, é antecedente a isso.

Por mais que a lei processual fale em *impenhorabilidade* dando a ideia de que estaríamos diante de um instituto de direito processual, na verdade não é o que se passa. A rigor, o que se tem aí são *limitações à responsabilidade patrimonial*, ou seja, bens que, por determinação legal direta (Lei 8.009), ou indireta (art. 833, I do CPC), não estão no campo da sujeitabilidade patrimonial decorrente do ina-dimplemento do devedor. Antes de iniciado o processo, e independentemente dele, a imunidade já foi estabelecida por lei.

Não é correto falar em *impenhorabilidades* sem alguma digressão prévia, porque a penhora é instituto de direito processual, um ato processual executivo de apreensão e depósito de um *direito* que integra o *patrimônio expropriável*. Sem dúvida que é um ato executivo íntimo da responsabilidade patrimonial pois com ela se conecta, mas obviamente não se confunde.

O problema da *impenhorabilidade* é antecedente à penhora, está no direito material, nos limites do patrimônio garantidor, no universo da responsabilidade patrimonial, ou seja, sobre os bens que compõem o patrimônio do executado e que podem (ou que não podem) serem retirados do patrimônio do devedor para satisfazer o direito do credor em razão do inadimplemento. Nem se trata de limitação do direito à tutela executiva, porque o problema é antecedente, pré-processual e contido na própria Lei ou na relação obrigacional.

Por sua vez, exatamente por isso, os desfalques patrimoniais ilícitos violam justamente o direito material à garantia da responsabilização patrimonial, pois reduzem a garantia geral das obrigações. Esse direito nada mais é do que a garantia legal contida em qualquer obrigação de que, uma vez ocorrido o inadimplemento, confere ao credor munido de título executivo o poder de exigir que se retire do patrimônio do devedor o numerário suficiente para ressarcir o prejuízo sofrido pelo inadimplemento.

Ora, como todo e qualquer direito, também este pode ser ameaçado ou lesado, e, para tanto, nos termos do art. 5º, XXXV da CF de 1988, é certo que o credor dispõe de meios e técnicas para *prevenir* ou então *desfazer* os desfalques propositais cometidos pelo devedor para livrar o seu patrimônio da responsabilidade.

A fraude contra credores e a fraude à execução são degraus diferentes de uma mesma escada, com a diferença básica do *momento* em que são realizadas e dos *sujeitos prejudicados* pelo referido ato. O que se pretende nessas técnicas é manter o vínculo de sujeitabilidade (garantia patrimonial) do bem alienado ou onerado fraudulentamente permitindo.

> Veremos mais adiante no capítulo 06 que situação diversa ocorre quando se está diante de *alienação do bem que já foi penhorado*. Com a penhora, sobre aquele bem já não há mais *sujeitabilidade abstrata*, mas sim sujeição específica e individualizada pois o bem já está afetado e direcionado à futura expropriação em poder do Estado. A tentativa de violação aqui é absolutamente inócua porque quando o bem foi especificado pela penhora a abstração da responsabilidade patrimonial já não existe. O ato é gravíssimo, mas nada precisa ser reconhecido, nada precisa ser feito senão prosseguir com a execução sobre o bem penhorado em direção a expropriação liquidativa.

O que se quer salientar é que a denominada "responsabilidade patrimonial" é instituto de direito material, integrante da relação obrigacional, e, portanto, antecedente à penhora que é ato processual da cadeia executiva e que se conecta com a responsabilidade patrimonial, retirando a abstração que marca este estado de sujeição, tornando-o concreto – dando o primeiro passo – na efetivação do direito do exequente de retirar o valor devido do patrimônio do executado para ressarcir o prejuízo causado pelo inadimplemento.

8. IMUNIDADES PATRIMONIAIS: ABSOLUTAS OU RELATIVAS; TOTAIS OU PARCIAIS

As imunidades patrimoniais podem ser classificadas em absolutas ou relativas ("impenhorabilidade absoluta ou relativa"), totais ou parciais. São denominadas absolutas, porque livram o patrimônio de expropriação de forma inderrogável. Já as relativas não são propriamente "imunidades", porque permitem que o patrimônio seja expropriado, estabelecendo apenas uma ordem de preferência na expropriação de bens de um mesmo patrimônio ou de patrimônio distintos. Já as imunidades totais ou parciais são aquelas que imunizam no todo ou em parte um patrimônio inteiro ou parcela dele.

A imunidade patrimonial relativa nada mais é do que a *responsabilidade patrimonial subsidiária (de segunda* ordem) dentro *de um mesmo patrimônio garantidor ou de patrimônios garantidores* distintos.

No primeiro caso – ordem preferencial de expropriação dentro do mesmo patrimônio – ela é conhecida como *impenhorabilidade relativa* e se verifica nas hipóteses em que a lei ou o negócio jurídico estabelecem uma ordem de preferência[41] que coloque determinado bem em garantia antecedente a outros que integram o mesmo patrimônio, priorizando uma ordem de expropriação, como se observa no art. 866 do CPC quando trata da penhora de faturamento de empresa:

> Art. 866. Se o executado não tiver outros bens penhoráveis ou se, tendo-os, esses forem de difícil alienação ou insuficientes para saldar o crédito executado, o juiz poderá ordenar a penhora de percentual de faturamento de empresa.

No segundo caso, quando estabelece uma ordem preferencial de um patrimônio em relação a outro, tem-se típico caso de *responsabilidade patrimonial subsidiária* que concede ao titular do patrimônio privilegiado o *direito* potestativo *ao benefício de ordem* caso a ordem de excussão não seja respeitada.

9. GARANTIA PATRIMONIAL X IMPENHORABILIDADE RELATIVA X ORDEM PROCESSUAL DA PENHORA

Considerando que o art. 835 do CPC não contribui com a perfeita distinção das figuras que intitulam esse tópico, é preciso realçar que não se pode confundir a *imunidade patrimonial relativa dentro de um mesmo patrimônio*, que é tema de direito material e concede ao executado o direito de que determinado bem de seu patrimônio seja excutido depois de outros (vulgarmente conhecida pela exceção de *impenhorabilidade relativa*), com a ordem de preferência processual da penhora. A rigor, a lei ou o negócio jurídico criam uma ordem de preferência da garantia patrimonial, fixando a regra de que determinados bens e direitos do patrimônio garantam prioritariamente os prejuízos causados pelo inadimplemento da prestação pelo devedor. É a hipótese, por exemplo, de o Credor e Devedor estabelecerem a regra de que os veículos desse último devem ser prioritários à

---

41. Ordem processual de preferência da penhora não se confunde com a responsabilidade patrimonial subsidiária (de segunda ordem). A ordem processual é estabelecida segundo critérios que visam atender a maior efetividade e eficiência da execução; já a ordem de excussão patrimonial decorrente da responsabilidade patrimonial subsidiária o critério é a proteção do patrimônio do executado.

garantia da dívida, caso ele venha inadimplir. Trata-se de estabelecer uma *ordem de garantia e, portanto, de futura expropriação.*

Como dissemos acima, os temas da *ordem processual da penhora* e a *imunidade relativa (ordem da garantia patrimonial)* vêm baralhados no art. 835 do CPC.

Art. 835. A penhora observará, preferencialmente, a seguinte ordem:

I – dinheiro, em espécie ou em depósito ou aplicação em instituição financeira;

II – títulos da dívida pública da União, dos Estados e do Distrito Federal com cotação em mercado;

III – títulos e valores mobiliários com cotação em mercado;

IV – veículos de via terrestre;

V – bens imóveis;

VI – bens móveis em geral;

VII – semoventes;

VIII – navios e aeronaves;

IX – ações e quotas de sociedades simples e empresárias;

X – percentual do faturamento de empresa devedora;

XI – pedras e metais preciosos;

XII – direitos aquisitivos derivados de promessa de compra e venda e de alienação fiduciária em garantia;

XIII – outros direitos.

Na imunidade relativa (instituto de direito material) a lei, em prol do devedor/responsável, destaca certo direito (pessoal ou real) do patrimônio do responsável e coloca-o em uma situação jurídica de que só pode ser expropriado na ausência de outros bens (art. 866 do CPC), ou seja, também servem de garantia contra o risco de inadimplemento, mas *depois de outros bens que estejam no mesmo patrimônio.*

Já na ordem meramente processual de preferência da penhora a lei processual, em prol do credor, fixa uma lista ordinária, mas flexível (excluída a hipótese de dinheiro, art. 835, § 1º) que é criada segundo o critério da maior eficiência da expropriação na execução por quantia.

Logo, o estudo da impenhorabilidade (*rectius* = dos limites políticos – imunidade – da responsabilidade patrimonial) está no campo do direito material, já o ato de penhora, o lugar onde se realiza, a documentação, o depósito do bem penhorado, a intimação do titular do bem penhorado a ordem processual estabelecida por critérios de provável maior eficiência do processo etc. estes sim são temas de direito processual.

10. A *REALIZAÇÃO* DA GARANTIA PATRIMONIAL POR MEIO DA TUTELA EXECUTIVA EXPROPRIATÓRIA

O art. 391 do CCB combinado com o art. 789 do CPC dizem que "pelo inadimplemento das obrigações *respondem todos os bens do devedor*". Sabe o devedor, desde o momento em que é instaurada a relação jurídica obrigacional que seu patrimônio garante contra o risco de inadimplemento e por isso responderá caso (condição jurídica[42]) não realize o adimplemento da prestação. Não que, em determinados casos, como nos deveres de fazer, não possa o credor exigir que o devedor realize a própria prestação inadimplida, caso ainda seja possível ou lhe seja útil, mas a rigor, sabe o devedor que, ocorrido o inadimplemento, permite-se a concretização da sujeitabilidade do seu patrimônio garantidor à futura expropriação.

Sem descurar a evolução – e humanização – do conceito de patrimônio a partir da constitucionalização do direito civil, tomemos aqui por *patrimônio do devedor*, em sentido clássico, o conjunto de seus direitos reais e obrigacionais, ativos e passivos, economicamente apreciáveis.

Partindo dessa premissa, quando se diz que o *patrimônio do devedor responde pelo inadimplemento*, o que se quer afirmar é que antes do inadimplemento o patrimônio *garante*, e num segundo, após o inadimplemento, ele *satisfaz*, ou seja o devedor ou o responsável pela dívida inadimplida perderá, em proveito do credor, por meio de uma execução judicial forçada, a propriedade que possui sobre determinado bem jurídico dotado de valor econômico como forma de satisfazer os prejuízos resultantes do inadimplemento da prestação obrigacional. Isso mesmo, quando o art. 391 diz que "pelo inadimplemento das obrigações respondem todos os bens do devedor" está claro que *bens do devedor* são bens que a ele pertencem e que sejam dotados de valor econômico.

Sendo um pouco mais preciso, não são propriamente os *bens* que serão expropriados, mas o *direito de propriedade que o devedor tem pelas suas coisas e direitos*. O que se expropria são direitos de propriedade. Logo, não é, *v.g.*, o apartamento que é expropriado, mas o direito de propriedade sobre o apartamento. Não é o título de crédito que é expropriado, mas o direito de propriedade sobre o crédito que aquele título representa.

Salvo os direitos que integram o patrimônio que estejam legalmente imunes, todos os direitos reais ou pessoais que sejam dotados de valor econômico e que integram o seu patrimônio poderão ser atingidos pela execução forçada que o expropriará no limite dos prejuízos resultantes da dívida inadimplida para satis-

---

42. A respeito ver PONTES DE MIRANDA, F. C. Tratado de direito privado, tomo V, p. 176.

fazer o credor. O Estado juiz expropriará o direito que pertence ao responsável, converterá em pecúnia[43] que será entregue ao credor. Tirar a propriedade de *um* e dar ao *outro* no exato limite dos prejuízos do crédito inadimplido.

> Assim, quando se diz que um carro foi penhorado o que houve em verdade foi a *penhora sobre o direito de propriedade que o devedor tem sobre o carro*. Este direito real que será expropriado em leilão público e o produto da expropriação (dinheiro) entregue ao credor exequente.

Obviamente que não poderia o credor valer-se de autotutela para retirar do patrimônio garantidor do devedor o numerário suficiente para satisfazê-lo. Conquanto o devedor tenha que sujeitar o seu patrimônio ao direito do credor de excussão do patrimônio do responsável, isso não pode ser feito, regra geral, senão por meio do devido processo judicial.

É de se observar, que enquanto atua a função meramente garantidora há uma sujeitabilidade *abstrata do patrimônio do executado* como se fosse uma nuvem que o sombreia e limita o direito de propriedade do responsável, mas, quando se dá o inadimplemento, o que antes servia à garantia passa a servir à satisfação, e apenas um (ou alguns ou todos) bens e direitos de propriedade do responsável, é que serão expropriados.

11. A SUJEIÇÃO CONCRETA DO PATRIMÔNIO PENHORADO E A SUJEIÇÃO ABSTRATA DO PATRIMÔNIO NÃO PENHORADO

Diz o art. 789 que *salvo as restrições estabelecidas em lei*, o devedor responde com todos os seus bens presentes e futuros para o cumprimento de suas obrigações (art. 789 do CPC). Essa tarefa de *tornar concreta a abstrata sujeição patrimonial* expropriando o executado em prol do exequente é feita por meio da atividade executiva para pagamento de quantia, e o ato que primeiro singulariza, individualiza e concretiza a garantia genérica patrimonial genérica é justamente a penhora.

A penhora é o ato processual da execução forçada que *pinça* o bem (na verdade pinça o direito de crédito ou o direito real que integra o patrimônio) que é de propriedade do executado, dando verdadeira concretude à responsabilização patrimonial. Como se o patrimônio do executado fosse um terreno repleto de direitos ali despejados, a penhora é a grua que pinça, define, identifica e apreende esse direito vinculando-o à execução. É com a penhora que se individualiza o direito do executado que será expropriado e servirá à satisfação do crédito exequendo. E, frise-se, ao usar a grua, o processo deve respeitar e não pinçar os

---

43. Excepcionalmente o credor poderá optar pela adjudicação do bem penhorado ao invés do dinheiro contido com a sua expropriação em leilão, desde que atenda às exigências do art. 876 do CPC.

direitos que o direito material imuniza da responsabilidade patrimonial, ou que pertençam a terceiros.

Uma vez penhorado o direito do executado que integra o seu patrimônio (direito real ou direito de crédito) então é esse direito que será *expropriado* em um procedimento que normalmente se desenvolve na justiça estatal. Sobre este bem (*rectius*=direito) penhorado já não há mais a sujeitabilidade *abstrata*, mas sim *concreta*. Definida a penhora sobre determinado bem do patrimônio do executado, todos os outros do patrimônio continuam sob estado de sujeição abstrata (garantia patrimonial) até que o dircito do exequente seja satisfeito pela expropriação do bem penhorado.

Alguém poderia dizer ser injusto isso, já que uma vez que tenha sido penhorado o bem, todos os demais deveriam livrar-se dessa nuvem chamada *sujeição patrimonial*, mas não deve ser assim, pois não se pode afirmar com certeza se aquele bem (*rectius* = direito) objeto da penhora será realmente capaz de satisfazer o crédito exequendo.

É perfeitamente possível, por exemplo, que se for penhorado o direito de propriedade sobre um bem imóvel ele eventualmente não consiga ser alienado em leilão por falta de interessados e seja necessário buscar outro do patrimônio para satisfazer o direito do exequente. Observe-se que a função garantidora da responsabilidade patrimonial que impõe a sujeição abstrata do patrimônio só termina quando é satisfeito o direito do titular do crédito inadimplido, daí porque não é a penhora, nem a expropriação do bem que faz cessar a referida o vínculo de garantia. A realização desse direito de executar a garantia não pode, obviamente, ser feito mediante autotutela, tomado à força pelo titular do crédito.

Daí porque se faz necessária a realização de um procedimento, normalmente judicial[44], por meio do qual se exproprie o executado para satisfazer o exequente.

---

44. Há algum tempo se tem percebido que muitos atos e procedimentos que antes deveriam ser realizados no âmbito do Poder Judiciário passaram a ser resolvidos por outros órgãos extrajudiciais de forma menos burocrática (simplificação, economicidade) e mais eficiente. O fenômeno alcunhado de "desjudicialização" já existe há bastante tempo e com reconhecido sucesso no país, e, considerando a boa experiência estrangeira em matéria de desjudicialização da execução, passou-se a ventilar aqui no Brasil a possibilidade de desjudicializar a execução ou atos executivos nas execuções para pagamento de quantia, já existindo o Projeto de Lei PLS 6.204/19 que retira do Poder Judiciário e coloca no Tabelionato de Protesto a execução para pagamento de quantia, bem como o Projeto de Lei 4.257/2019 que institui a "execução fiscal administrativa", e segundo sua exposição de motivos, propõe "soluções que desburocratizem os procedimentos atualmente previstos na legislação para a cobrança da dívida ativa, tornando-a mais efetiva". Tais projetos ainda necessitam de consciencioso e amplo debate pela comunidade jurídica, pois o tema envolve de forma direta aspectos fundamentais do direito fundamental da população à tutela jurisdicional justa e efetiva. É preciso que o fundamento e o fim das propostas legislativas seja (e por isso necessário é o debate jurídico) proporcionar, sempre, uma tutela integral, efetiva, opcional e tempestiva com o menor custo possível para o jurisdicionado.

Como nem sempre se encontra dinheiro disponível no patrimônio do executado, é necessário então realizar, primeiro, uma expropriação de qualquer outro bem para obter a quantia que será posteriormente entregue ao credor/exequente, dando ensejo ao que se denomina de *expropriação liquidativa* para posterior *expropriação satisfativa*[45]. *O direito de extrair do patrimônio do responsável o numerário correspondente aos prejuízos decorrentes do crédito inadimplido* se perfectibiliza por uma serie sequencial de atos de execução forçada dentre os quais o primeiro deles é a penhora.

12. OS LIMITES POLÍTICOS DO PATRIMÔNIO: O QUE NÃO PODE SER EXPROPRIADO DO EXECUTADO

Não é todo patrimônio do devedor/responsável que se encontra vinculado à *garantia patrimonial do inadimplemento*, ou seja, nem todo o patrimônio do devedor responderá concretamente pelo risco do inadimplemento como faz crer o art. 791 do CPC.

É que existem direitos integrantes desse patrimônio que estão imunes a essa *responsabilidade*, configurando o que conhecemos como *limites políticos* da execução, mas que a rigor são verdadeiras imunidades à responsabilidade patrimonial como dito alhures.

A maior parte dessas limitações políticas se manifesta em imunidades legais sobre o patrimônio do devedor, embora também possam existir limitações ou restrições aos próprios atos executivos propriamente ditos que, por exemplo, firam direitos humanos fundamentais, por exemplo, a proibição da prisão civil como método coercitivo para compelir o devedor a cumprir a obrigação.

A respeito ver: SILVA, Paula Costa e. A nova face da justiça: os meios extrajudiciais de resolução de controvérsias. Lisboa: Coimbra Editora, 2009; SILVA, Paula Costa e. O acesso ao sistema judicial e os meios alternativos de resolução de controvérsias: alternatividade efectiva e complementariedade. Revista de Processo. v. 158, São Paulo: Ed. RT, 2008, p. 93-106, edição eletrônica. SILVA, Paula Costa e. A constitucionalidade da execução hipotecária do decreto-lei 70, de 21 de novembro de 1966. Revista de Processo, v. 284, São Paulo: Ed. RT, 2018, p. 185-209, edição eletrônica.; FARIA, Marcio. Primeiras impressões sobre o projeto de lei 6.204/2019: críticas e sugestões acerca da tentativa de se desjudicializar a execução civil brasileira (parte um). Revista de Processo. v. 313. São Paulo: Ed. RT, 2021, p. 393-414, edição eletrônica.; Miguel Teixeira de. Um novo processo civil português: à la recherche du temps perdu? Revista De Processo, ano 33, n. 161, p. 203-220. São Paulo: Ed. RT, 2008, edição eletrônica; SOUSA, Miguel Teixeira de. Processo executivo: a experiência de descentralização no processo civil português. Revista de Processo Comparado. São Paulo v. 9, 2019. p.83-97, edição eletrônica; THEODORO JR. Humberto. Novas perspectivas para atuação da tutela executiva no direito brasileiro: autotutela executiva e "desjudicialização" da execução. *Revista de Processo*, v. 315, p. 109-158. São Paulo: Ed. RT, 2021, edição eletrônica;

45. Excepcionalmente, caso seja sua vontade e atenda aos requisitos do art. 876, *caput* do CPC.

Boa parte das limitações políticas à atividade executiva se perfazem hoje mediante criação legislativa de imunidades ao patrimônio do devedor, sob fundamento de que estar-se-ia protegendo sua família, sua dignidade etc.

Recorde-se que a partir da Lei Poetelia/Papiria (326 AC) apenas os bens do devedor podiam ser dados em garantia de um crédito, ou seja, com a referida lei promulgada pelos Consules Eleitos Lúcio Papírio Cursor e Caio Petélio Libo Visolo, tornava-se vedada a garantia de uma dívida com a escravidão ou com a vida de quem quer que fosse. Essa famosa lei estabeleceu um divisor de águas na responsabilização do devedor, posto que firmou a passagem da responsabilidade pessoal para a responsabilidade patrimonial.

Desde então, o próprio legislador passou a estabelecer limitações à responsabilidade patrimonial e, por consequência à execução, criando imunidades no patrimônio do responsável. Não é apenas a dignidade do devedor e de sua família as únicas justificativas, pelas quais o legislador estabelece restrições à responsabilidade patrimonial afastando alguns direitos que integram o seu patrimônio desse *poder de* excussão conferido ao credor quando tem seu crédito inadimplido. Uma singela análise do rol do art. 833 [bens impenhoráveis] deixa isso evidente. Ainda que tenha sido o interesse público – política legislativa – o móvel de criação desses benefícios ao executado, isso não quer dizer que o magistrado deva deles conhecer de ofício nem que os referidos bens protegidos pela imunidade deixem de estar no campo da livre disponibilidade do seu proprietário. Assim, por exemplo, se houver a penhora de ativos financeiros do executado, cabe a ele alegar, nos termos do art. 854, § 3º, que a referida verba reveste-se da proteção jurídica do art. 833, IV, do CPC, sob pena de que o seu silêncio seja tomado como livre disposição da imunidade que foi conferida ao seu patrimônio.[46]

Observemos o art. 836 do CPC que expressamente deixa claro que razões de ordem pública ligadas à própria eficiência (axioma lógico e econômico do processo) não justificam a expropriação de bens do devedor *"quando ficar evidente que o produto da execução dos bens encontrados será totalmente absorvido pelo pagamento das custas da execução"*.

Como dito, essas "escolhas políticas" tanto podem estar em norma constitucional, como infraconstitucional. Assim, segundo o inciso LXVII, do art. 5º da CF/1988, não haverá prisão civil por dívida, salvo a do responsável pelo inadimplemento voluntário e inescusável de obrigação alimentícia. Aqui há uma limitação política à prisão como meio executivo. Da mesma forma o art. 100 da CF/1988 estabelece uma espécie de *execução não forçada* protegendo o patrimônio

---

46. Em sentido contrário, o STJ, AgInt no AREsp n. 2.158.572/PR, 3ª Turma, Rel. Min. Humberto Martins, j. 26.02.2024, *DJe* 29.02.2024.

do executado, quando este for a fazenda pública, ao dizer que *"os pagamentos devidos pelas Fazendas Públicas Federal, Estaduais, Distrital e Municipais, em virtude de sentença judiciária, far-se-ão exclusivamente na ordem cronológica de apresentação dos precatórios e à conta dos créditos respectivos, proibida a designação de casos ou de pessoas nas dotações orçamentárias e nos créditos adicionais abertos para este fim".*

13. O PATRIMÔNIO GARANTIDOR E SUA LIMITAÇÃO POR CONVENÇÃO DAS PARTES

Ainda no campo das limitações da garantia patrimonial comum, com o incremento do tema dos *negócios jurídicos processuais* no CPC de 2015 (art. 190), esse assunto, que não era novo no processo civil brasileiro[47], voltou a ganhar relevo e destaque[48]. Entretanto, uma observação precisa ser feita, porque não será "processual", mas "material" o objeto da convenção que estabeleça regras de limitação da garantia patrimonial além daquelas que já estão diretamente previstas na lei.

O fato de essas limitações projetarem-se no processo e, mais precisamente, impondo limites à atuação executiva, não lhes retira o fato de que se situam no âmago da relação jurídica obrigacional, ou seja, elas são imunidades materiais convencionadas sobre bens e direitos que ficam excluídos de servir como garantia patrimonial contra o risco de inadimplemento. Assim, tais convenções que estabelecem limites à própria garantia patrimonial distinguem-se dos genuínos negócios jurídicos processuais que tenham por objeto restrições à atividade executiva (modos de execução)[49].

A limitação da responsabilidade patrimonial não é novidade no ordenamento jurídico como se observa no esquema legal das sociedades empresariais de responsabilidade limitada (LTDA) que é o modelo de sociedade empresária mais comum no país. Por meio destas não há limitação da responsabilidade patrimonial da empresa, mas da responsabilidade pessoal dos sócios por dívidas da sociedade. Segundo o art. 1.052 do CCB: *"na sociedade limitada, a responsabilidade de cada sócio é restrita ao valor de suas quotas, mas todos respondem solidariamente pela integralização do capital social".* Isso quer dizer que quem responde pelas dívidas da sociedade é ela mesma, com o seu respectivo patrimônio. Não havendo patrimônio aí sim os sócios respondem pelas dívidas nos limites do valor que se

---

47. Por todos ver BARBOSA MOREIRA, José Carlos. "Convenções processuais em matéria processual", In Temas de Direito Processual, 3ª série, São Paulo: Saraiva, 1984, p. 87-98.

48. Por todos ver o excelente livro de CABRAL, Antonio do Passo. Convenções processuais: teoria geral dos negócios jurídicos processuais. 3ª edição. Salvador: Podivm, 2020.

49. A respeito ver ainda o item 1.2.5.3.5 "A" infra, onde tratamos da análise da hipótese de "impenhorabilidade" do art. 833, I do CPC. A respeito ver também GAJARDONI, Fernando da Fonseca. Convenções processuais atípicas na execução civil. In Revista Eletrônica de Direito Processual. Disponível em https://www.e-publicacoes.uerj.br/index.php/redp/article/view/56700. Acessado em 02.05.2022.

convencionaram quando definiriam o capital social da empresa. Nem se pode dizer que aqui existe verdadeira limitação da responsabilidade do patrimônio pessoal dos sócios porque o patrimônio da sociedade empresarial é inicialmente formado pelo "capital social", que nada mais é do que o valor investido pelos sócios na empresa, ou seja, transferem o respectivo valor para a sociedade empresarial integralizando o capital e recebendo cotas proporcionais a sua participação.

Superada a imprecisão técnica, obviamente que não somos contra a autor-regramento da vontade e o livre arbítrio das partes em entabular convenções *processuais* em matéria de execução como por exemplo, "ajustar a forma de administração e escolher o depositário" na penhora de empresa, de outros estabelecimentos e de semoventes, tal como previsto no art. 862, § 1º do CPC. Ao contrário, entendemos que essas convenções sobre matéria processual executiva devem ser estimuladas para tornar o processo mais eficiente, efetivo e colaborativo.

Entretanto, coisa diversa é a questão contemplando as convenções particulares que envolvam restrição ou exclusão da responsabilidade patrimonial. O tema não deveria apresentar maiores dificuldades, já que *se as partes podem entabular as regras de uma prestação, por que não poderiam fixar as regras dos meios que garantam contra o risco de seu inadimplemento*?

A dificuldade do tema reside no fato de que, com altos índices de inadimplência, hipossuficiência patrimonial e econômica e prestação de serviços em massa, a possibilidade irrestrita de convenção negocial de limitação da garantia patrimonial geral, poderia colocar em risco o próprio sistema econômico, já que restaria ao credor comum apenas "confiar" no cumprimento da prestação pelo devedor.

Como dito, o tema não é tão simples assim, porque expressamente menciona o art. 789 do CPC que "*o devedor responde com todos os seus bens presentes e futuros para o cumprimento de suas obrigações, salvo as restrições estabelecidas em lei*". Há aí, nitidamente uma restrição o campo do autorregramento da vontade neste aspecto da responsabilidade patrimonial.

Resta claro no dispositivo a preocupação do legislador de impor a regra de que as "restrições" à responsabilidade patrimonial não podem ser feitas de forma a tornar inócua ou inexistente a garantia legal contra o inadimplemento. Por sua vez o art. 833, I do CPC [os bens inalienáveis e os declarados, por ato voluntário, não sujeitos à execução] ratifica esta possibilidade de limitação.

Todavia, admitida a possibilidade de que possam ser celebrados negócios jurídicos em matéria de responsabilidade patrimonial, a pergunta que naturalmente pode surgir é a seguinte: qual seria o limite da eventual convenção de restrição da garantia patrimonial a ponto de transformar a obrigação em uma "obrigação natural", algo em que o inadimplemento do devedor seria gerador de uma situação sem nenhuma consequência?

O art. 602º do Código Civil português, por exemplo, ao cuidar do assunto, foi claro ao tratar da *possibilidade com limites*, da responsabilidade patrimonial por convenção das partes. Admite o dispositivo que não se tratando de "matéria subtraída à disponibilidade das partes", é possível, por convenção entre elas, "limitar a responsabilidade do devedor a alguns dos seus bens, no caso de a obrigação não ser voluntariamente cumprida". Esse, parece-nos, pode ser um importante guia para compreender os limites da convenção sobre os limites da responsabilidade patrimonial.

Isso quer dizer, interpretando *contrario sensu* o artigo mencionado acima, que não pode haver uma convenção que *renuncie por completo* ou que leve a total *exclusão da responsabilidade patrimonial*, admitindo-se apenas a *delimitação* dessa responsabilidade por convenção das partes sobre parte do acervo patrimonial ou sobre determinados bens específicos que o integram[50].

Contudo, frise-se, se a *matéria* objeto da relação jurídica obrigacional estiver fora dos limites da livre disponibilidade das partes, certamente não será possível a referida limitação. É o caso, *v.g.*, da impossibilidade de se estabelecer limitações à responsabilidade patrimonial quando esta sirva de garantia de direitos sobre os quais não se pode dispor.

Ora, se o direito material a ser garantido não admite disposição, então ainda que esse direito venha ser "convertido" em dinheiro pela impossibilidade de cumprimento da prestação pelo devedor, aqui também não poderia haver a limitação da responsabilidade para o pagamento da referida quantia, pois também ela estará afetada à natureza antecedente do direito indisponível. A origem indisponível do direito inadimplido projeta a sua indisponibilidade sobre o valor resultante dos prejuízos do seu inadimplemento. Tomando por hipótese, v.g., o dever ambiental de não destruir um monumento natural que seja descumprido pela exploração mineral do morro e, posteriormente, seja convertido em dever de pagar quantia (dano moral coletivo e custo de ressarcimento pecúnia para reflorestamento por terceiro), o valor daí decorrente constará de obrigação de o poluidor pagar uma quantia, e também aqui não poderá haver a limitação convencionada da responsabilização patrimonial.

Importante notar que o fato de haver limitação da garantia patrimonial sobre parte do acervo patrimonial do devedor, ou até mesmo sobre determinados bens específicos, não modifica o regime jurídico da referida garantia. O que se quer

---

50. LIMA, Pires de. VARELA, Antunes. *Código Civil Anotado*, vol. 1, 4ª edição, 1987, p. 618.

dizer é que tais convenções limitadoras da garantia geral não permitem que o credor tenha sobre o patrimônio garantidor qualquer direito diferente do que ele teria em relação à garantia comum. Não se transforma *em garantia especial* a *garantia patrimonial* sobre parte do patrimônio do devedor apenas porque houve uma delimitação do patrimônio garantidor. A delimitação patrimonial não cria um vínculo real entre a garantia patrimonial e o credor. O regime jurídico permanece exatamente o mesmo, inclusive em relação à utilização dos remédios hábeis às tutelas preventiva e repressiva do eventual prejuízo patrimonial que comprometa a referida garantia.

A limitação convencional da garantia patrimonial serve, antes de tudo, para reconhecer que o *patrimônio do devedor efetivamente responde pelo inadimplemento* e, por isso mesmo, *desde o nascimento da relação jurídica obrigacional*, encontram-se vinculados à referida garantia da dívida. Ora, afinal de contas, só se admite falar em "limitação da garantia patrimonial" porque: i) pretende-se libertar determinada parte do patrimônio para que não incida nenhuma limitação sobre o direito de propriedade do devedor/garantidor; ii) há claro reconhecimento de que o patrimônio não excluído se encontra em estado de sujeitabilidade abstrata desde o nascimento da obrigação.

Portanto, quando por convenção, as partes excluem bens e direitos do patrimônio que servem de garantia, esses "bens livres" encontram-se no campo da plena *disponibilidade e nada poderá fazer o credor se apenas aqueles estiverem no patrimônio, quando necessite ressarcir-se pelos prejuízos causados pelo inadimplemento*. Ainda que esses bens excluídos estejam dentro do patrimônio do devedor, eles simplesmente *não respondem*, porque *não serviam de garantia contra o risco de inadimplemento por expressa deliberação das partes*.

Com a limitação convencional da garantia patrimonial já não se pode mais afirmar que os "bens *presentes e futuros* do patrimônio respondem pelo inadimplemento", porque apenas a parte do acervo patrimonial que foi objeto do negócio jurídico é que se sujeita à garantia contra o risco de inadimplemento, salvo se, no referido pacto, restar expressamente que os bens adquiridos no futuro também passam a integrar. A convenção que limita a responsabilidade patrimonial leva à interpretação de que *apenas aquela parte do patrimônio serve de garantia* e *todas as demais se excluem desse papel*, daí porque é de bom alvitre que as partes delimitem expressamente as regras sobre o patrimônio futuro que ainda não estava incorporado ao patrimônio quando da elaboração do pacto.

Havendo um acordo de limitação sobre parte do patrimônio, certamente, os olhos do credor em relação à garantia patrimonial já não é a mesma da situação que existia antes da referida limitação, afinal de contas o credor já sabe de forma clara qual acervo patrimonial se sujeita ao papel garantidor. Isso implica ter maior cuidado e atenção sobre o comportamento do devedor em relação aos cuidados de conservação de tais bens, afinal de contas a tendência natural é a de que o devedor que se encontra em um estado de potencial inadimplemento deva se preocupar menos com o zelo e conservação do patrimônio garantido, se comparado com aquele que está no campo da livre disponibilidade. Não se pode negar a possibilidade de que a atuação jurídica do credor para tutela deste acervo patrimonial seja mais proeminente do que nas hipóteses em que essa limitação não existe.

Nem sempre a convenção da limitação do patrimônio garantidor é um benefício que se estabelece em prol do devedor como se poderia imaginar, pois é perfeitamente possível imaginar dentro do dinamismo econômico que um sócio investidor injete um patrimônio dentro de uma empresa e decida em comum acordo com os demais sócios que aquele patrimônio não se sujeita às dívidas que a empresa assumir perante terceiros.

Se até aqui cuidamos de situações de limitação da responsabilidade patrimonial, o inverso, a ampliação, não possui ressalvas. Ao contrário, nada impede que sejam pactuadas *ampliações* à responsabilidade patrimonial, por meio de negócio jurídico antes ou depois de iniciado o processo, como aliás cotidianamente acontece com o incremento de garantias pessoais e reais estabelecidas pelas partes na formação de títulos executivos extrajudiciais.

O tema da possibilidade de restrição da responsabilidade patrimonial por meio de negócio jurídico firmado entre as partes não é simples, embora no direito brasileiro o art. 789 do CPC determine expressamente ser matéria reservada aos limites da lei, fato que diminui a tensão sobre o tema. Quando a própria lei não estabelece a imunidade, ela confere aos particulares a possibilidade de fazê-lo em determinada circunstância e atendidos certos requisitos. Um exemplo da primeira hipótese é o *bem de família legal* (Lei n.º 8.009) e a segunda hipótese é o *bem de família convencional*. (art. 1711 do CCB). Como dito alhures, inaceitável, parece-nos, é a total exclusão da garantia patrimonial, ou uma limitação tão grande que esvazie por completo a possibilidade de o credor ter garantias contra o risco de inadimplemento, transformando a obrigação e uma obrigação natural, o que só a lei poderia fazê-lo.

A rigor, o problema dos limites das convenções sobre a limitação da responsabilidade deve sempre ser sopesado, sob o olhar da vulnerabilidade e hipossuficiência de quem adere a uma cláusula desta natureza, atinando para questões como a liberdade para contratar, autonomia da vontade etc. A grande verdade, como disse Ennercerus, no começo do século passado, é que "*raramente se celebrarán contratos de esta clase, ya que, por lo general, el acreedor no consentirá en que se le disminuyan los medios de ejecución que la ley otorga*".

14. A FLEXIBILIZAÇÃO JUDICIAL DA IMUNIDADE PATRIMONIAL: QUEBRA DA IMPENHORABILIDADE POR DECISÃO JUDICIAL

Como manifestação direta da vontade popular, a lei coloca em moldura abstrata recortes de fatos valorados que, em tese, espelham a vontade popular no momento de sua regência. São razões de ordem política, culturais de uma determinada época, as limitações que a lei impõe à expropriação de determinados direitos que integram o patrimônio do devedor.

O regime jurídico das impenhorabilidades previstas na legislação cuida das limitações políticas[51], estabelecidas pela lei (inclusive constitucional), verdadeiras imunidades patrimoniais, que impedem que determinado direito integrante do patrimônio do devedor possa servir de garantia patrimonial de dívidas por ele assumidas.

A noção de que o patrimônio do devedor é a garantia geral contra o inadimplemento de suas obrigações não é afastada pela regra das "impenhorabilidades", antes o contrário, pois esta é a exceção e aquela é a regra.

No âmbito meramente teórico e abstrato, pelo menos em tese, quanto mais minudente a descrição das hipóteses de "impenhorabilidades absolutas", menor seria o espaço para se discutir e questionar se as escolhas feitas pelo legislador estariam corretas, ou se seriam justas etc.

Por outro lado, é perfeitamente possível que a regra legal imunizadora do patrimônio, criada ao seu tempo para regular determinadas situações da vida, já não consiga mais acompanhar a evolução sociocultural, e por melhor que seja a tentativa de dela se extrair a norma aplicável aos fatos jurídicos que nelas estão abstratamente emoldurados, ela se mostre absolutamente descolada com as situações contemporâneas.

> a lei está; o fato move-se. A lei é um estado; o fato, um desenvolvimento. A lei é o presente; o fato não pode ser mais do que passado ou futuro. A lei está fora do tempo; o fato está dentro[52].

Ao tratar da "impenhorabilidade", a lei adentra diretamente no sensível terreno da limitação política dos interesses em conflito. Ao excluir determinado bem ou direito do campo da expropriação, fez a alegria de uns e a tristeza de outros.

O que faz a lei é dizer que parte do patrimônio do devedor (ou do responsável executivo) fica excluída da sujeitabilidade executiva, ou, resumindo, não pode ser

---

51. DINAMARCO, Cândido Rangel. *Instituições de direito processual civil*. Vol. IV. 4ª ed. São Paulo: Malheiros, 2019, p. 359; THEODORO JUNIOR, Humberto. *Processo de execução e cumprimento de sentença*. 29ª ed. São Paulo: Leud, 2017.
52. CARNELUTTI, Francesco. *A arte do direito*. Campinas: Bookseller, 2000, p. 35.

expropriada. A justificativa dessas limitações previstas na lei (e até na CF/1988) é, em tese, o resguardo da dignidade do executado ou de sua família, conservando um patrimônio mínimo para manutenção da sua dignidade, evitando que a tutela jurisdicional executiva satisfaça o exequente à custa da desgraça total da vida alheia.

Ao prever a "exclusão legal dos bens expropriáveis", o que pretende a lei proteger é a dignidade do executado, e, nesses casos, considerou-a como bem jurídico mais importante do que o direito do credor à satisfação do direito exequendo.

O rol do art. 833 do CPC concentra uma série de "impenhoráveis" e, portanto, pelo menos tem tese, imunes à execução. Entretanto, não nos parece que todos os incisos do referido rol sejam absolutamente inflexíveis, de forma que o credor não deve ser visto apenas como um simples titular de um direito de crédito, mas alguém com direito a tutela jurisdicional justa e efetiva.

Muitas vezes não se pode esquecer que o prejuízo que lhe foi causado pelo devedor, e tenta ser restabelecido pela tutela executiva, poderá ter resultado danos de toda monta (patrimoniais e extrapatrimoniais), ferindo-lhe, igualmente, a dignidade.

Exatamente por isso é admissível que o magistrado, em cada caso concreto, excepcionalmente e desde que devidamente provocado e respeitado o contraditório, se fundamente em princípios constitucionais para afastar a imunidade de determinado bem listado nos incisos do art. 833. Isso ocorre quando o magistrado entende que, naquele caso concreto, o valor jurídico da "proteção da dignidade do executado" não está presente devido às peculiaridades da causa, mas, sim, à dignidade do exequente.[53]

Uma leitura diagonal dos incisos que estão contidos no art. 833 do CPC revelam que muitos deles, *a priori*, apresentam-se completamente desconectados com a realidade social e, por isso, mesmo devem ser "relidos" pelo juiz quando estivesse atuando a norma concreta, de forma a reavaliar se, naquele caso concreto em que lhe era reclamada a tutela executiva, a regra limitadora estaria realmente protegendo a dignidade do executado, ou se estaria sendo utilizada por este último apenas para evitar injustamente a satisfação do direito do exequente.

Tomemos de exemplo o § 2º do art. 833:

> Art. 833. São impenhoráveis:
>
> IV – os vencimentos, os subsídios, os soldos, os salários, as remunerações, os proventos de aposentadoria, as pensões, os pecúlios e os montepios, bem como as quantias recebidas por liberalidade de terceiro e destinadas ao sustento do devedor e de sua família, os ganhos de trabalhador autônomo e os honorários de profissional liberal, ressalvado o § 2º;

---

53. . AgInt no REsp n. 2.035.677/DF, 3ª Turma, Rel. Min. Nancy Andrighi, j. 20.03.2023, *DJe* 22.03.2023.

X – a quantia depositada em caderneta de poupança, até o limite de 40 (quarenta) salários-
-mínimos;

§ 2º O disposto nos incisos IV e X do caput não se aplica à hipótese de penhora para pagamento de prestação alimentícia, independentemente de sua origem, bem como às importâncias excedentes a 50 (cinquenta) salários-mínimos mensais, devendo a constrição observar o disposto no art. 528, § 8º, e no art. 529, § 3º.

O parágrafo segundo citado acima, por exemplo, excluída a hipótese de penhora para pagamento de prestação alimentícia, imuniza o salário do devedor em até 50 salários-mínimos, ou seja, um valor absolutamente descompassado com a realidade média salarial do país. Por que diante de um caso concreto, sopesando a tutela do credor e a proteção da dignidade do devedor, não poderia o magistrado relativizar esta barreira invocando a incidência dos valores constitucionais naquela específica situação posta sob sua análise?

Não é possível sobrepor a lei processual aos ditames e princípios constitucionais de efetividade da tutela jurisdicional. A pedra de toque é reconhecer que, somente diante do caso concreto, o juiz poderá dizer se nesta ou naquela situação o bem deve ser preservado para garantia do "patrimônio mínimo" à manutenção da dignidade do executado. Essa regra de flexibilidade, devidamente fundamentada, deveria estar presente no art. 833. Registre-se que foi com esse pensamento que, "em cada caso concreto e uma vez apuradas as circunstâncias que envolvem cada execução", o legislador construiu a redação do art. 833, II e III, evitando que o devedor faça uso malicioso dessas regras excludentes da expropriação e impedindo, assim, que ele se esconda, imerecida e injustamente, atrás das referidas regras.

As frases "salvo os de elevado valor" ou "ultrapassem as necessidades comuns correspondentes a um médio padrão de vida" permitem a flexibilização da regra da impenhorabilidade para atender as nuances de cada caso em concreto. A expressão "a um médio padrão de vida" permitirá que o juiz, sopesando as informações de cada caso concreto, possa afastar a regra da impenhorabilidade dos bens móveis ou pertences e utilidades domésticas.

Não se quer, com isso, criar um estímulo a um "ativismo judicial" que simplesmente ignore a regra legal que dê ao magistrado um passaporte para flexibilizar todas as regras de impenhorabilidade absoluta previstas na lei. Na verdade, a intenção é propiciar que se perceba que nenhuma regra abstratamente prevista é imune à interpretação conforme os ditames constitucionais, e, por outro lado, também perceber que, por trás do crédito pecuniário (não apenas o alimentar), possa estar em jogo situações da vida da pessoa física ou jurídica que impõem uma interpretação razoável do dispositivo, equilibrando os princípios da maior efetividade da tutela com a proteção da dignidade do executado.

CAPÍTULO 5
O DIREITO QUE SERÁ GARANTIDO PELO PATRIMÔNIO DO RESPONSÁVEL

1. INTROITO

Uma vez identificado que a responsabilidade patrimonial é um fenômeno que revela o direito do credor de ter no patrimônio do devedor uma garantia para o caso de este incumprir a prestação que lhe é devida[1][2], resta indagar: qual o direito protegido por esta garantia patrimonial e, mais precisamente, o que o patrimônio garante? O tema é complexo como veremos adiante.

A indagação tem importância porque quando se fala em *responsabilização patrimonial,* necessariamente significa admitir que o que serve de garantia é justamente um patrimônio – *um conjunto de bens e valores que pertencem ao devedor/responsável* – dos quais será retirado dinheiro mediante um procedimento expropriatório com o objetivo de proteger algum direito que supostamente estava garantido.

A despeito de existirem regras específicas sobre responsabilização patrimonial nas mais diversas áreas do ordenamento jurídico, são os arts. 391 e 942 do CCB que servem de cláusula geral sobre o tema em matéria de obrigações (negociais e extranegociais). Eles que fornecem o caminho para a resposta:

> Art. 391. Pelo inadimplemento das obrigações respondem todos os bens do devedor.
>
> Art. 942. Os bens do responsável pela ofensa ou violação do direito de outrem ficam sujeitos à reparação do dano causado; e, se a ofensa tiver mais de um autor, todos responderão solidariamente pela reparação.
>
> Parágrafo único. São solidariamente responsáveis com os autores os coautores e as pessoas designadas no art. 932.

Nas relações negociais, o patrimônio do devedor é a garantia que o credor possui contra os prejuízos que ele tiver que suportar pelo inadimplemento do

---

1. CCB, Art. 391. Pelo inadimplemento das obrigações respondem todos os bens do devedor.
2. CPC, Art. 789. O devedor responde com todos os seus bens presentes e futuros para o cumprimento de suas obrigações, salvo as restrições estabelecidas em lei.

devedor. Nas obrigações derivadas de atos ilícitos, o patrimônio do responsável serve para garantir ao ofendido a integral reparação do dano causado pelo ofensor. Em ambos os casos, parece evidente a relação lógica entre (a) o *patrimônio garantidor* e (b) *prejuízo suportado credor/ofendido em razão da prestação inadimplida.*

Por se tratar de uma garantia que se tem no *presente* para proteger uma situação *futura e incerta*, é preciso saber (a) quando nasce a garantia patrimonial e (b) exatamente o que ela está cobrindo. Esta é a questão que pretendemos responder neste capítulo.

Assim, por exemplo, quando Marcelo contrata Guilherme e paga antecipadamente para que ele entregue um parecer jurídico, e Guilherme não o entrega na data combinada, tornando inútil o cumprimento tardio, surgem as seguintes perguntas:

a) Existe para esta obrigação inadimplida uma garantia patrimonial sobre o patrimônio de Guilherme?

b) Em caso positivo, esta garantia patrimonial cobre qual valor, apenas das perdas sofridas por Marcelo ou

c) Além destas, também os danos que surgiram em razão do inadimplemento?

Sem qualquer suspense, adiantamos a nossa posição respondendo a cada item acima que:

(a) Realmente existe uma garantia patrimonial sobre o patrimônio de Guilherme quando da celebração do negócio jurídico com Marcelo em relação as obrigações ali assumidas;

(b) Esta garantia deveria cobrir, naquele momento em que nasce a obrigação, o correspondente monetário da prestação que futuramente viesse a ser inadimplida, que era *objetivamente* de conhecimento das partes;

(c) Não se inclui, no momento da contratação, a garantia patrimonial dos prejuízos novos devidos a Marcelo que nasçam em razão do inadimplemento, pois a garantia patrimonial sobre os danos nascidos em razão do inadimplemento constitui nova obrigação de indenizar e com ela uma nova garantia patrimonial a partir daquele momento.

Para compreender o fenômeno e tentar elucidar de forma mais minudente as questões acima, precisamos antes trazer à lume alguns aspectos de ordem teórica nos tópicos que se seguem. Para entender quando nasce a *garantia patrimonial* e exatamente o que ela protege no futuro, será preciso alguma digressão sobre o fenômeno da *incidência* e os seus *efeitos jurídicos.*

2. INCIDÊNCIA E EFEITOS

Hoje cedo fui à farmácia comprar um remédio e, no trajeto que vai de lá até a minha casa, eu realizei, sem perceber, diversos preceitos (comandos) normativos. Cito aqui apenas alguns: desci no elevador de máscara (era época da pandemia), dirigi com cuidado respeitando os demais veículos e pedestres, parei no sinal (semáforo, farol) vermelho, estacionei no local adequado, entrei na fila para ser atendido, paguei a quantia devida pela injeção que me foi aplicada e por aí vai.

A verdade é que, quase sem perceber, o tempo inteiro estamos cumprindo deveres previstos em lei ou em negócios jurídicos. O que eu fiz hoje cedo é o que a maioria da população faz (atos *conformes* ao direito) e ainda bem que seja assim, porque senão viveríamos um caos social. Como dizia Agostinho Alvim, "o cumprimento das obrigações é a regra; o inadimplemento, a exceção"[3].

A frase do professor Agostinho Alvim é perfeita para o cenário desenhado no seu clássico "Da inexecução das obrigações", mas podemos ir mais adiante e ampliar o contexto para dizer que o *cumprimento da lei ou do negócio jurídico é a regra*; o *incumprimento* é a exceção. Portanto, sejam os *deveres* constantes em negócios jurídicos, sejam aqueles descritos na lei, o *normal* e *desejável* é que o preceito primário seja cumprido surtindo os efeitos desejados e previstos; a exceção deve ser o seu *incumprimento*.

Entretanto, seja no caso de *cumprimento*, seja no de *incumprimento* desse fato jurídico, nascerão efeitos jurídicos que implicarão novos direitos e deveres para aqueles envolvidos na relação. Tanto o *cumprimento*, quanto o *incumprimento* são fatos jurídicos que se encaixam em tipos legais/contratuais e fazem nascer novas relações colocando os sujeitos envolvidos em posições jurídicas novas destes "efeitos" dali decorrentes.

Isso implica dizer o seguinte: a lei ou o negócio jurídico descreve em moldura abstrata o fato (ou bloco de fatos) que tipifica o comportamento nela previsto. No momento em que o fato ali descrito em abstrato (ou conjunto deles) acontece no mundo real, há o fenômeno de incidência e resta àqueles que ali se inserem *cumprir* o preceito previsto. Tanto o *cumprimento* quanto o *incumprimento* são fatos jurídicos[4] sobre os quais incide a regra jurídica abstrata gerando, tanto num como noutro caso, um ou mais efeitos, por sua vez, podem ser suportes fáticos de

---

3. Arruda Alvim, Agostinho Neves de. *Da inexecução das obrigações e suas consequências*. São Paulo: Saraiva, 1949, p. 14.
4. Assim, os *fatos conforme* e, também os *contrários* ao Direito. A respeito ver MELLO, Marcos Bernardes de. Teoria do Fato Jurídico. 3ª ed. São Paulo: Saraiva, 1988, p. 115-116.

outros fatos jurídicos numa cadeia sucessiva de acontecimentos, em que um fato jurídico gera um efeito que pode ser suporte fático de outros efeitos[5].

> Num contrato que estabelece o dever de realizar uma festa, se o devedor recebe o que lhe é devido e cumpre a obrigação assumida, então a consequência será a liberação do vínculo e tem ele o *direito* de obter a quitação pelo serviço prestado. Por outro lado, caso não cumpra, nasce um dever de reparar, e um correspondente direito do credor de ser ressarcido, pelo prejuízo causado. Observe que o *efeito* do cumprimento e do incumprimento faz *nascer* direitos para os contratantes. Como a relação negocial é dinâmica e complexa – não se limita uma posição jurídica de credor-devedor – é possível que a mesma pessoa do mesmo contrato titularize mais de uma situação jurídica ativa ou passiva dentro de uma mesma relação obrigacional.

E o que acontece, porém, se o preceito primário da regra jurídica for "incumprido", ou seja, se não for aplicada/realizada espontaneamente pelos interessados? Qual a consequência do *incumprimento*, seja ele um mandamento previsto na lei ou no negócio jurídico? Certamente, o ordenamento jurídico prevê *efeitos* (situações de vantagens para um e desvantagens para outros) resultantes do cumprimento e também do incumprimento e, normalmente, em relação a estes últimos, impõe efeitos sancionatórios em favor daquele que sofreu o prejuízo e serão suportados por quem descumpriu.

Tomemos de análise as regras do art. 927 e 942 do CCB:

> Art. 927. Aquele que, por ato ilícito (arts. 186 e 187), causar dano a outrem, fica obrigado a repará-lo.

> Art. 942. Os bens do responsável pela ofensa ou violação do direito de outrem ficam sujeitos à reparação do dano causado; e, se a ofensa tiver mais de um autor, todos responderão solidariamente pela reparação.

No primeiro dispositivo está o tipo legal descrevendo que o cometimento do *ato ilícito danoso* faz nascer um direito/dever de reparação pelos danos causados.

Já o art. 942 também descreve em moldura abstrata que o direito de ser reparado pelos danos resultantes do ato ilícito é *garantido pelo patrimônio do responsável*. Assim, *se não forem espontaneamente reparados os danos*, será *do patrimônio do responsável que se retirará a quantia devida.*

---

5. Como frisou Pontes de Miranda, sempre muito preciso: "a aplicação da lei pode ser pelo juiz, ou pela autoridade legislativa ou pela executiva, ou pelos interessados. Não só pelo juiz. Se o comerciante A faz o cálculo do que há de pagar ao empregado que o despediu, está a aplicar a lei. Plica é dobra. Para aplicar a lei, a cada passo precisa quem a vai aplicar de abrir a lei, de interpretá-la, de entrar na lei, de explicá-la, isto é, desdobrá-la, ex-plicare. Sem esta operação não poderia ajustá-la ao suporte fático em processo exteriorizado". Francisco Cavalcanti Pontes de Miranda. "Incidência e aplicação da lei". In: *Revista da Ordem dos Advogados de Pernambuco*, n.º 01, ano I, Pernambuco-Recife, 1956, p. 54.

Como se observa com o direito/dever de reparação pelos danos causados também nasce junto o direito/dever de garantia patrimonial de forma que *este garante aquele*, ou seja, se aquele não for cumprido espontaneamente, porque existe a garantia patrimonial, então, poderá o lesado acioná-la para dali retirar o que for devido.

Importante observar e concluir que (A) *a ocorrência do ato ilícito danoso faz incidir dois direitos/deveres*:

A1) nasce o dever de reparar o dano.

A2) nasce o direito de garantia patrimonial para assegurar que o dano seja reparado.

Observe que não se confundem (1) o *momento em que passa a existir o direito de garantia patrimonial* com (2) *o momento em que se pretende efetivar a referida garantia patrimonial já existente*. O primeiro nasce com a obrigação; o segundo passa a existir quando a obrigação não é cumprida.

3. PRIMAZIA DO CUMPRIMENTO E SUBSIDIARIEDADE DA RESPONSABILIZAÇÃO PATRIMONIAL

Por mais que possam estar previstos na lei ou no negócio jurídico uma série de consequências (sanções) punitivas, ressarcitórias, restituitórias, restritivas, supressivas de direitos etc., a grande verdade é que, regra geral, a consequência a ser imposta à parte lesante em caso de incumprimento do preceito primário, a situação de vantagem atribuída ao lesado, após o incumprimento, jamais proporcionará uma situação idêntica à que este teria caso o comando primário, desejado pela lei ou pelo negócio jurídico, tivesse sido espontaneamente cumprido.

Há casos, inclusive, como na hipótese de incumprimento de deveres jurídicos fundamentais, que a consequência imposta será qualitativamente sempre muito inferior ao benefício que se teria com a realização do que determinava a lei. Basta se perguntar:

> – Você trocaria o seu direito de *não* comer um alimento contaminado por um agrotóxico cancerígeno (preceito primário) por um direito de obter uma reparação pecuniária (preceito sancionatório secundário) resultante de um câncer contraído pelo consumo do referido alimento?

Ninguém duvida de que o preceito primário descrito no texto constitucional – *não expor a população ao risco de contaminação (art. 225, § 5º, da CF/1988)* – não admite sequer que se cogite optar pela *consequência* (direito de obter) da reparação pecuniária pelos danos causados pelo incumprimento da regra jurídica constitucional.

Exemplos como esse são de todo tipo, e não apenas decorrentes de *deveres legais*, mas também de *deveres negociais*. Não se pode ter qualquer dúvida de que é muito melhor que a prestação principal do negócio jurídico seja *cumprida* do que *descumprida*. A primazia é lógica e jurídica.

Os eventuais "efeitos" que possam decorrer do *incumprimento*, tais como *dever de pagar multa contratual, submeter a resolução do contrato, dever de indenizar perdas e danos* etc. são sempre situações qualitativamente muito piores para o prejudicado do que aquela que ele teria com o cumprimento do comando primário previsto no negócio jurídico, e, convenhamos, nada indica que tais comandos sancionatórios serão cumpridos espontaneamente.

Não se trata apenas de frustração por não se ter obtido aquilo que a lei ou o negócio jurídico lhe prometiam obter. Há, em um sentido vulgar, uma "troca" do resultado primário pelo secundário.

- Imagine o sujeito que contrata um psicólogo para seu filho e no meio do tratamento este é interrompido porque o profissional recebe uma proposta de trabalho vantajosa e decide rescindir o contrato com todo os seus pacientes.

- Pense no sujeito que contratou com determinada empresa a mudança de seus móveis de uma casa para outra para o dia e hora tal e a empresa contratada desiste de realizar o serviço no dia combinado causando todo tipo de transtorno para o contratante.

- Pense na hipótese de uma promessa de pagamento feita por alguém anunciando que se seu cãozinho fosse encontrado daria uma recompensa a quem o entregasse e um sujeito troca seus afazeres para se dedicar à procura do animal e depois de entregá-lo ao promitente este decide não cumprir sua promessa.

É óbvio que seria muito melhor se o *cumprimento* da prestação principal fosse realizado, ao invés de ter que impor as consequências decorrentes do incumprimento.

Como se vê, a realização do preceito primário previsto na lei (ex.: não colocar em risco a vida das pessoas com agrotóxicos) ou do negócio jurídico (ex.: cumprir a prestação principal tal como ela foi convencionada) deve ser a regra, porque o que se deseja são os efeitos normais (esperados) dos atos *conforme* o direito, de forma que o inverso, o *incumprimento* deve ser sempre a exceção.

Todavia, ocorrido o incumprimento do preceito primário (negocial ou extra-negocial), é preciso verificar quais são as *consequências jurídicas* que incidem em favor do lesado e em desfavor do responsável pelo incumprimento. Descartada a realização tardia da prestação *in natura*, abre-se ao lesado pelo incumprimento o direito de extrair do patrimônio garantidor a quantia correspondente ao prejuízo suportado.

4. SEGUE

Não há dúvidas de que o comando primário da lei ou do negócio jurídico é sempre o resultado desejável para as partes envolvidas (e também para a própria sociedade), até porque, não raramente, mesmo que se consigam realizar as sanções – comando secundário – decorrentes dos incumprimentos, elas não proporcionam uma situação jurídica igual ou melhor àquela que teria se o comando primário fosse espontaneamente realizado.

Considerando esses aspectos, não parece haver dúvida de que a tutela jurídica dos direitos deve sempre privilegiar a realização do comando primário previsto na lei ou no negócio jurídico, ou seja, nos exemplos que demos mais acima seria: (1) inibir a utilização do agrotóxico que cause risco à vida, não permitindo que alimentos contaminados cheguem ao mercado de consumo; (2) exigir que o transporte de móveis para a nova casa seja feito no mesmo dia e hora combinados; (3) que o tratamento psicológico não seja interrompido, que o pagamento da recompensa seja feita no tempo e na forma como foi assumida pelo promitente.

Contudo, a tutela jurisdicional específica [coincidente com o preceito primário previsto na lei ou no contrato] nem sempre é possível, embora o próprio sistema jurídico processual atue ofertando técnicas que privilegiem a sua obtenção, inclusive por meio da atipicidade de meios executivos (arts. 139, IV, 297 e 536 do CPC).

Não raramente, desde que isso seja material e juridicamente possível, pode ainda existir interesse do sujeito (necessidade/utilidade) em obter, mesmo depois de ter ocorrido o incumprimento da prestação devida, a realização dessa mesma conduta prevista no comando primário da lei ou do negócio jurídico (inadimplemento relativo), mesmo que se cumulem com esse pedido os eventuais prejuízos, até então suportados em decorrência da demora na realização da prestação devida.

Aqui neste trabalho, devido ao corte metodológico adotado cuidamos apenas das hipóteses em que o sujeito prejudicado pelo incumprimento pretende a obtenção de quantia devida resultante do incumprimento da lei ou do negócio jurídico.

Assim, cuidaremos apenas de uma das consequências do incumprimento de um dever negocial ou legal: a sanção pecuniária – independentemente da sua natureza reparatória, punitiva, restitutória etc. – garantida pelo patrimônio do devedor/responsável, cuja satisfação coativa se dá por meio de uma expropriação judicial lastreada num título executivo judicial ou extrajudicial.

5. O DIREITO À *REPARAÇÃO DO DANO* GARANTIDO PELO PATRIMÔNIO DO DEVEDOR/RESPONSÁVEL

5.1 Dano resultante do incumprimento legal e negocial e o dever/direito de reparação

Nada obstante a ontológica distinção das fontes das obrigações e as diferentes consequências que podem advir do *incumprimento legal* e do *incumprimento negocial* um aspecto que os une é que, sempre que esse incumprimento causa prejuízo a alguém, prevê a lei civil a *sanção reparativa* a ser imposta contra o *responsável* pelo *dano*[6].

> Destarte, o elemento comum e indispensável à eclosão das duas responsabilidades é o dano. Malgrado distinção de fontes e eficácias da obrigação de indenizar, em comum, tanto a responsabilidade negocial como a extra negocial pressupõem o dano[7].

A sanção (consequência) reparativa pode até não ser a única consequência que incida para a hipótese de *incumprimento* que acarrete *dano*, mas será comum a ambas o dever de os reparar, tanto no caso de preexistir um vínculo jurídico entre o ofensor e o ofendido (responsabilidade negocial), como no caso deste vínculo não existir previamente à conduta antijurídica (responsabilidade extranegocial).

Em ambos os casos, havendo *dano pelo incumprimento imputável ao devedor ou agressor*, certamente que incidirá uma sanção reparativa prevista em lei. O *dever* de *reparar o dano causado* (efeito do incumprimento danoso) está previsto na lei tanto para o caso de responsabilidade extranegocial, quanto negocial. A lei prevê que mesmo que não exista negócio jurídico prévio entre os sujeitos (vítima/agressor), incide a sanção legal reparativa; por outro lado, mesmo havendo uma relação jurídica prévia (ex. contrato) também é a lei que prevê o dever de reparar em caso de incumprimento.

Assim, o art. 927 do CCB é claro ao dizer qual a consequência jurídica decorrente do incumprimento do dever legal que causa danos a alguém:

> Art. 927. Aquele que, por ato ilícito (arts. 186 e 187), causar dano a outrem, fica obrigado a repará-lo.

---

6. A respeito ver: DIAS, José de Aguiar. *Da responsabilidade civil*. 12. ed. Rio de Janeiro: Lumen Juris, 2012, p. 129.
7. FARIAS, Christiano Chaves; ROSENVALD, Nelson; BRAGA NETTO, Felipe Peixoto. *Curso de direito civil*: responsabilidade civil, vol. 3, 8ª edição. Salvador: Podivm, 2021, p. 110-111.

CAPÍTULO 5 • O DIREITO QUE SERÁ GARANTIDO PELO PATRIMÔNIO DO RESPONSÁVEL **141**

Por outro lado, a responsabilidade negocial decorrente do incumprimento de uma obrigação contida no *"interior de uma relação já constituída"*[8] *também* gera o dever de reparar as perdas e danos (art. 475 do CBB):

> Art. 475. A parte lesada pelo inadimplemento pode pedir a resolução do contrato, se não preferir exigir-lhe o cumprimento, cabendo, em qualquer dos casos, indenização por perdas e danos.

Parece-nos claro que a sanção reparativa – materializada num direito/dever de reparação – decorrente de uma responsabilidade negocial ou extranegocial tem previsão em lei, nada obstante seja perfeitamente possível que, em razão do vínculo preexistente entre os sujeitos, esses possam previamente convencionar regras no próprio negócio jurídico que prevejam, até mesmo, *"que determinada parte não será responsável por eventuais danos decorrentes de inexecução ou exe-cução inadequada do contrato"*[9], ou até que prevejam antecipadamente quais os valores destes possíveis danos.

5.2   A garantia patrimonial do dano resultante do dever legal violado e o dever/direito de reparação

Entretanto, nada obstante ser comum o dever/direito de reparação pelo dano causado em ambos os casos, é preciso distinguir *o momento em que nasce a garantia patrimonial do direito à reparação* na hipótese de incumprimento *negocial* do *incumprimento legal*.

Vimos no final do tópico anterior que o cometimento do ilícito danoso (incumprimento danoso do dever legal) é o *fato jurídico* que faz nascer o dever jurídico reparatório para o ofensor em favor do ofendido. Ora, porque foi que-brado o preceito primário previsto na lei (*não violar direito e não causar dano*) é que faz nascer o direito/dever de reparação pelo dano causado.

No âmbito extracontratual, portanto, o incumprimento do dever jurídico – ilícito danoso – é sempre a causa imediata de um *novo* direito/dever de reparar os danos causados (art.927). Nessa hipótese, os prejuízos suportados pelo lesado estão diretamente vinculados ao ilícito danoso. Nesse exato e mesmo momento em que nasce o direito/dever de reparar o dano causado, nasce junto o direito à garantia patrimonial sobre o patrimônio do responsável para assegurar que a reparação seja realmente cumprida. Coincidem o momento de nascimento do *direito à reparação do dano* com o *direito à garantia patrimonial sobre o patrimô-nio do responsável*.

---

8.   MARTINS-COSTA, Judith. *Comentários ao novo Código civil*, vol. V, p. 100.
9.   GONÇALVES, Carlos Roberto. *Responsabilidade Civil*. 9. ed. São Paulo: Saraiva, 2010, p. 823.

Assim, sendo pragmático, tem-se que se A violou o direito de B, causando-lhe dano, então nasce para A o direito de ter esses danos reparados por B. Mas, não é só isso, pois também nasce para "A", nesse exato momento, um *direito de garantia*; garantia esta que é prestada pelo patrimônio de B e assegura a A que se o direito de reparação não foi cumprido espontaneamente por B, o seu patrimônio garantidor responderá por isso.

A importância de se compreender a equação acima é que, desde o momento em que nasce o dever/direito de reparação, já é possível ao lesado valer-se de medidas jurídicas que levem à conservação do patrimônio garantidor do ofensor responsável pela reparação e, por outro lado, poderá a vítima/ofendido lançar mão de medidas repressivas contra desfalques patrimoniais fraudulentos praticado pelo ofensor, por exemplo, hipóteses em que este aliena fraudulentamente todo o patrimônio logo após o ilícito danoso cometido que já sabe que não irá cumprir o seu dever de reparação. Por razões óbvias ligadas a inexistência de relação jurídica prévia envolvendo a vítima e o responsável pela violação do direito, sempre haverá um *risco maior* para o primeiro, pois não terá tido a oportunidade de aferir, previamente, se o patrimônio do segundo seria suficiente para cobrir eventual prejuízo decorrente do inadimplemento da obrigação de reparar o dano resultante do ato ilícito.

5.3 A garantia patrimonial do dano resultante do incumprimento negocial e o dever/direito de reparação

Por outro lado, quando estamos diante das situações envolvendo o dever de reparar nascidos pelo incumprimento de obrigações assentadas em relações negociais, a situação é bastante diferente. Não que não exista a garantia patrimonial para proteger o dever de reparar os danos que sejam causados pelo inadimplemento, mas o problema é bem mais complexo, porque envolve a existência de *momentos diferentes de responsabilidades patrimoniais diferentes*, ainda que recaiam sobre a mesma pessoa e sobre o mesmo patrimônio desta pessoa.

De plano é de se dizer que a relação jurídica obrigacional não se materializa por uma linearidade estática tendo numa ponta o credor e na outra o devedor e no meio deles uma prestação principal. Ao contrário, mesmo tendo um eixo nuclear em torno do qual ela é construída, trata-se de uma relação jurídica dinâmica, complexa, marcada por uma série de situações jurídicas e passivas, deveres anexos, principais, secundários de forma que as partes que dela participam podem titularizar situações jurídicas ativas e passivas, a depender do momento e da prestação sob análise.

Logo, *a priori*, *inadimplente* é a qualificação jurídica que pode ser atribuída a qualquer sujeito da relação obrigacional, a depender sempre da prestação inadimplida que esteja sob análise. Ainda que possamos usar a nomenclatura de *credor e devedor* e tomar como base o eixo central da prestação principal objeto da relação, é preciso que tenhamos a cautela para perceber que o *inadimplemento* não é fenômeno que se liga apenas à prestação principal[10].

Prosseguindo o nosso raciocínio, dada a prévia avença entre os sujeitos, no âmbito negocial, o incumprimento danoso da prestação imputável ao "devedor"[11] pode levar a duas situações distintas, com regimes jurídicos próprios:

1. se mesmo depois disso ainda for possível e útil a manutenção da prestação para o credor, tem-se o "inadimplemento relativo" (mora), cuja disciplina plasma-se no art. 394 e ss. do CCB;

2. por outro lado, se depois disso tornar-se impossível a prestação ou inútil ao credor, tem-se o inadimplemento absoluto, cuja disciplina plasma-se nos arts. 389 e 475 e ss. do CCB.

No primeiro caso (1) o que se deseja é a *realização da prestação in natura* (A) que está em mora, de forma que o resultado judicial pretendido corresponda àquele que estava previsto no negócio jurídico.

Já no segundo caso (2), o que se tem é uma situação oposta à anterior, qual seja, não é possível (ou nem mesmo útil para o credor) a realização da prestação naturalmente como foi concebida no negócio. O inadimplemento é *absoluto*, porque ceifada está a realização da prestação *in natura* tal qual foi pactuada. Neste cenário é que se abre para o credor o direito potestativo de:

(B) resolver a relação obrigacional ou

(C) modificar o contrato para exigir a substituição da prestação devida pelo seu equivalente em dinheiro.

Ocorre que tanto na hipótese de *inadimplemento relativo* (A), quanto nas hipóteses de *inadimplemento absoluto* (B e C), sempre que o ato de inadimplir for o causador de *novos danos*, poderá haver a cumulação do pedido (A ou B ou C) com o indenizatório dos danos sofridos.

Em qualquer caso, todavia, parece-nos necessário firmar a regra de que o direito de modificar a relação jurídica contratual, exigindo a substituição da

---

10. SILVA, Jorge Cesa Ferreira da. *A boa-fé e a violação positiva do contrato*. Rio de Janeiro: Renovar, 2002, p. 261.

11. A superação da responsabilização do sujeito lastreada na culpa permitiu distinguir a busca do "culpado" pelo "responsável", ganhando relevo a figura do nexo de imputação, assim definido por Noronha como "o fundamento, ou a razão da atribuição da responsabilidade a uma determinada pessoa, pelos danos ocasionados ao patrimônio ou à pessoa de outra, em consequência de um determinado fato antijurídico. É o elemento que aponta o responsável, estabelecendo a ligação do fato danoso com este". NORONHA, Fernando. *Direito das obrigações*. São Paulo: Saraiva, 2003, vol. 1, p. 496.

prestação originária pelo *equivalente em dinheiro*, tem natureza totalmente diversa desse *novo dever de reparar os danos advindos do inadimplemento*[12].

Uma coisa é a garantia patrimonial existente da prestação pactuada que foi inadimplida. Assim, por exemplo, se B não entrega a "A" o carro pelo qual recebeu 50 mil reais, então pode "A" optar por exigir de B o valor da prestação inadimplida, que corresponde a substituição da prestação de entrega do bem pelo equivalente em dinheiro[13]. O mesmo raciocínio ocorre quando A contrata com B para que este promova um evento pagando-lhe antecipadamente 10 mil reais. Ocorre que B não cumpre o pactuado e A, então, valendo do poder inerente ao art. 475, passa a exigir a substituição da prestação de fazer pelo equivalente em pecúnia.

Nesses dois exemplos, fica bastante claro que o patrimônio de B já era garantidor da obrigação por ele assumida, isto é, desde o momento em que nasceu a obrigação, já existia também a garantia patrimonial do patrimônio de B em favor de A econômica e simetricamente vinculada à prestação inadimplida (equivalente em dinheiro)[14].

Observe-se que a *garantia patrimonial* não nasce no momento em que se dá o inadimplemento da prestação originária nem quando da *substituição da prestação pelo equivalente em dinheiro*[15] simplesmente porque a prestação *in natura* já era economicamente apreciável quando da formação do contrato. Assim, leia-se o art. 391 do CCB aplicável ao exemplo da seguinte forma: "pelo inadimplemento da obrigação (de fazer ou de entrega) respondem todos os bens do devedor" *no limite do equivalente pecuniário da referida prestação*.

Contudo, quando estamos diante dos "novos danos" decorrentes do ato de inadimplir (o inadimplemento é a origem dos novos danos), adentramos não apenas numa nova fonte geradora de direitos, porém, precisamente em uma nova obrigação, que, certamente será garantida pelo mesmo patrimônio do devedor,

---

12. O mesmo se diga se a opção for pela resolução (e não modificação) do contrato, caso em que nascerá para o credor: i) o direito de livrar-se de qualquer prestação do contrato; ii) o direito de ser restituído do que tiver pagado (e devolver o que tiver recebido) e (iii) o direito de receber pelas perdas e danos causados pelo inadimplemento. Essas "perdas e danos" não se inserem na relação obrigacional originária, mas decorrem do ilícito contratual cometido pelo devedor. São obrigações novas que não estavam protegidas pela garantia patrimonial preexistente.

13. PROENÇA, José Carlos Brandão. *Lições de cumprimento e não cumprimento das obrigações*. 2. ed. rev. e atual. Porto: Universidade Católica Editora, 2017, p. 345-355.

14. TERRA, Aline de Miranda Valverde. Execução pelo equivalente como alternativa à resolução: repercussões sobre a responsabilidade civil. In: *Revista Brasileira de Direito Civil*, v. 18. Disponível em: <https://rbdcivil.ibdcivil.org.br/rbdc/article/view/305>, Acesso em: 02 maio 2022.

15. O valor pecuniário deve corresponder o valor do bem no exato momento em que a prestação deveria ter sido adimplida, colocando-se as partes em momento idêntico ao que se teria caso tivesse ocorrido o adimplemento espontâneo. A respeito ver FARIAS, Christiano Chaves de. ROSENVALD, Nelson. *Curso de direito civil*, vol. 2, 15ª ed., p. 683.

CAPÍTULO 5 • O DIREITO QUE SERÁ GARANTIDO PELO PATRIMÔNIO DO RESPONSÁVEL **145**

mas que nasce em momento distinto[16], excluída, obviamente, a hipótese de cláusula penal compensatória que já preveja o valor da eventual indenização em caso de inadimplemento absoluto da prestação originária[17-18].

Tentando ser ainda mais claro, é preciso enxergar que as "perdas e danos" mencionadas tanto no art. 395 quanto no art. 475 do CCB podem ter origem imediata diversa, embora todas estejam fincadas no tronco comum do mesmo negócio jurídico.

É que esses "danos" teriam nascido com o inadimplemento cometido que, por sua vez, aconteceu em uma das sucessivas etapas do "processo obrigacional". É fato inconteste que o *dever de reparar pelos danos decorrentes do inadimplemento* são absolutamente novos e os valores daí decorrentes poderiam nem sequer ser cogitados quando da celebração do negócio jurídico. Essa percepção será

---

16. Karl Larenz fala em dever de reparação dos "danos adicionais ou suplementares" resultante do incumprimento absoluto ou relativo da obrigação. LARENZ, Karl. *Derecho de obligaciones*. t.1, Madrid Editorial Revista de Derecho Privado, 1958, p. 362.

17. Parece-nos correta a posição do Superior Tribunal de Justiça ao dizer que "(...) 3. Prevalece nesta Corte o entendimento de que a cláusula penal possui natureza mista, ou híbrida, agregando, a um só tempo, as funções de estimular o devedor ao cumprimento do contrato e de liquidar antecipadamente o dano. 4. A jurisprudência do Superior Tribunal de Justiça tem admitido o controle judicial do valor da multa compensatória pactuada, sobretudo quando esta se mostrar abusiva, para evitar o enriquecimento sem causa de uma das partes, sendo impositiva a sua redução quando houver adimplemento parcial da obrigação. 5. Não é necessário que a redução da multa, na hipótese de adimplemento parcial da obrigação, guarde correspondência matemática exata com a proporção da obrigação cumprida, sobretudo quando o resultado final ensejar o desvirtuamento da função coercitiva da cláusula penal. 6. Hipótese em que, diante da preponderância da função coercitiva da cláusula penal, não se poderia reduzi-la ao valor de uma única prestação ao fundamento de que essa seria a quantia que mais se aproximava do prejuízo suportado pela autora. 7. A preponderância da função coercitiva da cláusula penal justifica a fixação de uma pena elevada para a hipótese de rescisão antecipada, especialmente para o contrato de patrocínio, em que o tempo de exposição da marca do patrocinador e o prestígio a ela atribuído acompanham o grau de desempenho da equipe patrocinada. 8. Em tese, não se mostra excessiva a fixação da multa convencional no patamar de 20% (vinte por cento) sobre o valor total do contrato de patrocínio, de modo a evitar que, em situações que lhe pareçam menos favoráveis, o patrocinador opte por rescindir antecipadamente o contrato. (...) (REsp 1803803/RJ, Rel. Ministro Ricardo Villas Bôas Cueva, Terceira Turma, julgado em 09/11/2021, DJe 25/11/2021).

18. A distinção entre o interesse positivo e negativo para delimitar o alcance da reparação não altera a natureza de que se trata de acréscimos à obrigação original e como tal não estavam patrimonialmente garantidos no momento da obrigação quando foi concebida. O "interesse positivo" pressupõe análise da situação considerando a situação do lesado caso houvesse o cumprimento da relação, ou seja, como estaria se tivesse sido cumprida; o *negativo* é a situação que estaria a vítima caso não tivesse ocorrida a relação jurídica negocial. Para o primeiro, quando do *inadimplemento absoluto que leve a execução pelo equivalente pecuniário*; para o segundo quando da resolução total do contrato e retorno a situação antes da avença. Nesse sentido "A distinção entre interesse negativo e interesse positivo depende, assim, da caracterização do termo hipotético de comparação relevante para o apuramento do dano, e, concretamente, de esse termo hipotético ser obtido fundamentalmente pela adição de um elemento (interesse positivo) ou pela abstração de algo que aconteceu (interesse negativo)" PINTO, Paulo Mota. *Interesse contratual negativo e interesse contratual positivo*. Coimbra: Coimbra Editora, 2008, v. II, p. 868.

146 RESPONSABILIDADE PATRIMONIAL PELO INADIMPLEMENTO DAS OBRIGAÇÕES • Marcelo Abelha

importante para a compreensão do momento em que se forma e qual o limite da *garantia da responsabilidade patrimonial* do devedor inadimplente em relação à obrigação de reparar os prejuízos valoráveis no momento da contratação e daqueles que só surgiram em razão do inadimplemento.

6. UM POUCO MAIS SOBRE A TUTELA ESPECÍFICA E TUTELA PECUNIÁRIA NA PERSPECTIVA DA GARANTIA PATRIMONIAL

Numa sociedade que tem privilegiado a tutela específica, ou seja, a realização da exata prestação imposta pela lei ou pelo contrato que deveria ter sido cumprido espontaneamente, então só há que se falar em efetivar a *garantia da responsabilidade patrimonial*, mediante a expropriação do patrimônio do executado quando, mesmo depois do incumprimento, já não seja nem possível, ou nem mesmo útil para o titular do direito lesado, a realização da prestação originariamente concebida.

Assim, quando se está diante de prestações de fazer ou não fazer ou de entrega de coisa – prestações com objetos específicos –, mesmo após o incumprimento, ainda assim – desde que útil ao credor e possível juridicamente – busca-se a *tutela específica* que corresponda exatamente à obtenção da prestação descumprida (ainda que cumulado com perdas e danos – *interesse positivo*), do preceito contido na regra jurídica ou, quem sabe, um *resultado prático equivalente*[19].

Assim, seria, portanto, sempre válida a tentativa de realizar o adimplemento da obrigação, ainda que tardio, daquela mesma prestação do devedor que foi por ele inadimplida. Se o que se pretende é o cumprimento da prestação de fazer ou de não fazer ou de entrega de coisa, então, *a priori*, há a garantia patrimonial destas obrigações, mas *não há, ainda, pretensão de obter dinheiro extraído da garantia patrimonial do devedor, pois o que se deseja é o cumprimento da prestação de fazer*. Essa tutela reparatória específica (*in natura*) volta-se contra o *devedor* (sujeito que ocupa a posição passiva de dever cumprir a prestação), para que ele realize

---

19. Deve restar bem claro que, na impossibilidade de se obter a tutela jurisdicional específica, cujo resultado seria coincidente com o dever jurídico previsto no direito material, deve o processo civil oferecer técnicas que permitam efetivar a tutela jurisdicional reparatória. Destarte, diante da impossibilidade de obtenção da tutela específica, sempre que possível, deve ser buscada a reparação específica, ou seja, uma proteção não pecuniária que, embora seja reparatória, mais se aproxime da situação final que seria obtida numa tutela específica, se for viável, a obtenção de um resultado reparatório que tenha um valor prático (eficácia social) muito próximo da tutela originária prevista pelo legislador. Obviamente que só pode ser cogitada uma reparação específica - resultado prático equivalente, se com ele concordar o titular do direito cuja tutela específica não possível realizar. Essa preferência da reparação específica em detrimento da reparação pecuniária tem sua razão de ser, precipuamente, pelo fato de que, em muitas situações, a reparação *in natura* poderá ofertar um resultado prático muito próximo ao da tutela específica que se tornou impossível de ser realizada.

CAPÍTULO 5 • O DIREITO QUE SERÁ GARANTIDO PELO PATRIMÔNIO DO RESPONSÁVEL **147**

uma prestação, e não contra o *responsável patrimonialmente*, que, inclusive, pode ser pessoa diversa da do devedor.

Em nosso sentir, e, veremos isso mais adiante, a garantia patrimonial do devedor já existe para proteger o credor contra o risco de inadimplemento desde a prestação específica, mas não em relação aos "danos" (obrigação de pagar) que nascem após (e com) o inadimplemento. Aqui, há, nesse momento, o nascimento de uma nova garantia patrimonial, pois se trata de uma obrigação diversa e posterior àquela.

Nessas situações, caso não seja adimplida a obrigação, daí resultará um efeito inevitável: o devedor ou o responsável (pela dívida de outrem) fica com seus patrimônios garantidores sujeitos à satisfação do direito de crédito pecuniário, o que será feito mediante uma expropriação judicial. O *patrimônio* que antes servia de *garantia contra um risco futuro*, poderá ser efetivamente agredido (realizada a garantia) para dele ser extraída a quantia que corresponda ao prejuízo resultante do inadimplemento. Aqui importa saber exatamente a partir de qual momento já existia a garantia patrimonial, até para que, fosse o caso, o credor pudesse tomar medidas para conservá-la.

É de se notar que, quando originariamente a prestação constitui-se no pagamento de soma em dinheiro (*ex mútuo de determinada quantia*) e ela é inadimplida pelo devedor, simplesmente porque o dinheiro é bem fungível e inespecífico por excelência, não há outra solução para o credor senão conservar a garantia patrimonial para futuramente expropriar e satisfazer o seu direito. Aqui, porque a própria prestação é entrega de dinheiro, não há maiores dificuldades para identificar o momento de incidência da garantia patrimonial: nasce com o *dever* de pagar.

Nesse caso, conforme dito, como o resultado da prestação original (recebimento de quantia) coincide com o resultado obtido mediante a expropriação de bens do patrimônio do executado (recebimento de quantia), tem-se perfeita harmonia entre o resultado do comando desejado, primariamente na regra jurídica (dar dinheiro), e a consequência pelo seu descumprimento (expropriar dinheiro do patrimônio do devedor/responsável).

Como se vê, é a regra legal que cria as situações jurídicas ativa e passiva resultantes da "responsabilidade patrimonial", fixando em moldura abstrata o *inadimplemento* como sendo uma *condição jurídica* para que o referido direito produza seus efeitos, saindo de uma garantia para o futuro e passando a ser a realização da própria garantia. Antes deste evento – do inadimplemento – esse direito fica adormecido na relação jurídica obrigacional apenas como um direito de garantia cuja conservação pode ser tutelada juridicamente. Com o *inadimple-*

mento, dá-se o fato jurídico que libera o direito de realizar a garantia mediante a expropriação da quantia necessária do patrimônio do responsável garantidor.

O *direito à responsabilização patrimonial* nasce com a obrigação (e tantas quantas forem as novas obrigações a partir de inadimplementos nela cometidos) e dois momentos distintos se apresentam em relação a ele: num primeiro momento, como *direito de garantia,* pode ser protegido juridicamente como tal (ex. evitando o desfalque patrimonial que a torne ineficaz); num segundo momento, como *direito de realizar a garantia mediante a extração do patrimônio do responsável o numerário devido* (condicionado a ocorrência do inadimplemento). Ocorrido o *adimplemento,* não há mais o que se garantir, cessando a *responsabilidade;* todavia, antes disso (cumprimento), o direito de garantia existe e é eficaz, porque é tomado para o *risco futuro* e, por isso, pode ser tutelado e protegido juridicamente como *direito de garantia,* mediante tutelas conservativas como vimos alhures[20].

7. A GARANTIA PATRIMONIAL DO DEVER DE PAGAR QUANTIA: MUITO ALÉM DA REPARAÇÃO DE DANOS

Já vimos que tanto do *incumprimento* da lei, quanto do negócio jurídico, pode resultar no direito de o prejudicado exigir uma sanção reparativa pecuniária pelos danos sofridos, como deixam claro os arts. 927 e 475 do CPC.

Todavia, as sanções pecuniárias reparativas não são as únicas que impõem o dever de pagar quantia; esse *dever de pagar dinheiro* também pode advir de sanções punitivas e restitutórias, por exemplo. É o que acontece, *v.g.,* na multa civil da ação de improbidade, na multa contratual (art. 408 e ss. do CCB), na multa processual punitiva do art. 774 do CPC, na multa pelo não adimplemento espontâneo do art. 523 do CPC, as astreintes do art. 537 do CPC etc. Nessas hipóteses, o valor pecuniário é a *consequência* (sanção) do incumprimento da lei ou do negócio jurídico e se manifesta também em um *dever de pagar quantia.*

> Assim, por exemplo, quando A comete ilícito processual e é punido com multa por ato atentatório à dignidade da justiça, tem-se neste momento o nascimento da obrigação pecuniária e ínsita a ela a garantia do patrimônio do ofensor punido processualmente.

---

20. Importante que fique claro que, quando nasce a relação jurídica obrigacional, legal ou negocial, já existe o direito à garantia da responsabilidade patrimonial e, portanto, as referidas situações jurídicas subjetivas ativa e passiva (credor e responsável). É um direito que pode ser protegido, por exemplo por meio de tutelas jurídicas que impeçam a dilapidação patrimonial, mas a efetiva sujeição do patrimônio para fins de expropriação e satisfação do débito depende de superação da condição jurídica denominada de "inadimplemento". Quando isso acontece (inadimplemento), passa-se do *direito à garantia ao direito de executá-la.*

CAPÍTULO 5 • O DIREITO QUE SERÁ GARANTIDO PELO PATRIMÔNIO DO RESPONSÁVEL **149**

Por sua vez, o art. 884 do CCB prescreve que *aquele que, sem justa causa, enriquecer à custa de outrem, será obrigado a restituir o indevidamente auferido, feita a atualização dos valores monetários.* Do incumprimento da regra jurídica que proíbe o enriquecimento ilícito, nasce a sanção restitutória de pagar quantia e com ela a garantia patrimonial para o caso de inadimplemento desta obrigação de pagar.

Assim, por exemplo, porque A deixou de cumprir a obrigação em favor de B, deve pagar a quantia correspondente ao prejuízo resultante da prestação inadimplida; da mesma forma que C deve pagar a B os prejuízos resultantes do atropelamento que este suportou e não foi devidamente ressarcido. Assim, incidindo o dever de pagar quantia resultante do incumprimento da lei ou do negócio jurídico, também há aí embutida a regra legal da *garantia patrimonial em caso de inadimplemento.* É justamente porque existe essa garantia patrimonial que o não cumprimento da prestação de pagar autoriza que o credor se valha da garantia patrimonial exercendo seu direito de extrair do referido patrimônio garantidor o numerário devido.

8. SEGUE: A GARANTIA PATRIMONIAL GERAL PARA PROTEGER A PRESTAÇÃO INADIMPLIDA E OS *NOVOS DANOS* DECORRENTES DO INADIMPLEMENTO

Antes de entrar diretamente no tema que intitula o tópico, é preciso alguma digressão sobre o alcance do conceito de ilícito no nosso ordenamento, em especial, o apequenamento dado pelo código civil ao tema.

Como se vê no conceito do art. 186 do CBB, o nosso ordenamento jurídico reduz significativamente o fenômeno dos ilícitos civis, ligando-o de forma inexorável e equivocada à sanção reparatória que confere ao lesado (danificado) um direito a uma reparação e ao lesante o dever de reparar.

É fato que o conceito de ilícito não deveria se apequenar ao *ilícito danoso,* até porque existem inúmeras outras sanções/consequências para as hipóteses de ilícitos puros (sem danos).

Quando se viola uma regra jurídica, comete-se um ilícito (fato jurídico), imediatamente nasce a *sanção jurídica* prevista no ordenamento para aquela violação que não necessariamente será um direito à reparação (sanção reparativa).

Art. 186. Aquele que, por ação ou omissão voluntária, negligência ou imprudência, violar direito e causar dano a outrem, ainda que exclusivamente moral, comete ato ilícito.

Com tirocínio certeiro, Pontes de Miranda pontua que:

nos sistemas jurídicos, as sanções para as violações das regras jurídicas são em tão grande número, que dificilmente se podem classificar. A mais importante de todas é a sanção reparativa ou indenizatória. As sanções de nulidade e anulabilidade somente interessam aos atos jurídicos, porque somente o ato humano que entrou no mundo jurídico como ato jurídico stricto sensu ou como negócio jurídico é suscetível de apreciação no plano da validade. Não se morre nulamente, nem anulavelmente, nem se nasce nulamente, ou anulavelmente[21].

A *sanção reparatória* que nada mais é do que um direito/dever de reparação nasce sempre que se viola a regra jurídica que causa *danos* a alguém, mas, a depender da hipótese, existem outras sanções/consequências, por exemplo, a anulação do negócio jurídico, a perda de um direito, a alteração temporária do *status* civitatis (ex. inelegibilidade) etc. que estão no campo das sanções/consequências civis, mas não estão presas ao binômio *ilícito (danoso)* e *reparação*.

O art. 500 do CPC tem a seguinte redação: "a indenização por perdas e danos dar-se-á sem prejuízo da multa fixada periodicamente para compelir o réu ao cumprimento específico da obrigação". Nesta hipótese o credor/autor da demanda fará jus a dois créditos pecuniários nascidos de fatos jurídicos diferentes. O primeiro (perdas e danos) resulta da substituição da prestação específica (entrega de coisa ou fazer e não fazer) por dinheiro. O segundo resulta da medida executiva coercitiva que incide pelo não cumprimento da ordem judicial (astreintes). Tanto a origem quanto a finalidade de cada um desses créditos pecuniários são diferentes, e podem ser *cumulados* em favor do mesmo credor.

A própria possibilidade de que, em alguns casos, os atos lícitos com danos também fazem incidir a reparação é a confirmação de que o fato ilícito é o *antecedente* para que incidam variados *consequentes* a depender do que prevê o ordenamento jurídico para cada hipótese.

A máxima de *"quem dana paga"*[22], como demonstra cabalmente Pontes de Miranda, é apenas uma das hipóteses possíveis de uma máxima ainda maior que é *quem viola a regra jurídica sofre as consequências desta violação* e uma delas é a *reparação dos danos que houver causado*.

Assim, por exemplo, quando o art. 389 acentua que *"não cumprida a obrigação, responde o devedor por perdas e danos, mais juros e atualização monetária segundo índices oficiais regularmente estabelecidos, e honorários de advogado"*, está claro que o *incumprimento da obrigação causadora de dano é o fato jurídico* (ilícito) *que faz incidir a sanção reparatória* (direito/dever de reparação), e essa sanção reparatória, por sua vez, caso não cumprida espontaneamente pelo devedor (novo ilícito), faz que incida uma outra consequência que é a submissão do

---

21. PONTES DE MIRANDA, Francisco Cavalcanti. *Tratado de direito privado*, tomo I, Imprenta: Rio de Janeiro, Borsoi, 1970, § 14, p. 24.

22. Idem, ibidem.

CAPÍTULO 5 • O DIREITO QUE SERÁ GARANTIDO PELO PATRIMÔNIO DO RESPONSÁVEL **151**

patrimônio garantidor do devedor/responsável à satisfação do direito violado como deixa claro o art. 391 do CCB.

Então, a realização da garantia patrimonial efetiva-se mediante o *direito (poder) do credor* a uma correspondente *sujeição patrimonial*[23] do responsável pelo inadimplemento do dever de prestar (débito); a realização da garantia patrimonial mediante a expropriação (normalmente judicial) é a maneira pela qual a sanção reparativa pecuniária se efetiva, daí porque, *a priori*, não há responsabilização patrimonial quando a sanção jurídica imposta é uma *anulação*, uma *perda de um direito*, uma alteração da situação jurídica etc. Não há a garantia patrimonial em decorrência do eventual incumprimento de uma sanção anulatória ou pela perda de um direito etc.

Para que exista a vinculação do patrimônio de alguém como garantia contra o inadimplemento, é preciso que exista um valor correspondente à obrigação que for inadimplida, pois é dinheiro que se retirará do patrimônio garantidor.

Assim, por exemplo, se num contrato A e B pactuam o valor das perdas e danos caso seja descumprida a obrigação que B deve prestar, pode-se dizer que o patrimônio de B, desde o nascimento da obrigação, deve garantir o referido valor. Por outro lado, se a obrigação de pagar nasce apenas com o ato ilícito, é nesse momento que nasce a garantia patrimonial para o caso de inadimplemento. Por outro lado, se A recebe a quantia, mas não transfere os direitos minerários para B, essa prestação (correspondente ao equivalente em dinheiro) já era garantida pelo patrimônio de A, mas os prejuízos advindos desse inadimplemento (deixou de realizar contratos) só é garantido pelo patrimônio de A, a partir do momento em que nasce a obrigação de reparar por tais danos.

Obviamente que o crédito pecuniário pode ter nascido de várias fontes, sendo uma delas – a bastante comum – o descumprimento de um dever de reparação em dinheiro oriundo da lei ou do negócio jurídico. Mas é claro que esse crédito pecuniário também pode nascer de uma consequência punitiva, ou restitutória etc. Nascido o crédito, nasce a garantia patrimonial.

Conquanto prevista genericamente no art. 391 e 942 do CCB, a garantia patrimonial comum ensejadora da *responsabilização patrimonial* não é instituto preso ao incumprimento de um dever "reparatório" de pagar quantia, senão

---

23. Sob uma perspectiva meramente semântica, o termo responsabilidade *patrimonial* está intimamente ligado à ideia de superação da responsabilidade *pessoal* para satisfação de dívidas. A responsabilidade não recairia mais sobre a pessoa, mas sim sobre o seu patrimônio (todo acervo de bens e direitos da pessoa). A rigor, o que se tem, ao falar em *responsabilidade patrimonial,* é que a sanção punitiva reparatória (como no caso do art. 389-391 do CCB) decorrente do incumprimento da obrigação recai sobre o patrimônio.

porque se aplica ao incumprimento de qualquer dever de pagar quantia e, mais precisamente, de qualquer obrigação que já tenha um valor correspondente quando é constituída.

Imaginemos a hipótese em que A contrata com B a venda de animais pelo valor de 50 mil reais. B paga preço, mas não recebe as cabeças de gado no prazo combinado. Por causa do inadimplemento, B ficou sem os animais e teve prejuízos na sua fazenda, já que não pode utilizá-los. Com esse exemplo, fica mais simples explicar que a obrigação de entrega dos animais já era protegida pela garantia patrimonial do patrimônio de A; ou seja, caso A não entregasse os animais, o seu patrimônio deveria responder pelos prejuízos resultantes do inadimplemento. Todavia, eis a pergunta: quais prejuízos? Aqueles que já se conheciam como existentes desde o momento em que se constituiu a obrigação ou *também* aqueles que surgiram apenas com o inadimplemento?

Não se duvida que a garantia patrimonial, na leitura do art. 391 do CCB, engloba todos os prejuízos resultantes do inadimplemento, mas uma distinção é importante. Há uma garantia patrimonial que nasce com a obrigação de entrega de coisa, cujo valor é de 50 mil reais no exemplo acima e uma outra garantia patrimonial que nasce exatamente no mesmo momento em que nasce a obrigação de pagar (nova) referente aos prejuízos dos nascidos do inadimplemento.

Há neste exemplo, duas situações jurídicas distintas de garantia patrimonial: uma que nasce com a obrigação originária, e outra que nasce com a *nova* obrigação de pagar resultante do ilícito do inadimplemento. A distinção do momento de nascimento de cada uma delas é fundamental para delimitar o campo de atuação da tutela jurídica conservativa que o credor poderá exercer, seja para prevenir ou reprimir ilícitos de desfalques patrimoniais.

9. A GARANTIA DA RESPONSABILIZAÇÃO PATRIMONIAL: FUNÇÃO SUBSIDIÁRIA NO INCUMPRIMENTO DAS OBRIGAÇÕES ESPECÍFICAS?

Interessante é a questão de saber se já existe a responsabilidade patrimonial como garantia geral imediata do incumprimento das obrigações específicas (fazer ou não fazer e entrega da coisa diversa de dinheiro), ou se ela só existe se e quando a obrigação específica for inadimplida e, da sua conversão, nascer uma "nova" obrigação de pagar quantia (danos nascidos do inadimplemento).

Para aqueles que sustentam que o dever de reparar em pecúnia, por disposição de lei, estaria implícito em toda obrigação específica (quem contrata um fazer também estaria contratando um dever de pagar pelo incumprimento do

CAPÍTULO 5 • O DIREITO QUE SERÁ GARANTIDO PELO PATRIMÔNIO DO RESPONSÁVEL | **153**

fazer), deve-se sustentar, então, que a garantia da responsabilidade patrimonial existe apenas no que se refere ao valor do objeto da prestação (coisa ou fazer e não fazer) que possua um equivalente em dinheiro. Já para as "novas obrigações" de pagar resultantes das perdas e danos que excedam o valor da coisa ou da prestação inadimplida haveria uma nova garantia patrimonial, em outro momento, ainda que sobre o mesmo patrimônio garantidor.

A questão é séria e talvez seja mais bem explicada com um exemplo.

Guilherme e Marcelo contratam uma prestação de fazer. O primeiro é remunerado pelo segundo para realizar a produção do som de determinado evento. Guilherme recebe o valor, mas não cumpre o contrato. Porque o evento já passou, Marcelo então pretende receber o valor pago pelo serviço inadimplido *somado* (acrescidos) aos prejuízos financeiros que teve que suportar por ter contratado outro serviço em cima da hora do evento.

Nesse cenário, pergunta-se: se Guilherme alienou seu patrimônio após o inadimplemento da obrigação de fazer, mas antes da conversão da prestação inadimplida em perdas e danos, é possível pensar em *fraude contra credores* para fazer que o patrimônio desfalcado para um terceiro continue a responder pelo prejuízo do inadimplemento? Ou, por outro lado, só haveria que se falar em possibilidade de tutela jurídica da garantia da responsabilidade patrimonial de Guilherme apenas quando se tornou devedor da quantia, igualmente inadimplida?

Em nosso sentir, se no negócio jurídico firmado entre Marcelo e Guilherme já existia a previsão do valor (correspondente monetário) da prestação eventualmente inadimplida e também das perdas e danos daí decorrentes (clausula penal compensatória), já se pode sim falar em existência da *garantia patrimonial do patrimônio de Guilherme* quando assumiu a obrigação de fazer. Mas se não existir essa previsão no negócio jurídico, só há que se falar em incidência da *garantia patrimonial* quando se tenha fixada integralmente a obrigação de pagar quantia nascida com o inadimplemento da prestação específica[24].

A rigor, os *novos prejuízos* após o inadimplemento de Guilherme são *novos* e não integravam a obrigação originária. Apenas aqueles valores que correspondam à prestação da obrigação originária é que podem ser objeto de garantia patrimonial *desde aquele início*, ou seja, o montante pago por Marcelo a Guilherme é objeto da garantia patrimonial contra o inadimplemento, mas todos os novos prejuízos após inadimplemento e deste decorrente não eram objeto de garantia patrimonial, a qual só irá surgir com o ilícito do inadimplemento.

---

24. Como mais profundidade ver o item 11 a respeito dessa situação de nascimento da "nova" obrigação de pagar e com ela a garantia da responsabilização patrimonial.

10. A DESCOINCIDÊNCIA QUANTITATIVA ENTRE O VALOR DA PRESTAÇÃO PECUNIÁRIA E O VALOR COBERTO PELA GARANTIA PATRIMONIAL

Para explicar ou justificar a distinção dos institutos do débito e da responsabilidade não basta apenas mencionar:

(a) a possibilidade de descoincidência subjetiva entre aquele que encarna o papel de devedor com aquele que assume o papel de responsável ou;

(b) as diferentes situações jurídicas subjetivas que impulsionam os titulares passivos do débito e da responsabilidade

Porquanto seja pouco explorado, também serve para justificar a autonomia entre os institutos a *descoincidência objetiva* entre o valor da dívida inadimplida e o valor suportado pela garantia patrimonial.

É preciso ficar atento para o fato de que é possível que o montante relativo ao dever de prestar dinheiro não corresponda ao montante que deve ser suportado pelo patrimônio responsável, como se vê, por exemplo, quando a dívida incide apenas sobre uma parte do patrimônio do responsável.

É o caso da dívida deixada pelo de cujus que incide apenas sobre o patrimônio desse mesmo de cujus que foi transferido ao patrimônio do herdeiro, ou seja, não será sobre todo o patrimônio do herdeiro que incidirá a dívida deixada pelo de cujus.

Por outro lado, há, também, o inverso, quando a responsabilidade patrimonial do responsável extrapola o montante do débito que lhe cabe, como ocorre nos casos de solidariedade passiva, ou seja, o devedor tem na relação interna com os demais devedores apenas uma quota parte da dívida, mas por outro lado, na relação externa com os credores, encontra-se em regime de solidariedade passiva de modo que seu patrimônio responde integralmente por toda a dívida[25].

11. DEVER DE INDENIZAR, RESPONSABILIDADE PATRIMONIAL E TÍTULO EXECUTIVO: O PROBLEMA ENVOLVENDO A *INDENIZAÇÃO SUBSTITUTIVA DA PRESTAÇÃO DEVIDA INCUMPRIDA* E A *INDENIZAÇÃO EXCEDENTE DA SUBSTITUTIVA*

Sempre que alguém suporta um dano, nasce para si o direito de ser indenizado e o correspondente dever de alguém indenizar. O dever de indenizar – retirar

---

25. ANTUNES VARELA, João de Matos. *Das obrigações em geral*, vol. I, 10ª edição, Coimbra: Almedina, 2014, p. 146.

CAPÍTULO 5 • O DIREITO QUE SERÁ GARANTIDO PELO PATRIMÔNIO DO RESPONSÁVEL

o dano causado a alguém – pode derivar da responsabilização civil extranegocial ou negocial.

Na primeira hipótese, o *dever de indenizar* surge de forma originária (cão de alguém morde um pedestre, o pedestre é atropelado pelo condutor do veículo, alguém é atingido pela bala perdida etc.), ao passo que, na segunda hipótese, o dever de indenizar nasce para o devedor do seu incumprimento inexato, total ou parcial, da prestação devida na relação negocial[26].

Nesta hipótese de indenização derivada da falta de cumprimento imputável ao devedor numa relação negocial, há que se distinguir:

(a) a denominada "indenização substitutiva" quando o montante indenizatório substitui o valor da prestação inadimplida (ex: o valor da indenização substitui o valor do animal que não foi entregue) da

(b) indenização decorrente do não adimplemento que normalmente corresponde ao "valor substitutivo" *acrescido* dos prejuízos concretos derivados do inadimplemento (ex: porque não foi entregue o animal, teve que locar outro para substituí-lo nos afazeres da fazenda).

Por sua vez, para que esse *dever de pagar quantia garantido pelo patrimônio do devedor/responsável* possa um dia alcançar uma tutela jurídica expropriatória de quantia é preciso, em qualquer caso, que ele esteja revelado num título executivo judicial formado numa demanda cognitiva ou num título executivo extrajudicial numa das hipóteses do art. 784 do CPC.

Naturalmente, será comum que o dever de pagar resultante do dever indenizatório originário, extranegocial, (art. 927), seja reconhecido em um título executivo judicial obtido após uma demanda condenatória, promovida pela vítima contra o agressor ou também contra os responsáveis [Por exemplo a vítima de um acidente que promove a demanda indenizatória contra o agressor].

Por outro lado, será igualmente comum que o dever de indenizar negocial nasça de um dever de prestar (art. 475) que em geral já esteja estampado num título executivo extrajudicial (art. 784 do CPC). [Por exemplo, um contrato firmado entre A e B com eficácia de título executivo judicial onde todos os elementos da obrigação já estejam definidos].

É em relação a essa última situação é que se pede alguma atenção.

Não se tratando de obrigação de prestar dinheiro, mas de qualquer outro revelado num título executivo extrajudicial, e considerando haver o inadimple-

---

26. Sobre os ilícitos relativos e absolutos ver PONTES DE MIRANDA, Francisco Cavalcanti. *Tratado de Direito Privado*. T. XXVI. São Paulo: Revista dos Tribunais, 1984, § 3.107, p. 23-4.

mento pelo devedor e a inutilidade da prestação in natura, é preciso que se distinga a eventual *indenização substitutiva da obrigação* (equivalente pecuniário), daquela outra que *acrescenta perdas e danos* (além do valor da prestação que será substituída pelo dinheiro).

Essa distinção é fundamental para identificar se a garantia da responsabilidade patrimonial num e noutro caso estão estampadas no título executivo, uma vez que o que se pretende executar não será mais a prestação *in natura*, mas um valor que precisa ser apurado.

> Afasta-se a possibilidade de perquirir as "perdas e danos" pelo inadimplemento da *obrigação pecuniária* como dissemos no início do parágrafo acima, não porque esses prejuízos não existam ou não aconteçam, afinal de contas, *"porque não recebi a quantia, deixei de pagar um débito e tive o nome negativado"*, ou ainda *"não investi no negócio que me proporcionaria um ganho"*, ou *"deixei de realizar o curso que me daria uma promoção"* etc. É claro que o incumprimento de um dever de pagar quantia pode sim acarretar danos emergentes e lucros cessantes. Todavia, por política legislativa atendente aos costumes[27] já dizia o art. 1.061 do CCB de 1916 que *"as perdas e danos, nas obrigações de pagamento em dinheiro, consistem nos juros da mora e custas, sem prejuízo da pena convencional"*. E o CCB atual, no art. 404 diz que *"as perdas e danos, nas obrigações de pagamento em dinheiro, serão pagas com atualização monetária segundo índices oficiais regularmente estabelecidos, abrangendo juros, custas e honorários de advogado, sem prejuízo da pena convencional"*.[28] Curiosamente, esta regra costumeira de não indenizar por perdas e danos as obrigações pecuniárias porque os juros de mora fariam este papel tem sido atenuado como se observa o próprio parágrafo único do art. 404 do CCB brasileiro[29] que segue a mesma disciplina do correspondente português.[30]

---

27. A respeito ver CORREA TELLES. Jose Homem. *Digesto Portuguez ou Tractado dos Direitos e Obrigações Civis*, t. I, 5ª edição, Coimbra: Livraria de J. Augusto Orcel, 1860, p. 36, § 201; MORAES, Silvestre Gome de. *Tractatus de Executionibus instrumentorum & Sententiarum*. T. primus, Liber secundus, editio secunda, Conimbricae: Ludovicum Secco Ferreyra, MDCCXXIX, Cap. XII, n. 74, p.288.
28. "As indemnizações de perdas e interesses da mora ao cumprimento do todas as outras obrigações resolvem-se em pagamento de sommas de dinheiro, que representao o valor dellas; e, portanto, nas obrigações de dinheiro, a indemnisaçao só pôde consistir em pagamento de dinheiro. Com as variadas applicações que o dinheiro pôde têr, nada fora mais perigoso que facultar a prova do damno, que soffre cada um pela privação de seu dinheiro, e lucros que poderia têr se o-recebesse no dia do vencimento da obrigação. Este perigo evitao as legislações, taxando invariavelmente o prejuízo resultante da falta de cumprimento de todas e quaesquer obrigações de dinheiro. Nem o credor pôde exigir mais à pretexto de nao ficar suficientemente indemnisado, á nao haver lei expressa que o-autorise; nem o devedor pôde eximir-se de pagar, ainda que prove nao ter soffrido o credor algum prejuizo, ou têr soffrido prejuízo correspondente à menor indemnisaçao". TEIXEIRA DE FREITAS, Augusto. *Consolidação das leis civis*, vol. I, 3ª edição, Rio de Janeiro: B.L. Garnier, 1876, p. 248, nota 23.
29. Art. 404, parágrafo único "provado que os juros da mora não cobrem o prejuízo, e não havendo pena convencional, pode o juiz conceder ao credor indenização suplementar".
30. Art. 806º (...) 3. Pode, no entanto, o credor provar que a mora lhe causou dano superior aos juros referidos no número anterior e exigir a indemnização suplementar correspondente, quando se trate de responsabilidade por facto ilícito ou pelo risco.

CAPÍTULO 5 • O DIREITO QUE SERÁ GARANTIDO PELO PATRIMÔNIO DO RESPONSÁVEL **157**

Assim, para explicar o problema da sucessão da obrigação inadimplida que culmine com o dever de indenizar, tomemos o seguinte exemplo que irá nortear nosso raciocínio em seguida:

> Imaginemos uma hipótese em que Guilherme deveria entregar uma *máquina de digitalização de documentos* para Marcelo, mas não cumpre a prestação na data contratualmente prevista. Porque o contrato era um título executivo extrajudicial, Marcelo então propõe o processo de execução (art. 806) contra Guilherme, mas infelizmente o mandado de execução de busca e apreensão do referido bem não é efetivado em razão de uma das hipóteses do art. 809 do CPC (coisa se deteriorou, não foi encontrada etc.). Nesta situação o que acontecerá com a *prestação de entrega da coisa* que não mais será entregue a Marcelo uma vez que ela foi destruída por Guilherme?

Mais do que um fenômeno processual de *conversão do procedimento executivo* de obrigação de entrega em *obrigação de pagar quantia*, há uma alteração parcial na própria relação jurídica de direito material, pois a "prestação de entregar a máquina" que está reconhecida em um título executivo extrajudicial foi substituída pela "prestação de determinada quantia equivalente".

Observe-se que nesta hipótese esse *"dever de pagar quantia"* sucederá, e substituirá, o *"dever de prestar a coisa"*, ou seja, a troca *deste* por *aquele* resulta do fato de que com a destruição da coisa pelo devedor, então deixa de existir para o credor qualquer interesse (possibilidade-utilidade) na sua entrega, daí há a "prestação substitutiva" como uma das variantes disponíveis para o credor no caso de inadimplemento absoluto (art. 475 do CCB).

A pergunta que ressoa nessas situações, e tem enorme repercussão no momento de nascimento da garantia da responsabilização patrimonial, é: o *dever de indenizar pelo inadimplemento que o devedor causou* é uma relação jurídica obrigacional nova ou é apenas uma *mutação objetiva* do objeto da prestação?

É de se notar que o *dever de prestar principal inadimplido, bem como os deveres anexos, continuam a existir e estão revelados no título executivo extrajudicial*, sendo que o que deve ocorrer é a modificação do que seria prestado, ou seja, deixa de ser a entrega de uma máquina e passa a ser o pagamento de uma quantia (equivalente em pecúnia). Com a destruição da coisa, mantêm-se revelados no título executivo extrajudicial a quem se deve, quem deve, se é devido, mas nasce a dúvida sobre "quanto" será devido pela destruição da coisa".

Importante deixar claro, como dissemos alhures, que o dever de indenizar não recai na função *substitutiva da prestação originária pelo equivalente em dinheiro*, mas sim sobre os *acréscimos referentes às perdas e danos* derivados do inadimplemento.

Assim, pergunta-se, qual seria o valor pelo qual prosseguiria a execução? Seria o "valor da coisa" ou "todos os prejuízos" causados pelo incumprimento?

Seguindo a linha do art. 475 do CCB[31], o art. 809 do CPC dá a resposta às referidas perguntas:

> Art. 475. A parte lesada pelo inadimplemento pode pedir a resolução do contrato, se não preferir exigir-lhe o cumprimento, cabendo, em qualquer dos casos, indenização por perdas e danos.
>
> Art. 809. O exequente tem direito a receber, além de perdas e danos, o valor da coisa, quando essa se deteriorar, não lhe for entregue, não for encontrada ou não for reclamada do poder de terceiro adquirente.
>
> § 1º Não constando do título o valor da coisa e sendo impossível sua avaliação, o exequente apresentará estimativa, sujeitando-a ao arbitramento judicial.
>
> § 2º Serão apurados em liquidação o valor da coisa e os prejuízos.

Resta claro que o titular do crédito inadimplido (Marcelo) não terá como satisfazer o direito de receber a prestação da entrega da máquina, sendo descartada a execução da prestação, porque máquina não há mais, mas sim o direito de receber um valor correspondente *a todos os prejuízos causados pelo inadimplemento*.

Contudo, insistimos na pergunta, qual seria o valor dos "prejuízos", já que podem representar não apenas o "valor da prestação da coisa em si mesmo considerada", mas quaisquer "perdas e danos" derivadas do inadimplemento, fato último que pode acabar por revelar um somatório maior do que o intrínseco valor da prestação de entrega da coisa que não aconteceu.

O texto legal citado do CPC acima nos parece claríssimo ao reconhecer que não há apenas uma sub-rogação da prestação de entrega de coisa em uma prestação de entregar quantia (equivalente em dinheiro), ou seja, o valor não resulta da troca do bem que seria entregue pelo dinheiro equivalente.

Nele, consta a previsão da obrigação de indenizar não apenas pelo valor intrínseco da prestação não realizada, mas também todos os danos concretos suportados pelo credor decorrente do referido incumprimento, quais sejam, os danos emergentes e os lucros cessantes, *além* da substituição da coisa não entregue pelo valor correspondente.

Até aí não há problemas em se afastar a *teoria da sub-rogação* e atribuir ao credor a faculdade de – sendo inservível a prestação in natura – pedir

---

31. Na mesma linha os arts. 562º e 798º do Código Civil Português: "O devedor que falta culposamente ao cumprimento da obrigação torna-se responsável pelo prejuízo que causa ao credor".

indenização pelos danos emergentes e lucros cessantes decorrentes do ina-dimplemento[32].

Entretanto, a despeito de se reconhecer que o inadimplemento é o ato/fato jurídico que faz nascer a *nova* obrigação de indenização (além do valor da coisa), por outro lado, não se pode negar que o *valor da contraprestação não realizada para aquele específico credor,* como no exemplo citado acima, é o mínimo que ele deve receber (as perdas que já sofreu), ou seja, não realizada a prestação pelo devedor, o mínimo a que o credor tem direito de indenização decorre da sub-rogação da prestação inadimplida pelo correspondente em pecúnia. Seria, pois, a execução pura e simples da mesma relação negocial, trocando apenas a prestação específica pelo equivalente em pecúnia.

Assim, outros danos como lucro cessantes e danos morais, por exemplo, que nascem do inadimplemento e não propriamente no momento de nascimento da prestação que não foi cumprida, não deveriam ter o mesmo regime jurídico. Tais danos *excedentes* ficam num limbo entre o regime jurídico de indenização origi-nária (valor da coisa pelo equivalente em dinheiro) e o da indenização derivada (acréscimos que decorrem diretamente o inadimplemento). Para cada uma das duas situações, há uma *garantia patrimonial diferente* ainda que recaindo sobre o mesmo patrimônio garantidor.

Assim, diante deste cenário e considerando o problema colocado acima, emerge uma questão séria que é saber se também estaria *acertado* no título exe-cutivo o *dever de pagar "todos os prejuízos"* quando da substituição da prestação de entrega de coisa pelo pagamento da quantia.

> A questão que deve ficar clara é que o devedor que inadimpliu responde sim por todos os prejuízos decorrentes do inadimplemento. Isso não se discute, pois está claro no texto legal. O que precisa ser enfrentado é se nestes "prejuízos" há um regime jurídico diferente para a (i) indenização substitutiva do valor da coisa pelo equivalente em dinheiro e outro para a (ii) indenização excedente ao valor da coisa.

Tomando ainda de análise o exemplo acima, a substituição da coisa pelo equivalente em dinheiro, é realmente apenas uma *troca do objeto da prestação* (entrega da coisa pelo dinheiro equivalente) de forma que desde a base do negócio jurídico quando exerceram a autonomia da vontade (liberdade de dispor) as partes tinham a mínima noção do que deveria ser entregue e o que se fará é apenas trocar o valor da coisa (conhecida desde o início do pacto) pelo equivalente pecuniário.

---

32. A respeito ver RIBEIRO DE FARIAS, Jorge Lei Areias. *Direito das Obrigações*, vol. II, Coimbra: Alme-dina, p. 423-4.

Enfim, a mesma coisa que era devida será convertida em equivalente pecuniário. Aqui até poderia ser sustentável a alegação de que a garantia patrimonial no limite do valor da coisa já existiria desde o início em relação ao vínculo da prestação de entrega firmado por Guilherme com Marcelo.

Por outro lado, o mesmo não se passa com os *prejuízos* além da coisa que deveria ser prestada, e que nascem do inadimplemento. Nenhum destes sequer existiam quando da formação da base do negócio jurídico. Então, no exemplo acima, se Marcelo alega que perdeu um contrato importante da sua firma porque a máquina não foi entregue, isso é *novo* e *não estava* na formação da relação jurídica obrigacional, ainda que venha a ser devido por Guilherme. O patrimônio de Guilherme é garantidor dos novos prejuízos exatamente quando esta obrigação de reparar surge, que, definitivamente, não é no mesmo momento da prestação originária, mas quando se dá o inadimplemento.

Voltando ao exemplo, certamente que em relação ao valor da coisa para aquele credor (Marcelo) não há *obrigação nova* e nem *novo inadimplemento* porque se "entregue" fosse, estaria no patrimônio do credor, de forma que uma vez apurado o seu valor em um incidente cognitivo, prossegue-se com o procedimento executivo na modalidade de expropriação sem a necessidade de ter uma nova fase postulatória que outorgue ao executado a oportunidade dos arts. 523 e 525 do CPC. Não parece haver maiores dificuldades em reconhecer que se mantem a mesma relação jurídica obrigacional só que há a substituição do dever de dar uma coisa em dar dinheiro que a coisa equivalha.

Contudo, em relação a outros prejuízos que extrapolem o "valor da coisa", como por exemplo danos morais e lucros cessantes, não nos parece que exista no mesmo título executivo que continha o dever de entregar uma coisa, qualquer *acertamento* sobre *existência de danos e respectivo valor* porque eles constituem uma *obrigação totalmente nova* cuja fonte é o inadimplemento.

Isso implica dizer que é há sim um devedor, um credor, um dever de prestar, mas será preciso demonstrar que além do valor da coisa não entregue, existiriam ainda outros danos indenizáveis. Estes "outros danos" não estão acertados no título executivo e sua existência precisa ser demonstrada, já que nasceram com o inadimplemento. A garantia patrimonial da prestação específica inadimplida não coincide com a garantia patrimonial dos danos nascidos com inadimplemento, ainda que o patrimônio garantidor seja da mesma pessoa.

Ainda valendo do exemplo acima para ficar mais claro, poderia Marcelo prosseguir na execução por quantia para receber o valor da coisa e, além disso, o valor dos lucros cessantes decorrentes da coisa que não foi entregue?

Ora, parece-nos que estes últimos são uma *obrigação nova* e não constam no título extrajudicial que Marcelo tem contra Guilherme, de forma que dependerá de

CAPÍTULO 5 • O DIREITO QUE SERÁ GARANTIDO PELO PATRIMÔNIO DO RESPONSÁVEL 161

ser feita uma apuração da *existência e quantificação dos eventuais lucros cessantes* em processo de conhecimento para que constem em um título executivo (ainda que este "processo de conhecimento" seja denominado de "liquidação" como diz o CPC). Não nos parece que sobre estes novos danos ou nova obrigação exista a garantia da responsabilidade patrimonial desde o início de formação da relação firmada entre Guilherme e Marcelo para a entrega da máquina.

Logo, quando o Código diz no *caput* do art. 809 que "*o exequente tem direito a receber, além de perdas e danos, o valor da coisa*" e, mais adiante prescreve que "*serão apurados em liquidação o valor da coisa e os prejuízos*" sendo que o valor da coisa será por "*arbitramento judicial*" está mais que claro que a *transformação do procedimento de entrega de coisa em procedimento de pagamento de quantia* deverá ser precedido de um incidente liquidatório com diferentes procedimentos: um para identificar o valor da prestação da coisa que não foi entregue (liquidação por arbitramento[33]) e outro para a apuração da existência e quantificação dos prejuízos nascidos (com e) do inadimplemento (ex. lucros cessantes, danos morais e será do tipo "procedimento comum").[34]

E não poderia ser diferente porque o dever de pagar pelos "novos prejuízos" ali mencionados constituem *obrigação nova* decorrente do inadimplemento que não é simplesmente uma *substituição da obrigação anterior* ainda que se queira dizer que *as partes estão mantidas,* os *deveres acessórios estão mantidos, os danos conectam-se com o inadimplemento etc.*[35][36]

Ademais o que está plasmado no título executivo que já tinha deflagrado a execução é a "obrigação anterior" de forma que para o ato de prosseguir no pagamento do valor equivalente da coisa (que já adentraria no patrimônio do credor) é uma situação tão lógica que não é incomum que tal valor esteja previsto

---

33. Arbitra-se um valor sobre algo cuja existência já está reconhecida. Na liquidação pelo procedimento comum, ao contrário, é preciso ainda demonstrar quais danos aconteceram e os respectivos valores.

34. Obviamente que tudo ficará muito simplificado e nenhuma atividade cognitiva será necessária se no título executivo extrajudicial já constar o valor da coisa e o valor das perdas e danos em caso de inadimplemento do devedor, tal como já explicamos alhures, inclusive com incidência da garantia da responsabilidade patrimonial desde o início do vínculo firmado entre os contratantes.

35. Em sentido contrário, revendo posição anteriormente defendida, ver Menezes Cordeiro apoiado na natureza complexa da relação obrigacional. CORDEIRO, António Menezes. Tratado de direito civil, vol. IX, 3ª edição, Almedina, 2017, p. 392.

36. Mesmo na hipótese do art. 475 do CCB quando diz que a parte lesada pelo inadimplemento pode preferir exigir-lhe o cumprimento cumulando com o pedido de indenização por perdas e danos há que se perceber que uma coisa é o "equivalente em dinheiro", portanto, substitutivo da obrigação, e, outra coisa são os *acréscimos* (danos surgidos) com o inadimplemento. Há uma garantia patrimonial num valor para o equivalente em dinheiro que servia para garantia a prestação inadimplida e uma outra garantia patrimonial, nascida posteriormente, com a nova obrigação de pagar pelos danos acrescidos com o inadimplemento. Estes não integram a obrigação originária, embora nasçam de ato jurídico ilícito nela praticado.

no próprio título executivo (define-se o valor da prestação da coisa caso ela não seja entregue).

Coisa totalmente diversa e que não está plasmada no referido título executório, e que certamente não estava na base do negócio jurídico – autonomia da vontade e liberdade – são os *prejuízos resultantes do inadimplemento*[37], posto que nascem com ele. Aliás, nem no título executivo e nem fora dele houve qualquer acertamento sobre os referidos prejuízos[38](existência e quantificação), de forma que seria preciso um procedimento comum com contraditório e ampla defesa para que se *constitua um título executivo judicial dentro do procedimento de execução de um título extrajudicial* para que se reconheça um dever de pagar tal quantia correspondente a todos os demais prejuízos que extrapolem o valor equivalente da prestação inadimplida. Aqui, nesta hipótese, a garantia patrimonial de Guilherme em relação a estes novos danos surge junto com o ato ilícito danoso que lhes deu causa (inadimplemento).

Com o devido respeito não nos parece adequada a afirmação feita por Caio Mario quando diz que:

> "Noutros termos, o inadimplemento da obrigação, absoluto ou relativo, cria para o sujeito passivo o dever de prestar ou indenizar, e para o credor a faculdade de exigir. Não se extingue a obrigação, nem nasce outra cujo objeto sejam as perdas e danos. É a mesma obrigação que sofre mutação objetiva. A prestação é que difere, em razão de ter o devedor ficado em falta. E, como o seu inadimplemento impõe ao credor um dano e lhe traz uma perda, o devedor é obrigado a cobrir os prejuízos causados pela sua conduta, de forma que o equilíbrio se restabeleça".[39]

Como dito, há que se distinguir a *obrigação originária* que foi inadimplida e a *obrigação nova* de ressarcimento das perdas e *danos decorrentes do inadimplemento do devedor*. Há sim uma *mutação objetiva* persistindo a mesma obrigação apenas quando o que se converte o valor da prestação inadimplida pelo equivalente em dinheiro, como no exemplo que demos acima da substituição do valor da coisa pelo valor pecuniário correspondente (teoria da sub-rogação ou troca).

Já na hipótese de verificação de outros danos decorrentes do inadimplemento o que se tem é uma obrigação nova – *nada obstante o dever de indenizar tenha*

---

37. Neste sentido ver ARRUDA ALVIM, Agostinho Neves de. Da inexecução das obrigações e suas consequências. Imprenta: São Paulo, Saraiva, 1949, p. 153-4.

38. Nada impede também que conste no negócio jurídico cláusula que estabeleça o valor indenizatório dos prejuízos resultantes do eventual e, futuro, inadimplemento. Aí sim, estaria afastada a vedação de se considerar como "integrante da mesma relação jurídica obrigacional", ou seja, se Marcelo e Guilherme já tivessem antevisto que em caso de inadimplemento existiriam os prejuízos financeiros X, Y e Z decorrentes do eventual inadimplemento.

39. PEREIRA, Caio Mario da Silva. *Instituições de direito civil*: teoria geral das obrigações, vol. II, p. 306.

raiz num ilícito contido na relação jurídica negocial prévia – que dependa da comprovação da existência das *perdas e* dos *danos* nascidos com o inadimplemento.

Enfim, para que se possa exigir do patrimônio garantidor do responsável pelo inadimplemento o valor das perdas e danos *excedentes ao valor da coisa* decorrentes do inadimplemento é mister que exista um *prévio acertamento* contido em título executivo da *existência* dessas "perdas e danos" e seus respectivos *valores*. Não é troca da prestação pelo valor correspondente, mas "troca" da prestação pelo valor correspondente + outros danos que se alega terem surgido deste inadimplemento.

> "3. PRESTAÇÃO E INADIMPLEMENTO. – O devedor há de prestar o que prometeu, no tempo (nascimento da obrigação, ou no prazo após o nascimento, se a favor do devedor) e no lugar devidos. Se o não faz, incorre na obrigação por inadimplemento (ato ilícito, ato-fato ilícito, fato stricto sensu ilícito), que se não confunde com a obrigação de prestar, que se violou".[40]

Essa distinção fica claríssima – obrigação anterior e obrigação nova – quando se analisa a questão sob o prisma da solidariedade passiva. Imaginando no exemplo acima que Guilherme e Igor sejam devedores solidários na entrega da coisa e este último seja culpado pelo inadimplemento, então os *dois devedores* respondem pelo equivalente em dinheiro da coisa que não foi entregue, num típico exemplo de mutação objetiva da *mesma obrigação*.

Todavia, em relação às perdas e danos decorrentes do inadimplemento, o valor que ali for apurado – e deverá ser em processo de conhecimento – é fruto de uma obrigação nova, nascida com o inadimplemento e sobre ela Guilherme não responde solidariamente pelo referido débito. É o que diz o art. 279 do CCB:

> Art. 279. Impossibilitando-se a prestação por culpa de um dos devedores solidários, subsiste para todos o encargo de pagar o equivalente; mas pelas perdas e danos só responde o culpado.

O art. 279 do CCB citado acima põe uma pá de cal no assunto e evidencia a distinção entre a manutenção do débito e da responsabilidade do devedor solidário na hipótese de *mutação objetiva* (da mesma) obrigação originária (ex: pagar o equivalente em dinheiro da coisa não entregue), daquela outra hipótese de ausência de prolongamento da solidariedade da obrigação primitiva para a obrigação nova surgida com o dever de pagar perdas e danos decorrente do inadimplemento.

Trocando em miúdos, é importante restar claro que na execução de uma prestação in natura há que se distinguir o valor do objeto da prestação (coisa ou fazer e não fazer) das perdas e danos que sejam acrescidos a este montante. Isso

---

40. PONTES DE MIRANDA, *Tratado de direito privado*, vol. XXII, p. 137.

reflete diretamente sobre o momento de nascimento de cada garantia da responsabilidade patrimonial, ainda que sobre o mesmo patrimônio.

Os elementos da obrigação revelados no título executivo judicial ou extrajudicial são o credor, o devedor, o dever de prestar e o quê (fazer ou não fazer e entrega de coisa) é devido. Não sendo possível (ou útil para o credor) realizar a prestação por falta do devedor, a substituição dela pelo valor que corresponda (apurada em cognição ou já constante do contrato) não altera as bases do negócio jurídico formado (antes a coisa ou o fazer, agora o dinheiro que a ela corresponda) que pode ser exigido do mesmo sujeito que antes *devia* e agora *deve pagar a quantia e é responsável* pela dívida inadimplida. Entretanto, perdas e danos excedentes, não gera apenas uma substituição da prestação pelo valor correspondente, pois acresce uma obrigação nova não resolvível pela simples sub-rogação da prestação pelo preço correspondente e a garantia patrimonial nasce em relação a estes novos valores no momento em que nasce a nova obrigação.

Chegando ao final deste tópico é importante deixar claro que este cuidado ao analisar a *mutação objetiva* tem importância muito grande na responsabilidade patrimonial e no título executivo. Aquele que deve prestar algo ou entregar alguma coisa é sempre garantidor responsável patrimonialmente pelo pagamento da quantia correspondente ao valor equivalente em dinheiro da prestação inadimplida, mas ainda não é responsável patrimonialmente pelos danos excedentes a este valor. A responsabilidade patrimonial nesta hipótese só nasce quando também nasce a obrigação de reparar os danos *excedentes* nascidos com o ilícito danoso (inadimplemento).

Isso implica dizer que não é possível invocar a anterioridade da garantia da responsabilidade patrimonial do devedor à data de constituição da relação jurídica obrigacional originária para os *novos danos*, mas sim desde quando surge a obrigação nova de pagar os danos – indenização excedente à substitutiva – que não estavam delineados monetariamente na relação jurídica obrigacional primitiva, porque nem sequer existiam[41].

---

41. Exceção feita às hipóteses de cláusula penal compensatória cujo valor correspondente aos prejuízos já esteja previamente quantificado. Como diz Jose Homem Correa Telles: "200. Quando por convenção se ajustou pagar um tanto por perdas e interesses, não póde o credor exigir mais cousa alguma por este respeito". Digesto portuguez, ou, *Tractado dos direitos e obrigaçãos civis*. t. 1, 5ª edição, Coimbra: Livraria de J. Agusto Orcel, 1860, p. 36.

Capítulo 6
Técnicas de proteção da garantia patrimonial geral

1. INTROITO: PROTEÇÃO DO DIREITO DE GARANTIA PARA EVENTUAL E FUTURA RESPONSABILIZAÇÃO PATRIMONIAL

Considerando o que já foi dito em tópicos anteriores de que "dívida" e "responsabilidade" são coisas distintas, embora nasçam de um mesmo vínculo jurídico, e também considerando que pode haver *responsabilidade sem débito* e *débito sem responsabilidade*, ou *responsabilidade e débito recaindo sobre pessoas diversas*, parece-nos clara a ideia de que, do ponto de vista do credor, a dívida e a responsabilidade são figuras que integram a mesma relação jurídica obrigacional e se completam, porque *esta* se presta para garantir *aquela*.

É justamente porque "dívida" e "responsabilidade" são elementos distintos contidos na mesma relação jurídica obrigacional, enfim, porque correspondem a diferentes situações jurídicas subjetivas de vantagem do credor em relação ao devedor/responsável, que ambas podem ser protegidas pelo ordenamento jurídico, seja de forma *direta* pela lei, seja de forma *indireta* quando ela confere às partes a possibilidade de fazê-lo dentro dos limites que ela mesmo estabelece.

Com isso se quer dizer que, por ser reconhecido no plano do direito subjetivo como um direito de garantia, cuja realização em caso inadimplemento do devedor, confere ao credor um "direito potestativo à expropriação do patrimônio do responsável", parece-nos claro que tanto a *prestação devida*, quanto a *responsabilidade patrimonial* que lhe serve de garantia, podem ser objeto de tutela jurídica quando, eventualmente, ocorra *ameaça* ou *lesão* tanto à realização da prestação, quanto à garantia da responsabilidade patrimonial (art. 5º, XXXV da CF/88).

Sendo mais explícito ainda, pode-se dizer que o ordenamento jurídico proporciona ao credor o direito de obter tutela jurisdicional do seu direito de crédito e também da garantia que a responsabilização patrimonial lhe proporciona. Havendo ameaça ou lesão a quaisquer destes elementos da relação jurídica obrigacional é possível ao titular do direito a proteção jurisdicional.

Nesse sentido, e atendo-nos à tutela jurídica da garantia que a responsabilidade patrimonial proporciona, podemos dividir a sua proteção em *preventiva* e *repressiva*, respectivamente, quando desejar evitar o prejuízo à garantia patrimonial ou remediar a lesão a ela já cometida. Trataremos apenas dos principais remédios jurídicos que protegem o patrimônio garantidor do responsável *antes* ou *após* o ilícito danoso, não se inserindo aqui as técnicas processuais que servem para *realizar (satisfazer)* – por meio da atividade executiva – a garantia patrimonial.

Por critérios didáticos pode-se dividir as técnicas de proteção do patrimônio garantidor em *preventivas* e *repressivas* assim considerando as situações que *evitem* ou *restaurem* o prejuízo ao patrimônio do responsável. A prevenção é para conservar o patrimônio *presente e futuro*, evitando (i) a dilapidação do que já existe ou o (ii) *não aumento* do patrimônio futuro. Já a *repressão* se volta para uma situação em que a garantia da responsabilidade patrimonial já tenha sido prejudicada, de forma que o que se deseja é a obtenção de provimento jurisdicional que restaure/restabeleça/proporcione a situação jurídica da garantia caso não tivesse ocorrido o ilícito danoso.

É importante frisar que a *garantia* da responsabilização patrimonial existe para dar segurança e proteção ao credor *em caso de inadimplemento do devedor*, ou seja, sua existência e sua finalidade estão umbilicalmente ligadas ao *débito*, e, em particular, ao eventual inadimplemento imputável ao devedor. Não se protege a garantia da responsabilidade patrimonial senão para que ela sirva, no futuro (tal proteção), para resguardar o credor do inadimplemento do devedor/responsável. Não é porque seja possível a tutela autônoma da garantia da responsabilidade patrimonial que esta perde a sua função instrumental garantidora contra o risco de inadimplemento da prestação.

2. AS TÉCNICAS DE *PREVENÇÃO* E *REPRESSÃO* DO PREJUÍZO À GARANTIA PATRIMONIAL

2.1 A tutela jurídica

Neste tópico iremos estudar algumas técnicas processuais hábeis para tutelar a garantia da responsabilização patrimonial e adotaremos como critério de discriminador o *momento* de cometimento do ilícito danoso à função garantidora do patrimônio do responsável.

Assim, primeiramente, trataremos da *técnica preventiva* ou *inibitória* contra potencial fraude ao patrimônio garantidor, seja por ato comissivo (oneração ou alienação), seja por ato omissivo (não acréscimo) indevido.

CAPÍTULO 6 • TÉCNICAS DE PROTEÇÃO DA GARANTIA PATRIMONIAL GERAL **167**

Em segundo lugar, cuidaremos da tutela de desfazimento do ilícito danoso ao patrimônio garantidor que já tenha sido cometido pelo devedor/responsável.

Nestes casos distinguem-se duas formas distintas de tutela considerando o momento do ilícito danoso: (a) Ilícito danoso à garantia patrimonial cometido pelo devedor-responsável *antes* de contra ele ter sido instaurada a demanda condenatória (que leva ao cumprimento de sentença) ou executória (processo de execução); (b) Ilícito danoso à garantia patrimonial cometido pelo devedor--responsável *após* contra ele ter sido instaurada a demanda condenatória ou executória.

2.2 A tutela preventiva

2.2.1 Introito

Está consagrado no Estado Democrático de Direito que nenhuma lei pode excluir da apreciação do Poder Judiciário uma *lesão* ou *ameaça* aos direitos (art. 5.º, XXXV, da CF/1988). O nosso sistema processual não se finca em *tipos de ações*, mas em *tipos de tutelas* que sejam adequadas (devido processo legal) à proteção dos direitos materiais que são criados e reconhecidos pelo direito objetivo.

Uma vez reconhecido pelo ordenamento que a garantia da *responsabilidade patrimonial* integra a relação jurídica obrigacional e constitui um direito (de garantia) em favor do credor para evitar que suporte os prejuízos decorrentes de um eventual inadimplemento da prestação pelo devedor, então é lógico que, se esse direito de garantia estiver ameaçado, ele poderá ser protegido pelo ordenamento.

Como já dissemos alhures é preciso identificar o papel dessa garantia patrimonial para compreender os remédios jurídicos que são hábeis à sua proteção. Uma vez constituída a relação jurídica obrigacional, todas as expectativas do credor são de receber a prestação devida da forma como foi pactuada, muito embora exista a garantia da responsabilidade patrimonial para o caso de ocorrer o inadimplemento.

Assim, o inadimplemento da prestação devida é, basicamente, o divisor de águas que faz com que o credor volte seus olhos para acionar a garantia patrimonial por meio da responsabilização. Não deseja mais apenas conservá-la para o caso de ocorrer um eventual e futuro inadimplemento, porque este já ocorreu; o que se deseja é que o que antes servia de garantia para o risco de inadimplemento, agora é que seja *realizada* pois a prestação já foi inadimplida. A necessidade de conservar ou impedir a dilapidação do patrimônio continua a existir até que se ultime a responsabilização por meio dos atos de expropriação. Enfim, a intenção do credor sobre o patrimônio do responsável não é mais conservá-lo *para um futuro incerto e eventual*, mas sim de expropriá-lo para satisfazer o prejuízo suportado pelo inadimplemento já ocorrido, mas para isso ele deve estar conservado.

2.2.2 O "arresto" preventivo

No CPC de 1973, calcado num sistema de *ações* e não propriamente de *tutelas*, o legislador previa, nos arts. 813 e ss., sob o nome típico de "arresto" e com alcunha de "ação cautelar" (assecuratória), a tutela preventiva da garantia da responsabilidade patrimonial. Voltava-se à proteção de "bens inespecíficos" do patrimônio do responsável da dívida inadimplida sempre que este cometia "qualquer artifício fraudulento, a fim de frustrar a execução ou lesar credores". Quando a preocupação era evitar a alienação de algum bem específico do patrimônio, mas também para evitar a fraude patrimonial, servia de remédio a medida do art. 870, parágrafo único.

No CPC de 2015 as medidas preventivas conservativas do patrimônio do devedor/responsável ou de um bem específico evitando para evitar a fraude patrimonial e o comprometimento da futura execução por quantia, estas passaram a ser mencionadas como meras *tutelas provisórias de urgência de natureza cautelar*, como exemplificadamente menciona o art. 301.[1]

> Com finalidade diversa do arresto porque não pretendia resguardar a função garantidora da responsabilização patrimonial, mas sim uma futura partilha dos bens, também merece ser mencionada a ação cautelar de arrolamento de bens contida no art. 855 e ss. do CPC de 1973 que podia ser utilizada por "todo aquele que tem interesse na conservação dos bens", interesse este que poderia ser resultante "de direito já constituído ou que deva ser declarado em ação própria". Como dito, esta "medida cautelar" tinha por finalidade garantir a conservação do patrimônio para uma futura partilha, e não a proteção da garantia patrimonial de uma dívida. É o que se observa, inclusive, pela redação do art. 856, § 2º quando diz que "aos credores só é permitido requerer arrolamento nos casos em que tenha lugar a arrecadação de herança".
>
> O sequestro, por sua vez, conquanto sirva a apreensão e depósito de coisa determinada, não se presta à proteção da função garantidora da responsabilidade patrimonial, simplesmente porque resguarda uma futura execução para entrega de coisa, portanto, execução não monetária.[2]

Com o devido respeito, em nosso sentir, não se pode confundir a natureza *instrumental* com natureza *processual*. A garantia patrimonial da responsabili-

---

1. Art. 301. A tutela de urgência de natureza cautelar pode ser efetivada mediante arresto, sequestro, arrolamento de bens, registro de protesto contra alienação de bem e qualquer outra medida idônea para asseguração do direito.
2. A respeito ver SILVA, Ovídio A. Baptista da. Curso de processo civil. v. III Porto Alegre: Sérgio Antônio Fabris Editor, 1993. p. 174.; LOPES DA COSTA, Alfredo Araújo. Direito processual civil brasileiro. 2ª ed. Rio de Janeiro: Forense, 1959. nº 66, p. 64-65.

dade patrimonial é, como qualquer direito de garantia, um instituto de natureza material (civil, comercial etc.) mesmo sendo instrumental em relação à dívida. A fiança, por exemplo, é instrumental pois existe em função do débito, mas nem por isso deixa de ser um instituto do direito material que pode ser autonomamente objeto de proteção jurídica. A garantia da responsabilidade patrimonial é instituto do direito material, nasce com a relação jurídica obrigacional, mas tem função instrumental (garantir em caso de inadimplemento da prestação). Não se confundem os atos de execução que recaem sobre o patrimônio do responsável com o direito de proteger (evitar ou desfazer a redução ilícita) a garantia que o patrimônio proporciona. Não haverá execução se não houver patrimônio a ser expropriado; a proteção do patrimônio garantidor para um futuro eventual em caso de inadimplemento imputável ao devedor é um direito material que tem o credor.

Como dito, os próprios exemplos de direitos materiais que resultam de garantias como o penhor e a hipoteca, que se encontram nos arts. 1.425 e 1.433 do CCB, são clara demonstração de que as garantias para o adimplemento das obrigações estabelecidas no direito material não são de natureza processual. Seria soberbo e presunçoso que o direito processual considerasse, pelo papel *instrumental* das garantias previstas no direito material, que estas fossem *processuais*. Como dito, o fato de ser instrumental e acessório não lhe usurpa a natureza de direito material. Obviamente que nada há que se garantir se a dívida não mais existe ou não pode mais ser exigida (dívida adimplida ou prescrita). O vínculo de acessoriedade é que faz com que a extinção da prestação ou da sua exigibilidade, torne sem razão de ser a garantia patrimonial.

Nesse diapasão, pouco importa se a demanda preventiva para proteger a responsabilidade patrimonial contra o desfalque ilícito perpetrado pelo devedor/responsável será nominada de *procedimento de tutela antecipada requerida em caráter antecedente ou no curso do processo*, como indicam os arts. 303 e ss., ou de tutela inibitória, para abster o devedor/responsável de desfazimento do patrimônio nos limites da responsabilidade patrimonial que garanta o adimplemento da obrigação ainda não realizada. O nome que se dá é o menos importante, já que em qualquer destes casos o que está em jogo é a proteção de um direito de garantia que faz jus o credor e que recai sobre o patrimônio do responsável.

O fato de se *conservar* a garantia do direito material até o efetivo adimplemento da prestação, ou, depois do inadimplemento ocorrido, até que se realize e finalize o direito à expropriação do patrimônio pela via judicial não altera a substância da garantia da responsabilidade patrimonial, ou seja, de que estamos diante da tutela de um direito que nasce no direito material para salvaguarda dos *eventuais* prejuízos causados pelo *eventual* inadimplemento da prestação.[3]

Neste remédio inibitório do ilícito danoso que pretenda prejudicar a garantia patrimonial (redução indevida do patrimônio) o autor será o credor e o réu será o devedor responsável[4]; a causa de pedir será o risco do ilícito, consubstanciado na prova de elementos que demonstrem ou permitam inferir que existe o real risco de inadimplemento e de prejuízo do patrimônio do responsável; o pedido será a inibição da prática do ilícito pelo devedor/responsável, o que levará à proteção do patrimônio nos limites da garantia da obrigação ao qual ele corresponda.

2.2.3 A demanda/medida/atuação sub-rogatória pelo credor na posição jurídica do devedor/responsável

Não se pode perder de vista que não raramente a conduta ilícita do devedor não se manifesta sempre, e apenas, por um ato comissivo (esvaziar ou dilapidar os bens presentes em seu patrimônio), mas sim por uma incúria, uma omissão premeditada de não tomar determinada atitude para assim evitar que o seu patrimônio possa ser acrescido de bens futuros.

Relembre-se que o art. 789 menciona que "o devedor responde com todos os seus bens presentes e *futuros*" de forma que não será absurdo pensar, por exemplo, que José, devedor de B, postergue a abertura de inventário de seus pais falecidos para ocultar que o patrimônio da herança (bens futuros) possa ser incorporado ao seu patrimônio com intuito de assim frustrar a eventual responsabilidade patrimonial que assumiu perante determinado credor. De outra parte, também pode-se imaginar que o devedor "X", demandado por mais de um credor (credor B e credor C) possa, em conluio com algum deles, adotar um comportamento processual simulado, justamente para frustrar o outro credor. Aliás, o próprio art. 142 do CPC prevê que "*convencendo-se, pelas circunstâncias, de que autor e réu se serviram do processo para praticar ato simulado ou conseguir fim vedado por lei, o juiz proferirá decisão que impeça os objetivos das partes, aplicando, de ofício, as penalidades da litigância de má-fé*".

---

3. Os arts. 158 e ss. do CCB tratam, com expressa dicção do dispositivo, da salvaguarda do *direito material* à responsabilidade patrimonial, que se faz por intermédio, naquelas hipóteses, da ação que a praxe judiciária convencionou chamar de ação pauliana.

4. . Embora seja de ocorrência incomum, é possível que o responsável subsidiário de débito alheio (ex.: fiador com benefício de ordem) promova a demanda preventiva contra o iminente ilícito patrimonial que o devedor principal pretenda cometer. O autor da demanda neste caso não é o credor, obviamente, mas alguém que defende seu próprio direito material de garantir apenas subsidiariamente a dívida alheia. Ao buscar a preservação do patrimônio do devedor que se apresenta como responsável primário da dívida, ele estará evitando que o seu patrimônio seja atingido, de forma que tutela direito próprio em nome próprio, mas que reflete em benefício do credor.

Exatamente por causa destas hipóteses é que todas as vezes que o devedor fique inerte, o seu credor tem a possibilidade de exercer, contra terceiro, os direitos de conteúdo patrimonial que contra este competiriam ao devedor. Ora, justamente porque não seriam exercidos é que trariam prejuízo ao credor do devedor, na medida que haveria perecimento do seu patrimônio que serve de garantia patrimonial em favor do credor.

O Código de Processo Civil brasileiro até prevê, de forma muito tímida, a sub-rogação do credor pelo devedor na tutela dos direitos patrimoniais deste último, como se observa no art. 857:

> Art. 857. Feita a penhora em direito e ação do executado, e não tendo ele oferecido embargos ou sendo estes rejeitados, o exequente ficará sub-rogado nos direitos do executado até a concorrência de seu crédito.
>
> § 1º O exequente pode preferir, em vez da sub-rogação, a alienação judicial do direito penhorado, caso em que declarará sua vontade no prazo de 10 (dez) dias contado da realização da penhora.
>
> § 2º A sub-rogação não impede o sub-rogado, se não receber o crédito do executado, de prosseguir na execução, nos mesmos autos, penhorando outros bens.

Dissemos tímida porque não há no Código Civil brasileiro[5], por exemplo como como existe no Código Civil Lusitano (arts. 605 e ss.[6]), art. 2.900 do Código Civil Italiano[7] e no Código Civil Espanhol (art. 1.111)[8] a expressa previsão de que o credor se sub-roga na posição do devedor para proteger, perante terceiros, o patrimônio que lhe serve de garantia.

---

5. Interessante e extremamente importante é o art. 1.813 do CCB pois serve para impedir fraude bastante comum que é a *"renúncia simulada"* do quinhão hereditário. Segundo este dispositivo: "Quando o herdeiro prejudicar os seus credores, renunciando à herança, poderão eles, com autorização do juiz, aceitá-la em nome do renunciante".

6. Art. 606º (Direitos sujeitos à sub-rogação) 1. Sempre que o devedor o não faça, tem o credor a faculdade de exercer, contra terceiro, os direitos de conteúdo patrimonial que competem àquele, Excepto se, por sua própria natureza ou disposição da lei, só puderem ser exercidos pelo respectivo titular. 2. A sub-rogação, porém, só é permitida quando seja essencial à satisfação ou garantia do direito do credor.

7. Il creditore, per assicurare che siano soddisfatte o conservate le sue ragioni (2740), può esercitare i diritti e le azioni che spettano verso i terzi al proprio debitore e che questi trascura di esercitare, purché i diritti e le azioni abbiano contenuto patrimoniale e non si tratti di diritti o di azioni che, per loro natura o per disposizione di legge, non possono essere esercitati se non dal loro titolare (187, 324, 447, 470, 524, 557, 713, 802, 974, 1015, 1113, 1416, 2789, 2939). Il creditore, qualora agisca giudizialmente, deve citare anche il debitore al quale intende surrogarsi (Cod. Proc. Civ. 102, 163).

8. "Los acreedores, después de haber perseguido los bienes de que esté en posesión el deudor para realizar cuanto se les debe, pueden ejercitar todos los derechos y acciones de éste con el mismo fin, exceptuando los que sean inherentes a su persona; pueden también impugnar los actos que el deudor haya realizado en fraude de su derecho".

"Se aquele que descuida de exercer direitos e ações que lhe competem, pode este, em seu lugar, promover os meios judiciais de realiza-los, desde que não sejam privativos do titular".[9]

Na verdade, parece-nos, que a legitimidade deste credor na ação sub-rogatória não pode ser vista como uma simples "substituição processual" como se o credor estivesse defendendo direito alheio em nome próprio, porque a rigor o que justifica esta atitude do credor é que ele assim "o faz em atuação de interesse próprio, porque a realização do direito do devedor aumenta o patrimônio deste e reforça a garantia patrimonial a que ele tem direito".[10] [11]

Esse raciocínio não retira o dever de citar o devedor que foi sub-rogado para integrar a relação jurídica processual e dela participar se assim o quiser, tal como advertem expressamente o Código Civil italiano e português, porque afinal de contas é o seu patrimônio que será atingido.

É preciso ter em mente que o que justifica, e legitima, a atuação do credor, é a tutela de seu próprio crédito pecuniário[12] contra o devedor, na medida em que evita que a inércia e incúria do devedor comprometa a garantia patrimonial da dívida que o devedor possui com ele. Ao não agir para proteger ou ampliar seu próprio patrimônio, na verdade o devedor não está comprometendo apenas os seus direitos, mas também o direito de seu credor que não poderia ficar de mãos atadas assistindo a dissipação da garantia patrimonial que possui.

---

9. GOMES, Orlando. Obrigações. 8ª edição. Rio de Janeiro: Forense, 1991, p. 281.

10. THEODORO JR., Humberto. Fraude contra credores: a natureza da ação pauliana. Belo Horizonte: Del Rey, 1996, p. 128.

11. Inegavelmente há casos em que a atuação do credor sub-rogante não é para *conservar o patrimônio para o futuro distante*, mas, precisamente, para trazê-lo à imediata satisfação numa execução que já esteja em curso, portanto, um futuro imediato. Isso dependerá do momento processual em que o credor sub-rogante se encontre ao exercer a demanda sub-rogatória: se já estiver em plena execução da garantia patrimonial ou antes disso, quando o fim é conservá-lo para futura execução, tenha ou não ocorrido o inadimplemento do devedor sub-rogado. O fato de já ter a execução em curso em nada altera a natureza da técnica de proteção à garantia patrimonial. O que ocorre que é que neta última hipótese a proteção da garantia é contemporânea a utilização do patrimônio na própria execução. Uma coisa é o provimento judicial que restaura o patrimônio, que é o que estamos cogitando, e, outra é aquele que realiza o ato executivo que é medida executiva propriamente dita. Neste sentido ver VARELA, Antunes. Op. Cit., p. 441.

12. Em se tratando de credor de uma prestação de entrega de coisa ou fazer e não fazer não há que se falar, neste momento, em sub-rogar-se em direitos do devedor para proteger o patrimônio deste último, porque a rigor, apenas subsidiariamente a garantia da responsabilidade patrimonial incidirá, ou seja, se e quando o ressarcimento em pecúnia pelo inadimplemento da prestação específica tiver sido definido. A garantia patrimonial que permite a excussão de patrimônio do executado em caso de inadimplemento pressupõe que a obrigação inadimplida seja a pecuniária, ainda que derivada do incumprimento de uma prestação específica. Essa regra sofre temperamento quando, por exemplo, no próprio negócio jurídico já exista cláusula que atribua valor (das perdas e danos) pelo eventual inadimplemento da prestação específica pelo devedor.

CAPÍTULO 6 • TÉCNICAS DE PROTEÇÃO DA GARANTIA PATRIMONIAL GERAL **173**

Por óbvio que não se pode cogitar dessa legitimidade do credor se o direito patrimonial que vise tutelar não integra o patrimônio expropriável do devedor, ou ainda, se não existir nenhuma situação de risco patrimonial configurada que justifique a sua intervenção por sub-rogação ao devedor, ou ainda que não esteja configurada a inação ou comportamento desidioso do devedor em relação à tutela do seu patrimônio.[13]

2.3 As técnicas de tutela repressiva de desfazimento do ilícito danoso (fraude patrimonial)

2.3.1 *A importância do momento do ilícito de desfalque patrimonial: entre o início da relação obrigacional e a efetiva expropriação judicial do patrimônio do executado (responsável)*

Existe uma inegável correlação – lógica e cronológica – entre *(a)* o tipo de remédio judicial repressivo da lesão à responsabilidade patrimonial, enfim, que visem à restauração da garantia patrimonial sujeitável à futura expropriação, e *(b)* o momento em que o referido ato lesivo de desfalque acontece.

Essa relação se dá por dois motivos importantes: o primeiro porque a relação obrigacional se desenvolve no tempo; o segundo porque a satisfação do credor por meio da realização da expropriação do patrimônio do responsável é normalmente feita em processo judicial que também se desenvolve no tempo.

Assim, instaurada a relação obrigacional nascem o débito e a garantia da responsabilização patrimonial, mas é o *inadimplemento* que permite ao credor buscar a *realização* da garantia patrimonial, o que normalmente é feito por meio de um processo judicial o que leva algum tempo.

Portanto, antes da efetiva realização da garantia – quando o patrimônio do executado é expropriado para satisfazer os prejuízos causados pelo inadimplemento – o credor tem todo interesse de cuidar da proteção/conservação do patrimônio do responsável pela dívida, afinal de contas, é este patrimônio que servirá para garantir eventuais prejuízos da dívida inadimplida.

É importante que fique claro que desde o nascimento da dívida e até que se ultime a satisfação do direito do credor por meio de uma expropriação do patrimônio do responsável – normalmente por uma expropriação judicial – sempre haverá a chance de que o devedor (e/ou o responsável) possa cometer

---

13. Não por acaso o art. 616, VI do CPC determina que o credor do herdeiro ou do legatário tem legitimidade concorrente para proceder o requerimento de inventário e de partilha, porque desta forma promoverá a *ampliação* do patrimônio destes seus devedores, e assim conservará protegida a sua garantia patrimonial.

ilícitos que visem desfalcar a garantia patrimonial, frustrando os interesses do credor.

É claro que a tendência natural é que esses "ilícitos de desfalques patrimoniais" venham a acontecer à medida em que a relação jurídica obrigacional se desenvolva no tempo, e não será incomum que isso venha a acontecer *pouco tempo antes* ou *logo após* o inadimplemento da obrigação devida, afinal de contas, é o devedor, no seu íntimo, quem sabe se irá ou não adimplir a prestação futura que lhe seja devida.

Por outro lado, não se deve perder de vista que a depender do momento em que se realize esse ilícito de desfalque patrimonial, a chance de isso ser percebido pelo credor está diretamente relacionado com a proximidade do momento de realização da prestação, ou seja, o credor normalmente descobrirá tal desfalque pouco tempo antes, ou durante ou logo depois de o inadimplemento ter ocorrido.

E, certamente que já tendo ocorrido o inadimplemento e iniciada a tutela judicial da responsabilização patrimonial, essa "percepção" do ilícito danoso da garantia patrimonial será uma "certeza constatada" quando se tentar realizar a penhora de direitos que compõem o patrimônio do responsável e não forem encontrados bens suficientes para realização do ato de penhora.

Tal como se fosse uma escalada temporal, à medida que a relação obrigacional progride no tempo é que vai se cristalizando o risco da inadimplência do devedor ao mesmo tempo que paulatinamente vai se revelando como potencialmente necessária a utilização da garantia patrimonial para ressarcimento do prejuízo que se avizinha.

A efetiva ocorrência do *inadimplemento* acaba sendo um divisor de águas no alerta do credor em relação à proteção da garantia patrimonial. Não que o credor não possa proteger a referida garantia patrimonial antes do inadimplemento, especialmente quando a situação patrimonial revelada no momento do negócio jurídico tenha sido determinante na sua própria feitura e já não seja a mesma mesmo antes de inadimplir.

> A relação jurídica obrigacional não possui apenas a prestação principal, e é bem possível que desde o primeiro dia seguinte à concreção do negócio jurídico, já surjam desconfianças/problemas/incumprimentos acerca de comportamentos dos deveres anexos e obrigações acessórias que podem apresentar indícios de que a obrigação principal não será cumprida.

Considerando que todas as atenções do credor se voltam para o patrimônio do responsável desde o momento em que surge o débito, mas *principalmente* depois que acontece o inadimplemento, certamente que a partir desse momento (inadimplemento) até a efetiva excussão dos bens que irão colocar fim à dívida

CAPÍTULO 6 • TÉCNICAS DE PROTEÇÃO DA GARANTIA PATRIMONIAL GERAL **175**

(e à própria responsabilidade patrimonial) haverá um lapso temporal que, aos poucos, em uma "escalada de individualização", fará com que a sujeição da garantia patrimonial deixe de ser genérica e passe a ser específica, sendo a penhora judicial, regra geral, o ato processual de individualização da execução expropriatória.

Isso quer dizer que desde o momento em que se forma a relação jurídica obrigacional já é possível a tutela do direito de garantia representado pela "responsabilidade patrimonial". Só que antes do inadimplemento, justamente porque este ainda não aconteceu, a demonstração da necessidade de tutela conservativa da sujeitabilidade do patrimônio é mais complexa para o credor pois precisará deixar claro que há grande risco de o devedor inadimplir e daí a necessidade de conservar o patrimônio garantidor. Para tanto é recomendável que o credor tenha um quadro comparativo do patrimônio do devedor no momento que foi contraída a obrigação e quando da utilização da medida conservativa para deixar claro que o risco é iminente.

A partir do momento que ocorre inadimplemento[14] é que nasce para o credor o direito de satisfazer o seu direito de crédito valendo-se da realização da garantia da responsabilidade patrimonial.

Nesta situação, após o inadimplemento, uma de duas: (i) ou a obrigação (quem deve, a quem se deve, se deve e quanto é devido[15]) já está revelada num título executivo que permitirá buscar a imediata excussão do patrimônio, ou (ii) terá que obter, primeiro, o reconhecimento judicial de que o devedor X é responsável pelo inadimplemento da dívida Y o que se dá, normalmente, por meio de uma sentença que *reconhece o dever de pagar uma quantia*. Este título executivo judicial, provisório ou definitivo, é que permitirá instaurar o procedimento executivo que lhe proporcionará a satisfação da garantia patrimonial.

Assim, à medida que se inicia a escalada para executar bens do patrimônio do responsável, há um natural caminho de identificação de que os bens do patrimônio estarão sujeitos à garantia da dívida inadimplida. Nessa "escalada" rumo à identificação dos bens que compõem o patrimônio do responsável sobre os quais incidirão o poder de excussão do Estado, há de se separar, portanto, em qual momento dessa progressão teria ocorrido o ato lesivo à responsabilidade patrimonial. Dependendo do momento em que a lesão ocorra, o legislador considerou como mais ou menos grave, e, por isso mesmo previu uma reação (remédio jurídico) mais ou menos enérgica contra o referido ato.

---

14. Uma questão séria e importante é identificar o momento do inadimplemento que trataremos em capítulo próprio sobre o tema.
15. Sobre os elementos da obrigação revelados no título ver o excelente livro de Zavascki, Teori Albino. *Título executivo e liquidação*. São Paulo, Revista dos Tribunais, 2002.

Assim, se a lesão ao patrimônio do responsável aconteceu entre o nascimento da dívida e a instauração do processo (de cognição, de execução, monitório ou até mesmo cautelar) que vise satisfazer os prejuízos do inadimplemento, certamente o grau de individualização dos bens (montante) que se sujeitariam à responsabilidade patrimonial ainda se encontrava bastante embaçado, não havendo ainda a colocação do devedor ou o responsável na condição de sujeito passivo do processo instaurado para o fim de obter a satisfação do direito.

Nesse caso, a eventual lesão fraudulenta ao patrimônio afeta diretamente o credor, titular da situação jurídica ativa do direito que foi inadimplido, que perde a garantia contra os prejuízos decorrentes do referido inadimplemento. Para essas situações, uma das técnicas para remediar a fraude patrimonial já cometida é a ação pauliana ou revocatória.

2.3.2 A fraude patrimonial

Como se disse, em razão da escalada de individualização do patrimônio a ser responsabilizado, a proteção do credor contra a fraude realizada é feita pelo exercício do direito de ação em face do devedor e dos adquirentes do bem alienado, pretendendo obter o reconhecimento da ineficácia da referida alienação, restaurando, pois, a sujeitabilidade do patrimônio sujeito à excussão judicial em razão do inadimplemento do devedor. Outrossim, salienta-se que não se trata de obter uma decisão judicial que pretenda dizer que o devedor não possa alienar seus bens, ou que tais alienações não sejam válidas, mas simplesmente que se reconheça que é ineficaz em relação àquele credor a alienação comprometedora do vínculo de sujeitabilidade existente entre aquele bem específico e a dívida ao qual ele serviria de garantia.

Todavia, se a fraude aconteceu após a instauração do processo (monitório, cautelar, cognitivo ou executivo), portanto, no curso de uma relação jurídica processual (pública) e antes de realizada a apreensão e depósito (penhora) do(s) bem(ns) do responsável sujeito(s) à expropriação, então se terá uma situação de litigiosidade do débito e, por conseguinte, de definição dos limites da própria responsabilidade patrimonial, motivo pelo qual a fraude praticada no desfalque patrimonial prejudicial à realização da garantia patrimonial está *in res ipsa*, de forma que o que se tem é, portanto, uma especialização da "fraude contra credores" antes referida. Com a existência de um processo iniciado, há um novo ator, o Estado-juiz, com uma nova situação jurídica sob o enfoque do interesse público.

Nesses termos, considerando o caráter público do processo e o respeito à atividade jurisdicional, a medida a ser utilizada para reprimir o referido ato poderá ser a interposição de uma simples petição instaurando um incidente processual cognitivo requerendo ao magistrado a declaração de ineficácia do ato de alienação em fraude à execução.[16] Não obstante tal situação pudesse ser tomada de ofício, tal fato será extremamente difícil de acontecer pelo desconhecimento judicial do ato lesivo.

Contudo, se a alienação fraudulenta foi do *bem já penhorado*, mas obviamente antes de ser adjudicado ou leiloado, certamente a individualização já era completa e sua afetação à execução era total, de forma que tentativa de livrá-lo da responsabilidade patrimonial é induvidosa e, por isso, mais grave ainda é a conduta praticada, mantendo-se, nesse caso, a constrição exercida sobre o bem como se nada tivesse acontecido[17], prosseguindo-se com as medidas executivas adequadas de forma a considerar inexistente a alienação ocorrida.

O que é mais interessante nesses remédios repressivos é que o negócio jurídico firmado entre o devedor/executado e o terceiro não se torna inválido após a decisão que reconhece o ilícito de fraude, mas tão somente declara-se que a referida transmissão do direito não produziu um de seus efeitos que é o de eliminar o seu vínculo de sujeitabilidade à obrigação inadimplida. Em outros termos, o bem passa ao patrimônio do terceiro, mas mantem o vínculo de sujeitabilidade patrimonial (responsabilidade patrimonial) preso a dívida que servia de garantia. Tanto na fraude contra credores, como na fraude à execução a decisão judicial de procedência do referido pedido reconhece o vínculo jurídico de sujeitabilidade daquele específico bem ou bens alienados à dívida que ele (s) servia de garantia. É como se dissesse que o patrimônio adquirido pelo terceiro continua vinculado à satisfação da dívida reclamada pelo credor/exequente.

---

16. Será fraude à execução mesmo que ainda não tivesse sido instaurada a execução ou o cumprimento de sentença, por aplicação do art. 792, IV, *in verbis*: Art. 792. A alienação ou a oneração de bem é considerada fraude à execução: [...] IV – quando, ao tempo da alienação ou oneração, tramitava contra o devedor ação capaz de reduzi-lo à insolvência.

17. A afirmação acima acerca da alienação (fraudulenta) do bem "penhorado" pressupõe que a penhora tenha sido devidamente registrada, naqueles casos em que o bem constrito se submete a algum tipo de registro público para conhecimento de terceiros. Nestas hipóteses o terceiro que adquire presume saber estar adquirindo um bem que está constrito e por isso contra si presume o ilícito de fraude na aquisição do bem penhorado (penhora registrada). Todavia, caso o terceiro adquira um bem penhorado que não se submete a qualquer tipo de registro público, ou cujo registro da penhora não tenha sido feito pelo exequente, isso não o livra do ônus de provar que foi lícita a sua aquisição, já aplica-se a regra do § 2º do art. 792 do CPC que diz que *"o terceiro adquirente tem o ônus de provar que adotou as cautelas necessárias para a aquisição, mediante a exibição das certidões pertinentes, obtidas no domicílio do vendedor e no local onde se encontra o bem"*.

2.3.3 As fraudes contra o credor e contra a execução: hipóteses e tutela jurídica

2.3.3.1 Direito de propriedade do devedor e tutela jurídica da responsabilidade patrimonial

O direito de propriedade é assegurado na Constituição Federal (art. 5.º, *caput*, XXII e XXVII) e, muito embora se diga aqui e alhures que a cada dia esse direito se veja esvaziado, com o seu núcleo limitado, ainda assim prevalece a máxima do art. 1.228 do CCB, inclusive com as restrições nele existentes, em que se lê que: "o proprietário tem a faculdade de usar, gozar e dispor da coisa, e o direito de reavê-la do poder de quem quer que injustamente a possua ou detenha".

Por outro lado, também assegura o legislador civil, logo no art. 1.º do referido texto, que "toda pessoa é capaz de direitos e deveres na ordem civil". Contudo, por razões óbvias, a faculdade de dispor do patrimônio encontra limites no ordenamento jurídico, e um desses limites, que aqui nos interessa, é justamente aquele que está descrito, por exemplo, no art. 391 do CCB, que assim dispõe: "pelo inadimplemento das obrigações respondem todos os bens do devedor".

A regra tem sabor de obviedade, mas não é demasiado dizer que ninguém pode contrair dívidas que o patrimônio não consegue garantir em caso de inadimplemento. Se é verdade que existe uma liberdade de dispor do patrimônio e de contrair obrigações, por outro lado, também é verdade que deve haver um justo equilíbrio entre a dívida assumida e a responsabilidade patrimonial para suportá-la em caso de inadimplemento, de forma que haverá uma patologia ou anormalidade quando a responsabilidade para garantir a dívida for inferior às dívidas assumidas.

A regra do art. 391 do CCB deixa clara a existência de dois fenômenos na relação jurídica obrigacional. O primeiro consubstanciado na própria *prestação* que tipifica o devedor ou obrigação. O segundo referente à consequência pelo descumprimento da primeira. Na primeira o que se espera é que a prestação seja cumprida. A segunda existe em função da primeira, ou seja, a *garantia* existe para proteger o credor contra o inadimplemento da primeira, tal como se fosse uma consequência pelo descumprimento.

Nesse dispositivo está claro que, ao assumir uma obrigação, o devedor, melhor do que ninguém, deve saber que se incumprir a prestação, o seu patrimônio será responsável pela garantia da dívida. Assim, não pode e não deve, de forma alguma, desfalcar o seu patrimônio de forma a tornar essa garantia oca, inócua ou infrutífera.

De nada adiantaria o direito material conceber ao credor o direito potestativo de expropriar o patrimônio do executado destinado à satisfação da dívida inadimplida se, quando provocasse o Estado a fazê-lo, o patrimônio do devedor ou responsável estivesse absolutamente desfalcado.

É exatamente por isso que o ordenamento jurídico excogita uma série de técnicas e ferramentas processuais que permitem ao credor tutelar a responsabilidade patrimonial, seja para *evitar* que ela seja desfalcada, seja para *remover* o desfalque cometido pelo devedor.

É importante deixar registrado que, desde o momento em que o devedor assume a obrigação, ele sabe, por imposição legal, que a consequência pelo inadimplemento da obrigação é a sujeição do seu patrimônio. Enfim, tem o devedor total conhecimento do estado de sujeição e do respectivo contradireito (potestativo) em favor do credor. Por isso mesmo, não é possível admitir qualquer atitude inocente do devedor ao desfalcar o patrimônio, além do limite necessário para garantir as dívidas por ele mesmo assumidas.

É nesse diapasão que a legislação civil brasileira prevê a possibilidade de que tais atos, ilícitos sob a perspectiva do devedor/responsável, possam ser *impedidos* ou *removidos* através de meios e técnicas processuais que tenham por finalidade a tutela da responsabilidade patrimonial.

Destarte, se por um lado é inegável que as técnicas processuais preventivas ou inibitórias do desfalque patrimonial apresentam-se como mecanismos eficazes e simples porque os atores envolvidos são o credor e o devedor/responsável, por outro lado, é inegável também que a probabilidade de o credor descobrir a tempo de prevenir ou inibir o desfalque é muito difícil, pois normalmente o devedor/responsável o faz de forma sorrateira, pois, afinal de contas, ele, mais do que ninguém, sabe quais as suas dívidas e qual o seu patrimônio. [18]

Assim, quando o único remédio disponível é aquele que pretende a remoção do ilícito, os atores já não são mais o credor e o devedor/responsável, senão porque passa a existir um outro sujeito, um terceiro adquirente do bem/direito que desfalcou o patrimônio em violação à responsabilidade patrimonial. E, nesse caso, o terceiro, salvo as presunções legais, é de boa-fé e, da mesma forma que o credor, também pode ter sido enganado pelo devedor/responsável.

---

18. As fraudes, especialmente as premeditadas em tempos mais remotos, não são praticadas para serem vistas facilmente, algo que seja fácil de se descobrir, até porque, ao contrário, aparentam uma situação e legalidade. Por isso não se pode impor um pesado e diabólico ônus da prova da fraude exigindo a *prova direta* dos fatos e atos fraudulentos. Deve-se admitir a prova indiciária e, em especial, a combinação de fatos indiciários que revelam, em conjunto, um comportamento não usual ou comum para aquelas situações envoltas na fraude.

Assim, na tutela de remoção do ilícito cometido pelo devedor/responsável que alienou bem sujeito à responsabilidade patrimonial para um terceiro de boa-fé, passa a existir um complicador, que é a posição jurídica do terceiro adquirente ou em favor de quem o bem foi onerado/alienado. Esse "complicador" pode ser ainda maior quando estamos diante de alienações sucessivas e, portanto, vários "terceiros" em cadeia.

E exatamente porque se tem esse novo ator é que a ele também é disponibilizado remédios jurídicos para proteção de seus direitos, como, por exemplo, a ação de embargos de terceiro, hábil para promover a defesa da sua posse ou propriedade do bem submetido – ou em amaça de ser submetido – à responsabilidade de dívida de outrem. Concluindo, pode-se dizer que o legislador estabelece momentos diversos, e remédios igualmente diversos, para tutelar a responsabilidade patrimonial.

O primeiro momento é anterior à dilapidação do patrimônio pelo sujeito responsável, e que pode ser anterior até mesmo ao próprio inadimplemento, caso em que o ordenamento jurídico fornece uma técnica processual preventiva/inibitória contra o respectivo ilícito.

Se, por outro lado, o ilícito já tiver sido cometido, então o legislador separa os remédios disponíveis para o credor, de acordo com um marco temporal, que é o ajuizamento da demanda condenatória ou do processo de execução (de título extrajudicial).

Assim, se o ilícito cometido pelo devedor for anterior a esse *marco temporal*, será um ilícito de natureza civil, privado, envolvendo apenas os credores e devedores/responsáveis e por isso o ordenamento jurídico oferta a técnica processual de demanda que reconhecerá a *fraude contra credores*, popularmente conhecida como *ação pauliana* ou *revocatória*, que tanto poderá ser exercida formalmente por ação autônoma ou reconvencional.

Contudo, se o ilícito praticado pelo devedor for posterior àquele marco temporal, ele será reputado como um ilícito processual de *fraude à execução*, e o ordenamento jurídico oferta mecanismo mais simples e direto para sua remoção, pois, sendo um ilícito de natureza pública (processual), que atenta contra a dignidade da justiça, insurge-se por simples petição de objeção formulada pelo exequente nos próprios autos de onde se processa a execução.

Tanto num ou noutro caso não é possível cogitar que do referido procedimento cognitivo – processo incidental ou incidente processual – não participe (ou que se oportunize a participação) do terceiro que será atingido pela decisão que reconhece o vínculo de sujeitabilidade patrimonial do bem por ele adquiri-

CAPÍTULO 6 • TÉCNICAS DE PROTEÇÃO DA GARANTIA PATRIMONIAL GERAL

do. É possível que o próprio terceiro antecipe a sua participação provocando, ele mesmo, a tutela jurídica por meio de ação como no caso dos embargos de terceiro.

2.3.3.2 O ato ilícito da fraude sob a perspectiva dos sujeitos envolvidos

Ao violar a responsabilidade patrimonial mediante desfalque do seu patrimônio, o devedor comete um ato ilícito (art. 186 do CCB)[19] e é preciso que os sujeitos lesados por este ato encontrem no ordenamento jurídico remédios adequados à tutela dos seus direitos.

Os atores envolvidos e prejudicados pelo referido ilícito podem variar, de acordo com o momento em que o ilícito é cometido (antes ou depois de insaturado o processo) e com a posição jurídica assumida em relação ao mesmo (credor, devedor, terceiro e o estado-juiz). É curioso notar que inúmeras vezes poderá acontecer de mais de um personagem ser injustamente lesionado, criando uma situação *sui generis* de o ordenamento jurídico ter, por opção política legislativa, que "escolher" qual sujeito que deve merecer a tutela jurídica, ainda que estejam todos os lesados de boa-fé.

Sempre que o direito potestativo do credor à expropriação do patrimônio do devedor/responsável (*satisfazer a garantia patrimonial*) já tiver sido exercido em juízo por intermédio de um processo de execução ou demanda condenatória que leve a um cumprimento de sentença, qualquer ato ilícito de fraude que venha a ser cometido pelo devedor de redução ou desfalque indevido de seu patrimônio será extremamente grave, porque a mácula não prejudicará apenas os "credores", mas a própria Jurisdição estatal. Tratar-se-á, por isso mesmo, de um ato ilícito cometido no âmbito do processo, atentatório à dignidade da justiça, que envolverá, além de outros credores prejudicados, um ente público e, por isso mesmo, com métodos e consequências ainda mais sérias do que se tivesse sido cometido em momento anterior à instauração das referidas demandas. Se o bem já tiver sido constrito pela penhora, e, portanto, em vias de ser expropriado, o vício é ainda mais grave.

Assim, quando o ato ilícito de fraude for cometido antes de instaurada a demanda (condenatória ou processo de execução) pelo credor, então não haverá ato ilícito no processo, excluindo-se do rol de prejudicados o Estado-juiz, mas identificam-se pelo menos três personagens envolvidos em relação a tal ato:

(a) o credor titular do direito à expropriação do patrimônio do responsável/ devedor;

---

19. Art. 186. Aquele que, por ação ou omissão voluntária, negligência ou imprudência, violar direito e causar dano a outrem, ainda que exclusivamente moral, comete ato ilícito.

(b) o terceiro adquirente (que também é um credor) do bem que foi retirado do patrimônio garantidor da dívida por alienação ou oneração pelo devedor/responsável; e

(c) o devedor/responsável que cometeu o ilícito de desfalcar o seu patrimônio além do que lhe era permitido fazer.

O primeiro personagem citado acima é o credor da obrigação inadimplida, e, portanto, o titular do direito à expropriação do patrimônio do devedor/responsável em favor de quem a garantia patrimonial foi prestada e que agora necessita que seja satisfeita. É o credor que poderá ir a juízo para fazer valer o seu direito potestativo, submetendo o patrimônio do devedor/responsável à expropriação, e que se viu prejudicado porque a subtração do patrimônio do devedor lhe causou o dano de não poder receber a quantia do devedor porque este não possui patrimônio a excutir. Enfim, a garantia patrimonial da dívida inadimplida não poderá ser satisfeita porque foi desfalcada pelo ilícito cometido. Além de não receber a prestação que lhe era devida, o credor também fica impossibilitado de satisfazer este prejuízo causado pelo inadimplemento porque o patrimônio foi ilicitamente desfalcado.

O segundo personagem é o terceiro adquirente ou em favor de quem foi ilicitamente onerado o bem que compunha o patrimônio do responsável/devedor. É o sujeito que fez o negócio jurídico com o devedor, ou seja, possui uma relação jurídica que teve na sua raiz um ato ilícito (desfalque indevido do patrimônio responsável para garantir a dívida inadimplida) e que pode ter sido feito com ou sem o seu conhecimento. Obviamente que o ordenamento jurídico oferecerá proteção ao seu direito, ou seja, protegerá esse *terceiro/credor* se e somente se tiver agido com boa-fé, como veremos oportunamente. Lamentavelmente, podem haver mais de um terceiro, bastando imaginar uma cadeia sucessiva de transmissões do mesmo bem, o que só torna ainda mais complexo o problema.

O terceiro personagem é o devedor/responsável, aquele que tinha o seu patrimônio submetido às obrigações por si assumidas e que, além de inadimplir a obrigação, desfalcou a garantia legal da responsabilidade patrimonial. Em relação ao negócio jurídico firmado com o terceiro, o devedor tem a má-fé da sua conduta presumida, *in re ipsa*, simplesmente porque sabia, por expressa previsão legal, para toda e qualquer dívida que assume tem uma responsabilidade patrimonial que a garante. Se alienou ou desfalcou o patrimônio além do permitido, certamente tinha consciência, ou presumia-se ter, de que não poderia cometer tal ilícito. Se o negócio jurídico firmado com o terceiro for reconhecido como tendo sido realizado em conluio, em fraude à responsabilidade patrimonial, então será tido por ineficaz nos exatos limites da manutenção do patrimônio responsável àquela dívida que servia de garantia.

2.3.3.3 Fraude contra credores

Partindo da premissa de que o desfalque patrimonial ilícito já tenha sido cometido, é preciso excogitar os remédios jurídicos que permitam reverter a situação criada em desfavor do credor prejudicado.

O ponto de partida para qualquer remédio que vise a reversão do desfalque da garantia patrimonial do devedor é que previamente exista um crédito protegido por tal garantia e que, com o ato de disposição ou oneração, esta proteção fique comprometida.

Assim, créditos que nasçam após os atos de redução patrimonial não preenchem o requisito para utilizar destes remédios, e, tampouco quando o ato de desfalque não comprometa a garantia patrimonial de nenhum credor.

> Assim, por exemplo, se o ato de disposição do patrimônio, unilateral (renuncia a uma herança) ou bilateral (alienação onerosa de um imóvel), se deu antes de um crédito ter sido constituído, não se pode dizer que ele estava protegido pelo patrimônio que foi desfeito. Por outro lado, ainda que crédito houvesse, se o ato de disposição não reduziu o patrimônio a ponto de violar a garantia patrimonial, também nada poderá ser remediado. É preciso que o ato de desfalque do patrimônio comprometa uma garantia patrimonial preexistente, ou seja, de um crédito que já exista. Observe que o "crédito preexistente" não se confunde com o crédito reclamado em juízo. Pode ele preexistir e não ter sido reclamado ainda, ou ser reconhecida a sua existência (ex tunc) por meio de sentença condenatória como nos casos de créditos derivados de ato ilícito ou os negociais estampados em documento sem eficácia de título executivo extrajudicial.

Não pretendemos aqui adentrar em questões específicas que envolvam os conceitos de *existência, validade e eficácia* do ato ou negócio jurídico, mas admitido que o ilícito (desfalque patrimonial ilícito) já tenha sido cometido, mas que ainda não tenha ocorrido o ajuizamento da demanda condenatória (que levará ao cumprimento de sentença) ou executória (processo de execução), deve o credor propor uma demanda contra o devedor/responsável que praticou o ato e também contra o terceiro (ou terceiros, se a cadeia dominial de transferência for mais de uma pessoa), colocando-os no polo passivo dessa demanda em um litisconsórcio necessário unitário.[20-21-22]

---

20. (...) Em se tratando de ação anulatória (pauliana) para tornar sem efeito negócio jurídico, há litisconsórcio necessário entre todos os que participaram do ato, porquanto a sentença será, necessariamente, a mesma em relação às partes litigantes. (...)" (REsp 242.151/MG, Rel. Min. Luis Felipe Salomão, Quarta Turma, j. 02.09.2008, *DJe* 15.09.2008).

21. Art. 161. A ação, nos casos dos arts. 158 e 159, poderá ser intentada contra o devedor insolvente, a pessoa que com ele celebrou a estipulação considerada fraudulenta, ou terceiros adquirentes que hajam procedido de má-fé.

22. A fraude contra credores requer a declaração de ineficácia de um negócio jurídico em relação ao credor que teve o seu direito à responsabilidade patrimonial violado. Exatamente por isso, requer que tal

Isso porque a pretensão nela contida é a obtenção de um provimento judicial que restabeleça o patrimônio desfalcado pelo negócio jurídico formulado entre os réus, ou seja, reconheça a *ineficácia* do negócio jurídico formulado pelo devedor com o terceiro nos limites da responsabilidade patrimonial restabelecida. Trata-se, ao nosso ver, de *ineficácia* do negócio jurídico nos limites do desfalque patrimonial e não propriamente de *invalidação* do negócio jurídico porque a causa, o motivo, o fundamento é um *fato exterior* à relação negocial envolvendo o devedor e o terceiro. Não se atinge o conteúdo do negócio jurídico, mas apenas o efeito em relação apenas ao credor/autor da demanda.

Em outros termos, pretende o credor o provimento judicial que remova o ilícito danoso cometido sobre a garantia da responsabilidade patrimonial *no exato limite da garantia para a qual ele servia*. Assim, se o negócio jurídico firmado entre devedor e terceiro envolvia inúmeros bens e apenas um deles é suficiente para garantir a dívida que vinculava o autor e o devedor, esse será o limite da restauração da garantia patrimonial desfalcada ilicitamente. Daí por que se fala em ineficácia e não em invalidação de todo o negócio. A procedência da demanda implica em reconhecer que a oneração ou alienação do patrimônio em favor do terceiro não subtraiu aquele determinado bem da garantia patrimonial da dívida à qual estava vinculado. Assim, por exemplo, o patrimônio continua alienado para o terceiro, mas essa alienação não teve a eficácia, em relação àquele credor, de retirá-lo da responsabilização patrimonial.

É claro que nessa demanda o credor deverá demonstrar a situação de *ilicitude*, ou seja, que o devedor desfalcou o referido patrimônio violando a garantia da responsabilização patrimonial em relação a dívida assumida e inadimplida em relação ao credor.

A natureza civil do ilícito da fraude contra credores atrela-se a um *vício social fruto de um ato ilícito* cometido pelo devedor/responsável e vem inserta nos arts. 158 e 165 do Código Civil, em que se encontram as hipóteses denominadas pelo CCB de anulação do negócio jurídico (arts. 171, II, e 165).

---

pretensão seja veiculada por meio de ação própria, como determina a legislação civil e processual (art. 790, VI, do CPC). Já na fraude à execução, porque se trata de um ilícito processual, realizado contra a atividade jurisdicional e na pendência de uma causa (demanda condenatória ou executória), pode ser reconhecida a ineficácia do ato ilícito nos próprios autos do processo mediante simples provocação por objeção do credor/exequente. Esse aspecto – poder ser alegado por simples objeção/exceção – permite que sejam arguidos pelo exequente quando seja réu em uma ação de embargos de terceiro proposta pelo adquirente do bem constrito em processo do qual ele não faça parte. Nesse sentido, são coerentes as Súmulas 195 e 84 do STJ, que assim dispõem: "Em embargos de terceiro não se anula ato jurídico, por fraude contra credores" (Súmula 195, Corte Especial, j. 01.10.1997, *DJ* 09.10.1997, p. 50.798) e "É admissível a oposição de embargos de terceiro fundados em alegação de posse advinda do compromisso de compra e venda de imóvel, ainda que desprovido do registro" (Súmula 84, Corte Especial, j. 18.06.1993, *DJ* 02.07.1993, p. 13.283).

Nesses dispositivos do CCB encontram-se os suportes fáticos, com inúmeras presunções firmadas pelo próprio legislador, que configuram a fraude contra credores. Eis aí, portanto, os fundamentos para a propositura da referida demanda que pretende remover o ilícito (desfalque patrimonial indevido) cometido pelo devedor/responsável.

O requisito "número um", antecedente a qualquer outro, é o prejuízo suportado pelos credores com a referida subtração patrimonial. A eventual *ilicitude do ato jurídico* nem sequer deve ser apreciada antes de estar configurado o *dano* sofrido resultante da subtração patrimonial. Isso porque o interesse do credor em fulminar tal ato jurídico resulta, primeiro, do suposto prejuízo suportado pelos atos de desfalque praticados pelo devedor. A *garantia patrimonial deve ter sido comprometida com o referido* ato, pois, não havendo dano, nem sequer se perquire os demais requisitos.

Como o ato de desfalque patrimonial envolve um ou mais terceiros, não é possível que se ignore ou prescinda do elemento anímico que envolva esse(s) outro (s) sujeito(s) que fizeram negócio com o devedor adquirindo bem que violou a garantia da responsabilidade patrimonial vinculada a outra obrigação.

De forma até didática, o legislador separa as hipóteses de atos ilícitos gratuitos e atos ilícitos onerosos. Nos gratuitos, basta a prova do nexo entre o ato e o desfalque patrimonial. Já nos atos onerosos (porque pode haver um prejuízo financeiro para um terceiro adquirente), o reconhecimento do ato ilícito depende da comprovação do desfalque patrimonial e da má-fé (analisada a partir das circunstâncias em que o negócio foi realizado) do terceiro adquirente.[23]

Em nosso sentir, no primeiro ponto que deve ser claro, independentemente de o ato ser oneroso ou gratuito, é irrelevante o elemento anímico do devedor que onera ou aliena o patrimônio, desfalcando a sua responsabilidade patrimonial sobre as dívidas assumidas.

Isso porque a garantia da responsabilidade patrimonial é imposta pela lei, embutida pelo legislador em toda e qualquer obrigação, figurando com *norma sanção ou perinorma* que incide com o inadimplemento[24]. Todo devedor sabe que, ao assumir uma obrigação, assume, por imposição legal, a garantia de que seu patrimônio responde pela dívida. Tanto é verdade que o art. 164 do CCB excepciona a hipótese em que existe a presunção de boa-fé do devedor quando aliena ou onera o patrimônio, nos casos de negócios ordinários indispensáveis à

---

23. Nesse sentido, ver: A. Wald. Curso de direito civil brasileiro. Parte geral. 4. ed. São Paulo: Ed. Sugestões Literárias, 1975. p. 239.
24. Neste sentido de ser uma "consequência" ver TRABUCCHI, Alberto. Instituzioni di Diritto Civile. 44ª ed. Milano: CEDAM, 2009. p. 642.

manutenção de estabelecimento mercantil, rural ou industrial, ou à subsistência do devedor e de sua família. Portanto, regra geral, é absolutamente irrelevante a ciência ou o conhecimento pelo devedor/responsável de que se encontra em situação em que o seu ativo (patrimônio) é menor do que o passivo (dívida).

Assim, para a configuração da fraude contra credores é necessário a demonstração dos seguintes elementos: *eventus damni* e o *consilium fraudis*.

O primeiro identifica-se como a ocorrência ou o evento do dano, que nada mais é do que o prejuízo a ser suportado pelos credores. Tal aspecto é da própria lógica que justifica o interesse na propositura desta demanda, pois se o devedor, após os atos negociais, possui um ativo maior do que o passivo, nem sequer haveria interesse de agir na propositura dessa demanda. Deve ser de plano indeferida a demanda pauliana quando não há uma indicação de que há o desfalque causador do prejuízo. Não há legitimidade para os credores questionarem a legalidade ou idoneidade de atos jurídicos praticados por credores e terceiros se não estiver embasado em uma alegação coerente de que teria ocorrido um desfalque patrimonial que lhe foi prejudicial, de que a *garantia patrimonial* estaria comprometida. Se há dano à garantia patrimonial, há ato ilícito, restando saber se o terceiro participe tinha conhecimento ou não desta ilicitude.

Já o segundo deve ser entendido não propriamente como um "conluio de vontades com a intenção de fraudar credores", ou seja, não é necessário que se demonstre um conluio ou acerto entre o devedor e o terceiro como se fosse uma trama arquitetada entre ambos, sendo suficiente a *ciência do terceiro de que a sua aquisição do bem constituiria uma violação (desfalque) da responsabilidade patrimonial, aqui vista como garantia do adimplemento de uma obrigação*. A própria lei cria uma série de presunções em que a fraude é *in re ipsa* no próprio ato praticado, dispensando qualquer prova sobre o tal *consilium fraudis*.

Pela simples leitura dos dispositivos, verifica-se que são diversas as formas pelas quais a fraude contra credores se manifesta, ou seja, o ato ilícito de desfalcar o patrimônio que garante as obrigações, a saber: transmissão gratuita de bens (art. 158), contrato oneroso (art. 159), a renúncia de herança, a remissão de dívidas (art. 158), o estabelecimento de preferências a credores etc.

Tratando-se de atos praticados a título gratuito, porque não há prejuízo ao terceiro, a fraude é *in re ipsa*, e para a sua configuração basta demonstrar que o referido ato ilícito desfalcou além do devido a responsabilidade patrimonial do devedor.

Por outro lado, tratando-se de atos onerosos, é preciso perquirir, além do evento danoso à responsabilidade patrimonial, se, além disso, o terceiro tinha conhecimento de que o bem por ele adquirido constituiu um indevido desfalque da responsabilidade patrimonial do alienante em relação ao autor da demanda. Na verdade, melhor dizendo, usando a precisão cirúrgica de Alexandre Câmara "é a potencial consciência da insolvabilidade", ou seja, "que do devedor se pudesse razoavelmente exigir que soubesse que com a prática daquele ato se tornaria insolvável".[25]

Assim, ressalvas feitas à técnica redacional, prescreve o art. 159 do CCB que são anuláveis os contratos onerosos do devedor insolvente quando a insolvência for notória ou houver motivo para ser conhecida do outro contratante. Isso significa dizer que atualmente, considerando a facilidade de comunicação e obtenção de informações a respeito de pessoas e bens, não há razões para se estabelecer uma boa-fé presumida do terceiro ou considerá-lo como um pobre coitado, um sujeito ingênuo que merece ter o seu negócio protegido a todo custo, livrando o bem adquirido da garantia patrimonial ao qual estava submetido a negócio anterior inadimplido pelo alienante.

Enfim, superada a demonstração de que tal ato foi danoso ao credor, é preciso que a boa-fé do terceiro seja configurada ou esteja presente levando-se em consideração, em primeiro lugar, a regra da concentração dos atos registrais em relação aos bens que são submetidos a algum tipo de registro.

Assim, é preciso saber se o bem que foi negociado depende de algum tipo de registro (imóvel, carro, ações etc.), e, se assim é, se nele constava alguma anotação ou averbação que afastaria de imediato a boa-fé do terceiro adquirente. Não se tratando destas hipóteses, porque a alienação se dá normalmente antes de existir qualquer tipo de restrição registrada, é preciso verificar o contexto em que ele fez a sua aquisição, ou seja, é seu dever verificar se o *alienante/devedor* possuía qualquer restrição, ônus ou gravame pessoal, se a transação foi acompanhada e orientada por um corretor, se o preço pago foi o preço de mercado à época, se não se tratava de uma "oportunidade" que merecesse alguma desconfiança, se numa pesquisa simples em serviços de proteção ao crédito havia restrições ao alienante, se em simples consultas a sítios eletrônicos da justiça trabalhista, federal e estadual do domicílio do alienante constava número expoente de ações em curso tendo ele a condição de réu etc.

Por isso, não nos parece que atualmente seja tirânica, como já foi em outros tempos, a prova do evento danoso e da má-fé do terceiro para restar configurada a fraude contra credores nos casos de alienação onerosa do bem, mormente com a franca e recomendável utilização da distribuição dinâmica da prova do art. 373, § 1º, do CPC.

---

25. Alexandre Freitas Câmara. O novo processo civil brasileiro. São Paulo: Atlas, 2016, p. 339.

A sentença de procedência dessa demanda culminará, segundo o art. 790, VI, do CPC, com a sujeição dos bens do responsável à execução *"cuja alienação ou gravação com ônus real tenha sido anulada em razão do reconhecimento, em ação autônoma, de fraude contra credores".*

2.3.3.4   Fraude à execução

Uma vez cometido o ato ilícito (desfalque patrimonial) pelo devedor/responsável depois do ajuizamento da demanda condenatória (que levará ao cumprimento de sentença) ou executória (processo de execução), deve a parte requerer, por petição simples, mediante uma *objeção de ordem pública*, o reconhecimento de que a alienação do bem foi feita em fraude à execução.

Como se pode notar, a fraude à execução, embora também situada como situação extrínseca ao negócio jurídico firmado entre o devedor e o terceiro e, portanto, inserida no campo da ineficácia, é vício mais grave do que a fraude contra os credores, porque há um outro personagem envolvido (o Estado-juiz) e, também, porque, pelo momento em que foi praticado o ilícito, mais próxima e mais evidente estava a realização e concretização da responsabilidade patrimonial mediante atos de expropriação do patrimônio do devedor/responsável/executado.

É claro que é no momento de realização do desapossamento (execução para entrega) ou da penhora (execução por expropriação), tanto no cumprimento de sentença, quanto no processo de execução, que o exequente se depara com a indesejável situação de inexistência de bens no patrimônio do executado. Se descobrisse antes, certamente lançaria mão de alguma tutela preventiva, mas infelizmente esse tipo de ato ilícito é feito às escondidas, justamente para ficar oculto e só ser percebido quando se torne deveras difícil a sua remoção.

Assim, por se tratar de ato ilícito praticado após a instauração da demanda condenatória ou executiva, a fraude cometida pelo réu/executado é considerada um ato atentatório à dignidade da justiça, tal como enuncia o art. 774, I, ao dizer que "Considera-se atentatória à dignidade da justiça a conduta comissiva ou omissiva do executado que: I – frauda a execução".

Como bem diz Humberto Theodoro Júnior, na fraude à execução "a alienação dos bens do devedor vem constituir verdadeiro atentado contra o eficaz desenvolvimento da função jurisdicional já em curso, porque lhe subtrai o objeto sobre o qual a execução deverá recair".[26]

---

26. Humberto Theodoro Júnior. Curso de direito processual civil. Rio de Janeiro: Forense, 2002. p. 166-167.

Pela própria natureza de ser um ilícito processual, tal vício é de ordem pública, é informado pelo princípio inquisitivo e sobre ele pode e deve conhecer de ofício o juiz, devendo inclusive aplicar a penalidade prevista no art. 774 sem prejuízo de outras sanções cabíveis. É justamente porque possui uma natureza processual que tal instituto vem regulamentado pelo CPC no art. 792 com diversos incisos que tipificam as hipóteses da referida fraude.

Obviamente que o fato de ser um vício de ordem pública cognoscível de ofício, é óbvio que não se admite a violação do contraditório (art. 10 do CPC). É necessário que se instaure um *incidente cognitivo* envolvendo credor, devedor e terceiro cujo mérito é justamente o reconhecimento da fraude à execução e, se necessário for, a restauração do desfalque patrimonial. A natureza de ofício da questão não a torna imune ao contraditório de forma alguma.

É importante que fique bem claro que a *fraude à execução* não possui uma simetria em relação à *fraude contra credores*, ou seja, como se esta fosse *aquela* só que antes de instaurado o processo. Essa simetria não existe, porque na *fraude à execução*, ao contrário da fraude contra os credores, não se tutela apenas a garantia da responsabilidade patrimonial, mas todo e qualquer bem que estiver sujeito à execução que dela venha a ser retirado pelo devedor/responsável. Explica-se.

A fraude à execução se presta também para situações em que a execução é para a entrega de coisa; ou seja, sendo a *coisa o fim a ser perseguido na execução e o executado aliena ou onera o referido bem*, ou seja, quando a tutela executiva é para a realização do débito e não para incidir a garantia da responsabilidade patrimonial. Trata-se de realizar a entrega do bem específico em posse do devedor. (art. 792, I, do CPC)

Não se nega que a maior parte dos casos de *fraude a execução* estejam relacionadas com a tutela da garantia patrimonial, no qual o bem desfalcado do patrimônio é mero instrumento para obter o dinheiro que servirá para garantir o adimplemento.

Feita essa observação, passa-se aos requisitos da fraude à execução (dano e fraude) que se vivificam na verificação dos seguintes aspectos: (i) estado de pendência de uma demanda judicial condenatória ou executória; (ii) a situação de "insolvência" do executado; e (iii) a má-fé do terceiro.

O primeiro requisito está diretamente relacionado com a natureza processual da referida ilicitude e torna presumida para o réu/executado a ciência de que praticou o negócio com o terceiro assumindo o risco de que poderia ser considerado em fraude à execução. A citação é o ato pelo qual o réu ou interessado ou o executado são convocados para integrar a relação jurídica processual (art. 238).

Desde que tenha sido validamente citado o réu, já existe demanda pendente, e, como tal, já está presente o primeiro requisito.[27]

O segundo aspecto, o pressuposto da "insolvência" do executado é simplesmente a condição de que o seu ativo é menor do que o passivo e, portanto, insuficiente para garantir a expropriação contra si instaurada. A própria inexistência de bens a penhorar é exemplo claro e inequívoco da referida "insolvência".

Os dois elementos anteriores são objetivos: (a) ciência da demanda condenatória ou executória quando realizada a alienação ou oneração patrimonial e (b) inexistência de patrimônio suficiente para garantir a execução da obrigação inadimplida.

Com relação ao terceiro aspecto, a má-fé do terceiro adquirente, a questão deve ser analisada de forma muito cuidadosa, sendo preciso distinguir as hipóteses em que o ato de alienação ou oneração se deu a título gratuito ou oneroso.

Se foi a título gratuito, então o terceiro não terá sofrido nenhum prejuízo e o reconhecimento da ineficácia não depende da prova de nenhum ato de má-fé de sua parte, caso a alienação ou oneração tenha preenchido as demais condições objetivas supramencionadas.

Por outro lado, se se tratou de alienação ou oneração de bem a título oneroso, então é preciso verificar, além daquelas condições objetivas anteriores, se houve má-fé do terceiro e, nesse caso, é de se estabelecer as seguintes premissas, considerando o que preceitua o próprio CPC:

1. se tratava de bem que não estava sujeito a qualquer tipo de registro e por isso mesmo não estava nem em nome do devedor nem do terceiro;

2. se tratava de bem que se submetia a qualquer tipo de registro, mas não teria sido registrado pelo terceiro adquirente, caso em que ainda constava o bem em nome do devedor quando procedida a constrição executiva em nome do devedor;

3. se tratava de bem que se submetia a qualquer tipo de registro e como tal estava registrado em nome de terceiro quando se pretendeu fazer a constrição patrimonial do referido bem adquirido pelo terceiro.

Na primeira hipótese, segundo o art. 792, § 2º, do CPC, tem-se que o terceiro adquirente de um bem que lhe foi alienado pelo devedor tem o ônus de provar que adotou as cautelas necessárias para a aquisição, mediante a exibição

---

27. "1. A jurisprudência desta e. Corte está firmada no sentido de que se a doação ocorreu em momento anterior à citação do devedor (in casu, sócio da pessoa jurídica), fica descaracterizada a fraude à execução prevista no art. 593, inc. II, do Código de Processo Civil. Precedentes. 2. Agravo regimental desprovido" (AgRg no REsp 1.347.940/RS, Rel. Min. Marco Buzzi, Quarta Turma, j. 25.02.2014, DJe 05.03.2014).

das certidões pertinentes, obtidas no domicílio do vendedor e no local onde se encontra o bem. Como o bem não estava sujeito a qualquer tipo de registro, nem o terceiro adquirente nem mesmo o autor/exequente poderiam fazer qualquer tipo de registro sobre o mesmo, de forma que o ônus é transferido para o terceiro, que deve demonstrar que tomou as cautelas mínimas ao adquirir o bem.

Na segunda hipótese, parece-nos que a situação é ainda mais desfavorável ao terceiro, já que nenhum registro foi feito sobre o bem, como aliás, reforça o art. 54 da Lei 13.057 que protege o princípio da concentração registral dos bens imóveis em prol da segurança jurídica.

Ora, numa exegese *contrario sensu* do § 2º do art. 792 tem-se que se o bem era sujeito a registro e o terceiro não procedeu o registro de sua aquisição esta inércia milita em seu desfavor. Assim, se o bem admitia o referido registro sobre ele nada existia quando se procedeu a penhora ou a constrição do bem no curso da execução, então contra si (o terceiro) presume a sua inércia e a execução deve prosseguir sobre o referido bem, ainda que o terceiro apresente, por exemplo, um "contrato com data anterior".[28]

A terceira hipótese é aquela em que houve registro feito sobre o bem, seja pelo terceiro, seja pelo autor/exequente, isto é:

a. se assim que adquiriu o bem o terceiro procedeu o registro em seu nome e nenhum outro registro existia sobre o bem, tal fato milita a seu favor, embora não se descarte a possibilidade de que a aquisição tenha sido em fraude à execução, caso em que poderá o magistrado utilizar, inclusive, a regra do art. 373, § 1º, do CPC;

b. o autor/exequente já tinha feito o registro sobre o bem, por exemplo, todos os registros possíveis das demandas em curso ou atos nelas contidos (hipoteca judiciária, averbação da propositura da ação de execução [art. 828], registro da penhora). Isso quer dizer que o bem adquirido pelo terceiro após o conhecimento *erga omnes* do registro feito pelo autor/exequente faz com que seja absoluta a presunção de má-fé do terceiro (se o credor já tiver realizado algum registro da condenação, demanda executiva etc.), pois adquiriu um bem após conhecimento deste fato.

---

28. Nessa linha o art. 54 da Lei 13097, de forma que em nosso sentir, nenhum terceiro deve adquirir um bem sem ter os cuidados mínimos nos dias atuais, considerando a facilidade de obtenção de informações, inclusive pelos meios virtuais como consulta aos órgãos de proteção ao crédito, sítios eletrônicos das justiças locais para obter informação do alienante, desconfiar a procedência e o preço pago quando se mostrem suspeitos... entre outras cautelas comuns no nosso dia a dia.

Obviamente que todas estas questões poderão ser objeto de debate e contraditório no incidente processual instaurado nos termos do art. 792, § 4º,[29] ou por meio do contraditório do credor prejudicado no bojo dos embargos de terceiro ajuizado pelo adquirente atingido ou ameaçado pelo esbulho judicial nos termos do art. 674, § 2º, II, do CPC.

2.3.4 A declaração de nulidade do negócio jurídico

A invalidade do ato jurídico pressupõe que ele seja existente, mas que contenha defeito. Defeito este que o ordenamento jurídico, a depender do grau de repercussão na ordem pública ou lesão a terceiros, pode tipificar com a sanções mais ou menos severas. No Código Civil brasileiro tem-se dois degraus de invalidade cuja reação do ordenamento é a imposição de sanção de nulidade e a de anulabilidade. No primeiro caso, pela gravidade, a sanção imposta de ineficácia do ato atinge a todos, além do fato de que normalmente tais atos não são possíveis de se convalescer. De outra banda, as anulabilidades, normalmente interessam apenas àqueles que estejam diretamente vinculadas aos referidos atos, admitindo-se que o decurso do tempo possa fazer cessar o defeito que os maculava.

Seguindo a dogmática do direito civil brasileiro, lá está previsto no art. 166 e ss. o regime jurídico do reconhecimento da nulidade e da anulabilidade dos atos jurídicos e colhe-se dos incisos do art. 166 as causas geradoras da *nulidade* dos atos inválidos[30], portanto, que podem ser alegadas por "qualquer interessado", ou pelo Ministério Público, quando lhe couber intervir, bem como pela natureza de ordem pública do vício existente, devem ser pronunciadas pelo juiz, quando conhecer do negócio jurídico ou dos seus efeitos e as encontrar provadas, não lhe sendo permitido supri-las, ainda que a requerimento das partes. (art. 168). Diz ainda o art. 169 do CCB, na esteira da maior gravidade do ato invalido nulo, que o negócio jurídico nulo não é suscetível de confirmação, nem convalesce pelo decurso do tempo. Contudo, admite o Código no art. 170 que se, porém, o negócio jurídico nulo contiver os requisitos de outro, subsistirá este quando o fim a que visavam as partes permitir supor que o teriam querido, se houvessem previsto a nulidade.

---

29. Art. 792: (...) § 4º Antes de declarar a fraude à execução, o juiz deverá intimar o terceiro adquirente, que, se quiser, poderá opor embargos de terceiro, no prazo de 15 (quinze) dias.

30. Art. 166. É nulo o negócio jurídico quando: I – celebrado por pessoa absolutamente incapaz; II – for ilícito, impossível ou indeterminável o seu objeto; III – o motivo determinante, comum a ambas as partes, for ilícito; IV – não revestir a forma prescrita em lei; V – for preterida alguma solenidade que a lei considere essencial para a sua validade; VI – tiver por objetivo fraudar lei imperativa; VII – a lei taxativamente o declarar nulo, ou proibir-lhe a prática, sem cominar sanção.

CAPÍTULO 6 • TÉCNICAS DE PROTEÇÃO DA GARANTIA PATRIMONIAL GERAL

Chama a atenção em relação ao tema objeto deste livro, porque conexa com a violação da garantia patrimonial, a causa geradora da *simulação do negócio jurídico* que o Código reputa como ato invalido com a pecha de nulidade[31]. Diz o art. 167 que é nulo o negócio jurídico simulado, mas subsistirá o que se dissimulou, se válido for na substância e na forma. E mais, no § 1º trata de explicar em que situação existe a *simulação dos negócios jurídicos*:

I – aparentarem conferir ou transmitir direitos a pessoas diversas daquelas às quais realmente se conferem, ou transmitem;

II – contiverem declaração, confissão, condição ou cláusula não verdadeira;

III – os instrumentos particulares forem antedatados, ou pós-datados.

O § 2º expressamente menciona que *"ressalvam-se os direitos de terceiros de boa-fé em face dos contraentes do negócio jurídico simulado"* deixando claro que os terceiros não podem ser prejudicados pelos atos simulados absolutos ou relativos[32] (nocentes) como por exemplo aqueles que levem ao desfalque do patrimônio prejudicando a garantia patrimonial de credores comuns, ainda que tal aspecto não tinha sido intencionado pelos participes do ato simulado[33]. Observe que dada a natureza de ordem pública do vício da simulação, o desfalque patrimonial é desfeito e o bem que havia saído fraudulentamente pela simulação do patrimônio garantidor volta ao alienante e responde por qualquer dívida e não apenas em benefício daquele credor que promoveu a demanda.

Portanto, qualquer situação que envolva a nulidade do negócio jurídico e conecte-se com a violação da garantia patrimonial poderá ser objeto de demanda que reconheça a existência de ato inválido sendo necessária a desconstituição do ato jurídico, retirando os efeitos que ele pode ter gerado antes do referido reconhecimento, e, havendo prejuízo de terceiros estes devem ter direito a indenização a ser movida contra aqueles que praticaram o ato simulado. Em apertadíssima síntese, quando o art. 168 fala em "qualquer interessado", o dispositivo serve para legitimar qualquer credor que tenha sido prejudicado por qualquer uma das hipóteses legalmente prevista nos arts. 166 e ss. em relação ao objeto deste ensaio. Se houve ato invalido nulo que ofendeu a garantia patrimonial de

---

31. A simulação é ainda "pior" do que a fraude a lei (inciso VI acima) porque nesta o que se quer está expresso de forma contrária a lei; já no ato simulado a fraude residente na distinção entre o que se apresenta e o que se deseja, que está oculto.

32. Na simulação absoluta nenhum ato se quis praticar; na relativa não o que aparenta, mas o que está escondido por trás daquele que o dissimula.

33. "Para caracterizar a inocência da simulação é irrelevante o intento de prejudicar terceiro, ou de infringir a lei; basta que haja o efetivo prejuízo de terceiro resultante de negócio jurídico simulado" MELLO, Marcos Bernardes. *Teoria do Fato Jurídico*: plano da validade. 12ª edição, São Paulo: Saraiva, 2013, p. 169.

qualquer credor comum ele poderá intentar a ação que decrete a invalidade e nulidade do ato e seus efeitos.

O *credor interessado* legitimado à propositura da demanda que vise ao reconhecimento do ilícito é aquele afetado pelo desfalque patrimonial praticado entre o seu devedor/responsável e o terceiro adquirente. Ainda que a simulação seja um vício de ordem pública cognoscível de ofício pelo magistrado isso não retira, de forma alguma, a exigência do *caput* do art. 168 de que é necessário haver um *interesse jurídico do credor* em obter a tutela declaratória da referida nulidade. Não haverá interesse jurídico do credor terceiro interessado que não foi afetado pelo desfalque patrimonial supostamente simulado. Se o patrimônio do seu devedor era suficiente para garantir a dívida ao tempo da alienação supostamente simulada de determinado bem para o patrimônio de terceiro o referido credor não terá interesse jurídico em promover a referida demanda. A necessidade de existência de seu interesse jurídico, como deixa claro o dispositivo, é antecedente lógico e necessário ao fato de que o juiz pode conhecer de ofício o referido vício.

Não foge a esta regra o fato de que qualquer tutela do patrimônio do devedor-responsável pela dívida, seja uma tutela preventiva (ex.: arresto) ou repressiva (ex.: fraude contra credores), só é permitida se ao tempo do desfalque patrimonial cometido pelo devedor com um terceiro tiver ocorrido o comprometimento da sua garantia patrimonial. Se naquele momento – ainda que tenha sido uma alienação supostamente simulada – a garantia patrimonial não foi afetada, falecerá ao referido credor qualquer interesse jurídico na tutela preventiva ou repressiva da garantia patrimonial.

É importante deixar claro que o credor comum não possui uma garantia patrimonial (arts. 391 e 942 do CCB e art. 789 do CPC) sobre determinado bem específico do patrimônio do devedor a não ser que isso seja objeto de uma garantia especial. Nos casos comuns é todo o patrimônio do responsável que fica exposto à garantia patrimonial. Só há que se falar em reconhecimento da fraude contra credores, fraude a execução, declaração de nulidade por simulação como técnicas de proteção da garantia patrimonial se e somente se a alienação ou oneração daquele vem específico em favor de terceiro tiver comprometido a referida garantia[34]. Não há para o credor um direito sobre um bem específico, por exemplo, apenas porque ele é de maior liquidez do que outros que compõem o patrimônio do executado. Assim, por exemplo, se o devedor aliena para um

---

34. Com acerto o STJ: "(...) 4. As nulidades decorrentes de simulação podem ser suscitadas por qualquer interessado, assim entendido como aquele que mantenha frente ao responsável pelo ato nulo uma relação jurídica ou uma situação jurídica que venha a sofrer uma lesão ou ameaça de lesão em virtude do ato questionado. (...)" (REsp n. 1.424.617/RJ, 3ª Turma, Rel. Min, Nancy Andrighi, j. 06.05.2014, *DJe* 16.06.2014.)

terceiro – ainda que por ato simulado – uma valiosa fazenda de gado do seu patrimônio, mas mantem um patrimônio suficiente para garantir a dívida dos seus credores, tais como cotas de participação em empresas, outros imóveis de menor valor, veículos etc. não há interesse jurídico dos "credores" em restabelecer o vínculo patrimonial da fazenda de gado alienada apenas porque ela seria de maior liquidez do que os outros bens.

A garantia patrimonial que protege o credor lhe confere um direito de receber dinheiro extraído do patrimônio do executado por meio de uma execução de pagamento de quantia, e, portanto, inexiste qualquer direito de expropriar um bem específico do patrimônio do devedor a não ser que isso seja objeto de convenção ou que já se tenha penhorado – anteriormente à alienação – determinado bem no curso da execução.

A garantia patrimonial do devedor proporciona ao credor prejudicado pelo inadimplemento da obrigação, desde que esteja munido de título executivo, o direito de receber *dinheiro* do patrimônio do executado numa execução por quantia, o que pode ser obtido tanto pela expropriação direta da quantia, quanto pela obtenção do valor devido após prévia expropriação liquidatória de qualquer bem que venha a ser penhorado e levado a leilão.

2.3.5 A desconsideração da personalidade jurídica

2.3.5.1 Introito: finalidade da desconsideração

O tema da desconsideração da personalidade jurídica é íntimo ao da responsabilidade patrimonial. Finca-se na premissa de que a autonomia patrimonial da pessoa jurídica da empresa junto aos dos seus sócios e administradores não pode ser utilizada como meio ilícito para driblar à garantia da responsabilidade patrimonial que a empresa possui com as obrigações que assumiu. Com a decretação da *desconsideração da personalidade jurídica* permite-se que o patrimônio dos sócios e administradores possa ser atingido para que assim garanta os prejuízos resultantes do inadimplemento das obrigações da pessoa jurídica. Fala-se em *desconsideração invertida* quando a prática ilícita foi inversa, da pessoa física para a jurídica.

Não se pode perder de vista qual o intento em se pretender a desconsideração da personalidade sob pena de despender inutilmente a atividade jurisdicional. Para o âmbito civil (não penal) a desconsideração da personalidade é medida que visa ampliar a garantia contra o inadimplemento, afinal de contas de acordo com o art. 391 do CCB "pelo inadimplemento das obrigações respondem todos os bens do devedor".

A priori, por exemplo, havendo solvabilidade do devedor pessoa jurídica, não se justifica – independentemente da forma como abusa ou confunde o patrimônio – a desconsideração para atingir os sócios da entidade.

A técnica da desconsideração pressupõe (a) inadimplemento (ou risco de) e (b) insolvabilidade (risco de) do devedor originário de forma que a sua responsabilidade patrimonial fique comprometida e leve o credor ao prejuízo.

É, portanto, independentemente dos pressupostos materiais que justificam a quebra, no processo civil, uma técnica processual voltada a ampliar a responsabilidade patrimonial para evitar que o credor seja prejudicado pelo inadimplemento. Portanto, não nos parece que a medida se justifica quando se pretende a *tutela específica* do devedor, salvo se convertida a obrigação em pecúnia.

Por outro lado, considerando alguns dos principais *tipos materiais* que justificam a desconsideração parece-nos claro que a maior parte dos casos os atos de abuso e confusão patrimonial são feitos com intuito de lesar terceiros, gerando a famosa e intolerável situação de se ter, de um lado a pessoa jurídica falida e, de outro, pessoas físicas dos sócios milionários, deixando os credores da primeira com irrecuperáveis prejuízos econômicos.

Sendo assim, embora se imagine que a desconsideração faça todo sentido quando não se encontre bens penhoráveis do executado, ninguém mais é ingênuo para desvendar os atos de abuso, fraude e simulação antes mesmo de se pensar no inadimplemento formal, e, portanto, talvez seja bem mais comum que se requeira a medida na petição inicial (da ação condenatória ou do processo de execução), ou quiçá, por tutela provisória antecipada requerida em caráter antecedente. Não será fácil ter elementos de prova de atos jurídicos que são adredemente preparados para serem feitos na surdina, ocultos ou com aparência de legalidade. É certo que se já existir uma desconsideração decretada em outro processo contra aquele mesmo devedor, há aí elementos bem fortes para que também aqui se conceda a medida porque os atos de abuso e fraude não são feitos normalmente para lesar um credor específico.

2.3.5.2A desconsideração no CPC

Basta ler o texto do Código de Processo Civil para ver que ele trata *formalmente* esta figura jurídica como se fosse uma modalidade típica de intervenção de terceiro, já que está *expressamente* regulamentada nos arts. 133-137 que, por sua vez, estão situados na Parte Geral, Livro III (sujeitos processuais), Título III (*da intervenção de terceiros*), Capítulo IV (do incidente de desconsideração da personalidade jurídica).

CAPÍTULO 6 • TÉCNICAS DE PROTEÇÃO DA GARANTIA PATRIMONIAL GERAL **197**

Inicialmente é preciso lembrar que *terceiro* é qualquer sujeito que não seja parte num processo, seja porque "nunca o tenha sido" ou até por ter "deixado de sê-lo em momento anterior àquele que se profira a decisão".[35] Portanto, considerando o dinamismo da relação jurídica processual deve ser considerado terceiro aquele que *não está* como parte no processo, ainda que um dia já o tenha sido. Identifica-se o terceiro por um *contraconceito* como disse Teresa Arruda Alvim.[36][37]

Num flerte rápido aos arts. 133 ao 137 do CPC bem se percebe que nem sempre o ingresso do atingido pela desconsideração será uma modalidade de intervenção de terceiro. Basta imaginar a hipótese admitida pelo art. 134, § 2º, que dispensa a instauração do incidente se a desconsideração da personalidade jurídica for requerida na petição inicial do processo de conhecimento, hipótese em que será citado o sócio ou a pessoa jurídica.[38]

Nesta hipótese – salvo se tomarmos o conceito de terceiro a partir do conceito de parte em sentido material – não teremos aí um *terceiro* propriamente dito. Em tal situação o autor da ação que pede o ressarcimento em quantia dirige a sua pretensão contra o devedor e *também* contra aquele que se pretende sujeitar a responsabilidade patrimonial (ser também responsável pela dívida).

Assim como o devedor, também será citado o sócio ou a pessoa jurídica, dependendo tratar-se, respectivamente de desconsideração da personalidade jurídica ou inversa. Em nenhum momento o sujeito citado para responder ao pedido de desconsideração contido na petição inicial do autor será considerado

---

35. BARBOSA MOREIRA, José Carlos. Comentários ao Código de Processo Civil. 10 edição. Rio de Janeiro: forense, 2002, v.5, p.291.; em igual sentido ver BUENO, Cassio Scarpinella. Partes e terceiros no processo civil brasileiro. São Paulo: Saraiva, 2006; JORGE, Flávio Cheim. Chamamento ao processo. 2. ed. São Paulo: Ed. RT, 1999.; Dinamarco, Candido Rangel. Intervenção de terceiros. São Paulo: Malheiros, 1997. P.18; FUX, Luiz. Intervenção de terceiros. São Paulo: Saraiva, 1990.

36. ARRUDA ALVIM, Teresa. Os agravos no CPC brasileiro. 4ª edição. São Paulo: Revista dos Tribunais. 2005, p. 209.

37. Há ainda os "sujeitos ocultos" que mesmo não sendo nem a parte em sentido material e nem processual e muitas vezes nem mesmo ingressando no processo como terceiro ainda assim *de alguma forma participam* (art. 5º do CPC) *da relação jurídica em contraditório*. É o caso do *terceiro financiador* como foi enfrentado em excelente ensaio de Sofia Temer: "a análise da figura do financiador e a identificação dos problemas relacionados à dinâmica de sua interação com o processo permite traçar alguns parâmetros para caracterizar os sujeitos processuais "ocultos" e, assim, trazê-los para a disciplina relativa à participação. Afinal, se o efetivo ingresso não pode ser o critério para identificar tais figuras26, é preciso que haja elementos que os diferenciem de todos os demais "terceiros", ou seja, sujeitos efetivamente alheios ao processo". TEMER, Sofia. Financiamento de litígios por 'terceiros' (ou 'third-party' funding): o financiador é um sujeito processual? Notas sobre a participação não aparente, in Revista de Processo, vol. 309, São Paulo: Revista dos Tribunais, 2020, edição eletrônica, p. 359-384.

38. "A única hipótese em que o terceiro pode ser alcançada sem incidente específico é aquela em que a desconsideração já vem desde logo requerida com a petição inicial" (MARINONI, Luiz Guilherme; ARENHART, Sérgio Cruz; MITIDIERO, Daniel. Curso de processo civil. São Paulo: Ed. RT, 2015. v. 2. p. 105-106).

um terceiro em relação a este *processo concretamente considerado* para usar a terminologia de Dinamarco.[39] Será, antes, um litisconsorte do devedor. Caso ao final seja procedente a demanda condenatória e também reconhecida a desconsideração então haverá título executivo judicial contra o devedor e contra o responsável, sendo que ambos foram *partes* no processo desde o início.[40]

Aliás, é preciso deixar claro que só se faz *necessário* o pedido de desconsideração – desde que atendidos os pressupostos materiais – se o sujeito a ser atingido não for *responsável patrimonialmente pela dívida*, pois é exatamente isso que se quer obter com o incidente, ou seja, fazer com que o patrimônio do terceiro *passe a ser também responsável pela dívida inadimplida*. Se ele já é responsável por previsão legal ou contratual então *desnecessário o incidente*. Ademais se por opção do autor este não propôs demanda incluindo como réu determinado sujeito que também era responsável patrimonialmente, não pode agora driblar a estabilização da demanda para inserir o terceiro por meio deste incidente[41] [42]. A decisão proferida no incidente é *constitutiva* pois altera a situação jurídica da responsabilidade patrimonial, pois acrescenta um patrimônio que antes não respondia.

---

39. DINAMARCO, Candido Rangel. Intervenção de terceiros. São Paulo: Malheiros, 1997, p. 18.

40. Interessante observar que na mesma petição inicial há uma demanda contra aquele que já é responsável pela dívida inadimplida, e também contra aquele que espera que venha a ser também responsável pela dívida. No plano material o sujeito a ser atingido pela desconsideração não está na relação jurídica débito/responsabilidade, mas sim numa relação jurídica conexa com aquele que ostenta a responsabilidade patrimonial. Assim, o que se quer é obter um provimento que – desde que presentes os pressupostos materiais da desconsideração – altere a situação jurídica existente para colocar o terceiro também como garantidor da dívida inadimplida permitindo que seu patrimônio possa ser expropriado pelos meios executivos.

41. Certeira a observação e YARSHELL "Dessa forma, se o demandante entende que determinada pessoa está obrigada (plano do débito) à determinada prestação, ele tem o ônus de inserir o suposto devedor no polo passivo da relação processual na fase cognitiva. No processo civil "comum", há relativa clareza acerca do seguinte: uma coisa é desconsiderar personalidade para estender responsabilidade patrimonial; outra – juridicamente inviável – é instaurar execução ou cumprimento de sentença à míngua de título executivo. Isso, aliás, está expresso de forma taxativa no § 5º do art. 513 e no art. 783 do CPC". YARSHELL, Flávio Luiz. Breves notas sobre a aplicação subsidiária do novo CPC à execução trabalhista e o incidente de desconsideração da personalidade jurídica. Disponível em https://juslaboris.tst.jus.br/bitstream/handle/20.500.12178/85447/2016_yarshell_flavio_breves_notas.pdf?sequence=1&isAllowed=y. Acessado em 17.04.2021.

42. O fiador integra a relação jurídica de direito material, precisamente, assumindo que o seu patrimônio responde pelo inadimplemento. Tem ele *responsabilidade patrimonial originária*, ao passo que o sujeito atingido pela desconsideração não está no plano de direito material nem na figura de devedor, nem da responsável pelo inadimplemento. Com o deferimento da desconsideração o atingido passa a ter *responsabilidade patrimonial* superveniente pela dívida inadimplida. Onde cabe o chamamento do terceiro ao processo, descabe o incidente de desconsideração, pela simples razão de que naquele o *terceiro* que ingressa já integra a relação jurídica de direito material que ali é debatida; já na desconsideração o *terceiro* atingido não faz parte da relação jurídica envolvendo o credor e o devedor, mas dada a existência de outra relação que possui com o devedor, permite-se, desde que atendidos os pressupostos materiais da medida, que seja *também* responsável pela dívida inadimplida.

Na maior parte das vezes ele se instaura por meio de uma *intervenção* (*inter+venire*) *provocada* que se manifesta por meio de um incidente processual[43] (incide sobre um processo em curso), o que, aliás, pode ser feito em todas as fases do processo de conhecimento, no cumprimento de sentença e na execução fundada em título executivo extrajudicial.

O fato de ser um *incidente processual* não elimina a situação de que nele há (1) uma *pretensão* daquele que provoca e requer a procedência do *pedido de desconsideração* (2) contra aquele (terceiro) que se quer atingir, e que deve estar (3) fundamentado em *pressupostos previstos em lei*, que, sabemos, são variados e diversos e inclusive justificadores de uma *teoria menor e outra maior*[44], como se vê, respectivamente na legislação ambiental (art. 4º da Lei 9605) e no Código Civil (art. 50), além de outros casos. Há, portanto, *pedido, causa de pedir e partes* do incidente processual de desconsideração da personalidade jurídica.

Assim, para que fique claro, este incidente, quando instaurado, terá pedido e causa de pedir, e possivelmente uma defesa apresentada pelo requerido, eventualmente uma réplica, uma instrução probatória e um pronunciamento que o decide, o que faz muitos sustentarem a natureza de demanda[45].

Logo, há um objeto cognitivo específico, limitado horizontalmente, e ilimitado verticalmente. O debate no incidente versará apenas sobre o contraditório acerca dos pressupostos de cabimento da desconsideração e do pedido de desconsideração formulado. Ainda que não seja instaurado o incidente, pelo pedido ter sido feito no bojo da petição inicial há que se distinguir o *thema decidentum* da desconsideração da personalidade com aquele que é objeto da demanda proposta contra o sujeito cuja personalidade se pretende desconsiderar.

Ademais, se o pedido for feito de forma avulsa instaurando um incidente processual, diz o CPC que tal situação suspenderá o processo sobre o qual ele

---

43. Sobre uma teoria geral dos incidentes processuais ver o nosso Suspensão de segurança: sustação da eficácia de decisão judicial proferida contra o poder público. 4ª edição. Salvador, JusPodivm, 2017.

44. A respeito ver COELHO, Fábio Ulhoa. Curso de direito comercial. 10. ed. São Paulo. Saraiva: 2007. v. 2. p. 36-47.; NEVES, Daniel Amorim Assumpção. Novo código de processo civil. 2a ed. São Paulo: Método. 2015. P. 145; RODRIGUES FILHO, Otávio Joaquim. Desconsideração da personalidade jurídica e processo. São Paulo: Malheiros, 2016. P. 214-215.

45. Neste sentido ver CAMARGO, Luiz Henrique Volpe. In Comentários ao Novo Código de Processo Civil / coordenação Antonio do Passo Cabral, Ronaldo Cramer. Rio de Janeiro: Forense, 2015. p. 241; MAZZEI, Rodrigo. Aspectos processuais da desconsideração da personalidade jurídica no código de defesa do consumidor e no projeto do "novo" Código de Processo Civil. In: BRUSCHI, Gilberto Gomes et al. (Cord.). Direito processual empresarial: estudos em homenagem ao professor Manoel de Queiroz Pereira Calças. Rio de Janeiro: Elsevier, 2012.

incide, salvo – não se suspende – se o requerimento tiver sido formulado no bojo da petição inicial por expressa determinação do § 3º do art. 134.[46]

2.3.5.3 Pontos de reflexão sobre o direito material e direito processual na desconsideração da personalidade jurídica

2.3.5.3.1 Os limites da impugnação do sujeito que se pretende atingir com a desconsideração

Na hipótese de o pedido de desconsideração ter sido formulado na petição inicial sem a instauração do incidente, então serão todos citados, ou seja, aquela pessoa cuja personalidade se quer desconsiderar e também aquele que se pretende atingir com a desconsideração.

Mesmo que a desconsideração não tenha sido ainda decretada, salvo se houver tutela provisória neste sentido[47], estarão lado a lado, formalmente, em litisconsórcio passivo o sujeito passivo original e aquele que se pretende atingir com a desconsideração. Recorde-se que este sujeito não possui *responsabilidade patrimonial* nem primária e nem secundária. O que se deseja é justamente que se decrete que o seu patrimônio também responde pela dívida de quem já se apresenta como garantidor.

A questão que se apresenta é interessantíssima porque dada a regra do art. 336 do CPC, duvidamos muito que este sujeito se encoraje a fazer uma defesa restrita à impugnação do pedido de desconsideração e seus respectivos fundamentos, sob pena de que não fazendo a defesa completa de toda a petição inicial se veja surpreendido por uma sentença que decrete a desconsideração e nada mais possa fazer para impugnar o que já poderia ter feito se a desconsideração tivesse ocorrido.

Por outro lado, haveria aqueles que poderiam sustentar que os limites da impugnação ofertada no incidente de desconsideração estão restritos ao próprio objeto do incidente, ou seja, ao debate sobre à existência dos pressupostos da desconsideração.

Trocando em miúdos, exsurge o problema de saber se este sujeito, antes mesmo da decretação da desconsideração, teria legitimidade para impugnar

---

46. Art. 134. O incidente de desconsideração é cabível em todas as fases do processo de conhecimento, no cumprimento de sentença e na execução fundada em título executivo extrajudicial. (...) § 3º A instauração do incidente suspenderá o processo, salvo na hipótese do § 2º.

47. "(...) Sendo preenchidos os requisitos típicos da tutela de urgência e do pedido de antecipação dos efeitos da desconsideração da personalidade jurídica, entendo admissível a prolação de decisão antes da intimação dos sócios e da sociedade" (NEVES, Daniel Amorim Assumpção. Novo Código de Processo Civil. São Paulo: Método, 2015. p. 145).

uma situação de direito material que não lhe "pertence" já que nem era *devedor ou responsável*, e, caso positivo, se deve fazer isso com base na eventualidade de ser desconsiderada a personalidade ou quem sabe depois de ter sido atingido pela desconsideração?

Observe-se que uma vez decretada a desconsideração o sujeito atingido não se torna um *devedor*, mas sim um *corresponsável* pela dívida, de forma que poder-se-ia questionar se ele poderia, mesmo não sendo devedor em sentido material defender direito alheio (legitimidade extraordinária), alegando, por exemplo, novação, pagamento, exceção de contrato não cumprido.

Por analogia ao art. 837 do CCB pensamos que sim, afinal de contas pode o fiador "*opor ao credor as exceções que lhe forem pessoais, e as extintivas da obrigação que competem ao devedor principal*". E, claramente pode fazer isso porque se assim não fosse estaria refém das atitudes do devedor no processo, que nem sempre podem ser satisfatórias, para não dizer que são muitas vezes suspeitas de estarem em conluio com o próprio credor.

Certo é que antes ou depois de reconhecida a sua *responsabilidade patrimonial* tem todo interesse de que a tese de defesa de extinção da dívida ou da inocorrência do inadimplemento (do devedor principal) sejam acolhidas para *evitar* que seu patrimônio se sujeite também à execução.

No que se refere às questões atinentes aos pressupostos do pedido de desconsideração o terceiro defende *direito próprio em nome próprio* pois pretende ver afastada a sua responsabilidade patrimonial pela inocorrência dos pressupostos do incidente. Mas, no que se refere às questões atinentes à dívida do devedor principal ele defende direito alheio em nome próprio, pois a sua eventual responsabilidade patrimonial nasce no inadimplemento do devedor da obrigação principal do qual ele não figura nem como devedor e nem como responsável garantidor até então.

Um nó de difícil desate – com consequências sérias – é saber se o atingido só tiver sido provocado em momento que todo o processo cognitivo já se esgotou (fase cognitiva ou embargos à execução) e todas as defesas ofertadas pelo próprio devedor já tenham sido rechaçadas, quiçá, até estejam estabilizadas, pela incidência da eficácia preclusiva da coisa julgada (art. 508). Nesta hipótese, em razão do momento processual em que foi atingido ela desconsideração, pode-se dizer que lhe foi oportunizado amplo contraditório se não teve chance de *debater sobre questões envolvendo a dívida e respectiva responsabilidade originária*? E mais, será que o contraditório que lhe for concedido no incidente será realmente efetivo, com chance de influenciar no resultado se, afinal de contas, já foi formada a cognição do juízo em relação as defesas ofertadas pelo devedor? Defesas em relação à dívida que já foram conhecidas e rechaçadas pelo mesmo juízo?

2.3.5.3.2 Os limites da demanda principal e do incidente em relação ao atingido

O *responsável patrimonialmente*, originário ou *superveniente* (como no caso de desconsideração), tem todo interesse em fulminar o direito do credor pois assim fazendo estará também evitando que seu patrimônio se sujeite à execução. Isso decorre da lógica situação de que a responsabilidade patrimonial dele nada mais é do que, preliminarmente, a *consequência* (sanção) do inadimplemento da *norma primária* pelo devedor principal. Afastada esta situação, livre estará seu patrimônio e faz todo sentido que lute com todos os argumentos neste sentido. Assim, se não houve inadimplemento do devedor, nem se cogita trazer o seu patrimônio à garantia da dívida, não se justificando qualquer desconsideração judicial para atingi-lo.

Certamente que se não foi dado ao sujeito atingido pela desconsideração nem sequer a oportunidade de opor-se com exceções à dívida e ao inadimplemento, certamente que estará estabilizada apenas a situação jurídica ensejadora da desconsideração nos estreitos limites objetivos do incidente, sem descurar a possibilidade de que seja questionado posteriormente as situações atinentes à dívida e ao inadimplemento. Por outro lado, pode-se cogitar pela estabilização destas matérias (existência da dívida e ao inadimplemento) naquelas hipóteses em que o sujeito atingido pela desconsideração é exatamente a mesma pessoa que já estava na condição de ré do processo, isto é o sujeito que ostentava a posição jurídica de réu acaba por ser também a pessoa atingida pela desconsideração, como no caso das empresas individuais, ou ainda quando o sócio administrador e representante da empresa ré, é também o sócio atingido pela desconsideração.

Assim, uma de duas, ou houve um sujeito que não fez parte da fase de cognição e como tal não foi atingido pela coisa julgada acerca de aspectos atinentes à dívida e seu inadimplemento, ou então, como se disse, não há diferentes sujeitos, mas faces do mesmo legitimado.

2.3.5.3.3 A desconsideração como modalidade de intervenção coacta de terceiro no CPC

A desconsideração da personalidade é, como dito alhures, modalidade *típica* e *coacta* de intervenção de terceiro, e, vem regulada nos arts. 133 a 137 do CPC, muito embora surja esporadicamente em outros dispositivos esparsos do Código quando trata dos embargos de terceiro, da responsabilidade patrimonial, da competência do relator, do recurso de agravo de instrumento para desafiar a decisão resolve o incidente e da possibilidade de sua concessão nos juizados especiais (arts. 674, § 2º; 790, VII; 792, 795, 932, 1.015 e 1.062).

CAPÍTULO 6 • TÉCNICAS DE PROTEÇÃO DA GARANTIA PATRIMONIAL GERAL **203**

Por expressa dicção do Código a desconsideração é cabível em todas as fases do processo de conhecimento, no cumprimento de sentença e na execução fundada em título executivo extrajudicial como expressamente menciona o art. 134 do CPC. Será mais comum, é verdade, quando o exequente (cumprimento de sentença e processo de execução) não encontre patrimônio penhorável do executado e apenas neste momento tome pé da necessidade de desconsiderar a personalidade para *ampliar* a garantia da responsabilidade patrimonial desde que é, claro os pressupostos materiais do instituto estejam presentes.

Também por narrativa expressa do Código a desconsideração da personalidade depende de *provocação*, ou seja, não pode ser concedida de ofício, posto que é ato postulatório que se inicia a pedido da parte ou do Ministério Público, quando lhe couber intervir no processo.

Segundo o art. 133, *caput* combinado com o art. 134, § 2º, esse pedido formulado pela parte deve ser feito de forma avulsa e dará ensejo a um incidente processual, exceto se a *desconsideração da personalidade jurídica for requerida na petição inicial, hipótese em que será citado o sócio ou a pessoa jurídica"* (§ 2º do art. 134).

2.3.5.3.4 Incidente que depende de requerimento e só vale no processo em que houve a desconsideração

A desconsideração tem por finalidade fazer com que se amplie a responsabilidade patrimonial atingindo terceiro que não era nem mesmo devedor ou responsável pela dívida, mas que passa a ser também *responsável* pela dívida reclamada no processo em que se deu a desconsideração.

A desconsideração decretada permite que, naquele processo específico, seja possível atravessar o biombo que separa o patrimônio da pessoa jurídica do patrimônio da pessoa física (ou inversa).

Afasta-se, por meio de decisão judicial *inter partes*, a *eficácia do ato constitutivo da pessoa jurídica* [48], precisa e limitadamente, permitindo que os bens pessoais dos sócios respondam pela dívida da empresa e vice-versa. Não se dissolve, nem se altera o regime jurídico da empresa, e tampouco esta desconsideração poderá ser projetada para outros processos, ainda que entre eles exista conexão. Contudo, não parece ser inviável cogitar, por exemplo, a possibilidade de utilização como prova documental deste incidente onde foi decretada a desconsideração

---

48. COELHO, Fábio Ulhoa. *Desconsideração da personalidade jurídica*. São Paulo: Revista dos Tribunais, 1989, p. 92.

em outros processos e por outros credores para formação do convencimento dos respectivos juízos de outros processos.

2.3.5.3.5 Compatibilização do o procedimento executivo e procedimento cognitivo do incidente

A execução fundada em título executivo extrajudicial é instaurada por meio de uma *demanda executiva* que dá início a um *processo de execução*. Pela regra do art. 778, *caput*, "pode promover a execução forçada o credor a quem a lei confere título executivo" e regra geral "será promovida contra o devedor, reconhecido como tal no título executivo" (art. 779, I).

Como toda e qualquer demanda aqui também se inicia por meio do ajuizamento de uma *petição inicial* que, na execução, tem disciplina particular nos arts. 798 (o que nela deve indicar e instruir) e 799 (quem deve intimar), sujeitando-se ao controle da sua regularidade pelo juiz que "*verificando que a petição inicial está incompleta ou que não está acompanhada dos documentos indispensáveis à propositura da execução*", terá o dever de, em respeito às diretrizes do art. 4º, determinar que "*o exequente a corrija, no prazo de 15 (quinze) dias, sob pena de indeferimento*". Uma vez admitida a petição, então, por despacho é determinada a citação do executado e, desde que realizada em observância ao disposto no § 2º do art. 240, ela interrompe a prescrição mesmo que tenha sido proferido por juízo incompetente (art. 802). Assim, considerando a regra do art. 134, § 2º, do CPC: ou (1) a desconsideração enseja a instauração de um incidente ou (2) dispensa-se a instauração do incidente se a desconsideração da personalidade jurídica for requerida na petição inicial, hipótese em que será citado o sócio ou a pessoa jurídica.

Então vamos imaginar, primeiro, a hipótese de ser requerida a citação da pessoa que se quer atingir na mesma petição inicial da execução para pagamento de quantia junto com o pedido de citação do devedor para pagar o que deve em três dias (art. 829), ou seja, tornando "dispensável" o incidente de desconsideração.

Nesta hipótese, a petição inicial, embora única, é objetivamente complexa, porque deve conter o fundamento o jurídico para pedir a satisfação do direito exequendo contra o executado (devedor que consta no título executivo), e, também deve conter o fundamento jurídico justificador do pedido de desconsideração voltado contra o sujeito que se pretende atingir com a desconsideração.

No primeiro caso, o comando voltado contra o devedor que consta no título executivo, pretende-se que este, no tríduo legal do art. 829, efetue o pagamento sob pena da sanção prevista no art. 827. Este, citado, será o executado. Por sua vez, o comando para o sócio ou para a pessoa jurídica que se pretende atingir com a

CAPÍTULO 6 • TÉCNICAS DE PROTEÇÃO DA GARANTIA PATRIMONIAL GERAL **205**

desconsideração não é para que *pague em três dias,* mas para que este impugne o pedido formulado exercendo defesa processual ou de mérito requerendo as provas cabíveis no prazo de 15 (quinze) dias (art. 135)[49]. Este, portanto, uma vez citado, será réu, pois ainda não terá integrado a relação executiva propriamente dita.

Bem, claramente há aqui um problema. Estamos diante de um cúmulo de pedidos de natureza procedimental diversa: um cognitivo (desconsideração) e outro executivo (execução para pagamento de quantia). Analisando os incisos do art. 327, § 1º, logo veremos que pelo menos o inciso III possui uma complicação, qual seja, só se admite a cumulação quando seja adequado para todos os pedidos o tipo de procedimento, o que, neste exemplo, definitivamente não é. Nem o parágrafo segundo nos socorre porque ele pressupõe que os procedimentos diferentes – todos cognitivos – se convertam em procedimento comum.

Relembre-se que nesta hipótese não se aplica a *suspensão do processo* justamente porque o pedido de desconsideração foi requerido na petição inicial, de forma que a *suspensividade* não se aplica por expressa dicção do § 3º do art. 134.

Para não sermos intransigentes, mesmo estando tudo cumulado na mesma petição inicial com procedimentos distintos o juiz, com sabedoria, ao receber a petição identifique imediatamente o pedido de desconsideração e paralise o procedimento executivo, mas mantenha o procedimento da desconsideração[50]. Nesta hipótese, pergunta-se, não se inicia o prazo para o devedor pagar nos três dias, ou se suspende após este prazo, afinal de contas se o executado efetuar o pagamento extinta extará a execução e desnecessário o pedido de desconsideração?

Não vemos problema em dividir a petição inicial em dois capítulos num típico caso de *cumulo objetivo* e *subjetivo* envolvendo dois procedimentos absolutamente distintos, desde que esses procedimentos sejam respeitados e não baralhados. Ao que parece a sequência executiva deve esperar e prosseguir com o procedimento cognitivo de desconsideração onde o sócio ou a pessoa jurídica será citado para manifestar-se e requerer as provas cabíveis no prazo de 15 (quinze) dias, e, concluída a instrução, se for necessária, será resolvido por decisão interlocutória. Em caso de acolhimento da desconsideração retoma-se

---

49. A pretensão à desconsideração é diferente da pretensão executiva. Na primeira deseja-se que o Poder Judiciário reconheça a existência de ato ilícito praticado em desfavor do credor, decretando que aquele sujeito atingido pela desconsideração também ocupe o papel de *garantidor patrimonial* de dívida; papel que não ocupava até então. Obtida esta situação o seu patrimônio passa a responder pela dívida alheia, como num caso de *responsável superveniente.*

50. Quando, por exemplo, no cumprimento de sentença o executado apresenta a impugnação (art. 525) no bojo do procedimento executivo há peças processuais distintas e posições jurídico-processuais distintas admitindo que se estabeleça uma sequência procedimental diversa para cada uma das postulações.

a execução contra os "dois" executados que terão três dias para pagar seguindo a sequência do art. 829 do CPC.

2.3.5.3.6 Coisa julgada na desconsideração

Como dissemos alhures há uma causa de pedir e um pedido, contraditório, instrução e decisão na demanda de desconsideração da personalidade jurídica, seja ela formulada cumulativamente na petição inicial, seja ela requerida avulsamente instaurando um incidente processual.

É certo que o objeto do debate tem cognição horizontal limitada ao tema, mas vertical exauriente de forma que uma vez resolvido o mérito do incidente este se estabiliza objetiva e subjetivamente, como aliás, deixa evidente o art. 674, § 2º, ao vedar a utilização de embargos de terceiro pelo sujeito que sofreu a constrição judicial de seus bens por força de desconsideração da personalidade jurídica, *de cujo incidente não fez parte*. Se foi parte do incidente, ou da demanda principal onde foi requerido, estabilizada estará a situação jurídica e em relação àquele credor o patrimônio do sujeito atingido sujeitar-se também à responsabilidade patrimonial.

Perante o credor fica em pé de igualdade com o devedor originário o sujeito atingido pela desconsideração como expressamente expressa o art. 791, VII, ao dizer que "são sujeitos à execução os bens do responsável, nos casos de desconsideração da personalidade jurídica". Por outro lado, dá a entender o art. 795, §§ 1º e 4º, de forma até inaceitável, que o *responsável* cujo patrimônio passou a ser agredido após a desconsideração, possa alegar em seu favor o benefício de ordem.

Uma vez estabilizada a desconsideração nos estritos limites objetivos e subjetivos é possível, tem-se, apenas para aquele credor uma ampliação da responsabilidade patrimonial não sendo lícito que credores preferenciais do devedor originário se habilitem para receber os créditos obtidos da alienação do patrimônio do sujeito que teve seu patrimônio atingido a partir da desconsideração. Pode-se cogitar de espraiar os efeitos da desconsideração caso existam, por exemplo, outros créditos do mesmo credor e devedor, mas não quando se tratar de credores diferentes.

2.3.5.3.7 Embargos de terceiro e incidente de desconsideração

Sempre que se satisfaz uma obrigação inadimplida mediante uma *expropriação ou um desapossamento judicial* é certo que o *bem que será desapossado* ou o *direito que será expropriado* devem pertencer ao sujeito que responde processualmente pela dívida. Às vezes isso não ocorre e um bem de um *terceiro*

CAPÍTULO 6 • TÉCNICAS DE PROTEÇÃO DA GARANTIA PATRIMONIAL GERAL **207**

acaba sendo atingido por atos de constrição ou esbulho judicial emanados de um processo do qual ele não é parte. Estes atos de constrição patrimonial, sejam eles preparatórios ou finais, tanto de um desapossamento, quanto de uma expropriação afetam diretamente o direito de posse ou propriedade do terceiro, e, bem sabemos, *ninguém pode ser privado de seus bens sem o devido processo legal.*

Os embargos de terceiro servem para a nobre função de impedir ou desfazer o esbulho judicial e esta pretensão é exercida por meio de uma demanda autônoma com rito especial previsto nos arts. 674 e ss. do CPC. Cabe ao terceiro o encargo de promover demanda com este desiderato. É, pois, genética a sua relação com o processo de onde emanou a ordem constritiva supostamente indevida, pois o que se quer com este remédio é inibi-la ou desfazê-la, daí por que é correto dizer que se trata de um *processo incidental* ao processo já existente.

Assim, o terceiro fundamenta o seu direito de não ser atingido pelo esbulho judicial porque afirma que o seu direito, de posse ou propriedade sobre determinado bem, não deve ser *desapossado* ou *expropriado* no processo de onde emanou ou pode emanar a constrição judicial, caso em que os embargos de terceiro terão finalidade *inibitória* ou de *remoção de ilícito*, respectivamente. O terceiro defende o seu patrimônio, ou melhor, um bem específico do seu patrimônio pretendendo obter decisão judicial que reconheça a ilicitude da medida constritiva tendo em vista a idoneidade do seu título de posse ou propriedade.

A tendencia natural é que os embargos de terceiro venham a ser manejados pelo terceiro quando se iniciam os atos de execução forçada no processo alheio, como o depósito para o futuro desapossamento, ou penhora na expropriação, mas nada impede que possa ser manejado antes ou depois destes momentos[51], como faz claro o art. 675 do CPC ao dizer que eles podem ser "*opostos a qualquer tempo no processo de conhecimento enquanto não transitada em julgado a sentença e, no cumprimento de sentença ou no processo de execução, até 5 (cinco) dias depois da adjudicação, da alienação por iniciativa particular ou da arrematação, mas sempre antes da assinatura da respectiva carta*".

Assim, feita esta brevíssima apresentação dos embargos de terceiro, passemos a analisar a sua relação – íntima – com a desconsideração da personalidade jurídica, pois enquanto o primeiro pretende afastar determinado bem da responsabilidade patrimonial, o segundo pretende fazer com que todo o acervo patrimonial do terceiro responda também pela dívida.

Para facilitar a compreensão tomemos de exemplo algumas situações hipotéticas.

---

51. Desde que exista a ameaça de constrição ou constrição já realizada.

Imaginemos que no processo de execução movido por A contra B (pessoa jurídica) seja realizada a penhora sobre um bem Y pertencente a C. Ao tomar conhecimento da penhora, o terceiro C (sócio) decide opor-se ao ato de constrição por meio de *embargos de terceiro* tendo no polo passivo deste processo incidental o exequente A e o executado B.

O limite cognitivo da ação proposta pelo terceiro é a demonstração de que aquele esbulho judicial sobre aquele bem específico emanado de processo do qual não é parte seria ilegítimo e estaria ferindo o seu direito de posse ou de propriedade sobre o referido bem. O alvo dos embargos de terceiro é impedir/retirar *determinado bem do campo da responsabilidade patrimonial* sob alegação de esbulho judicial. Obviamente que está tutelando o seu patrimônio, mas, mais que isso, quer obter um provimento judicial que reconheça que o *seu bem* não se sujeita à responsabilização patrimonial em outro processo.

Entretanto, eis que A, exequente, percebendo que poderia sofrer uma derrota nos embargos de terceiro por que de fato o bem Y pertenceria ao sócio e não a sociedade executada, requer a instauração do incidente de desconsideração da personalidade jurídica no processo executivo (desde que presentes os pressupostos da desconsideração), qual seja, para fazer com que não apenas aquele bem, mas todo o patrimônio do sócio, então terceiro, possa ser também atingido pela sua execução.

Feito isso teremos uma Execução de A contra B onde nele há a penhora do bem Y, e também nele foi instaurado um incidente de desconsideração da personalidade jurídica para atingir *todo* o patrimônio de C. Por outro lado, há uma demanda incidental de embargos de terceira proposta por C contra A e B alegando que é ilegítimo o esbulho judicial da execução sobre seu direito de posse ou propriedade sobre determinado bem. A primeira técnica é um incidente processual, a segunda um processo incidental.

A questão não é simples porque caso seja deferida a desconsideração da personalidade jurídica, não apenas o bem Y, mas *todo* o patrimônio de C passará a responder pela dívida de B, embora isso não queira significar que a penhora então ocorrida sobre o bem de C que antes era ilegítima passa a ser legítima. Isso porque a eficácia da decisão que desconsidera a personalidade jurídica tem natureza constitutiva, de forma que ainda que se pretenda "aproveitar" a penhora sobre o bem Y, é inegável que os efeitos que lhes são inerentes como direito de preferência (art. 797) só valem a partir do momento em que foi determinada após a desconsideração deferida.

Outrossim, embora se possa afirmar que ao requerer a desconsideração da personalidade jurídica A estaria admitindo que C não é parte da demanda, por

CAPÍTULO 6 • TÉCNICAS DE PROTEÇÃO DA GARANTIA PATRIMONIAL GERAL

outro lado isso não quer dizer que o bem Y não fosse responsável pela dívida, pois, por exemplo, poderia ter sido alienado por B para C em fraude à execução, caso em que reconhece que o bem, mesmo sendo de terceiro, se sujeita à execução, dada a ineficácia da alienação do devedor para o terceiro adquirente em relação àquele credor naquele processo. Ineficácia decorrente do fato de que a referida alienação, ainda que válida, não teve o condão de produzir a eficácia de retirar o bem da responsabilidade patrimonial.

Esses cuidados na análise dos institutos devem estar presentes, pois não será incomum a possibilidade de que no curso da execução surjam "problemas" envolvendo a concomitância de embargos de terceiro com o incidente de desconsideração da personalidade jurídica.

Para tanto é preciso sempre lembrar que em ambos os casos – incidente processual e processo incidental – o objeto da cognição e debate de cada um são muito específicos e limitados, embora inegável que ambos se relacionem de forma específica ou genérica com a *responsabilidade patrimonial* do terceiro.

O terceiro, com razões e fins diversos, lutará para proteger o seu patrimônio dos atos de execução forçada ocorridos em outro processo, seja de forma específica sobre determinado bem, seja de forma genérica de todo o patrimônio. Ademais, ora será o provocador da demanda de embargos de terceiro *reagindo* a uma constrição (ou ameaça de), ora sendo demandado no incidente de desconsideração da personalidade jurídica. Em ambos os casos não se admite é que não possa *defender-se* de forma plena para proteção do seu patrimônio.

O que pretende a desconsideração da personalidade jurídica é trazer o terceiro para o processo do qual ele não participa e, mais que isso, sujeitá-lo também à responsabilidade patrimonial, ou seja, *todo o patrimônio de C passaria a se sujeitar à execução*, ao passo que o que se deseja nos embargos de terceiro é *afastar uma constrição judicial supostamente ilegítima sobre um bem específico que o terceiro exerce posse ou propriedade*.

É claro que a procedência da desconsideração da personalidade jurídica tornam inúteis os embargos de terceiro, pois não apenas o terceiro deixa de ser "terceiro", mas também a constrição judicial passa a ser lícita *a partir da* desconsideração ocorrida, *já que todo o seu patrimônio passa a responder pela dívida a partir daquele momento*.

Na eventual concomitância do incidente processual de desconsideração com o processo incidental de embargos de terceiro é perfeitamente *possível*, e, portanto, eventualmente, concluir-se, por exemplo, que houve o *abuso* ensejador da procedência do incidente (art. 50 do CCB), e, ao mesmo tempo concluir também que até aquele momento a penhora do bem de C era realmente ilegítima, o que levaria a procedência dos embargos de terceiro. Não se descarta, inclusive, a depender dos fundamentos e argumentos trazidos no pedido de desconsideração posterior feito pelo exequente, que exista um reconhecimento tácito da legitimidade do processo incidental de embargos de terceiro.

Por outro lado, acaso já requerido o incidente de desconsideração da personalidade jurídica antes de ter sido formulada a ação de embargos de terceiro, é preciso que a eventual decisão de procedência do incidente ainda não esteja produzindo efeitos jurídicos (de trazer o terceiro para dentro do processo) para que o terceiro possa a exercer os embargos de terceiros. Se já é parte, não é terceiro. Se todo o patrimônio responde, não se justifica e nem se mostra cabível os embargos de terceiro.

2.3.5.3.8 Incidente de desconsideração instaurado pelo executado

Costuma-se pensar apressadamente que o credor é o único interessado em ampliar a responsabilidade patrimonial mediante a utilização da técnica do incidente de desconsideração da personalidade jurídica, quando na verdade é perfeitamente possível que o incidente seja instaurado pelo próprio réu com interesse em dividir a responsabilidade pela dívida inadimplida.

Imaginando que o exequente A promova execução contra o executado B (pessoa jurídica). Imaginando ainda que a administração da pessoa jurídica seja feita pelo sócio X que veio a substituir o sócio Y que desviou para si (pessoa física) o patrimônio da empresa, faz todo sentido que o executado (pessoa jurídica) pretenda a *desconsideração da sua própria personalidade* para atingir o bem dos sócios, e, em especial, daquele que se locupletou patrimonialmente às custas da empresa.

Neste particular o art. 133, *caput,* não traz nenhuma vedação à referida possibilidade quando diz que o incidente de desconsideração da personalidade jurídica será instaurado a pedido da parte ou do Ministério Público, quando lhe couber intervir no processo. Acaso seja procedente o pedido de desconsideração então não apenas B será *o executado*, mas todos os sócios da empresa, de forma incide conjuntamente o art. 793, § 3º, do CPC[52] com o art. 283 do CCB[53].

---

52. Art. 795. Os bens particulares dos sócios não respondem pelas dívidas da sociedade, senão nos casos previstos em lei. § 3º O sócio que pagar a dívida poderá executar a sociedade nos autos do mesmo processo. § 4º Para a desconsideração da personalidade jurídica é obrigatória a observância do incidente previsto neste Código.
53. Art. 283. O devedor que satisfez a dívida por inteiro tem direito a exigir de cada um dos codevedores a sua quota, dividindo-se igualmente por todos a do insolvente, se o houver, presumindo-se iguais, no débito, as partes de todos os co-devedores.

2.3.5.3.9 Incidente de desconsideração e fraude à execução

2.3.5.3.9.1 Relembrando o conceito de fraude à execução para contraste com a desconsideração da personalidade jurídica

A fraude está em todas as áreas das relações humanas, e, no Direito, particularmente, está presente em todas as ciências, a saber: estelionato, fraude em licitações, fraude nos contratos, fraude à execução, fraude fiscal, fraude econômica, fraude nas licitações, fraude eleitoral etc.

Em todos estes casos o núcleo comum, mínimo, é (i) a existência de um sujeito que frauda e um sujeito que é fraudado; (ii) a intenção de enganosidade do primeiro em relação ao segundo; (iii) a existência de um benefício para o primeiro ou de prejuízo para o segundo ou para terceiros; (iv) a existência de meios para a enganosidade ser realizada.

No ato fraudulento o fraudado crê que em algo aparente, mas surpreende-se com o que está escondido no ato do fraudador como na camuflagem do animal para pegar a sua presa ou fugir do seu predador.

Não se confunde o *meio* que a fraude se instrumentaliza com a *fraude em si mesma*. Também não se reduz a fraude à intenção de fraudar. A só intenção, a má-fé, não é fraude, pois é necessário que se tenha outros elementos.

Para entender o que seja *fraude à execução* é preciso lembrar da regra contida no art. 391 do CCB "*pelo inadimplemento das obrigações respondem todos os bens do devedor*", cuja redação é bem parecida com o art. 789 do CPC: "*o devedor responde com todos os seus bens presentes e futuros para o cumprimento de suas obrigações, salvo as restrições estabelecidas em lei*".

Todo devedor sabe que se inadimplir suas obrigações, sejam elas legais ou contratuais, o *seu patrimônio responderá pela dívida inadimplida*. Eis aí a chave para entender o que seja a *fraude à execução*. Considerando aqueles elementos que compõem o núcleo comum da fraude *tout court*[54] então podemos defini-la como o desfalque patrimonial praticado pelo sujeito cujo patrimônio é responsável pela dívida inadimplida no curso de uma demanda que seria capaz de levá-lo a uma situação de insolvência frustrando a satisfação da futura execução. Observe que esse desfalque (oneração ou alienação) do patrimônio lesa não apenas o *titular do crédito inadimplido*, mas também a *jurisdição* porque frustra o resultado da demanda já instaurada.

---

54. Sujeito que frauda e sujeito fraudado, meio para realizar a fraude, intenção maliciosa, prejuízo do fraudado e/ou benefício do fraudador.

Parece uma tolice – e talvez o seja –, mas a redação do 593, *caput,* do CPC de 1973 e também do art. 895 do CPC de 1939 tinham um rigor vernacular que não foi mantido pelo CPC de 2015. Observemos a redação de cada um deles:

Art. 895. A alienação de bens considerar-se-á *em* fraude de execução:

Art. 593. Considera-se *em* fraude de execução a alienação ou oneração de bens:

Art. 792. A alienação ou a oneração de bem é considerada fraude à execução:

Ao colocar a preposição "em" antes da expressão "fraude à execução" ela perpassa a noção dinâmica de tempo permitindo que se compreenda que a *fraude em questão* é aquela em que o ilícito acontece com processo em curso. Esse aspecto é fundamental para se compreender que a *fraude à execução* pressupõe *processo em curso* como se observa nas hipóteses descritas nos incisos dos respectivos artigos supracitados. Aliás, este é o *quid,* o *plus* que – por ser dirigida também contra a atividade jurisdicional – assume uma gravidade tal que permite que o seu reconhecimento seja feito de forma mais simples do que a fraude contra credores (sem processo judicial em curso e por meio de ação pauliana).

Nada obstante o nome que se dê seja fraude *à execução* não é preciso que a *execução* esteja em curso para que ela se configure, bastando que ao tempo da alienação ou da oneração, tramitava contra o devedor ação capaz de reduzi-lo à insolvência. A expressão "à execução" que qualifica a fraude está aí apenas para demonstrar que o desfalque praticado frustrará a execução, seja ela futura ou contemporânea. Observe-se com cuidado que o *ilícito de fraude de desfalque patrimonial* deve ter sido praticado com a demanda instaurada (executiva ou condenatória ou preparatória de alguma delas). Não se confunde o ilícito com o seu futuro reconhecimento judicial.

2.3.5.3.9.2   Elementos da fraude à execução

O sujeito que frauda à execução é *parte* no processo judicial, e assim ocupa esta situação jurídica porque é, no plano material, o responsável pela dívida inadimplida (devedor ou garantidor). É ele que terá o seu patrimônio sujeito à execução por expropriação. Portanto, o sujeito que pratica a fraude à execução é parte e não um terceiro na causa. É verdade que o ato ilícito de fraude à execução pode ser em feito em conluio – ou não – com um (ou alguns) terceiro(s) em favor de quem é feita a alienação ou oneração do bem que até então integrava o patrimônio de responsável.

A fraude à execução agride diretamente dois sujeitos: o titular do crédito inadimplido que pretende a sua satisfação em juízo, e também a própria jurisdição que vê comprometido o resultado do processo (satisfação do direito) pelo ato fraudatório.

CAPÍTULO 6 • TÉCNICAS DE PROTEÇÃO DA GARANTIA PATRIMONIAL GERAL

O ato de fraude à execução consiste em desfalcar o patrimônio responsável (garantidor) da satisfação do direito pretendido em juízo. Esse desfalque tanto pode ser praticado por uma conduta comissiva, quanto omissiva. Assim, por exemplo quando aliena bem a terceiro no curso do processo ou quando deixa de receber crédito que integraria o seu patrimônio como no caso de não abrir inventário de ascendente falecido para evitar que o patrimônio herdado possa ser excutido.

O elemento intencional da fraude é normalmente um aspecto complicado de ser demonstrado, até porque em um desfalque patrimonial sempre há aquele que aliena ou onera o seu patrimônio e um outro, ou outros, em favor de quem este patrimônio é desfalcado e especialmente quanto a este último é que reside o problema do elemento anímico, afinal de contas o devedor, desde que firmou a obrigação, sabe o patrimônio que tem e que ele responde pelo inadimplemento da obrigação.

Justamente por causa das dificuldades de prova em relação ao terceiro o legislador estabelece presunções que tornam objetiva a verificação do elemento intencional. Assim, se o bem é sujeito a qualquer tipo de registro oficial (*v.g.* ações, cotas, veículos, imóveis etc.) e houver qualquer averbação (anotação à margem do registro) emanada de processo judicial (penhora, medida de arresto ou indisponibilidade, hipoteca judiciária, averbação premonitória etc.) então há uma presunção absoluta de fraude. O terceiro que adquire um bem que se sujeita a registro cuja finalidade é justamente proteger terceiros e trazer segurança e não procede uma consulta, então não pode invocar a sua inocência na aquisição. Mas, existem casos em que o desfalque patrimonial ocorre depois de iniciado o processo, mas antes de ser possível qualquer tipo de averbação sobre qualquer bem registrado do patrimônio do executado, como por exemplo a demanda condenatória esteja ainda na fase de saneamento e nenhum ato constritivo tenha sido deferido até então.

Nesta hipótese pensamos que é necessário verificar as circunstâncias do caso concreto, ponderando de um lado que o terceiro adquiriu um bem em um momento que não tinha nenhuma restrição averbada e de outro lado que a redução patrimonial se deu em momento do processo que se tornava impossível qualquer averbação no registro pelo autor da demanda[55]. Ao nosso ver deve ser aplicado a esta situação a mesma prevista para casos de bens não sujeitos a qualquer tipo de registro, com ônus do terceiro demonstrar a normalidade da aquisição. É, pois, a solução prevista no art. 792, § 2º, do CPC que diz "*no caso de aquisição de bem não sujeito a registro, o terceiro adquirente tem o ônus de provar que adotou as cautelas necessárias para a aquisição, mediante a exibição das certidões pertinentes, obtidas no domicílio do vendedor e no local onde se encontra o bem*".

---

55. Da mesma forma o inverso (inexistência de registro sobre o bem, mas com notório conhecimento da situação de insolvência pelo adquirente), porém, excepcionalmente, em razão da expressa adoção da *segurança do registro* como determina o art. 54 da Lei n.º 13097.

No que concerne aos meios utilizados para realizar a fraude existem os mais diversos tipos, sendo impossível qualquer tentativa de catalogar. A criatividade do fraudador é ilimitada. São comuns por exemplo, o divórcio simulado para partilhar o patrimônio, o desmembramento da família colocando os filhos em imóveis sozinhos para alegar ser bem de família, a doação de bem não onerosa para parente ou amigo etc.

2.3.5.3.9.3 O reconhecimento da fraude à execução e contraste com a desconsideração

O ato jurídico de desfalque patrimonial em fraude à execução praticado pelo réu/executado com um terceiro é válido entre eles, mas absolutamente ineficaz em relação ao autor/exequente. Logo, na fraude à execução não se pretenderá nenhuma anulação do ato jurídico[56], mas para que a execução incida sobre bem que não integra mais formalmente o patrimônio do alienante/réu/executado é preciso que a ineficácia decorrente da fraude à execução seja reconhecida em juízo. É certo que por envolver um terceiro alheio a relação jurídica processual, por maior que possa a ser a presunção de fraude no caso concreto, antes de declarar a fraude à execução, o juiz deverá intimar o terceiro adquirente, que, se quiser, poderá opor embargos de terceiro, no prazo de 15 (quinze) dias como determina o art. 792, § 4º (art. 674, § 2º, II).

É de bom alvitre, para não haver deslizes no devido processo legal, que o magistrado instaure um incidente processual cognitivo que verse apenas sobre a questão da fraude à execução, dele fazendo parte, de um lado o auto/exequente e de outro, em litisconsórcio necessário o terceiro e o réu/executado.

Tal medida certamente implicará no esvaziamento de qualquer discussão posterior – em embargos de terceiro por exemplo – acerca da fraude cometida e da possibilidade de incidência da execução sobre o bem que, a rigor, em relação ao autor/exequente nunca saiu do patrimônio do réu/executado dada a natureza declaratória da decisão que reconhece a ineficácia.

2.3.5.3.9.4 Fraude à execução e desconsideração da personalidade jurídica

Como se observou acima a fraude à execução é resultado do reconhecimento da ineficácia de ato jurídico praticado pelo réu/executado em relação ao processo cujo propósito poderá será infrutífero sem esse bem.[57]

---

56. Como também não se pretende na ação de fraude contra credores.
57. DINAMARCO, Candido Rangel. Instituições de direito processual civil. 2ª ed. São Paulo: Malheiros, v. IV, 2003, p. 389.

A desconsideração da personalidade é a consequência jurídica (sanção) que se impõe àquele que incide nos tipos (ato ilícito danoso da garantia patrimonial) previstos pelo direito material (consumidor, civil, fiscal, administrativo, ambiental etc.[58]). Por meio desta sanção um terceiro que não integra nem a relação jurídica processual e nem a material[59] discutida em juízo passa a ter, com a desconsideração da personalidade, o seu patrimônio sujeitável à execução pois passa a ter o seu patrimônio com garantidor de dívida alheia. Logo, como ela há uma *soma de patrimônios sujeitáveis* e não apenas um bem específico, a não ser que todo o patrimônio se resuma num único bem expropriável. Observe que o *terceiro* passa a integrar a relação jurídica processual caso incida a sanção de desconsideração.

É claro que a desconsideração pode se dar porque, *fraudulentamente,* o devedor oculta o seu patrimônio em nome de outra pessoa, pois esta é *uma das várias hipóteses do direito material* que justificam a superação da personalidade. Mas, observe, ao desconsiderar a personalidade não se trata de *reconhecer a ineficácia de uma alienação ou oneração de bem no curso do processo*, mas sim de *decretar* uma situação jurídica nova (decisão constitutiva) para aquele terceiro que passa não só a integrar a relação jurídica processual, mas também submete o seu *patrimônio inteiro* à responsabilidade executiva. Todo acervo patrimonial do terceiro atingido passa a ser garantidor da dívida e não um bem específico que tenha sido objeto de desfalque fraudulento.

Acerca da comunicação dos institutos o CPC diz que:

Art. 137. Acolhido o pedido de desconsideração, a alienação ou a oneração de bens, havida em fraude de execução, será ineficaz em relação ao requerente.

Art. 792. A alienação ou a oneração de bem é considerada fraude à execução

(...)

§ 3º Nos casos de desconsideração da personalidade jurídica, a fraude à execução verifica-se a partir da citação da parte cuja personalidade se pretende desconsiderar.

---

58. Nos casos do art. 28, § 5º, da Lei n.º 8.078 e art. 4º da Lei n.º 9605 "a aplicação da teoria menor da desconsideração da personalidade jurídica da empresa é justificada pelo mero fato de a personalidade jurídica representar um obstáculo ao ressarcimento de prejuízos" (AgInt no AREsp 1560415/DF, Rel. Ministro Marco Buzzi, Quarta Turma, julgado em 30/03/2020, DJe 01/04/2020) o que leva ao questionamento se de fato há aí uma proteção ou uma desvalorização da autonomia patrimonial da pessoa jurídica (a respeito ver COELHO, Fábio Ulhoa. Curso de Direito Comercial. 7ª. ed. São Paulo: Saraiva, 2004, p. 46). A rigor, tomando de análise o art. 4º da Lei 9605 o que se tem é responsabilidade patrimonial subsidiária do sócio sempre, objetivamente, "que sua personalidade for obstáculo ao ressarcimento de prejuízos causados à qualidade do meio ambiente". Cabe ao sócio provar que não há a situação de insolvência da pessoa jurídica que justifique a invasão do seu patrimônio.

59. A rigor o sujeito atingido com a desconsideração possui relação jurídica com aquele que é o responsável patrimonialmente. É justamente esta relação jurídica que – a depender das circunstâncias do direito material – permitem a incidência da sanção da responsabilidade patrimonial por meio da desconsideração da personalidade jurídica. A relação jurídica envolvendo o atingido pela desconsideração e aquele que teve a sua personalidade desconsiderada é indireta com a relação jurídica já deduzida em juízo.

Para entender a hipótese do art. 137 do CPC tomemos de exemplo a seguinte situação: A promove ação condenatória contra B e no curso desta A requer instauração de incidente para que seja desconsiderada a personalidade de B e assim sujeitar o patrimônio de C à responsabilidade executiva.

Assim, se for decretada em favor de A a sanção de desconsideração da personalidade de B (pessoa jurídica) para que o patrimônio de C (sócio) também integre a responsabilidade patrimonial, então, aí entra o art. 137 e diz que toda alienação ou oneração de bens praticada por C havida em fraude à execução será ineficaz em relação à A.

O dispositivo é ótimo, porque C (sócio), sabendo que B (pessoa jurídica) foi citado e que possivelmente poderá ser atingido em eventual desconsideração que vier a ser instaurada, pode resolver desfalcar o seu patrimônio tornando inócua a sanção de desconsideração pois infrutífera será a futura execução. Nesta hipótese, frise-se, o que diz o texto é que se C, atingido pela desconsideração, tiver alienado ou onerado bens de seu patrimônio em alguma das hipóteses de fraude à execução, então essa alienação será ineficaz para A, caso em que o bem ou os bens que tenham sido formalmente desviados para o patrimônio de D, será atingido no limite da fraude cometida.

Já o art. 792, § 3º reforça exatamente o que se disse anteriormente, ou seja, tomando o mesmo exemplo acima, como C é atingido pela desconsideração o seu patrimônio se submete à eventual execução promovida por A, mas ratifica o art. 137 dizendo que, mesmo que a sanção constitutiva de desconsideração tenha se dado no curso do feito, para fins de fraude à execução, o legislador retroage o momento de sujeitabilidade do patrimônio de C à mesma data em que B foi citado.

Logo, não se confundem *fraude à execução* e a *superação da personalidade*. Nesta um terceiro passa a ser parte no processo e seu patrimônio sujeita-se à futura execução. Há, pois litisconsórcio passivo entre a pessoa desconsiderada e o atingido pela desconsideração. Litisconsórcio este decorrente do fato de que, com a decisão positiva da desconsideração, *ambos* se sujeitam a mesma garantia da responsabilidade patrimonial. A execução poderá ser movida contra ambos e a *desconsideração* é a sanção jurídica prevista às mais variadas situações previstas pelo direito material como abuso de direito, má administração, confusão patrimonial etc.

Já a *fraude a execução* é uma situação jurídica processual onde o réu ou executado aliena ou onera bem para desfalcar o patrimônio de forma que o processo seja infrutífero. Nesta hipótese, o adquirente do bem em fraude à execução não integrará a relação jurídica processual executiva e tampouco seu patrimônio inteiro responderá pela execução, senão apenas aquele específico bem objeto de

CAPÍTULO 6 • TÉCNICAS DE PROTEÇÃO DA GARANTIA PATRIMONIAL GERAL 217

uma alienação ou oneração que foi ineficaz em relação ao autor/exequente. Ademais, a sanção jurídico-processual pelo reconhecimento da fraude e a ineficácia da alienação ou oneração, permite que a execução incida sobre o patrimônio do terceiro aí incluído o tal bem alienado em fraude.[60] A fraude à execução não é espécie de desconsideração e nem a desconsideração é espécie de fraude.

São institutos diversos, embora se comuniquem pelo fato de que são técnicas protetoras da efetividade da execução por expropriação. Uma *restabelece* o patrimônio alienado em fraude à execução sem acréscimo objetivo ou subjetivo da demanda; outra amplia *objetivamente* o *patrimônio executável* em razão de igual *ampliação do polo subjetivo* com a decretação da desconsideração da personalidade, permitindo inclusive que o desconsiderado oponha exceções que visem a extinção da própria dívida.

Aliás, registre-se, embora isso seja incomum, é possível que o titular do crédito perceba, antes da data do inadimplemento, que o devedor já dê sinais de que não irá adimplir a obrigação e ainda por cima começa a dilapidar temerosamente o seu patrimônio justamente para comprometer a sua responsabilidade patrimonial. Nesta hipótese não há processo em curso e ainda não foi cometida a *fraude ao patrimônio,* mas está em vias de isso acontecer. Ora, é claro que o titular do crédito[61] pode, ante a *ameaça de lesão*, promover demanda que conserve o patrimônio do devedor *inibindo o ilícito* que está em vias de ser cometido. Conhecíamos esta demanda como *arresto* nos arts. 813 e ss. do CPC de 1973, mas nada mais é do que uma demanda inibitória contra o ilícito de *desfalque patrimonial.*

Entretanto, sabemos, que a maior parte dos casos o que se tem é justamente a tutela *repressiva* de remoção do ilícito de fraude já cometido, ou seja, se pretende o reconhecimento da fraude quando ao tentar realizar a penhora o exequente já não encontra bens do executado.

Pode-se concluir que o Código de Processo Civil deu tratamento bastante sintético a um instituto tão complexo como a *desconsideração da personalidade jurídica*, sem se preocupar com as diversas questões de ordem formal e material como foram trazidos neste ensaio que, longe de trazer soluções, apresentam pontos de reflexão para um tratamento jurídico mais adequado ao instituto que é técnica de enorme importância na execução civil.

---

60. Observe que o bem continua no patrimônio do terceiro, mas se sujeita à execução, porque em relação ao autor/exequente a referida alienação ou oneração não produziu a eficácia de retirar aquele bem da responsabilidade patrimonial do executado.
61. Também tem legitimidade o responsável secundário ao perceber que ele arcará com o prejuízo e não poderá alegar o benefício de ordem a seu favor.

2.3.5.3.10 O Tema n.º 1232 do STF: incidente de desconsideração e o incidente de corresponsabilização

Tem sabor de obviedade a regra do art. 513, § 5º, do CPC que assim diz:

"O cumprimento da sentença não poderá ser promovido em face do fiador, do coobrigado ou do corresponsável que não tiver participado da fase de conhecimento".

É fácil de se enxergar a distância que este dispositivo do CPC é uma natural projeção da a cláusula pétrea de que "ninguém será privado dos seus bens sem o devido processo legal" (art. 5º, LV, da CF/1988), ou seja, a regra básica e lógica de que primeiro se revela o direito, depois parte-se para a excussão do patrimônio. Essa "revelação do direito" é estampada nos títulos judiciais (art. 515) e extrajudiciais (art. 784) de forma que neles possam estar evidentes a existência de uma obrigação líquida, certa e exigível. O que deve estar revelado de modo evidente no título executivo judicial e extrajudicial não é apenas a relação débito/crédito que vincula credor e devedor, mas também a relação acessória que envolve o credor e o responsável, afinal de contas, ambas integram a relação jurídica obrigacional.

Assim, é pressuposto da atividade executiva sobre o patrimônio, que esteja identificado no título executivo tanto a (a) a relação entre o credor e devedor atinente à prestação devida, quanto a (b) relação entre o credor e o responsável que garante com seu patrimônio os prejuízos decorrentes de eventual inadimplemento da prestação. Trocando em miúdos, deve constar de modo evidente no título executivo judicial ou extrajudicial as seguintes informações: a quem se deve, quem deve/responde, se é devido, e o quê ou quanto se deve.

Não se duvida que tudo seria mais simples se o sujeito que encarnasse o papel de "responsável" fosse também o mesmo que personificasse o "devedor", como aliás acontecesse na maior parte dos casos. Assim, por exemplo, Marcelo deve pagar uma quantia a Guilherme e o patrimônio de Marcelo é que responde pelo seu inadimplemento. Marcelo é o devedor e também o garantidor da dívida por ele assumida.

Por outro lado, tudo fica mais complexo, e todo cuidado passa a ser pouco, quando os tais sujeitos descoincidem, ou seja, quando, por meio de lei ou convenção das partes, Marcelo é o devedor de Guilherme, mas o responsável pelo débito de Marcelo é, além dele mesmo, um outro sujeito chamado de Pedro. Assim, Pedro, que não é o devedor, é "cogarantidor" da dívida de Marcelo. Nesta hipótese, portanto, existem duas pessoas, e, dois patrimônios, que respondem pela dívida de apenas uma delas.

Especialmente nestes casos de *responsabilidade pela dívida de outrem* é preciso ter muita cautela e atenção porque no título executivo que aparelhará o processo de execução ou o cumprimento de sentença devem estar revelados os elementos objetivos e subjetivos do vínculo que une credor e devedor (da prestação devida) como também do que une o direito de garantia que conecta o responsável com o credor. Trocando em miúdos, é isso que diz o art. 513, § 5º, supracitado.

Segundo este claríssimo dispositivo do CPC, mesmo que a lei ou o contrato aponte que "C" seja o garantidor (ou corresponsável) pela dívida de "A" é preciso que o título executivo espelhe esta situação jurídica. Melhor explicando, numa ação condenatória proposta elo credor contra o devedor, caso o primeiro pretenda obter um título executivo judicial que lhe autorize uma futura expropriação patrimonial contra todos os responsáveis, deveria preocupar-se em colocar no polo passivo desta demanda, além do próprio devedor, os sujeitos que a lei ou o contrato impute a responsabilidade (garantia) pela referida dívida. Por "n" razões – estratégicas, econômicas, afetivas etc. – pode o credor optar por ajuizar a demanda condenatória apenas contra o devedor em vez de colocar no polo passivo todos aqueles que a lei ou o contrato preveem como meros garantidores de dívida. Assim, num contrato sem eficácia de título executivo é perfeitamente possível que o credor A proponha demanda apenas contra o devedor B, ou contra o seu fiador C, ou contra ambos.

Por outro lado é preciso que fique claro o reverso da moeda, ou seja, a consequência desta opção legitimamente feita por A: acaso a demanda proposta apenas contra B venha a ser julgada procedente, não poderá direcionar o cumprimento da sentença contra C, posto que este último, mesmo sendo fiador de B, não foi demandado por A e contra ele não se formou título executivo judicial.

O problema não está na formalidade de se ter ou não se ter o título executivo judicial contra determinada pessoa, e tampouco se trata de uma punição mesquinha à opção de A quando decidiu propor a demanda apenas contra um dos responsáveis.

O verdadeiro motivo é que existe um direito fundamental de que ninguém pode ser "executado" e sofrer uma expropriação judicial se não lhe for concedido o direito de exercer o contraditório, defesa de mérito (direta e indireta), tanto a respeito da relação principal (débito/crédito), quanto da relação acessória (crédito/responsabilidade) da qual ele figura como suposto responsável garantidor.

Frise-se mais uma vez que acaso a demanda condenatória seja proposta apenas contra o devedor, esta é uma opção do credor, de forma que apenas contra aquele réu por ele escolhido é que terá sido formado um título executivo judicial; título este que revelará uma obrigação (tanto o vínculo do débito, quanto da responsabilidade) líquida, certa e exigível. Apenas este sujeito, e, seu patrimônio, é que será legítimo para suportar a execução por expropriação.

A clareza do § 5º do art. 513 do CPC é indubitável: em respeito ao preceito constitucional de que ninguém será privado de seus bens sem o devido processo, não é possível executar (expropriar) patrimônios de quem quer que seja se contra estas pessoas não houver "títulos executivos", sejam eles judiciais ou extrajudiciais.

Entretanto, nem sempre a figura do corresponsável (de primeira ordem ou de segunda ordem) está escancarada a ponto de o credor poder fazer a simples opção ao propor a demanda condenatória contra o devedor e contra o *suposto* corresponsável.

Dois exemplos muito significativos, já comentados neste livro, permitem identificar o problema aqui mencionado. Um deles diz respeito a identificação do corresponsável que integre o mesmo grupo econômico do devedor nas relações trabalhistas (art. 2º, § 2º, da CLT). E a outra refere-se a identificação do *companheiro* do devedor (art. 790, IV, do CPC) a quem se pretenda estender a dívida assumida por este.

O problema referente a identificação do corresponsável que integre o mesmo grupo econômico para contra ele redirecionar o cumprimento de sentença é objeto do Tema n.º 1232 do STF. Neste tema o que a situação ali revela é que naquele caso concreto houve a formação do título executivo judicial apenas contra o devedor e apenas contra este foi iniciado o cumprimento de sentença. Contudo, após ser verificado que aquele devedor não possuiria patrimônio expropriável é que se pretendeu alcançar o patrimônio de outros sujeitos sob a alegação de que "integrariam o mesmo grupo econômico de fato".

Definitivamente não nos parece ser possível simplesmente redirecionar [mudar a direção] a execução contra estes outros sujeitos, como se a execução fosse a mira de uma arma onde, mascado o primeiro tiro, pudesse o calibre ser ajustado para pessoa diversa sem lhe permitir exercer o pleno e prévio contraditório à formação do título executivo. Não dá para inverter a lógica e exigir, no curso do cumprimento de sentença, que o "redirecionado" é que tenha que provar que ele não pertence ao mesmo grupo econômico de fato.

Não basta uma petição avulsa do exequente justificando a insuficiência patrimonial do atual executado e contendo argumentos de que haveria indícios de que os "novos alvos" integrariam o mesmo grupo econômico. A decisão judicial que deferisse esse "redirecionamento" estaria inventando um título executivo judicial contra novos executados e seus patrimônios sem que estas pessoas tivessem tido a oportunidade de defesa prévia num processo cognitivo, seja em relação a dívida, seja em relação à responsabilidade patrimonial.

Se isso fosse permitido estar-se-ia admitindo que contra o executado sem patrimônio foi necessário um processo judicial, mas contra os sujeitos que se presume integrar o mesmo grupo econômico de fato bastaria um "redirecionamento" da execução. A hipótese é tão grave que não se trata apenas de violar o petrificado direito constitucional ao devido processo no qual gravita o mantra de que o patrimônio de uma pessoa só pode ser expropriado se e quando contra ela exista um título executivo que revele de forma evidente quem deve (e quem é responsável pela dívida), o quê ou quanto se deve, a quem se deve, se é devido.

Uma de duas: ou o título executivo foi obtido por meio de prévio processo cognitivo, caso em que haverá uma fase subsequente de cumprimento de sentença contra aquele que participou do processo cognitivo, ou o título executivo insere-se naquelas taxativas hipóteses do art. 784 do CPC, caso em que será proposto um processo de execução. Em ambas as hipóteses só pode ser executado o sujeito que integre o título executivo.

O que é mais cruel nesta hipótese que deu origem ao Tema nº 1232 é que além de lhe ser negado o direito de discutir em processo cognitivo antecedente à formação do título executivo judicial as relações de débito e de responsabilidade, também lhe foi tolhido o direito de opor-se a alegação – feita em petição avulsa – de que "compõem o mesmo grupo econômico de fato". Observe-se que na hipótese trazida pelo Tema nº 1232 não apenas redireciona-se a execução contra "terceiros" sem lhes outorgar o direito de discutir o débito e a responsabilidade, como ainda por presume-se esta responsabilidade pela premissa fixada no redirecionamento de que tais pessoas comporiam, de fato, o mesmo grupo econômico.

Não se pode admitir o redirecionamento da execução como se fosse um simples giro do cano da espingarda executiva. Não se pode admitir com base em elementos indiciários trazidos numa petição avulsa do exequente no curso do cumprimento de sentença que o magistrado receba aquela petição e simplesmente decida que "X, Y e Z" devem ser também sujeitos passivos de um cumprimento de sentença sem que nunca tenham figurado em nenhuma demanda cognitiva prévia onde pudessem defender-se não apenas da alegação de que compõem o mesmo grupo econômico de fato, como ainda por cima, de questões envolvendo a dívida e a própria responsabilidade que lhes é imputada ali no curso da curso do cumprimento da sentença.

Observe-se que uma coisa é o reconhecimento judicial de que X, Y e Z compõem o mesmo grupo econômico de fato, outra coisa é o reconhecimento judicial que aqueles sujeitos que supostamente integrariam o mesmo grupo econômico de fato seriam corresponsáveis pela dívida do executado originário. É óbvio que, tecnicamente, tudo isso deveria estar acertado previamente no processo cognitivo que deu origem ao título executivo judicial.

Contudo, como se disse, nem sempre tudo é muito simples a ponto de o autor da demanda condenatória poder escolher ou optar por colocar no polo passivo aquele que deve *e aqueles que supostamente integrariam o mesmo grupo econômico de fato,* caso em que seriam corresponsáveis pela dívida. A questão, extremamente séria, é que para dizer que "X" é corresponsável pela dívida de "Y" porque integra o mesmo grupo econômico *de fato,* depende de um reconhecimento judicial, o que torna praticamente impossível para o credor saber de antemão que existem corresponsáveis ao débito que o "seu devedor" assumiu com ele.

De outra banda, tratando-se de título executivo extrajudicial não é diferente: ou os executados constam no título executivo extrajudicial e contra eles podem ser promovidas as execuções, ou não estão e contra eles não poderá ser iniciada nenhuma execução. Sem título executivo prévio não há execução aparelhada, e, se, eventualmente, ao iniciar o processo de execução o exequente se dá conta poderia ter inserido no título extrajudicial outras pessoas e respectivos patrimônios garantidores, não há a possibilidade de, como uma biruta ao sabor do vento, redirecionar a execução contra novos executados e novos patrimônios que não constam do título executivo extrajudicial.

Mas o que fazer, se no momento de formação do título executivo extrajudicial ou no momento da propositura da demanda condenatória, não era razoável exigir que o credor soubesse que terceiros integrariam o mesmo grupo econômico de fato do devedor?

Diante deste cenário, uma de duas soluções se apresentam no momento em que o credor exequente se vê diante de um cumprimento de sentença fadado à suspensão pela inexistência de bens penhoráveis (art. 921, III, do CPC): (a) em respeito à literalidade do art. 513, § 5º do CPC propõe nova demanda cognitiva – que já pode estar prescrita – contra aqueles que se apresentam como possíveis integrantes do mesmo grupo econômico de fato para contra eles formar título executivo judicial relativamente a dívida que já está sendo executada; (b) requer o redirecionamento da execução contra terceiros que integrem o mesmo grupo econômico de fato para sobre eles estender a corresponsabilidade da dívida inadimplida pelo devedor.

As duas soluções se mostram extremas porque violam princípios constitucionais referentes ao devido processo legal (acesso à justiça e contraditório) e não nos parece adequadas; contudo, a que é apresentada também não é imune de críticas e problemas que precisarão ser enfrentados. Trata-se do *incidente cognitivo de corresponsabilidade* que não se confunde com o *incidente de desconsideração da personalidade jurídica.*

A premissa inicial para se admitir a instauração do incidente cognitivo de corresponsabilização no curso do cumprimento de sentença ou do processo de

CAPÍTULO 6 • TÉCNICAS DE PROTEÇÃO DA GARANTIA PATRIMONIAL GERAL **223**

execução para que a execução se volte para o terceiro é que não era possível exigir do credor que ele soubesse, quando da formação do título executivo extrajudicial ou quando da propositura da demanda condenatória, que aquele terceiro contra o qual ele quer apontar a execução seria um corresponsável pela dívida cobrada. Isso acontece, basicamente, porque a lei não identifica de forma objetiva quem é o corresponsável o que só é possível na maior parte dos casos por meio de um reconhecimento judicial. É o caso do sujeito que integre o mesmo grupo econômico de fato. Assim, por exemplo, não seria possível "redirecionar a execução" por meio de um incidente de corresponsabilização contra um fiador que por opção estratégica do autor/credor não foi colocado no polo passivo da demanda condenatória.

Em segundo lugar é preciso deixar clara a distinção entre o incidente de corresponsabilização e o incidente de desconsideração da personalidade jurídica. No primeiro o objeto cognitivo é saber se há corresponsabilidade patrimonial solidária ou subsidiária, enquanto no segundo o objeto da cognição é saber se o terceiro deve ser corresponsabilizado pela dívida porque cometeu ato de ilícito violador da garantia patrimonial de determinada dívida.[62] Onde há responsabilidade patrimonial legal ou convencional não há razão para "desconsideração da personalidade jurídica".

A desconsideração só tem sentido logico quando o sujeito atingido pela desconsideração não é formalmente responsável, pois passará a sê-lo por decisão judicial que reconheça o ilícito cometido com o devedor para violar a garantia patrimonial. Assim, *v.g.* se a lei ou o negócio jurídico já estabelece a responsabilidade patrimonial subsidiária do sócio pela dívida da empresa, não há porque "desconsiderar a personalidade jurídica" desta última para atingir o seu sócio, simplesmente porque a lei já o considera responsável. Deveriam, por opção do autor da demanda, ter figurado como réu em demanda condenatória para que contra ele pudesse ter título executivo como deixa claro o art. 513, § 5º, do CPC.

---

62. . Se a lei ou o negócio jurídico preveem claramente que determinadas pessoas são corresponsáveis ou responsáveis subsidiários pela dívida de outrem, é o autor que deve decidir se propõe demanda contra um ou contra todos. O título executivo judicial será formado contra aquele que participou do processo cognitivo. No caso de título executivo extrajudicial apenas aqueles que figuram como responsáveis no referido documento é que poderão ser executados. Não tem cabimento, com a finalidade de driblar a opção equivocada de não propor a demanda contra todos os responsáveis, que o credor/exequente possa valer-se de um redirecionamento executivo ou, pior ainda, utilizar-se de um incidente de desconsideração da personalidade jurídica, incabível nesta hipótese, para trazer para o polo passivo do cumprimento de sentença aquele que já poderia ter participado do processo cognitivo porque já era identificado como corresponsável ou responsável subsidiário da dívida. Não serve o incidente de desconsideração – e nem o de corresponsabilização – como técnica para remediar ali no cumprimento da sentença a escolha estratégica feita pelo autor quando ajuizou a demanda condenatória apenas contra o devedor, deixando de fora os demais responsáveis.

Assim, só se deve admitir o *incidente de corresponsabilização no curso do procedimento executivo*, se e somente se não era possível identificar quando da propositura da demanda que deu origem ao título judicial (ou no momento de formação do título executivo extrajudicial) que determinado(s) terceiro(s) possuía uma relação de corresponsabilidade com o devedor contra o qual se promoveu a demanda. É o caso típico dos terceiros que integrem o mesmo grupo econômico de fato e do companheiro do devedor cuja união estável não tenha sido previamente reconhecida.

Neste incidente de corresponsabilização o objeto cognitivo é especificamente a *corresponsabilidade* devendo ser concedido ao terceiro – requerido no incidente – o direito ao devido processo nos exatos termos do que teria se tivesse sido demandado desde o início da ação condenatória.

REFERÊNCIAS

ABELHA, Marcelo. *Manual de execução civil*. 7ª edição. Grupo Gen, Forense: Rio de Janeiro, 2019.

ABELHA, Marcelo. *Execução por quantia certa contra devedor solvente*. Editora Foco: São Paulo, 2021.

ABELHA, Marcelo. *Suspensão de Segurança - 5ª ed.*: suspensão da execução de decisão judicial contra o poder público. São Paulo: Foco, 2022.

ABELHA, Marcelo. O tema 1.232 do STF... "o corpo ainda é pouco e o pulso, ainda pulsa". *Migalhas*, 23 nov. 2022. Disponível em: https://www.migalhas.com.br/depeso/377391/o-tema--1-232-do-stf---o-corpo-ainda-e-pouco-e-o-pulso-ainda-pulsa. Acesso em: 03 ago. 2024.

ABELHA RODRIGUES, Guilherme Santos Neves. *Introdução ao Direito Civil*: bens. Volume 2. Vitória: Edição dos Organizadores, 2020.

ANTUNES VARELA, João de Matos. *Das obrigações em geral*, vol. II, 3ª edição Coimbra, Almedina, 1980.

ANTUNES VARELA, João de Matos. *Das obrigações em geral*, vol. I, 10ª edição, Coimbra: Almedina, 2014,

ARMELIN, Donaldo. *Embargos de terceiro*. São Paulo, Saraiva, 2017.

ARRUDA ALVIM, Agostinho Neves de. *Da inexecução das obrigações e suas consequências*. São Paulo: Saraiva, 1949.

ARRUDA ALVIM, Teresa. *Os agravos no CPC brasileiro*. 4ª edição. São Paulo: Revista dos Tribunais, 2005.

ARRUDA ALVIM. *Recurso especial, recurso extraordinário e a nova função dos tribunais superiores*. 6. ed., rev., atual. e ampliada. São Paulo, Revista dos Tribunais, 2019.

ARRUDA ALVIM. *Embargos de declaração e omissão do juiz*. 3ª edição. São Paulo, Revista dos Tribunais, 2017.

ARRUDA ALVIM. "Anotações sobre o julgamento de processos repetitivos", in Revista IOB de direito civil e processual civil, v. 9, n. 49, p. 38–45, set./out., São Paulo, IOB Thomson, 2007.

ASSIS, Araken. *Manual da execução*. 18ª edição, São Paulo: Revista dos Tribunais. 2016.

ASSIS, Araken. *Resolução do contrato por inadimplemento*. 3ª edição. São Paulo: Revista dos Tribunais, 1999.

AVEN, Terje. *Fundations of Risk Analysis*. John Wiley and Sons, Ltd, United Kingdom, 2012.

AZEVEDO, Alvaro Villaça. *Teoria geral das obrigações e responsabilidade civil*. 11ª edição, São Paulo: Atlas, 2008.

BARBOSA MOREIRA, José Carlos. Convenções processuais em matéria processual. In: *Temas de Direito Processual*, 3ª série, São Paulo: Saraiva, 1984, p. 87-98.

BARBOSA MOREIRA, José Carlos. *Comentários ao Código de Processo Civil*. 10 edição. Rio de Janeiro: forense, 2002, v. 5.

BARBOSA MOREIRA, José Carlos. Por um processo socialmente efetivo. *Revista Síntese de Direito Civil e Processual Civil*, Porto Alegre, v. 2, n. 11, p. 5-14, maio/jun., 2001.

BARBOSA MOREIRA, José Carlos. Tendências em matéria de execução de sentenças e ordens judiciais. *Revista de Processo*, vol. 41, p. 151-168, jan./mar. 1986.

BARCIA, D. Roque. *Primer Diccionario General Etimológico de la Lengua Española*. T. cuarto. Barcelona: Seix – Editor, 1894.

BAUMAN, Zygmunt. *Modernidade líquida*. Rio de Janeiro: Zahar, 2001.

BECK, Ulrich. *Sociedade de risco: rumo a uma outra modernidade*. Tradução Sebastião Nascimento. São Paulo: Editora 34, 2010.

BENJAMIN, Antonio Herman Vasconcellos e. "Responsabilidade civil pelo dano ambiental", in Revista de Direito Ambiental, vol. 09, São Paulo: RT, 1998, p. 5-52 – edição eletrônica.

BENJAMIN, Antonio Herman Vasconcellos e. *"Direito de propriedade e meio ambiente"*, in Anais da XVI Conferência Nacional da Ordem dos Advogados do Brasil: direito, advocacia e mudança, Brasília, OAB, Conselho Federal, 1996, p. 219-241.

BERGER, Adolf. *Encyclopedic Dictionary of Roman Law*. Philadelphia: The American Philosophical Society, 1991.

BETTI, Emilio. Teoría General de las Obligaciones, t. 1, Editorial Revista de Derecho Privado: Madrid, 1969.

BETTI, Emilio. *Teoria generale del negozio giuridico*. Torino, Unione Tipografico-editrice Torinese, 1943.

BETTI, Emilio. *Teoría general del negocio jurídico* / Emilio Betti; traducción y concordancias con el derecho español por a Martin Perez. Madrid, Revista de Derecho Privado, 1943.

BETTI, Emilio. *Teoria geral do negócio jurídico*, 3 vols. tradução de Fernando de Miranda, Coimbra, Coimbra, 1969.

BEVILAQUA, Clovis. *Theoria Geral do Direito Civil*. 2ª edição, São Paulo: Livraria Francisco Alves, 1929.

BITTAR, Carlos Alberto. *Curso de direito civil*. 1 ed. Rio de Janeiro: Forense, 1994.

BOBBIO, Norberto. *Igualdade e liberdade*. Rio de Janeiro: Ediouro, 2002.

BONFANTE, Pedro. *Instituciones de Derecho Romano*. 2. ed. Madrid, Reus, 1951.

BRINZ, Alois von. *L èhrbuch der Pandekten*. Erste Abtheilung. Erlangen, Verlag von Andreas Deichert. 1857.

BRUSCHI, Gilberto Gomes. *Aspectos processuais da desconsideração da personalidade jurídica*. São Paulo: Juarez de Oliveira, 2004.

BUENO, Cassio Scarpinella. *Partes e terceiros no processo civil brasileiro*. São Paulo: Saraiva, 2006.

BUENO, Cassio Scarpinella. *Manual de Direito Processual Civil*. 2ª ed. São Paulo: Saraiva, 2016.

BUENO, Cassio Scarpinella. *Curso Sistematizado de Direito Processual Civil* - vol. 3 - 9ª edição: tutela jurisdicional executiva. São Paulo: Saraiva, 2020.

BUZAID, Alfredo. *Do concurso de credores no Processo de Execução*. São Paulo: Saraiva, 1952.

C. AUBRY, C. Rau. Cours de droit civil français: d'apres la methode de zachariae. 8 v., Paris, Libr. Generale de Droit Et de Jurisprudence, 1869.

CABRAL, Antonio do Passo. *Convenções processuais*: teoria geral dos negócios jurídicos processuais. 3ª edição. Salvador: Podivm, 2020.

CAHALI, Youssef Sahid. *Fraude contra credores*. 2ª edição. São Paulo, Revista dos Tribunais, 1999.

CALIXTO, Marcelo Junqueira. Reflexões em torno do conceito de obrigação, seus elementos e suas fontes. In: TEPEDINO, Gustavo (Coord.). *Obrigações*: estudos na perspectiva civil-constitucional. Rio de Janeiro: Renovar, 2005.

CÂMARA, Alexandre Freitas. *O novo processo civil brasileiro*. São Paulo: Atlas, 2016.

CAMARGO, Luiz Henrique Volpe. In: CABRAL, Antonio do Passo; CRAMER, Ronaldo (Coord.) *Comentários ao Novo Código de Processo Civil*. Rio de Janeiro: Forense, 2015.

CARNELUTTI, Francesco. *Diritto e Processo*. Napoli: Morano, 1958.

CARNELUTTI, Francesco. *Instituzioni del nuovo processo civile italiano*. 4ª ed., 3 vols., Roma, Soc. Ed. Del Foro Italiano, 1951.

CARVALHO, Francisco Pereira de Bulhões. *Sistema de nulidades dos atos jurídicos*. Forense: Rio de Janeiro, 1981.

CARVALHO DE MENDONÇA, Manoel Ignacio. *Doutrina e prática das obrigações*, vol. II, Rio de Janeiro, Freitas Bastos, 1938.

CARVALHO DE MENDONÇA, Manoel Ignacio. *Doutrina e prática das obrigações*, vol. I, 4ª edição, Rio de Janeiro: Forense, 1956.

CASTELLAN, Alvaro Gamio Santiago. *Límites a la creación voluntaria de patrimonios de afectación para la salvaguarda de bienes*. Disponível em: http://revistaderecho.um.edu.uy/wp-content/uploads/2013/02/Gamio-y-Castellana-Limites-a-la-creacion-voluntaria-de--patrimonios-de-afectacion-para-la-salvaguarda-de-bienes.pdf> Acesso em: 02 abr. 2022.

CASTRO, Amilcar de. *Do procedimento de execução*: Código de processo civil - livro II - arts. 566 a 747, Rio de Janeiro, Forense, 2000.

CASTRO, Amilcar de. *Comentários ao Código de processo civil*: v. 8. arts. 566 a 747. São Paulo, Revista dos Tribunais, 1974.

CASTRO, Roberta Dias Tarpinian de. *O incidente de desconsideração da personalidade jurídica*: as diferentes funções de um mesmo mecanismo processual. Quartier Latin: São Paulo, 2019.

CAVALIERI FILHO, Sérgio. *Programa de responsabilidade civil*. 9. ed. rev. e ampl. São Paulo: Atlas, 2010.

CHIOVENDA, Giuseppe. *Instituições de direito processual civil*. Vols. I, II, III. tradução da 2. ed. italiana por J. Guimarães Menegale, acompanhada de notas por Enrico Tullio Liebman, com introdução do prof. Alfredo Buzaid. São Paulo, Saraiva, 1969.

CLAUDIO, Affonso. *Estudos de Direito Romano*. II Volume: Direito das Cousas. Rio de Janeiro: Pap. e Typ. Marques Araújo & CR. S. Pedro 214 e 210, 1927.

COELHO, Fábio Ulhôa. *Desconsideração da personalidade jurídica*. São Paulo: Revista dos Tribunais, 1989.

COELHO, Fábio Ulhôa. O patrimônio separado na falência. *Revista semestral de direito empresarial*, n. 5, p. 79-101, jul./dez., Rio de Janeiro, Renovar, 2009.

COELHO, Fábio Ulhôa. *Curso de direito comercial*. 10. ed. São Paulo: Saraiva, 2007. v. 2.

CORDEIRO, Antonio Menezes. *Tratado de Direito Civil Português*. v. II, t. IV, Coimbra: Almedina, 2010.

CORDEIRO, Antonio Menezes. *Tratado de direito civil*, vols. VI IX e X: direito das obrigações, 3ª edição, Coimbra: Almedina, 2019.

CORREA TELLES. Jose Homem. *Digesto Portuguez ou Tractado dos Direitos e Obrigações Civis*, t. I, 5ª edição, Coimbra: Livraria de J. Augusto Orcel, 1860.

CORREIA, Alexandre; SCIASCIA, Gaetano. *Manual de direito romano*. 2. ed. São Paulo: Saraiva, 1953. v. 1.

CRETELLA JR., José. *Curso de Direito Romano*. 5ª edição. Rio de Janeiro: Forense, 1973.

CRUZ, Sebastião. *Da "solutio" I* (Época arcaica e clássica). Coimbra, 1962.

CRUZ, Sebastião. *Da "solutio" II* (Época pós-clássica ocidental). Coimbra, 1974.

CRUZ, Sebastião. *Direito Romano*. Vol. 01, Introdução. Fontes. 4ª edição. Coimbra Editora, 1984.

CRUZ E TUCCI, José Rogério. Penhora sobre bem do fiador de locação. In: CRUZ E TUCCI, José Rogério (Coord.). *A penhora e o bem de família do fiador da locação*. São Paulo: Revista dos Tribunais, 2003.

DELEUZE, G. *A Lógica do Sentido*. Tradução de Luiz Roberto Salinas Fortes, São Paulo: Perspectiva, 1975.

DEMANGEAT, Charles. *Cours élémentaire de droit romain*. vol. 1, 3. ed. Paris: A. Maresq Ainé, 1876.

DE PAGE, Henri. *Traité élémentaire de droit civil belge*, t. I, Bruxelles: Émile Bruylant, 1941.

DIAS, José de Aguiar. *Da responsabilidade civil*. 12. ed. Rio de Janeiro: Lumen Juris, 2012.

DIDIER JUNIOR, Fredie. Negócios jurídicos processuais atípicos e execução. *Revista de Processo*, v. 43, n. 275, p. 193–228, jan., São Paulo: Revista dos Tribunais, 2018.

DIDIER JUNIOR, Fredie; CUNHA, Leonardo José Carneiro da; BRAGA, Paula Sarno; OLIVEIRA, Rafael. *Curso de Direito Processual Civil*. vol. 05. Execução. 11ª ed., vol. 5, Salvador: JusPodvum, 2021.

DINAMARCO, Candido Rangel. *Execução civil*: a execução na teoria geral do direito processual civil. São Paulo, Revista dos Tribunais, 1972.

DINAMARCO, Candido Rangel. *A Instrumentalidade do processo*. São Paulo, Revista dos Tribunais, 1987.

DINAMARCO, Candido Rangel. *Intervenção de terceiros*. São Paulo: Malheiros, 1997.

DINAMARCO, Candido Rangel. Vocabulário de direito processual. In: *Fundamentos do processo civil moderno*, vol. I, 3ª edição, São Paulo: Malheiros, 2000, p. 136-151.

DINAMARCO, Candido Rangel. *Execução civil*. 8ª edição. São Paulo, Malheiros, 2002.

DINAMARCO, Candido Rangel. *Fundamentos do Processo Civil Moderno*. Fiança e processo. São Paulo: Malheiros, 2010.

DINAMARCO, Candido Rangel. *Instituições de direito processual civil*, vol. IV, 4ª ed., São Paulo: Malheiros, 2019.

DINIZ, Maria Helena. *Dicionário jurídico*. 2. ed. São Paulo: Saraiva, 2005. v. 4.

DWORKIN, Ronald. *A raposa e o porco-espinho*: justiça e valor. Tradução de Marcelo Brandão Cipolla. São Paulo: Martins Fontes, 2014.

ENNECCERUS, Ludwig; KIPP, Theodor Y WOLFF, Martin. *Tratado de derecho civil*, t. II, vol. I, Derecho de obligaciones. Barcelona, Bosch, 1955.

ESPÍNOLA, Eduardo. *Sistema do direito civil brasileiro*, vols. I e II, 4ª edição, Rio de Janeiro: Conquista, 1960.

ESPÍNOLA, Eduardo. *Garantia e extinção das obrigações*. Campinas: Bookseller, 2005.

FACHIN, Luiz Edson. *Estatuto jurídico do patrimônio mínimo*. 2a ed. Rio de Janeiro: Renovar. 2006.

FARIA, José Leite Areias Ribeiro de. *Direito das obrigações*, vol. I, Coimbra: Almedina, 1987.

FARIA, Marcio. Primeiras impressões sobre o projeto de lei 6.204/2019: críticas e sugestões acerca da tentativa de se desjudicializar a execução civil brasileira (parte um). Revista de Processo. v. 313. São Paulo: Ed. RT, 2021, p. 393-414, edição eletrônica.

FARIAS, Christiano Chaves de. ROSENVALD, Nelson. *Curso de direito civil*, vol. 1, 19ª edição, Salvador: Podivm, 2019.

FARIAS, Christiano Chaves; ROSENVALD, Nelson; BRAGA NETTO, Felipe Peixoto. *Curso de direito civil*: responsabilidade civil, vol. 3, 8ª edição. Salvador: Podivm, 2021.

FERRARA, Francesco. *Trattato di diritto civile italiano*, vol.1, Roma, Athenaeum, 1921.

FIGUEROA, Gonzalo Yáñez. *Curso de derecho civil*: materiales para classes activas. Santiago: Juridica de Chile, 1991. v. 1, p. 40.

FOUCAULT, Michel. *Vigiar e punir*. Petrópolis: Vozes, 1996.

FUX, Luiz. *Intervenção de terceiros*. São Paulo: Saraiva, 1990.

GADAMER, Hans-Georg. *Verdade e Método*: traços fundamentais de uma hermenêutica filosófica. Tradução Flávio Paulo Meurer. 2.ed. Petrópolis: Editora Vozes, 1998.

GAGLIANO, Pablo Stolze; PAMPLONA FILHO, Rodolfo. *Novo curso de direito civil.* 2. ed. rev., atual. e ampl. São Paulo: Saraiva, 2004. v. 3.

GAGLIANO, Pablo Stolze. *Novo curso de direito civil.* 10.ed. rev. e atual. São Paulo: Saraiva, 2008. v. 1.

GAIO, Institutas IV, n. 35.

GAJARDONI, Fernando da Fonseca. Convenções processuais atípicas na execução civil. *Revista Eletrônica de Direito Processual.* Disponível em: https://www.e-publicacoes.uerj.br/index.php/redp/article/view/56700. Acesso em: 02 maio 2022.

GIUBERTI, Vander Santos. *Impenhorabilidade e (in)efetividade da execução por expropriação*: da teoria geral ao bem de família. Dissertação de Mestrado da Universidade Federal do Espírito Santo, 2019.

GOMES, Orlando. *Transformações gerais do direito das obrigações.* São Paulo, Revista dos Tribunais, 1967.

GOMES, Orlando. *Introdução ao direito civil*, 12ª edição, Rio de Janeiro: Forense, 1996.

GOMES, Orlando. *Obrigações.* 17ª edição, Rio de Janeiro: Ed. Forense, Grupo Gen, 2008.

GONÇALVES, Carlos Roberto. *Direito Civil Brasileiro*: Responsabilidade Civil. 8ª. Ed. São Paulo: Saraiva, 2013.

GRECO, Leonardo. A execução e a efetividade do processo. *Revista de Processo.* São Paulo, vol. 24, n. 94, p. 34–66, abr./jun., 1999.

GRECO, Leonardo. *O processo de execução* – V. I. Rio de Janeiro: Renovar, 1999.

GRECO, Leonardo. *O processo de execução* – V. II. Rio de Janeiro: Renovar, 2001.

GUERRA, Marcelo Lima. *Direitos Fundamentais e a Proteção do Credor na Execução Civil.* São Paulo: RT, 2003.

GUIMARÃES, Rafael; CALCINI, Ricardo; JAMBERG, Richard Wilson. *Execução Trabalhista na Prática.* 3ª edição. São Paulo: Mizuno editora, 2024.

HEIDEGGER, Martin. *Ser e tempo.* 12. ed. Petrópolis: Vozes, 2002.

HEIDEGGER, Martin. *Introdução à Metafísica.* São Paulo: Instituto Piaget, 1997.

JONAS, H. *O Princípio Responsabilidade.* Rio de Janeiro: Contraponto: Ed. PUC-Rio, 2006.

JORGE, Flávio Cheim. *Chamamento ao processo.* 2. ed. São Paulo: Ed. RT, 1999.

KAPLAN, S.; GARRICK, B.J. *On The Quantitative Definition of Risk.* 1981. Disponível em: https://doi.org/10.1111/j.1539-6924.1981.tb01350.x. Acesso em: 20 jul. 2020.

KANT, Immanuel. *Lições de metafísica.* São Paulo: Vozes, 2022.

KNIGHT, Frank. Risk, *Uncertainty and profit.* Disponível em: <https://archive.org/details/riskuncertaintyp00knig/page/6/mode/2up?q=risk>. Acesso em: 15 jul. 2020.

LACERDA DE ALMEIDA, F. P. *Obrigações*: Exposição Sistemática Desta Parte do Direito Civil Pátrio em Seguimento aos "Direitos de Família" e "Direito das Coisas" do Conselheiro Lafayette Rodrigues Ferreira. Porto Alegre: Cesar Reinhardt, 1897.

LARENZ, Karl. *Derecho de obligaciones*. Tomo I. Trad. (espanhola) Jaime Santos Brinz. Madrid: Editora Revista de Derecho Privado, 1958.

LIEBMAN, Enrico Tulio. *Processo de execução*. 2. ed. São Paulo: Saraiva, 1963, n. 41.

LIEBMAN, Enrico Tulio. *Manual de Direito Processual Civil*. Vol. 1, Forense: Rio de Janeiro, 1984.

LIMA, Alcides de Mendonça. *Comentários ao Código de Processo Civil Brasileiro*, vol. VI, t. II, Rio de Janeiro: Forense, 1977.

LIMA, Rafael de Oliveira. *Inadimplemento e execução civil*: análise do prazo de cumprimento voluntário. 2018. 487 f. Dissertação (Mestrado em Direito Processual) – Curso de Mestrado em Direito Processual, Universidade Federal do Espírito Santo, Vitória.

LIMA, Pires de. VARELA, Antunes. *Código Civil Anotado*, vol. 1, 4ª edição, 1987.

LOPES DA COSTA, Alfredo Araújo. *Direito processual civil brasileiro*. 2ª ed. Rio de Janeiro: Forense, 1959.

LOPES DA COSTA, Alfredo Araújo. *Medidas Preventivas*. 3ª edição, São Paulo: Sugestões literárias, 1966.

MACHICADO, Jorge. La Teoría Del Patrimonio-Afectacion. *Apuntes Juridicos™*, 2013 Disponível em: http://jorgemachicado.blogspot.com/2013/05/tpa.html Consulta: Lunes, 9 Mayo 2022.

MANDRIOLI, Crisanto. *Corso di diritto processuale civile*. Vol. III. Torino: Giappichelli, 1975.

MARTÍN SANTISTEBAN, Sonia. *Los patrimonios de afectación como instrumento de gestión y transmisión de riqueza*. Editorial Tirant lo Blanch, Valencia, Espanha, 2020.

MARÉS, Carlos Frederico. Parte III - Função social da propriedade. Disponível em: <https://www.iat.pr.gov.br/busca?termo=carlos-mar%25C3%25A9s>. Acesso em: 05 maio 2022.

MARINONI, Luiz Guilherme. Tutela específica: arts. 461, CPC e 84, CDC. 2ª edição. São Paulo, Revista dos Tribunais, 2001.

MARINONI, Luiz Guilherme; ARENHART, Sérgio Cruz. *Processo de Execução*. 3. ed. rev. e atual. São Paulo: Revista dos Tribunais, 2011. v. 3.

MARINONI, Luiz Guilherme; ARENHART, Sérgio Cruz; MITIDIERO, Daniel. *Curso de processo civil*. São Paulo: Ed. RT, 2015. v. 2.

MARINONI, Luiz Guilherme. "A tutela inibitória e os seus fundamentos no novo código de processo civil", in Revista de Processo, vol. 252, São Paulo: RT, 2016, edição eletrônica, p. 303-318.

MARINONI, Luiz Guilherme. Técnica processual e tutela dos direitos. 6ª edição. São Paulo, Revista dos Tribunais, 2019.

MARINS, Jaqueline Terra Moura Marins; NEVES, Myrian Beatriz Eiras das. *Inadimplência de Crédito e Ciclo Econômico*: um exame da relação no mercado brasileiro de crédito corporativo". Disponível em: https://www.bcb.gov.br/pec/wps/port/TD304.pdf, Acesso em: 22 fev. 2022.

MARQUES, Cláudia Lima. *Contratos no código de defesa do consumidor*: o novo regime das relações contratuais. 5. ed. São Paulo: Revista dos Tribunais, 2006.

MARTINS-COSTA, Judith. *A boa-fé no direito privado*: sistema e tópica no processo obrigacional. São Paulo: Revista dos Tribunais, 2000.

MARTINS-COSTA, Judith. *Comentários ao Novo Código Civil*. Rio de Janeiro: Forense, 2003, v. 5, t., 1.

MATOS PEIXOTO, José Carlos de. *Curso de Direito Romano*, tomo I, 2ª edição, Rio de Janeiro: Companhia Editora Fortaleza, 1950.

MAZZEI, Rodrigo. Algumas notas sobre o ("dispensável") art. 232 do Código Civil. In: Fredie Didier Jr.; Rodrigo Reis Mazzei. (Org.). *Prova, exame médico e presunção*: o art. 232 do Código Civil. Salvador: JusPodivm, 2006, p. 259-269.

MAZZEI, Rodrigo. "Enfoque processual do art. 928 do Código civil: responsabilidade civil do incapaz (republicação)". In: Revista Brasileira de Direito Processual (Impresso), v. 61, p. 45-70, 2008, p.49-50.

MAZZEI, Rodrigo. Aspectos processuais da desconsideração da personalidade jurídica no código de defesa do consumidor e no projeto do "novo" Código de Processo Civil. In: BRUSCHI, Gilberto Gomes et al. (Cord.). *Direito processual empresarial*: estudos em homenagem ao professor Manoel de Queiroz Pereira Calças. Rio de Janeiro: Elsevier, 2012.

MAZZEI, Rodrigo. *Direito de Superfície*. Salvador, JusPodivm, 2013.

MAZZEI, Rodrigo. Comentários ao Código de Processo Civil. v. XXII (arts. 610 a 673). In: GOUVÊA, Jose Roberto Ferreira; BONDIOLI, Luis Guilherme; FONSECA, José Francisco Naves da (coords). São Paulo: Saraiva, no prelo.

MAZZEI, Rodrigo; GONÇALVES, Thiago. A responsabilidade patrimonial do herdeiro: esboço sobre os principais pontos. In: ASSIS, Araken de; BRUSCHI, Gilberto Gomes (org.). *Processo de execução e cumprimento da sentença*: temas atuais e controvertidos. v. 3. São Paulo: RT, 2022, no prelo.

MEDINA, José Miguel Garcia. *Execução*. São Paulo: Revista dos Tribunais. 2008.

MEIRA, Silvio A. B. *Instituições de direito romano*, 3ª edição, São Paulo: Max Limonad.

MEIRA, Silvio A. B. *Noções gerais de processo civil romano*. Roma: [s.n.], 1963.

MELLO, Marcos Bernardes de. *Teoria do Fato Jurídico*: plano da existência. 3ª ed. São Paulo: Saraiva, 1988.

MELLO, Marcos Bernardes de. *Teoria do Fato Jurídico*: plano da validade. 12ª edição, São Paulo: Saraiva, 2013, p. 169.

MONTEIRO, Washington de Barros. *Curso de Direito civil brasileiro*. São Paulo: Saraiva, 1979. v. IV.

MONTELEONE, Girolamo Alessandro. *Profili sostanziali e processuali dell'azione surrogatoria*: contributo allo studio della responsabilità patrimoniale dal punto di vista dell'azione, Milano, 1975.

MORAES, Silvestre Gome de. *Tractatus de Executionibus instrumentorum & Sententiarum*. T. primus, Liber secundus, editio secunda, Conimbricae: Ludovicum Secco Ferreyra, MDCCXXIX, Cap. XII, n. 74.

MOREIRA ALVES, José Carlos. *Direito Romano*. 18ª edição. Forense: Rio de Janeiro, 2018.

NAGATA, Vander. *Inadimplência bate recorde*. Disponível em:<https://www.portalcredito-ecobranca.com.br/estatistica/55198/inadimplencia-bate-recorde/ler.aspx>. Acessado em: 22 fev. 2022.

NEVES, Daniel Amorim Assumpção. *Novo código de processo civil*. 2ª ed. São Paulo: Método. 2015.

NERY Jr., Nelson. "Fraude contra credores e os embargos de terceiro", in Revista de Processo, v. 6, n. 23, p. 90–99, jul./set., São Paulo: Revista dos Tribunais, 1981.

NERY Jr., Nelson. Vícios do ato jurídico e reserva mental. São Paulo, Revista dos Tribunais, 1983.

NERY Jr., Nelson. "Pontes de Miranda e o processo civil", in Revista de Processo, v. 39, n. 231, p. 89–110, maio, São Paulo: Revista dos Tribunais, 2014.

NERY Jr., Nelson. "Avanços e retrocessos do novo CPC", in Consulex, v. 19, n. 433, p. 56-57, fev., Brasília, Consulex, 2015.

NERY Jr., Nelson; Rosa Maria de Andrade Nery. *Código de processo civil comentado*. 18ª edição. São Paulo, Revista dos Tribunais, 2019.

NERY, Rosa Maria de Andrade. *Código Civil Comentado*, 6ª ed. Editora Revista dos Tribunais: 2008.

NERY, Rosa Maria de Andrade; NERY JR., Nelson. *Instituições de direito civil*. vol. I, t. 1, 2ª tiragem. São Paulo, Revista dos Tribunais, 2015.

NOLASCO, Rita Dias. A responsabilidade patrimonial secundária e a fraude à execução do atual CPC até o novo CPC. *Revista de Processo*, v. 103, n. 950, p. 133–161, dez., 2014.

NOLASCO, Rita Dias; BRUSCHI, Gilberto Gomes; AMADEO, Roberto da Costa Manso Real. *Fraudes patrimoniais e a desconsideração da personalidade jurídica no novo código de processo civil*. São Paulo: Revista dos Tribunais, 2016.

NORONHA, Fernando. Patrimônios especiais: sem titular, autônomos e coletivos. *Revista dos Tribunais*, vol. 747, Jan, São Paulo: RT, 1998.

OCDE. *Recommendation on Principles and Good Practices For Financial Education and Awareness*. Recommendation of The Council. July, 2005.

OLIVA, Milena Donato. *Patrimônio separado*. Rio de Janeiro: Renovar, 2009.

OLIVA, Milena Donato. Indenização devida "ao fundo de investimento": qual quotista vai ser contemplado, o atual ou o da data do dano? In: *Doutrinas Essenciais Obrigações e Contratos*, vol. 6, São Paulo: Revista dos Tribunais, jun-2011, p. 1303-1328.

OLIVA, Milena Donato. *Do negócio fiduciário à fidúcia*. São Paulo: Atlas, 2014.

OXFORD ENGLISH DICTIONARY (3rd ed.). Oxford University Press. September, 2005.

PANCIERI, Schamyr. *O redirecionamento da execução de título executivo extrajudicial em face do companheiro do executado por força da responsabilidade patrimonial*. Dissertação de mestrado da UFES, 2024.

PEREIRA, Caio Mario da Silva. *Responsabilidade civil.* 9. ed. Rio de Janeiro: Forense, 1999.

PEREIRA, Caio Mario da Silva. *Instituições de direito civil:* teoria geral das obrigações, v. II, 25ª edição, Rio de Janeiro: Grupo Gen, 2012.

PEREIRA, Caio Mario da Silva. *Código Napoleão:* Influencia nos sistemas jurídicos ocidentais. Disponível em: file:///C:/Users/marce/Dropbox/My%20PC%20(DESKTOP-I1AFBBB)/Downloads/1003-Texto%20do%20Artigo-1877-2-10-20141003.pdf. Acesso em: 30 mar. 2022.

PÉREZ ÁLVAREZ, María Del Pilar. *La Bonorum Venditio – Estudio sobre el Concurso de Acreedores en Derecho Romano Clásico,* Madrid, Mira, 2000.

PERLINGIERI, Pietro. *Perfis do direito civil.* Introdução ao direito civil constitucional. Tradução de Maria Cristina de Cicco. 2.ed. Rio de Janeiro: Renovar, 2002.

PINTO, Paulo Mota. *Interesse contratual negativo e interesse contratual positivo.* Coimbra: Coimbra. 2008. vol. I e II, 849-866.

PISANI, Andrea Proto. *Lezioni di Diritto Processuale Civile.* 5ª ed. Napoli, Itália: Jovene Editore. 2006.

PONTES DE MIRANDA, Francisco Cavalcanti. Incidência e aplicação da lei. *Revista da Ordem dos Advogados de Pernambuco,* n.º 01, ano I, Pernambuco-Recife, 1956.

PONTES DE MIRANDA, Francisco Cavalcanti. *Tratado de direito privado,* tomos I, III, V, Imprenta: Rio de Janeiro, Borsoi, 1970, § 14.

PONTES DE MIRANDA, Francisco Cavalcanti. *Tratado de Direito Privado.* t. XXVI. São Paulo: Revista dos Tribunais, 1984, § 3.107.

POSTE, Edward. 4th Edition. Oxford, at the Clarendon Press, MDCCCCIV, 1904.

PROENÇA, José Carlos Brandão. *Lições de cumprimento e não cumprimento das obrigações.* 2. ed. rev. e atual. Porto: Universidade Católica Editora, 2017.

RESTIFFE NETO, Paulo. *Garantia fiduciária:* direito e ações: manual teórico e prático com jurisprudência. 3ª ed., São Paulo: Revista dos Tribunais, 2000.

RESTIFFE NETO, Paulo. Garantias tradicionais no novo Código civil. *Revista dos Tribunais,* v. 93, n. 821, p. 731–752, mar., 2004.

RIBEIRO DE FARIAS, Jorge Lei Areias. *Direito das Obrigações,* vol. II, Coimbra: Almedina.

RODRIGUES FILHO, Otávio Joaquim. *Desconsideração da personalidade jurídica e processo.* São Paulo: Malheiros, 2016.

RODRIGUES, Silvio. *Direito civil:* responsabilidade civil. 19. ed. São Paulo: Saraiva, 2002. v. 4.

ROPPO, Enzo. La responsabilità patrimoniale del debitore. In: *Trattato di diritto privato,* diretto da Rescigno, XIX, Torino, 1985.

ROSSELLI F., Responsabilità patrimoniale. I mezzi di conservazione. In: *Trattato di diritto privato.* Bessone, volume IX, tomo III, Torino, 2005.

ROUSSEAU, Jean-Jacques. *Discurso sobre a origem e os fundamentos da desigualdade entre os homens.* Tradução: Alex Marins. São Paulo: Martin Claret, 2007, p. 79.

RUGGIERO, R. de. *Instituições de direito civil*. Tradução da 6ª edição italiana por Paulo Roberto Benasse. Campinas, Editora Bookseller, 1999.

SAITO, Andre Taue. *Uma contribuição ao desenvolvimento da educação em finanças pessoais no Brasil*. 2007, 152p. Dissertação de Mestrado. Universidade de São Paulo, São Paulo.

SANTOS JUNIOR, Adalmo Oliveira dos. O regime jurídico das impenhorabilidades. Um estudo sobre sua natureza jurídica material e processual. *Revista de processo*. São Paulo: Revista dos Tribunais, vol. 239, p. 121-136, 2015.

SATTA, Salvatore. *Commentario al codice di procedura civile*. v. 3. Processo di esecuzione. Milano, F. Vallardi, 1966.

SATTA, Salvatore. *Diritto processuale civile*. 8ª ed. Padova, Cedam, 1973.

SERPA LOPES, Miguel Maria. *Curso de direito civil*, vols. II e III – 6ª edição, Rio de Janeiro: Freitas Bastos, 1995.

SICA, Heitor Vitor Mendonça. *Preclusão processual civil*. 2ª ed. São Paulo: Atlas, 2008.

SICA, Heitor Vitor Mendonça. *O direito de defesa no processo civil brasileiro*. São Paulo: Atlas, 2011.

SICCHIERO, Gianluca. *Le obbligazioni 2*: La responsabilità patrimoniale. UTET: Torino, 2011.

SILVA, Clóvis V. do Couto e. *A obrigação como processo*. São Paulo: Bushatsky, 1976.

SILVA, Clóvis V. do Couto e. *A obrigação como processo*. Rio de Janeiro: FGV, 2007.

SILVA, Jorge Cesa Ferreira da. *A boa-fé e a violação positiva do contrato*. Rio de Janeiro: Renovar, 2002.

SILVA, Ovídio A. Baptista da. *Curso de processo civil*. v. III Porto Alegre: Sérgio Antônio Fabris Editor, 1993.

SILVA, Ovídio A. Baptista da. *Jurisdição e Execução na Tradição Romano Canônica*. 2ª ed. São Paulo: Revista dos Tribunais, 1997.

SILVA, Ovídio A. Baptista da. *Curso de Processo Civil*. v. 01. 6ª ed. São Paulo: Revista dos Tribunais. 2003.

SILVA, Paula Costa e. O acesso ao sistema judicial e os meios alternativos de resolução de controvérsias: alternatividade efectiva e complementariedade. *Revista de Processo*. v. 158, São Paulo: Ed. RT, 2008, p. 93-106, edição eletrônica.

SILVA, Paula Costa e. *A nova face da justiça*: os meios extrajudiciais de resolução de controvérsias. Lisboa: Coimbra Editora, 2009.

SILVA, Paula Costa e. A constitucionalidade da execução hipotecária do decreto-lei 70, de 21 de novembro de 1966. *Revista de Processo*, v. 284, São Paulo: Ed. RT, 2018, p. 185-209, edição eletrônica.

SIQUEIRA, Thiago Ferreira. *A responsabilidade patrimonial no novo sistema processual civil*, São Paulo, Revista dos Tribunais, 2016.

SMITH, William; WAYTE, William; MARIDIN, G. E. *A Dictionary of Greek and Roman Antiquities*, Vol. II, 3.ª ed. London: John Murray, Albemarle Street, 1891.

SOUSA, Miguel Teixeira de. *Um novo processo civil português: à la recherche du temps perdu?* Revista De Processo, ano 33, n. 161, p. 203-220. São Paulo: Ed. RT, 2008, edição eletrônica;

SOUSA, Miguel Teixeira de. Processo executivo: a experiência de descentralização no processo civil português. Revista de Processo Comparado. São Paulo v. 9, 2019. p.83-97, edição eletrônica;

SOUZA, André Pagani de. *Desconsideração da personalidade jurídica*: aspectos processuais. 2ª ed. São Paulo: Saraiva, 2011.

STOCO, Rui. *Tratado de responsabilidade civil*: doutrina e jurisprudência. 7 ed. São Paulo Editora Revista dos Tribunais, 2007.

TARUFFO, Michelle. A atuação executiva dos direitos: perfis comparatísticos. Tradução de Teresa Arruda Alvim Wambier. *Revista de Processo*, São Paulo, v. 15, n. 59, p. 72-97, jul.-set. 1990.

TEIXEIRA DE FREITAS, Augusto. *Consolidação das leis civis*, vol. I, 3ª edição, Rio de Janeiro: B. L. Garnier, 1876.

TELLES, Inocencio Galvão. *Das universalidades*. Lisboa: Minerva, 1940.

TEMER, Sofia. Financiamento de litígios por 'terceiros' (ou 'third-party' funding): o financiador é um sujeito processual? Notas sobre a participação não aparente. *Revista de Processo*, vol. 309, São Paulo: Revista dos Tribunais, 2020, edição eletrônica, p. 359-384.

TERRA, Aline de Miranda Valverde. Execução pelo equivalente como alternativa à resolução: repercussões sobre a responsabilidade civil. *Revista Brasileira de Direito Civil*, v. 18. Disponível em: <https://rbdcivil.ibdcivil.org.br/rbdc/article/view/305> Acesso em: 02 maio 2022.

THEODORO Jr., Humberto. *Fraude contra credores*: a natureza da ação pauliana. Belo Horizonte: Del Rey, 1996.

THEODORO Jr., Humberto. *Curso de direito processual civil*. Rio de Janeiro: Forense, 2002.

THEODORO Jr., Humberto. *Processo de execução e cumprimento de sentença*. 29ª ed. São Paulo: Leud, 2017.

THEODORO Jr., Humberto. *Curso de Direito Processual Civil*, vol. III, 52ª edição, Rio de Janeiro: Forense (Grupo Editorial Nacional), 2019.

THEODORO Jr., Humberto. Novas perspectivas para atuação da tutela executiva no direito brasileiro: autotutela executiva e "desjudicialização" da execução. *Revista de Processo*, v. 315, p. 109-158. São Paulo: Ed. RT, 2021, edição eletrônica.

TRABUCCHI, Alberto. *Instituzioni di Diritto Civile*. 44ª ed. Milano: CEDAM, 2009.

TUCCI, José Rogério Cruz e; AZEVEDO, Luiz Carlos de. *Lições de história do processo civil romano*. São Paulo, Revista dos Tribunais, 1996.

VENOSA, Sílvio de Salvo. *Direito civil*: responsabilidade civil. 8. ed. São Paulo: Atlas, 2003.

VENOSA, Sílvio de Salvo. *Direito civil*. 8. ed. v. 1. São Paulo: Atlas, 2008.

WALD, Arnold. *Curso de direito civil brasileiro*. Parte geral. 4. ed. São Paulo: Ed. Sugestões Literárias, 1975.

WENGER, Leopold. *Istituzioni di procedura civile romana*. Tradotte da Riccardo Orestano sull'edizione tedesca interamente riveduta e ampliata dall'autore, Milano: Giuffrè, 1938.

WILLETT, Allan. *Economic Theory of Risk and Insurance*. Columbia University Press, 1901.

XAVIER, M. Rita Aranha da Gama Lobo. *Limites à Autonomia Privada na Disciplina das Relações Patrimoniais*. Coimbra: Almedina, 2000.

YARSHELL, Flávio Luiz. "Ampliação da responsabilidade patrimonial", in Revista mestrado em direito / Unifieo – Centro Universitário FIEO. v. 13, n. 1, p. 221-245, jan./jul., Osasco, Edifieo, 2013.

YARSHELL, Flávio Luiz. "Convenção das partes em matéria processual no novo CPC", in Revista do advogado, Associação dos Advogados de São Paulo (AASP). v. 35, n. 126, p. 89-94, maio, 2015.

YARSHELL, Flávio Luiz. "O futuro da execução por quantia nas mãos do Superior Tribunal de Justiça", in Revista do advogado, Associação dos Advogados de São Paulo (AASP) v. 39, n. 141, p. 102-109, abr., São Paulo, AASP, 2019.

YARSHELL, Flávio Luiz. *Breves notas sobre a aplicação subsidiária do novo CPC à execução trabalhista e o incidente de desconsideração da personalidade jurídica*. Disponível em: https://juslaboris.tst.jus.br/bitstream/handle/20.500.12178/85447/2016_yarshell_flavio_breves_notas.pdf?sequence=1&isAllowed=y. Acesso em: 17 abr. 2021.

ZANETI JR., Hermes. *A Constitucionalização do Processo*. São Paulo: Revista dos Tribunais, 2021.

ZAVASCKI, Teori Albino. *Título executivo e liquidação*. São Paulo, Revista dos Tribunais, 2002.

ZIMMERMANN, Reinhard. *The Law of Obligations*: Roman Foundations of the Civilian Tradition. Cape Town. Juta & Co, Ltd, 1992.